江南文化研究

宋濂研究专辑

—第5辑—

Jiangnan Culture Studies

浙江省社会科学重点研究基地
浙江师范大学江南文化研究中心

學苑出版社

图书在版编目（CIP）数据

江南文化研究. 第5辑，宋濂研究专辑/浙江师范大学江南文化研究中心编. —北京：学苑出版社，2011.9

ISBN 978-7-5077-3861-2

Ⅰ. ①江… Ⅱ. ①浙… Ⅲ. ①文化史—研究—华东地区 ②宋濂（1310～1381）—人物研究 Ⅳ. ①K295 ②K825.6

中国版本图书馆CIP数据核字（2011）第194825号

责任编辑： 杨　雷
装帧设计： 徐徐书装
出版发行： 学苑出版社
社　　址： 北京市丰台区南方庄2号院1号楼
邮政编码： 100079
网　　址： www.book001.com
电子信箱： xueyuan@public.bta.net.cn
销售电话： 010—67675512　67678944　67601101（邮购）
经　　销： 新华书店
印 刷 厂： 永恒印刷有限公司
开本尺寸： 880×1230　1/16
印　　张： 16.75
字　　数： 450千字
印　　数： 0001—1000册
版　　次： 2011年9月第1版
印　　次： 2011年9月第1次印刷
定　　价： 48.00元

编 委 会

目　录

略谈宋濂的诗论及其诗歌

胡浙平

刘大杰先生在《中国文学发展史》中说到宋濂的文学成就时，称其“诗不如文”。① 确实，他在散文方面的影响是要远大于他的诗歌的，朱元璋称他是“开国文臣之首”，也主要是着眼于他的散文方面，尤其是朝廷的典章制度方面的成就，曰：“为文醇深演迤，与古作者并。在朝，郊社宗庙山川百神之典，朝会宴享律历衣冠之制，四裔贡赋赏劳之仪，旁及元勋巨卿碑记刻石之辞，咸以委濂，屡推为开国文臣之首。”② 这里面的内容虽然间或有些以四言为主的赞辞、铭辞之类，由于一般认为这些“辞”属于散文总体部分，所以其所评价的主要还是散文方面的。

其实，宋濂“自童年习为比兴之学”③，学贯了包括《诗经》在内的“六经”。《浦江志》有如此一段记载：“（宋濂）九岁颇学为诗，有道士楼节翁至，或命赋诗为赠，濂操笔辄成四韵，有‘步罡随踢脚头斗，馔水能轰掌上雷’之句，众因目曰神童。”④ 事情真假尚难考证，但是，说他从小就开始读诗、写诗，自幼就有作诗的禀赋与实践，应该是可以确信的。同时，他广泛阅读和研究古今百家之诗，自言：“濂非能诗者，自汉魏以至于今，诸家之什，不可谓不攻习也。缙绅先生之前，亦不可谓不磨切也。”⑤ 至于论诗，宋濂也以为自己“论诗颇谓有一日之长”⑥，只是因为他在散文方面的影响实在太大了，所以，在相当长的时间里，学术界很少关注他的诗歌理论与实践，直到这些年才有所改变。正是有鉴于此，本文不揣浅陋，愿参与讨论，以期引起对于宋濂诗歌理论与创作实践的更多更深入的关注。

一

在现今留存的宋濂著作中，尚未发现有专门的如前人诗品、诗话那样一类诗歌理论著作，而他的诗歌理论都是散见于诸如作家作品集里的“序”、“跋”或墓铭、人物传记、书信等作品之中，因此，系统性或强或微，但是，汇集起来，却不难看出他对于诗歌理论的广视野、多方位的考量与论述，并从中体现出他

---

① 刘大杰：《中国文学发展史》，上海古籍出版社 1982 年版，第 892 页。
② 《明史》本传，转引自浙江古籍出版社 1999 年版《宋濂全集》，第 2268 页。
③ 《霞川集序》，同上书，第 2025 页。以下所引《宋濂全集》者，只注明页码。
④ 转引上书，第 2699 页。
⑤ 《答章秀才论诗书》，第 207 页。
⑥ 《樗散杂言序》，第 2026 页。

对诗歌的研究与表达。

何谓“诗”？宋濂认为，“以为诗者，发乎情性者也”。① 诗是感情和本心的表现，“乃吟咏性情之具。”②，是歌唱性情的载体。那么，是不是发之于性情就可以命之为“诗”了呢？宋濂认为这还不够，于是他进一步提出要“有感而发”才能成诗，而这个“感”就是“触于外物、托于外物”，所以，他又说：“诗，缘情而托物者也。”③“外触于物，内发乎情，情至而形于言，言形而比于声，声成而诗生焉。”④ 这个“外物、内情”寓于一体而方能“成言、比声”而为诗的观点，即使是在今天也是有其合理之处的。

何谓“好诗”？在宋濂的学术思想里，有两个方面特别突出，一个是“崇道”，一个是“明经”，而在他那里，“道”则“古道”，“经”即“六经”，“道”和“经”又是紧密相连的。他说：“是故天地未判，道在天地；天地既分，道在圣贤；圣贤之殁，道在六经。”所以，他认为写诗作文是不能“离经叛道”的，“后之立言者，必期无背于经，始可以言文。”⑤ 因此，他为“好诗”亦即“美诗”立下的标准也首先是要合乎“古道”，承之《诗经》。他感叹：“诗道之不古久矣！”⑥ 而其所谓的“古道”，说得比较多的是孔子说过的“发乎情，止乎礼义”。他在为河南王本中《霞川集》所作的序文里这样说：

> 诗其可学乎？诗可学也。然宫羽相变，低昂殊节，而孚声切响，前后不差，谓之诗乎？诗矣，而非其美者也。辞气浩瀚，若春云满空，倏聚而忽散，谓之诗乎？诗矣，而非其美者也。斟酌二者之间，不拘不纵，而臻夫厥中，谓之诗乎？诗矣，而非其美者也。⑦

以上“谓之诗”的三个方面，一是音韵节奏，二是辞章气格，三是把握有度，都是作诗所必备的，甚至也是一首“好诗”所不可或缺的，但是都被宋濂排斥于“美诗”亦即“好诗”之外，究其原因，无他，也只是不能合乎“古道”者而已。因此，他紧接着就说：

> 然则诗之美者其将何如哉？盖诗者，发乎情，止乎礼义者也。情之所触，随物而变迁。其所遭也眈以郁，则其辞幽；其所处也乐而艳，则其辞荒。推类而言，何莫不然，此其贵乎止于礼义也欤？止于礼义，则幽者能平而荒者能戒矣。⑧

归根到底，宋濂论诗是把内容放在第一位，把“发乎情，止乎礼义”作为“美诗”的根本标准的。因此，他在感叹“诗道不古”的同时，大声批评了那些“世之号善吟者”，说他们“往往流连光景，使人驰骛于玄虚荒忽之场，控之非有，挹之非无；至造为奇论，谓诗有生意，须人持之，不尔便将飞去。此何为者哉？殊不知诗者，本乎性情，而不外于物则民彝者也。舍此而言诗，诗之道丧矣！”⑨ 这一“标准”的内涵固然比较狭隘，自然也有当时的政治、社会、文化等因素使然，但是，论诗把内容放在第一位，这还是合理的。

---

① 《王氏梦吟诗卷序》，第 112 页。
② 《答章秀才论诗书》，第 209 页。
③ 《刘兵部诗集序》，第 608 页。
④ 《药房樵唱序》，第 259 页。
⑤ 《徐教授文集序》，第 1351 页。
⑥ 《霞川集序》，第 2024、2025 页。
⑦ 同上。
⑧ 同上。
⑨ 《霞川集序》，第 2025 页。

宋濂论诗重视内容，是与他对于诗歌功用的认识紧密联系在一起的。他认为，文章也罢，诗歌也好，都要有助于“美教化”、“移风俗”，所谓“气与时值，化随风移”。由此，他称赞汪广洋的诗歌“受丞弼之寄，竭弥纶之道，赞化育之任，吟咏所及，无非可以美教化而移风俗”。又说：“此有关物则民彝甚大，非止昔人所谓台阁雄丽之作。”① 他肯定同郡田奂以孝行入诗是关乎大节的事，说“是诗之传，他日被之管弦，谐诸金石，使闻之者津津以喜，会之者欣欣以劝，则为移风易俗之益，又岂小哉?”② 他有感于“刘贤母王氏”身为寡妇而气节高尚以及当时的实际风气，将王氏比之于《诗经》中歌颂过的共姜，也有感于王氏亡故之后“当时南北名士大夫咸作诗文以美之，命曰《贤行诗集》”，于是慨然叹曰：“今也贤母之志与共姜同。虽不自赋诗，而世之士大夫推其意而代之言，此盖出于民之性，而先王之泽也，是宜刻梓传世，以为人妇者之劝。虽然，诗人之吟咏夥矣，类多烟霞月露之章，草木虫鱼之句，作之无所益，不作不为欠也，华编巨册，摹印而行者比比有之，其视贤母之诗，有补名教者为何如哉?”③ 强调“以为人妇者劝”和“有补名教”，指斥“烟霞月露”、“草木虫鱼”之诗，所倡导的则是诗歌的“教化”之用。客观的说，在那个时代，提出这样的观点，是顺理成章的。

如果“好诗”仅仅在内容与功能，那么，这看法是肯定有失偏颇的，所以，宋濂论诗固然看重诗歌的内容与诗歌的教化作用，但他又并非不讲诗歌的艺术性。比如，他肯定天台方明敏所作“发于声诗，往往出人意表”，称其“古诗俊逸超群，如王子晋鹤背吹笙，随风抑扬，声在云外；律诗清丽婉切，譬犹长安少年，饮酒百华场中，莺歌蝶拍，春风煦然扑人，终日传杯，而醉色不起。”④ 他一贯地崇尚《诗经》，所以也一再提倡诗要有“比兴”，因此对于取法比兴的诗歌与诗人总是给以鼓励与首肯。如，他称道金华许存礼之诗“取法比兴有近于古作者”。⑤ 又如，他指出“古之人送别，多发为声诗，以致期望祝规之意。而唐为尤盛。然其为辞，托物以喻，盖得夫比兴之义为多”⑥ 等。诚然，在诸种文学体裁里，诗比起散文来更讲形象性，要使得形象生动，用毛泽东同志与陈毅元帅谈诗时的话来说，比兴之法是不能不用的。

对于诗歌，宋濂还十分看重其中的“格力”与“气象”。比如，他批评“唐初承陈、隋之弊，多尊徐、庾，遂致颓靡不振。”又肯定陈子昂、李白和杜甫，指出：陈子昂能“专师汉魏”，“开元、天宝中，杜子美复继出，上薄《风》《雅》，下该沈、宋，才夺苏、李，气吞曹、刘，掩颜、谢之孤高，杂徐、庾之流丽，真所谓集大成者，而诸作皆废矣。并时而作有李太白，宗《风》《骚》及建安七子，其格极高，其变化若神龙之不可羁。”他评价“王摩诘依仿渊明，虽运词清雅，而萎弱少风骨。”⑦ 这些都是既着眼于诗歌的继承“风”、“骚”传统，又着眼于其中的“气象”与“格力”或曰“格调”的。

风格，同样是“好诗”的内在要求。因此，宋濂论诗其实也是注重诗歌的不同风格的，即使是同一个诗人的作品，他也指出了其中的风格的多样性。比如，他说建德马莹虽然“才气倜傥”，但科场失意，“于是悉发之于诗。凡身之所历，山容水色，民情物态，莫不模写靡遗。当其良朋胜友之集，辄酣觞赋诗，顷刻百余言，落笔弗能自休。虽不规规然骋工巧于片辞之间，而其音节之铿锵，言辞之俊逸，如扬飘大江，风利桅劲，一泻百里而略无留难之意。”⑧ 用形象的语言来展示马莹诗歌特别是音节与语言的风格。又如，

① 《汪右丞诗集序》，第 482 页。
② 《田氏哀慕诗集引》，第 499 页。
③ 《刘母贤行诗集序》，第 1172 页。
④ 《东轩集序》，第 1304 页。
⑤ 《樗散杂言序》，第 2024 页。
⑥ 《题越士饯行卷后》，第 2087 页。
⑦ 《答章秀才论诗书》，第 208 页。
⑧ 《马先生岁迁集序》，第 2029 页。

他称和阳人王秉彝“轩冕之荣不足以羁其迹，贝珍之丽不足以累其高。肥遁遵《大易》之戒，知足法老氏之旨。吸清涧曲，采绿岩口”，“当其萝月斜映，松飙递响，寄酒赋于闲情，发琴歌于逸韵”，诗文汇成《乐善集》，“或寓诸赋咏，或纪于文辞。绝去下蔡之音，壹是大雅之倡。言其典雅，则冠冕佩玉揖让庙堂也；言其雄浑，则江海澄波涵容羲娥也；言其劲正，则苍官青士共傲岁寒也；言其淳古，则殷敦周酏有异亵器也。皆可遗芳不朽，垂裕后昆。”点明了王秉彝诗歌风格的丰富多彩。① 再如，他称陶渊明的诗歌是“和而节，质而文，风雅之亚”、“淡泊”、“平易”②，说吴兴人林静“笃志濂洛关闽之学，寤寐不忘”，“文则丰腴雅驯，诗则藻丽典则”③ 等，也都是他对于诗人们作品风格的评点。

何得而“为诗”？能“为诗”者在于诗人；能成为诗人者，也必定有异于非诗人的应有素质。宋濂在其诗论中不仅考索了“诗”的一般特点和“美诗”的一些特征，而且也十分注重探寻一个人能够成就为诗人的种种因素。比如，他在《林伯恭诗集序》里说过：“诗，心之声也。声因于气，皆随其人而著形焉。”④ 诗为心声，声因于气，而人皆有“心”，人皆有“气”，但为什么有些人能够成为诗人，有些人则不能呢？按照宋濂的说法，是“随其人而著形”，换个说法，诗人是有“个性”与禀赋的，由此，宋濂又说：“必有颖悟绝特之资，而济以该博宏伟之学，察乎古今天人之变，而通其洪纤动植之情，然后足以凭籍是气之灵。”天资、博学、悟性、观察力，加之以“气之灵”，这才能成为诗人，才能作出诗歌。他的这一观点虽然注重个人主观因素，没有囊括作为诗人素质和能够作出诗歌的全部因素，但是如果联系到前面所述的他的“感物”之说，可以证明他的这一观点也是体现了相对科学与合理的因素的。

宋濂在《刘兵部诗集序》里更是明确地提出了“五美云备，然后可以言诗”⑤ 的观点。所谓“五美”：一是“天赋之才”，说是“非天赋超逸之才，不能有以称其器”；二是“轨模百家”，认为“才称矣，非加稽古之功审诸家之音节体制，不能有以究其施”；三是“师友切磋”，云“功加矣，非良师友示之以轨度，约之以范围，不能有以择其精”；四是“雕刻琢磨”，曰“师友良矣，非雕肝琢膂，宵咏朝吟，不能有以验其所至之深浅”；五是“得江山助”，说是“吟咏侈矣，非得夫江山之助，则尘土之思，胶扰蔽固，不能有以发挥其性灵”。这“五美”，兼蓄了诗人的才识、学养，创作态度，外物感触，论述简洁而又涵盖广阔，并且，已经涉及了诸如“究其施”、“择其精”、“浅深”、“性灵”等这些有关诗作的品位与情感问题，反映了宋濂对于诗人素质和诗歌创作的深刻见解。

二

宋濂的诗论能在纷纭繁杂的诗歌研究领域里形成自己的观点，而且也对于当时的诗坛产生了影响，别的姑且不论，只是看他的文集里有那么多的人请他作序，求他发表对诗歌的评价及教诲，这不仅仅是因为看重他的“道德文章，蔚为一代真儒”⑥，而且自然也是因为有感于他对于诗歌和诗歌理论的深厚造诣和深刻见地。这里，不妨探讨寻绎一下宋濂诗论形成的背景与渊源。

宋濂历经元蒙统治与朱明王朝，目睹了元蒙统治者对于汉人和汉文化的鄙弃，也目睹了一段时期以来朝野内外风气不古的现状。明朝开国之后，宋濂受到了朱元璋的重用，饱读诗书的他自然会以立德、立功、立言的“三不朽”来自勉和勉人。他的诗论，一方面是对以历代儒家所倡导的“礼仪之邦”为核心标准的

---

① 《王氏〈乐善集〉序》，第2030页。

② 《题张溯和陶诗》，第1678页。

③ 《愚斋集序》，第1859页。

④ 《林伯恭诗集序》，第1008页。

⑤ 《刘兵部诗集序》，第608页。

⑥ 何子祥：《重修学东宋祠记》，转引自《宋濂全集》第2374页。

千年古道的捍卫和兴复，另一方面又是他作为一个崇尚道学的文学家所同样具有的深厚的文化思想底蕴的内在表露。前面所述的他对于诗歌以及诗人的一系列观点，都可以看作是这两个方面的集中反映。

在宋濂的学习生涯中，他在自身嗜学苦读的同时，又曾经直接师从当时的教育家闻人梦吉和被称为“当代大儒”的黄溍、柳贯和吴莱，他们对于诗文的观点不能不对他产生深刻影响。比如，宋濂在论述黄溍的学术成就时说道：“先生之所学，推其本根则师群经，扬其波澜则友迁、固”，其学术“精明俊郎，雄盖一代，可谓大雅不群者矣”，其文“上而六艺，下而诸家言，所倡虽有大小之属，其生色之融液，至今犹津津然”，“追念畴昔（自己）侍几杖华川之上，先生酒微酡，历论文辞，原乎学术，每至数百言。”① 再联系到他说过的作诗需要“良师友”的切磋讨论的观点，我们是不难想见前辈先生论诗论文的思想对他所产生的影响的。

宋濂虽然反对有“儒者之诗”与“诗人之诗”的分判，秉持的是“儒者之诗”的观点，否认有“诗人之诗”，这固然是他论诗的一个局限，但是，既要论诗，那么，在客观上他又不得不言及历代诗人，不得不关注“诗人之诗”，评论家有时确也会有理论和实际不相一致的矛盾，因而他的诗论也的确是在大量阅读前人诗作基础上所得出的感悟与总结。这在他的《答章秀才论诗书》中就可以看出。在这里，他说了“三百篇勿论矣”，于是从苏武、李陵，建安的“三曹”、刘桢、王粲，正始的嵇康、阮籍，太康的陆士衡兄弟诸名家和左思、张翰，然后说到陶渊明、“元嘉以还”的“三谢、颜、鲍”以及之后的沈约、江淹等作者，接着言及从初唐到晚唐的大批诗人，最后评价北南两宋如晏殊、杨亿、苏子美、梅圣俞、欧阳修、王安石、苏东坡、黄庭坚、“江西诗派”、中兴四大诗人直到宋末之诗人，仅仅由此，人们就不难体会到宋濂是读贯古今之诗的，更何况与他差不多时期的大量元明时人的诗作呢？也正是因为品味了诸家众作，所以他才能在比较中指出各人各家的承继渊源和崇卑高下，尽管他的品评标竿是唯“古道”所准，所下的结论在今天看来也未必都是准确公允的，但至少有他自己的识见与观点。也就是在他的《答章秀才论诗书》中，宋濂针对章氏“疑历代诗人皆不相师”之论，由此及彼，议论风发，提出了“诗之格力”会“随世而变迁”和诗人皆“相师”的诗评主张。比如，他说苏、李之诗“纡曲凄婉，实宗《国风》与楚人辞”，说正始诗人嵇康、阮籍“师少卿而驰骋于《风》、《雅》者”，说“沈休文拘于声韵，王元长局于褊迫，江文通过于摹拟，阴子坚涉于浅易，何仲言流于琐碎，至于徐孝穆、庾子山一以婉丽为宗，诗之变极矣。”接下来论述历代诗人，宋濂主要也是指出他们对于前人的有相有变——亦即“相师”与“变迁”，他说道：“诗之格力崇卑，固若随世而变迁，然谓其皆不相师，可乎？第所谓相师者，或有异焉。其上焉者师其意，辞固不似，而气象无不同；其下焉者师其辞，辞则似矣，求其精神之所寓，固未尝近也。然唯深于比兴者，乃能察知之尔。”② 如此来论述“相师”，又把他关于作诗需要“五美云备”中的“师友切磋”之“师”的内涵进一步扩大，而最后仍然又是归结到了作诗要轨模《诗经》、深于比兴的观点上。

宋濂的诗论同时也继承了历代论诗者的传统，进一步丰富了前人的理论。比如，他强调诗歌要能补世教、移风化俗，这是他对于孔子“思无邪”、“兴、观、群、怨”，以及刘勰“原道”、“征圣”等前人思想的继承。他主张取法“六经”，认为“文学之事”“当以圣人之文为宗”③，他说过：“君子之言，贵乎有本，非特诗之谓也。本乎仁义者，斯足贵也”，称许林汝文能够师法《诗经》，从中学习先王之政教、贤人之性情之正与道德之美，治身而“醇如”，“形乎诗”则“其词粹如也”。④ 这些观点其实是源自于汉儒及

① 《金华先生黄文献公文集序》，第1985、1986页。

② 《答章秀才论诗书》，第207、208、209页。

③ 《浦阳人物记·文学篇》序，第1838页。

④ 《林氏诗序》，第1729页。

后世诸儒，也包括刘勰主张的“崇经”之说。正如他对于诗歌之“气”的论述，也是上继孟子、曹丕诸人而又有自家之得的。孟子云：“吾善养吾浩然之气”。曹丕说：“文以气为主”。孟子说的“气”，是得之于天地、贯之于心胸、凝结于人之精神的广大之“气”，是如后来文天祥所说的“天地有正气”。曹丕说的“气”主要是指诗文中表现的“气息”，如舒张、郁积之类，或者说是“贯通”、“舒畅”、“阻滞”、“扞格”等类。宋濂即发展了他们的思想，把这“气”扩充为气质、气象、气韵、格调等。比如，他称柳贯的气质是“局度凝定，燕居默坐，端严若神”，“为文章有奇气，舂容纡徐，如老将统百万雄兵，旗帜鲜明，戈甲辉煌，不见有喑呜叱咤之严。”① 又如，他批评“世之学诗者众矣，不知气充言雄之旨，往往局于草木虫鱼之微，求工于一联只字间，真如苍蝇之声，出于蚯蚓之窍而已。”② 此“气”又是指做人作诗的格调与品位了。再如，宋濂关于诗歌的“性情”、“感物”、“雅正”、“教化”等理论，则是对《诗大序》和朱熹《诗集传》等前人论诗者的继承与发展。如《诗大序》说诗“情动于中而形于言，言之不足故嗟叹之，嗟叹之不足故咏歌之”，“动天地，感鬼神，莫近于诗”，诗可以“美教化，移风俗”。朱熹则说：“人生而静，天之性也；感于物而动，性之欲也。夫既有欲矣，则不能无思；既有思矣，则不能无言；既有言矣，则言之所不能尽，而发于咨嗟歌咏之余者”③。宋濂明确认为汉代序《诗经》之人是“后世训诗者之楷式”④。又比如，他论诗人诗作的风格，也从前人诸如司空图的《二十四诗品》等诗论中吸取了一些观点。

宋濂说过：“为文非难，而知文为难。”⑤ 又说：“诗之为学，自古难言。”⑥ 其实，作诗知诗论诗都是难事，故自古以来真能为之者也是不多的，能够让人接受者则更加不容易了，宋濂论诗虽也揣摩百家，但并没有步趋前人而止，而是把它们熔铸于自己的思想之中，语由己出，因此，不用说当时的人，即便是我们今天来读他的诗论，也仿佛身临其教，是颇能有所得的。

三

宋濂的诗论，有一个非常重要的基础，就在于他自身有着诗歌创作的实践和体验。他的诗歌，就目前所见，在数量上远少于文，影响也远没有散文那样大，但是，他的诗歌也有自己的成就和影响。明代著名文学家、史学家王世贞就说过：“宋景濂、王子充虽以文名，而诗亦严整妥切。”⑦ 沈德潜编诗有严格要求，但在《明诗别裁集》里也收入了宋濂的诗。郭绍虞先生说，宋濂的诗论对于前后七子的影响“多少有些关系”⑧。明代文学中具有代表性的思潮是“文必秦汉，诗必盛唐”，宋濂自云“复出新篇什，自谓宗汉魏”⑨，对于这一复古思潮的形成，他应该是产生了影响的。

宋濂的诗歌，就其内容来看，有部分是应制诗，尽管也有情境与格式的要求，但自然多应景与颂德之作，可以先抛开毋论。除此之外，再看他的其余诗作，题画、抒怀、写景、送别、酬人、怀古、感遇等，也还是很有覆盖面的。

---

① 《故翰林待制承务郎兼国史院编修官柳先生行状》，第 120 页。
② 《林伯恭诗集序》，第 1008 页。
③ 朱熹：《诗集传序》，上海古籍出版社 1980 年版，第 1 页。
④ 《杜诗举隅序》，第 1086 页。
⑤ 《丹崖集序》，第 490 页。
⑥ 《清啸后稿序》，第 489 页。
⑦ 见《宋濂全集》，第 2676 页。
⑧ 郭绍虞：《中国文学批评史》，上海古籍出版社 1979 年版，第 328 页。
⑨ 《游径川水仙寺……》，第 2203 页。

宋濂在元蒙统治时期，“至正中荐授翰林编修，以亲老辞不行，入龙门山著书。”① 反映了他对于元蒙统治的不合作之态，这是他强烈的民族精神的体现。他曾评论合肥人余廷心“文与诗皆超逸绝人，书亦清劲，与人不相类。然其忠义之气可以惧乱贼，清恶厉”②。在宋濂自己的诗歌里也同样表达了对于戍边抗战的将士们的赞颂与敬仰，寓民族大义和爱国精神于其中。比如，他的《题李广利伐宛图》③：

贰师城头沙浩浩，贰师城下多白草。六千铁骑随将军，风劲马鸣高入云。师行千里不畏苦，战士难教食黄土。上书天子引兵还，使者持刀遮玉关。乌孙轮台善窥伺，宛若不降轻汉使。玺书昨夜下敦煌，太白高高正吐芒。戍甲重徵十八万，居延少年最翘健。杀气漫漫日月昏，边尘冉冉旌旗乱。水工决水未绝流，旄竿已揭宛王头。执躯校尉青狐裘，牝牡三千聚若丘。惜哉五原白日晚，郅居水急游魂返。

这是一首题画诗，史实是李广利最后还是终至战败而投降匈奴了，是耶非耶，暂且不论，但这首诗歌对于李广利是作了正面表现的，诗既写出了边战的艰难困苦，更叙写了汉军将士的英勇善战、威武不屈，末后的“惜哉”二句，则表示了对将士结局的惋惜。

又如《答胡将军》诗云：“将军去征蛮，军气如鹰扬。宝剑白玉缀，铁马青丝缰。旌甲带亮月，笳箫激清商。韩彭当后拒，褒鄂作前行。顾盼多姿态，出入生容光。奋迅东海滨，海水为腾骧。定如汉贰师，去缚楼兰王。想见凯旋时，横槊赋篇章。椎牛飨壮士，歌之侑行觞。功勋名鼎鼎，永世不能忘。”④ 诗当是酬答明初著名将领胡大海的，据《明史·列传第二十一》：“胡大海，字通甫，虹人。长身，铁面，膂力过人。”一生为大明朝冲锋陷阵，攻城略地，“善用兵”，自言“不杀人，不掠妇，不焚毁旅舍”，“又好士，所至辄访求豪俊，刘基、宋濂、叶琛、章溢之见聘也，大海实荐之”，死后，朱元璋亲下诏书上谥号，“追封越国公，谥武庄，肖像功臣庙，配享太庙”。诗歌前半首写将军的勇猛与英姿，后半首写作者的想象与祈愿，全诗虎虎有生，一无萎靡之气，与“诗主”自言“吾武人，不知书”的胡将军又情境相谐。

再如他的《题宗忠简公诰》⑤ 一诗，虽然是因为王翿“书名诰上”所作，但写出了中原板荡和忠勇乡贤、民族英雄宗泽的高风亮节，“君不见汴京礼乐正全盛，江南杜宇啼天津”，寓英雄的结局于民族的哀痛之中。诗赞颂宗泽，把其置于抗金的大背景来写，开头就说：“青城妖侵连云赭，犬羊在都龙遁野。百年艺祖旧河山，万骑长躯若冰解”，而宗泽则是“君侯心事汉武侯，伟气英声冠千祀”，诗又对当道奸臣作了鞭挞，所谓“吁嗟翻辈真奴臣，贼君致寇肥其身”。诗中写宗泽是“京城留守一世豪，仰天雪涕风萧骚。起扶白日照河北，赤手欲障三秋涛。义旗戛天天为泣，四方猛士闻风集”，“披肝上疏留至尊，乘舆不顾东南巡。拊床三叫大星落，非天弃宋良由人”，字里行间，爱恨分明，诗句流利，英气逼人。

宋濂长期生活在民间，对人民甘苦有直接的了解，作为典型的儒者，他对于社会曾经的战乱和灾难、人民所受的痛苦和磨难也都有自身的感受。“有时念下土，临风动哀叹”⑥，“我歌何太苦，触事增百忧”⑦。

---

① 《明史》本传，见《宋濂全集》第 2265 页。
② 《题余廷心篆书后》，第 1577 页。
③ 《题李广利伐宛图》，第 1953 页。
④ 《答胡将军》，第 1947 页。
⑤ 《题宗忠简公诰》，第 1621 页。
⑥ 《和刘伯温秋怀韵》，第 2221 页。
⑦ 《忆与刘伯温同上江表》，第 2211 页。

他的《送刘赞府之官都昌五十韵》① 一诗，先追溯了都昌的历史与地理环境，描绘了它曾经的繁华与安宁，说是“居然风气会，生聚密如织。名区列象犀，高楼发箫笛。酒帘杏花园，渔市萍洲栅。”然而一旦遭遇不测，大火一炬，可怜焦土，这些都霎时不复存在了，于是，作者写道：“连云六千家，一炬半天赫。积尸成陂陀，冻血凝洛泽。瑟瑟骷髅语，多在风雨夕”，画出了一幅大灾大难的凄惨图。刘君就是在都昌复建的同时走马上任的，此君儒雅魁伟，有奇才，作者期望他“应能不负丞，奇略肥民瘠”，“勿升元辰山，去踏马蹄石”。都昌离陶渊明归隐的地方不远，理应可前去瞻仰，但作者告诉刘某：“仕隐各有心，忘世非良则。当如陈大夫，树陂寿民脉。令名垂无穷，晴波共洋溢”，连同对于刘氏在读书、写作、休闲等方面的叮咛嘱咐，诗写得委婉有致，入情入理。

如同他的诗论一样，宋濂也将他对于“古道儒风之不存”的感叹写进了诗里，希望兴复古道，所谓“当持六经炼为药，尽疗天下苍生瘳”②，“研究阴阳序政事，吟咏情性臻和平”③。比如他的《示吕生》④一诗，序文则曰：“六经之后几无文矣，近世学者专攻浮褥之章，动以鼓吹六经为辞，予实病焉。因为吕生赋此，以药矜文而丧德者。”在当时的背景下，这颇有些挺身跟“矜文而丧德”之世风抗争与战斗到底之意。诗中说道：“曷以七尺躯，不解分白皂？末俗狂澜奔，湖江决堤堡。郊原化巨浸，何地有桑枣。鱼鳖舞神奸，庐舍作舟岛。非加回障功，未易就平燥。只缘正学微，本末遂颠倒。”这是全诗的其中一段，从中可以见出他所认为的“时弊”之严重以及由此而生发的强烈幽愤。

宋濂说过：“牵情缀思，莫难于别离；感物成声，莫逾于歌咏”。⑤ 在他现存的诗歌里，送别的作品不是很多，但往往表现真情实感，款款动人。比如《走笔送金贤良》⑥：“飘零已觉二毛侵，且向西风问苦吟。延雨蛮烟十年梦，龙韬豹略一生心。星垂钟阜知天近，水入秦淮似海深。不是秋帆连夜发，典衣呼酒共登临。”诗以七言律为作，首联感慨深沉，中二联有回顾有寄托，尾联情真意切，朋友挚谊呼之欲出。全诗摈却儿女情长，亦无一般送别时惯有的凄惨之态，深情而旷达。

再如他的《题方生孝孺还天台诗》⑦，全诗十四章，五十六句，用的是五言古体。方孝孺是宋濂的弟子，与宋濂情同父子，甚为宋濂所赏识。宋濂在本诗诗序里开头就说：“古者重德教，非唯弟子之求师，而为师者得一英才而训饬之，未尝不喜动颜色”，指出向其求经者“每有其人”，而“晚得天台方生孝孺，其为人也，凝重而不迁于物，颖锐有以烛诸理，间发为文，如水涌而山出。喧啾百鸟之中，见此孤凤凰，云胡不喜！”因此当方孝孺“别去”之际，先生“因发于声诗一十四章以送之”。诗的首章写分别之时的寒冷天气；二三章是对方孝孺初来时的回忆，言其“才思”斑斓，秀出诸生；四五章写自己获得秀杰之才的欢欣与师生共学的忙碌及愉悦，说是“得之喜欲舞，如获宝璐然”，“探玄欲忘寝，荐味如啖蔗”；六七两章写的是别时的惆怅与无奈之情，所云“一朝别我去，何以释离忧？”“但愿逆风起，吹舟不得住”；八章是个过渡，说既然老天不能遂人愿，那么只能在离别之际说一番“如赠金”般的“赠言”了；九章至十三章就是他对于爱生的教导与嘱咐，其中九章说的是要坚持学习，不要功亏一篑，十章说的是要参透“六经”，不能“徒溺文辞”，第十一章和十二章希望方氏勇于卫“道”，坚定信念，不可随同流俗，而是要像泰山的“乔松”一样，“老杆凌苍霞”；最后一章写盼望明年春花正开的时候能够再来重聚。全诗蜿蜒逶迤，有回

① 《送刘赞府之官都昌五十韵》，第 2198 页。
② 《天麦毒行》，第 2206 页。
③ 《秋夜与子充论文》，第 2209 页。
④ 《示吕生》，第 1954 页。
⑤ 《送胡判官西迁诗序》，第 2033 页。
⑥ 《走笔送金贤良》，第 1964 页。
⑦ 《题方生孝孺还天台诗》，第 1961 页。

望，有褒奖，有嘱托，有期望，既波澜跌宕，又首尾圜合。

宋濂在《游钟山记》一文中说过："山灵或有知，当使予游尽江南诸名山，虽老死烟霞中，有所不恨。"① 自言"我生素有山水癖，向之不觉开心颜"②。同时，他又善于写景绘形，他的一些游记散文，寥寥几笔，就能生动地表现出山水景致的风神所在，他诗歌里的一些写景之作，也有这个特点。比如，写泰山的"峤娆泰岳拄苍穹，万壑千岩一径通"，"凌晨云漫天涯白，子夜晴摇海日红"③；写濮川八景的"太古烟霞错绣盈，拍天苍翠缬虚明"（福善翠冷），"踏穿清浅水云奔，皓日当空雪满村"（梅径花舞），"落日半竿花未睡，采莲人逐钓船归"（荷陂晚风），"霜花零落暮秋寒，一醉西风树叶丹"（化坛枫映），"苍冥不挂一帆丝，两岸渔歌月上迟。看破婵娟全面目，菱花无语笑冯夷"（幽湖月满）④。又如写春日绣湖的"雨花林下寺，风柳驿边楼。漠漠芙蓉浦，依依杜若洲"⑤，等等，都写得生动传神，呼之欲出。

诗歌是语言的艺术。关于宋濂诗歌的艺术成就，这里不打算一一评价，而只是想就他诗作的语言特点谈一点看法。宋濂论诗推崇《诗经》，因此他有些诗歌的语言显得比较古奥，特别是那些四言体的（从广义上说，那些碑铭或有些序文中末后的"四言"文也是可以看作是诗歌的），而且，由于过分强调教化，有些诗歌的语言也不免失之于枯燥乏味，但是，他的不少诗歌的语言总体上也还比较平稳妥帖，明白晓畅，琅琅上口，这与前面说过他善于广泛学习古今之诗是分不开的。他的一些诗歌特别注明"拟古"（如《拟古二首》）、"拟宫体"（如《和胡古愚拟宫体》），有的则标明"效唐人体"（如《艳阳词三首》）、"效白乐天体（如《义侠歌》），但是，模拟不等于模仿，模仿是不讲创造，如同鹦鹉学舌，所以作品一无价值，模拟则是效仿其体而自创诗歌的作意。比如他的"效唐人体"的《艳阳词三首》之二："九子金铃出九龙，流苏杂彩出芙蓉。东风不管花无力，吹满昭阳第一宫"，⑥ 即使放入唐人的宫词里，也是不为逊色的。又如他的"效白乐天体"的《义侠歌》⑦，用对比的手法表现了宋金时期一位宣和进士董元卿的无情和无名氏兄妹的侠义，说董氏因为中原沦陷后，隐姓埋名入住旅舍，旅舍主人怜其孤独，买来一名貌美手巧、有情有义的姑娘陪伴董氏，当董氏提出要回南方看老母时，姑娘又亲手制作衣袍并叫来自己的哥哥带重金护送董氏回家，谁知董氏家里尚有妻儿，而其妻又有些凶悍，那姑娘来看董氏，颇遭难堪，董氏却无能保护她，于是，姑娘不辞而别，决然离去。诗用的是叙事体，遣词造句也富于叙事意味，因此，全诗很有白居易《琵琶行》、《长恨歌》那样的波澜曲折，引人入胜。

宋濂在注重向前代文人学习的同时，也善于向民歌的语言学习，如《越歌约杨推官同赋八首》中的"劝郎莫贪鉴湖鱼，劝郎莫弃别时衣。湖中鲤鱼好寄信，别时衣有万条丝"，"阿侬羞杀黄帽郎，桂舟兰楫藻中藏。芦竹生花秋满地，棹歌才动便寻榔"，"春望山头松百株，若耶溪里好黄鱼。黄鱼上得青松树，阿侬始是弃郎时"，⑧ 等，很有古乐府特别是南朝乐府的风韵，语言质朴，读起来趣味盎然。再如他的《题五云书院壁》中的"竹山青，梅溪绿，溪绿山青原不俗。梅溪缭绕竹山旁，竹山屹峙梅溪曲。梅溪绿，竹山青，溪绿山青原有情。竹山永结梅溪社，梅溪长固竹山盟。"⑨ 这样的诗句，语言回环往复，垒垒如贯珠，而

---

① 《游钟山记》，第 211 页。
② 《画山水图歌》，第 2213 页。
③ 《登岱》，第 2223 页。
④ 《濮川八景诗》，第 2222、2223 页。
⑤ 《春日绣湖与德元同行》，第 2224 页。
⑥ 《艳阳词三首》，第 2204 页。
⑦ 《义侠歌》，第 2207 页。
⑧ 《越歌约杨推官同赋八首》，第 2201 页。
⑨ 《题五云书院壁》，第 2225 页。

且，明白如话，简直就是一首山歌。不过，由于过分追求对于“道”的表现，宋濂不少诗篇的语言确也显得有些枯涩而有损诗歌应有的韵味。

在诗歌的体制方面，五言、六言、七言、杂言、古体、近体，宋濂的诗作中都有过尝试，而且也大都能入其肌理。特别是五言，数量上更为多些，结章构句，也往往得汉魏诗家的风致。至于四言，虽不止见于碑铭一类文体之中，单篇独曲的也有，但相对较少，拿他《题张泐和陶诗》文中所说的是“诸四言及《形神释》《桃源》等什则不和，恐难继也”①，是否连宋濂自己也认为“难继”而少作，即未为知矣。

作者简介　胡浙平，浙江科技学院党委副书记。

① 《题张泐和陶诗》，第1677页。

明代浙江商贾与文学的互动与演变
——以宋濂、王守仁、徐渭为例

陈书录

浙江文学在明代文学发展中有重要的地位，呈现出多彩多姿的风貌，其中商贾与文学的互动也颇有特色。在商贾与文学的互动中，元末明初的宋濂、明中期的王守仁、明后期的徐渭以各自不同的色彩，勾画出明代浙江文学演变的轨迹。

一

浙江是商贾活跃的地区，明清时期的“十大商帮”中有浙江的宁波商帮、龙游商帮。元末明初的宋濂（1310～1381）深受商贾之风的影响，他的诗文集中时有士商互动的亮色，大致五个方面：一是塑造善贾及商人妇形象。在《送吴仲实还金溪序》中展示了他理想中“善贾”的形象：“仲实不见夫善贾乎，当众人竞取之时，则弃之；竞鬻之时，则置之。其不取则已，取必穷海内之珍；不鬻则已，鬻必获巨万之富矣。”① 人取我弃，人弃我取，而且“取必穷海内之珍”，“鬻必获巨万之富”，这就是宋濂眼中的“善贾”。他在《题吴节妇诗后》（《宋濂全集》中塑造贞节又能文的商人妇形象：“临川吴节妇黄氏贞而甚文”，“夫泰发贾死江湖间，二子、一女幼，黄氏苦心瘁形，慈鞫严教，诗其教之一端也。余诵其辞，愈叹异焉。妇人之不贰其志者，古多有之矣，而未必能文也；间有能文者矣，其行未必皆善也。”② 二是揭露刁商、奸商的嘴脸。《元故方府君墓碣铭有序》中将刁商贱称为“贾竖”，说墓主方应元为刑曹史时遇到“豫章二贾竖衔人与之仇，欲以伪造钞诬之”，方应元便加以痛斥：“讯狱当两造具备，人奈何受尔诬？祸将不测矣。”结果“一听一不听。听者免，不听者果抵死罪。”③《送翁好古教授广州序》中抨击“行赇觅荐”、扰乱学风的商贾：“近代以来，急于簿书期会，而视教民为悠缓。可学计者，以岁月序迁。豪右海商，行赇觅荐，往往来倚讲席。”④ 三是通商利民。《大明故王府参军追封缙云郡伯胡公神道碑铭》中说胡深在任浙东行省左右

① 《朝京稿》卷2，《宋濂全集》，浙江古籍出版社1999年版，第1677页。
② 《朝京稿》卷2，《宋濂全集》，第1664页。
③ 《翰苑续集》卷4，《宋濂全集》，第848页。
④ 《翰苑别集》卷1，《宋濂全集》，第970页。

司郎中时，得知“江西食东浙盐，而有司十分税一，贩者鲜至”，便“稍以二十分收一，商贾遂通。”①《胡越公新庙碑》中赞美胡大海治理婺州的政绩：“昔也商贾不通，布谷不登，今也市区充溢，百货具集，非公之赐欤?”②《送刑部尚书李公新除浙江行省参知政事序》借商贾等口吻歌颂济物恤民的李文彬：“公惟知恤民为急而无所外慕。由是荐绅之胜流、岩穴之处士、与夫伎艺百工商贾之属咸欢然称之曰：‘活我子女，全我室庐，存我金缯者，其惟我李公乎!’”③《故龙泉汤师尹甫墓碣铭有序》说汤京奏请朝廷，“减官煮盐十万引，罢口赋法，从商贾转鬻民间，民力大纾，实府君倡之。”④《元故延平路总管项君墓志铭有序》中写项棣孙提举泉州市舶司事时，“适丁岁俭，道殣相望，防御卒出掠乡落，或至杀人。君知事且急，往白君守契玉立共捐俸，倡大商人入金，易粟振之，一郡获宁。”⑤ 这是写动员商贾扶困济民，《承事郎彰州府漳浦县知县张府君新墓碣铭有序》则写彰浦县知县张理重商通商为构建小康社会的一大举措：“里岁俭，府君移粟以振。仍禁山谷氓勿出钞道，商贾懋迁如承平时。四方辟地者三百余家，皆依府君以为安。五年之间号为小康。”⑥ 四是辩诬护商。《元故延平路总管项君墓志铭有序》中写福州路总管府推官项棣孙“在福州时，有海贾林氏，尝驾大舶行诸番间，舶上列旗帜，设金鼓，以备不虞。仇家诬其为乱。时上，廉访使者竟簿录其家。君为白之，活者数百人。”⑦《元故从仕郎兴化路总管府经历李公墓志铭》中写赣州路总管府知事李约揭穿与打击诬陷者，为商人洗清不白之冤：“庐陵欧阳某，商番禺，道出于赣，必假馆杨氏。杨逋其泉，久弗偿，欧阳与绝交，杨衔之。欧阳自番禺还赣，值滩险覆舟，杨诬其诈不输税于官，官下欧阳于狱。公廉知其实，白出之，杨服罪。”⑧ 五是神化商贾。《温州横山仁济庙碑》记载：“光化（898～901，唐昭宗年号）末，天台大饥，神化为商，载米货人。已而投杖于江，变成赤龙，骑而升天。”⑨ 这是写神化为商而救济灾民，《狮子山徐将军庙碑》则是写商化为神而受民众供奉：“将军乌程人，晋时行贾江淮间，遁庐之巢湖，溺死。死而为神，巢民奉之甚谨。”⑩

在中国历史上，对于农耕与商贾关系有截然相反的两种的看法：一是“重农抑商”，一是“农商皆利”。在先秦时代，这两种思想虽然有消有长，但也相互并行。而到汉代，“重农抑商”的一方大为抬头，“高祖（刘邦）乃令贾人不得衣丝乘车，重租税以困辱之。”⑪ 特别是随着汉武帝时桑弘羊“务本（农）抑末（商）”⑫ 和董仲舒“正其谊不谋其利，明其道不计其功”⑬ 主张成为统治思想，朝廷奉行的政策中“重农抑商”的倾向越来越严重。到中唐时期，韩愈、白居易等人开始扭转“重农抑商”的倾向，他们强调士、农、工、商“四民”的“相生养之道”⑭，北宋的范仲淹、欧阳修等在朝廷政策的层面忧“商贾不行”⑮。显然，宋濂有关商贾的论述正是沿着中唐韩愈、柳宗元与北宋范仲淹、欧阳修等人思路推进的，体现了崇

---

① 《銮坡前集》卷3，《宋濂全集》，第372页。
② 《銮坡前集》卷5，《宋濂全集》，第436页
③ 《銮坡后集》卷7，《宋濂全集》，第710页。
④ 《銮坡续集》卷2，《宋濂全集》，第824页。
⑤ 《翰苑续集》卷4，《宋濂全集》，第855页。
⑥ 《銮坡后集》卷2，《宋濂全集》，第594页。
⑦ 《翰苑续集》卷4，《宋濂全集》，第854、855页。
⑧ 《芝园前集》卷8，《宋濂全集》，第1310页。
⑨ 《翰苑续集》卷2，《宋濂全集》，第819、820页。
⑩ 《朝京稿》卷1，《宋濂全集》，第1652页。
⑪ 《史记》卷30《平准书》，中华书局1975年版，第1418页。
⑫ 《汉书》卷66《公孙刘田王杨蔡陈郑传》，中华书局1992年版，第2903页。
⑬ 《汉书》卷56《董仲舒传》，第2524页。
⑭ 《原道》，韩愈著，马其昶校注，《韩昌黎文集校注》卷1，上海古籍出版社1987年版，第15、16页。
⑮ 参见本书第一部分《儒商精神的复兴与中唐诗文革新》，第二部分《北宋诗文革新中“农商皆利”与“重农抑商”的两种思潮》。

儒扬善、参赞化育而"道明德懿，风俗淳厚"① 的精神，又融入了崇尚朱（熹）学、理学治国的精神，是儒商伦理与文学的互动，这与他崇儒宗经、文道合一的文学思想是大体一致的：

文者，道之所寓也。道无形也，其能致不朽也宜哉！是故天地未判，道在天地；天地既分，道在圣贤；圣贤之殁，道在六经。凡存心养性之理，穷神知化之方，天人应感之机，治忽存亡之候，莫不毕书之。皇极赖之以建，彝伦赖之以叙，人心赖之以正，此岂细故也哉！后之立言者，必期无背于经，始可言文：不然，不足以兴此也。②

宋濂的文学创作也有与其文学理论相映照的地方。当他在洪武初入仕台之后，便热心于朝贺、宸游、台阁应酬中寻找诗文创作的题材，乐于以应制诗文为明王朝歌功颂德，其文如《进大明律表》、《进元史表》、《平江汉颂》、《凤阳府新铸大钟颂》、《见山楼记》和《阅江楼记》等；诗如《送钱允一还天台》、《和王内翰见怀韵》等。《阅江楼记》是宋濂奉旨撰文的名篇，在叙写登楼阅览之中歌颂朱元璋定鼎金陵、一统天下之功。歌功颂德之中间有规劝讽谕，纡馀委曲而条达疏畅，庄重典雅而又委婉含蓄，创造了一种雍容和平的境界，是一篇颇为得体的台阁应制文章，集中体现了宋濂"文道合一"、"醇深演迤"的散文风貌。

二

明代中期，王守仁（1472～1529）的心学崛起，不仅动摇着宋濂等奉为明代统治思想的朱熹理学的权威地位，而且使儒商伦理发生了深刻的变化，其中尤为突出的是王守仁建构了"虽终日做买卖，不害其为圣为贤"③ 的新的价值观，将重商思想与儒商伦理提升到最高境界，影响着阳明心学盛行时士与商契合的心态，对明中期后期雅俗文学的发展也有促进作用。

大抵童子之情，乐嬉游而惮拘检，如草木之始萌芽，舒畅之则条达，摧挠之则衰痿。今教童子，必使其趋向鼓舞，中心喜悦，则其进自不能已。譬之时雨春风，霑被卉木，莫不萌动发越，自然日长月化；若冰霜剥落，则生意萧条，日就枯槁矣。故凡诱之歌诗者，非但发其志意而已，亦以泄 其跳号呼啸于歌咏，宣其幽抑结滞于音节也；导之习礼者，非但肃其威仪而已，亦所以周旋揖让而动荡其血脉，拜起屈伸而固束其筋骸也；讽之读书者，非但开其知觉而已，亦所以沈潜反复而存其心，抑扬讽诵以宣其志也。凡此皆所以顺导其志意，调理其性情，潜消其鄙吝，默化其粗顽，日使之渐于礼义而不苦其难，入于中和而不知其故。是盖先王立教之微意也。④

以上论述中有两点特别值得注意：一是"惟当以孝弟忠信礼义廉耻为专务"的童子诗教说与"惟以成其德行为务"儒家（包括儒商）伦理相一致；二是强调"童子之情"的天性，顺其自然，感发志意，舒畅性灵，所谓"舒畅之则条达"，"自然日长月化"。这与王阳明的《节庵方公墓表》中"士以修治，农以具养，工以利器，商以通货，各就其资之所近，力之所及者而业焉，以求尽其心"⑤ 一段论述是相通的；也与王

① 《龙门子凝道记》卷中《先王枢第五》，《宋濂全集》，第 1776 页。
② 《徐教授文集序》，《芝园后集》卷 1，《宋濂全集》，第 1351 页。
③ 《王阳明全集》卷 32《补录》，第 1171 页。
④ 《训蒙大意示教读刘伯颂等》，《王阳明全集》卷 2，《传习录》中，第 87、88 页。
⑤ 《节庵方公墓表》，《王阳明全集》卷 25《外集》7，第 941 页。

阳明所说的儒商方麟有“天质之美”是相通的：

> 吾观方翁“士商从事”之喻，隐然有于古四民之义，若有激而云者。呜呼！斯义之亡也久矣！翁殆有所闻欤？抑其天质之美，而默有契也？①

还与“果能于此调停得心体无累，虽终日做买卖，不害其为圣为贤”② 一段话是相通的，都是强调“求尽其心”、“调停得心体无累”、“自然日长月化”，其中也蕴含着顺应“童子之情”和“调停得”商贾“心体无累”等等 。总之 ，与他的“良知”说是相通的：“圣人只是还他良知的本色”③；“知是理之灵处。就其主宰处说，便谓之心；就其禀赋处说，便谓之性。孩提之童无不知爱其亲，无不知敬其兄，只是这个灵能不为私欲遮隔，充拓得尽，便完；完是他本体，便与天地合德。”④ 显然，王阳明的“良知的本色”说、“孩提之童”“与天地合德”说，尤其是儒商的“天质之美”说以及顺应“童子之情”和“调停得”商贾“心体无累”等等，直接影响到李贽的“童心”说。这也与王阳明的文学思想相互映照。他主张直抒胸臆，不依傍古人，《四库全书总目》称其“为文博大倡达，诗亦秀逸有致，不独事功可称，其文章自足传世。”诗如正德二年（1507）所写的《泛海》、《罗旧驿》，正德八年（1513）所写的《龙潭夜坐》等，均是卓然自立、直抒胸臆之作。《瘞旅文》是一篇哀悼客死异乡的三位陌生人的祭文，凄怆婉转，感情真挚动人。

明代后期的徐渭（1521～1593）的祖上有经商的传统，其兄徐淮曾经商，在他的交游中，也不乏出身于商人家庭者，如其友沈明臣、王寅等。徐渭还曾一度与长子徐枚在京城经商，他在《答吴宣镇》中说：“儿以所惠，权什一于京师，自不得便去。”⑤ 徐渭有为商贾所作的墓志铭如《高君墓志铭》、《伯兄墓志铭》等，也有给商贾的赠序如《寿王翁五十序》、《赠某叟序》等，也有多首写商贾的诗歌如《赋得贾客船随返照来二首》、《胡市》、《集胡贾馆请作乐山诗》等，其中《赋得贾客船随返照来二首》之二云：“千金不惜买鸣筝，万斛鱼盐水上行。几度烟波愁日暮，半程风物趁天晴。西郊鹳鹤摩云入，东道舲舸晚饭迎。笑指红霞如有意，乾衣骑马广陵城。”⑥ 叙商运旅程之事中写烟波淼淼、红霞映照之景，展示了商贾苦心钻营、得利而自得的风貌。由于徐渭曾亲身体验到这种苦中作乐、自得自乐的商贾精神，加上他在科举中八试不售等原因，徐谓形成了自己的独特性格：“为人度于义无所关时，辄疏纵不为儒缚，一涉义所否，干耻诟，介秽廉，虽断头不可夺。”⑦ 与此相关联的是他“随其所宜而适”⑧ 等哲学思想，突破了朱熹《大学章句》、《中庸章句》的樊篱，并且将“本色”⑨ 论、文学发展观和“越俗越雅”⑩ 等文论有机地联系在一起，将诗文等雅文学与戏曲等俗文学融为一体，增强了冲击程朱理学、封建礼教和文学复古主义的力度，显示出徐渭作为晚明文学解放思想先驱者的历史作用。也正是由于徐渭以“随其所宜而适”作为文学思想的哲学基础，所以他将文学的通俗性和平民化及“本色”论有机地结合在一起：

---

① 《节庵方公墓表》，《王阳明全集》卷25《外集》7，第941页。
② 《王阳明全集》卷32《补录》，第1171页。
③ 《王阳明全集》卷3《传习录》下，第106页。
④ 《王阳明全集》卷1《传习录》上，第34页。
⑤ 《徐文长逸稿》卷21，《徐渭集》，中华书局1983年版，第1013页。
⑥ 《徐文长三集》卷7，《徐渭集》，第301页。
⑦ 《自为墓志铭》，《徐文长三集》卷26，《徐渭集》，第639页。
⑧ 《论中五》，《徐文长三集》卷17，《徐渭集》，第492页。
⑨ 《西厢序》，《徐文长佚草》卷1，《徐渭集》，第1089页。
⑩ 《题昆论奴杂剧后》，《徐文长佚草》卷2，《徐渭集》，第1093页。

> 乐府盖取民俗之谣，正与古国风一类。今之南北东西虽殊方，而妇女儿童，耕夫舟子，塞曲征吟，市歌巷引，若所谓《竹枝词》，无不皆然。此真天机自动，触物发声，以启其下段欲写之情，默会亦自有妙处，决不可以意义说者，不知夫子以为何如?①

他又在评梅禹金《昆仑奴》杂剧时说：

> 梅叔《昆仑》剧已到鹊竿尖头，直是弄把喜戏一好汉。尚可撺掇者，直撒手一着耳。语入要紧处，不可作一毫脂粉，越俗越家常，越警醒，此才是好水碓，不杂一毫糠衣，真本色。若于此一恧缩打扮，便涉分该婆婆犹作新妇少年，哄趋所在正不入老眼也。至散白与整白不同，尤宜俗宜真，不可着一文字，与扭捏一典故事，及截多补少，促作整句。锦糊灯笼，玉镶刀口，非不好看，讨一毫明快，不知落在何处矣。此皆本色不足，仗此小做作以媚人，而不知误入野狐，作娇冶也。……点铁成金者，越俗越雅，越淡薄越滋味，越不扭捏动人越自动人。②

虽然说“民俗之谣”在“古”与“今”上有时间距离，于南北东西方有空间距离，但都有相通之处，这就是“随其所宜而适”，或曰“天机自动”、“自有妙处”，适宜于“妇女儿童，耕夫舟子”等市民阶层的欣赏趣味。至于说“雅”与“俗”，既有相对立的一面，但也有相关联的一面，这种关联的哲学基础是“随其所宜而适”，或曰“宜俗宜真”，其本质是“真我真情”或曰“本色”。

总之，与历来重农抑商、贵士贱商的主流思想不同，明代浙江文人大多有较强的重商意识乃至重振儒商精神，但其中也有演变：元末明初的宋濂侧重于崇儒扬善、参赞化育而“道明德懿，风俗淳厚”；而明中期的王守仁由朱熹的理学转为心学，一变为圣化商人，将重商思想与儒商伦理提升到最高境界；明后期的徐渭曾亲身体验到这种苦中作乐、自得自乐的商贾精神，再变为注重士商契合，强调“适宜”、“本色”，成为晚明文学解放思想先驱者之一。

（本文为国家社科规划基金项目“明清区域商贾与文学互动及比较研究”（10BZW068）成果之一）

作者简介　陈书录，南京师范大学文学院教授。

① 《奉师季先生书》，《徐文长三集》卷16，《徐渭集》，中华书局1983年版，第458页。
② 《题昆仑奴杂剧后》，《徐文长佚草》卷2，《徐渭集》，上海古籍出版社1992年版，第1093页。

论宋濂对明代文学的奠基性导向作用

张思齐

宋濂（1310～1381）是站在历史交合点上的伟大的文学家。宋濂对明代文学具有奠基性的导向作用。欲了解宋濂对明代文学的奠基性导向作用，我们须站在宏阔的时代背景上进行研究，即着手处理明代文学的走向问题。明代文学的走向是一个总的研究课题。此课题包含三个层面的子课题。首先，明代文学，其总的特质是什么？其次，明代文学与前代文学有什么不同？复次，明代文学对后代的文学有什么作用？

宋濂，字景濂，号潜溪，明浦江（今浙江金华）人。宋濂在元代度过了一生的大部分时光。他从小博闻强记，受业于吴莱（1297～1340）、柳贯（1270～1342）、黄溍（1277～1357）等元末名儒。由于宋濂学问高明品行高洁，元至正中，他因人推荐获授翰林院编修。然而，面对高官厚禄，宋濂坚辞不受，表现出了极高的民族气节。之后，宋濂隐居龙门山著书，历十余年。明朝初年，明太祖朱元璋征授宋濂为江南儒学提举。宋濂欣然从命，在崇高的职位上黾勉从事，后来官终学士承旨知制诰。宋濂诗文皆善，古文成就尤高。宋濂为文，宗法唐宋，为明代文坛领袖。元明易代，不仅是朝代更迭，而且也发生了文学特质上的明显变化。明代文学，在其初期的主要特点可以归结为两点。第一，明代初期，诗文遭遇厄运。与此同时，空洞模拟的台阁体兴起。第二，在困境中挣扎的明代文学，于戏曲和小说这两个文类中，悄然兴起，并初步崭露了头角。明代文学，在其中期的主要特点也可归结为两点。第一，诗文在弘治和正德年间获得长足的发展，在嘉靖时期发生显著的演化，因而明代文学从总体上看获得了有别于前代的文学特征和美学品质。第二，戏曲和小说在明中期获得大发展，出现了不少名作。总之，文学在明中期获得了复苏和进展，改变了中国文学在元代因遭受异族统治而形成的特殊格局。明代文学，在其晚期的主要特点仍然可以归结为两点。第一，戏曲和小说这两大文类迎来了高潮，出现了《西游记》、《金瓶梅词话》及其他小说，为中国文学在小说这一文类上赢得了世界声誉。第二，以汤显祖为代表的戏剧家实现了中国戏曲创作的繁荣，因而该时期的中国戏剧与以莎士比亚为代表的西方戏剧交映生辉。然而，值得注意的是，晚明文学还见证了一个新文类的辉煌，那就是晚明小品文的茁壮成长。明代文学，在其末期走了下坡路，于是历史的辩证法发生作用，具有某些新质的清代文学成长起来，明代文学则被取代了。明清易代，不仅是朝代更迭，而且也发生了文学特质上的某些变化。以上是明代文学的基本走向。倘若我们将研究的聚焦点锁定在文类的消长之上，那么我们就会发现，散文在明代获得了最为充分的发展。在这里，散文是一个大范畴，并不专指单篇的散文文章。作为创作的载体，散文也存在于戏曲、小说和历史著作之中。在戏曲中，散文仅是部分地存在。在小说中，散文是占压倒性多数的存在。至于历史著作和小品文，那更是纯粹的散文了。由此而观之，只要我们把握住散文的变化，就能在相当大的程度上，把握住明代文学变化的主轴。把握住了明代散文这一主轴，我们就能明了明代文学的特质。把握住了明代散文这一主轴，我们就能明了明代文学与前代文学之差异。把握住了明代散文这一主轴，我们还能明了明代文学对后代的开启。

那么，谁的文章最能体现明代散文的本质特征呢？笔者认为，宋濂的文章最能体现明代散文的本质特征。《明史》卷一二八《宋濂传》："濂状貌丰伟，美须髯，视近而明，一黍上能作数字。自少至老，未尝一日去书卷，于学无所不通。为文醇深演迤，与古作者并。在朝，郊社宗庙山川百神之典，朝会宴享律历衣冠之制，四裔贡赋赏劳之仪，旁及元勋巨卿碑记刻石之辞，咸以委濂，屡推为开国文臣之首。士大夫造门乞文者，后先相踵。外国贡使亦知其名，数问宋先生起居无恙否。高丽、安南、日本至出兼金购文集。四方学者悉称为'太史公'，不以姓氏。虽白首侍从，其勋业爵位不逮基，而一代礼乐制作，濂所裁定者居多。"① 由此可知，宋濂为开国文臣之首，在事功上勋业卓著。不仅如此，宋濂还是明一代之文宗。宋濂的散文，从横向说，影响了东亚和东南亚诸国的文学；从纵向说，其巨大潜质贯穿于整个有明一代。倘若我们细作研究，甚至在清代诸多大家的文学创作中我们也能发现宋濂散文的流风遗韵。

宋濂《文原》便是一篇高屋建瓴的文学批评文献。通过剖析《文原》一文，我们不仅可以了解宋濂的文学思想，也可以尝鼎一脔，了解宋濂散文的写作特征。

余讳人以文生相命。丈夫七尺之躯，其所学者，独文乎哉？虽然，余之所谓文者，乃尧、舜、文王、孔子之文，非流俗之文也，学之固宜。浦江郑楷、义乌刘刚、楷之弟柏。尝从予学，已知以道为文，因作文原二篇以贻之。

其上篇曰：

人文之显，始于何时？实肇于庖牺之世。庖牺仰观俯察，画奇偶以象阴阳，变而通之，生生不穷，遂成天地自然之文。非惟至道含括无遗，而其制器尚象，亦非文不能成。如垂衣裳而治，取诸《乾》、《坤》，上栋下宇，而取诸《大壮》，书契之造，而取诸《夬》，舟楫车马之利，而取诸《涣》、《随》，杵臼棺椁之制，而取诸《小过》、《大过》，重门击柝，而取诸《豫》，弧矢之用，而取诸《睽》，何莫非粲然之文？自是推而存之，天衷民彝之叙，礼乐刑政之施，师旅征伐之法，井牧州里之辨，华夷内外之别，复皆则而象之。故凡有关民用及一切弥纶范围之具，悉囿乎文，非文之外别有其他也。

然而事为既著，无以纪载之，则不能以行远，始托诸辞翰，以昭其文。略举一二言之：禹敷土，随山刊木，奠高山大川，既成功矣，然后笔之为《禹贡》之文。周制聘觐燕享，馈食昏丧诸礼，其升降揖让之节，既行之矣，然后笔之为《仪礼》之文。孔子居乡党，容色言动之间，从容中道，门人弟子，既习见之矣，然后笔之为《乡党》之文。其他格言大训，亦莫不然，必有其实，而后文随之，初未尝以徒言为也。譬犹聆众乐于洞庭之野，而后知其音声之抑扬、缀兆之舒疾也；习大射于矍相之圃，而后见观者如堵墙，序点之扬觯也。苟逾度而臆决之，终不近也。昔者游、夏以文学名，谓观其会通而酌其损益之宜而已，非专指乎辞翰之文也。呜呼！吾之所谓文者，天生之，地载之，圣人宣之，本建则其末治，体著则其用彰，斯所谓乘阴阳之大化，正三纲而齐六纪者也，亘宇宙之始终，类万物而周八极者也。呜呼！非知经天纬地之文者，恶足以语此。

① 中华书局编辑部编"二十四史"简体字本《明史》，中华书局2000年版，第2512页。

其下篇曰：

为文必在养气。气与天地同，苟能充之，则可配序三灵，管摄万汇。不然，则一介之小夫尔。君子所以攻内不攻外，图大不图小也。力可以举鼎，人之所难也，而乌获能之，君子不贵之者，以其局乎小也。智可以搏虎，人之所难也，而冯妇能之，君于不贵之者，以其鹜乎外也。气得其养，无所不周，无所不极也，揽而为文，无所不参，无所不包也。九天之属，其高不可窥，八柱之列，其厚不可测，吾文之量得之；规燬魄渊，运行不息，烛地万荧，纏次弗紊，吾文之焰得之；昆仑县圃之崇清，层城九重之严邃，吾文之峻得之；南桂北瀚，东瀛西溟，杳渺而无际，涵负而不竭，鱼龙生焉，波涛兴焉，吾文之深得之；雷霆鼓舞之，风云翕张之，雨露润泽之，鬼神恍惚，曾莫穷其端倪，吾文之变化得之；上下之间，自色自形，羽而飞，足而奔，潜而泳，植而茂，若洪若纖，若高若卑，不可以数计，吾文之随物赋形得之。呜呼！斯文也，圣人得之，则传之万世为经；贤者得之，则放诸四海而准。辅相天地而不过，昭明日月而不忒，调燮四时而无愆。此岂非文之至者乎？

大道堙微，文气日削，鹜乎外而不攻其内，局乎小而不图其大，此无他，四瑕八冥九蠹有以累之也。何谓四瑕？雅郑不分之谓荒，本末不比之谓断，筋骸不束之谓缓，旨趣不超之谓凡。是四者，贼文之形也。何谓八冥？讦者将以疾夫诚，撟者将以蚀夫圜，庸者将以混夫奇，瘠者将以胜夫腴，觕者将以乱夫精，碎者将以害夫完，陋者将以革夫博，眯者将以损夫明，是八者，伤文之膏髓也。何谓九蠹？滑其真，散其神，揉其氛，徇其私，灭其知，丽其蔽，违其天，昧其几，爽其贞。是九者，死文之心也，有一于此，则心受死而文丧矣。春葩秋卉之争丽也，猿号林而蛩吟砌也，水涌蹄涔，而火炫萤尾也，衣被土偶而不能视听也，蠛蠓死生于瓮盎，不知四海之大，六合之广也，斯皆不知养气之故也。呜呼！人能养气，则情深而文明，气盛而化神，当与天地同功也。与天地同功，而其智卒归之一介小夫，不亦可悲也哉！

余既作文原上、下篇，言虽大而非夸，唯智者然后能择焉。去古远矣，世之论文者有二：曰载道，曰纪事。纪事之文，当本之司马迁、班固，而载道之文，舍六籍吾将焉从？虽然，六籍者，本与根也；迁、固者，枝与叶也，此固近代唐子西之论，而予之所见，则有异于是也。六籍之外，当以孟子为宗，韩子次之，欧阳子又次之。此则国之通衢，无荆榛之塞，无蛇虎之祸，可以直趋圣贤之大道，去此则曲狭僻径耳，荦确邪蹊耳，胡可行哉？予窃怪世之为文者，不为不多，骋新奇者，钩摘隐伏，变更庸常，甚至不可句读，且曰“不诘屈聱牙，非古文也”；乐陈腐者，一假场屋委靡之文，纷糅庬杂，不见端绪，且曰“不浅易轻顺，非古文也”。予皆不知其何说。大抵为文者，欲其辞达而道明耳！吾道既明，何问其余哉？虽然，道未易明也，必能知言养气，始为得之。予复悲世之为文者，不知其故，颇能操觚遣辞，毅然以文章家自居，所以益摧落而不自振也。今以二三子所学，日进于道，聊一言之。①

宋濂《文原》的书写形式值得注意。在文渊阁《四库全书》本《文宪集》卷二五和《明文海》卷一三一中，首尾两段文字均低一格书写，表明它们不是该文本质性的构成，仅起交代写作背景的作用。中华书局 1987 年版《明文海》系据涵芬楼抄本影印，《文原》首尾两段文字同样低一格书写。罗月霞主编《宋濂全集》（杭州：浙江古籍出版社，1999）未作这样的处理，而将各段同等对待。思齐综合参考了各版本，

① （明）宋濂撰，罗月霞主编：《宋濂全集》，浙江古籍出版社 1999 年版，第 1403 页。

标点大体依据郭绍虞主编、王文生副主编《中国历代文论选》第三册（上海：上海古籍出版社，1980）而略有调整；分段则自出心裁。不过，思齐认为，《文原》首尾两段文字并非可有可无。首段固然属于交代背景，然而尾段则议论大事，追溯自古以来文章的流变，并且直接论述了时文与当时文风的关系。

“原”是一种文体，意思是探本求源。作为文章的题目，既可以说“原某”，又可以说“某原”。宋濂作《文原》，其宗旨是对理学与文章的关系进行考察。自从宋代道学兴起以后，道学家与文章学家分门立户，而且他们大多脱离实际，缺少经世致用的功效。宋濂论文，其目的在于探本穷源。他将义理、事功与文章三者合而为一，进行综合考察，并力图把握三者之间的变动规律。《文原》上篇探究文章的起源，论述文章的本体。《文原》下篇剖析文章的利病，论述文章的功用。宋濂体用结合，并以宗经的思想作为论述的中心。宋濂《文原》，不含题目，亦长达千六百十一字。由于其极端的重要性，黄宗羲将之收录于所编《明文海》卷一百三十一，列为“原”这一文类之首篇。明·吴纳《文章辩体序说》：“按字书：‘原者，本也；一说推原也，义始《大易》原始要终之训。’若文体谓之原者，先儒谓始于退之之五原，盖推其本原之义以示人也。山谷曰：‘文章必谨布置。每见学者，多告以《原道》命意曲折。’石守道亦云：‘吏部《原道》、《原人》等作，诸子以来未有也。’后之作者盖亦取法于是云。”① 宋濂下大功夫写这篇长文，颇有些与韩愈相媲美的意思在里头。

从文学思想上看，宋濂《文原》有三点值得我们注意。

第一，宋濂《文原》在思想上具有极大的包容性。宋濂所秉持的是大文章观。文的内容无所不包，而荟萃于六经之中。因此，在宋濂看来，六经既是文章的渊海，又是文章的极则。《易》为六经之首，因此宋濂讲义理、事功与文章三者的关系，乃从《易经》讲起，一步一步进行推论。宋濂的这种大散文观，对于我们今天考量中国的散文文类具有极大的启发性。这是因为，许多人错误地以为，所谓散文，就是抒情散文；所谓散文，就是用来叙写个人私事，把玩方寸之间一刹那心动的小玩意儿。

第二，宋濂《文原》倡导养气。宋濂认为，人生万千事，一切须从根本上做起。文章只是众多事项中的一项而已，因此做文章也必须从根本上做起。所谓根本，不是行文的气势，而是为人的气度和气概，亦即一个人的情操，或曰精神充塞内心的程度。所谓养，就是道德品格的修养。宋濂所谓养气，上承孟夫子的养气说，下启王阳明的良知说。善于运用宋濂养气说的作家，必然知道怎么去把握时代的脉搏，让自己的文学创作自觉地为主旋律服务。宋濂一生的文学创作实践本身就是这一学说的图解。

第三，宋濂《文原》崇实务本，反对为艺术而艺术、为文章而文章的不良倾向。这对于端正那些在科举考试中汲汲于功名的士子之思想是很有好处的。宋濂认为，文章的高下，不应该仅仅在语言文字上下功夫，而应该在人生的根本目的上求锻炼。宋濂认为文章期于辞达而道明，因而他主张取迳欧阳修、韩愈、班固、司马迁、孟子以上窥六经，庶几文以载道，与天地同功。

宋濂的散文创作，各体皆善，留下了《送东阳马生序》、《送陈庭学序》、《王冕传》、《秦士录》、《阅江楼记》等名篇。《文原》本是一篇说理的文章。说理的文章，只要求把道理说得清楚明白，许多的描写技巧修辞手法都难以运用。《文原》只能部分地体现宋濂的散文写作才华，然而，即使从写作特征上看，宋濂《文原》也有一点值得我们特别地加以注意。

宋濂《文原》一文的突出特点，就是文章的结构非常巧妙。《文原》的上篇和下篇，各由四部分构成。这四部分，只要稍加剖判，就可以分成八个部分，它们大致对应于八股文的破题、承题、起讲、入手、起

① （明）吴纳著，于北山校点：《文章辩体序说》，（明）徐师曾著，罗根泽校点：《文体明辨序说》合刊本，人民文学出版社1962年版，第44页。

股、中股、后股和束股。宋濂《文原》与一般八股文的不同之处，主要在于排比句式的使用还不充分。这也告诉我们，八股文的结构也是一般论说文所应当遵循的一种形式安排，它可以有某些变通，也可以有某些省略。这还告诉我们，大凡精心结撰的议论文，其结构往往与八股文暗合。

宋濂《文原》一文，昭示了明代文学的走向。这是因为，明代是中国科举制度的极盛时代，而科举考试的主要文体是八股文。

八股文是明代最为重要的文章形式，它支配着文人们（literati）的实际生活，它参与了明代的政治生活，它还集中地反映了明王朝的国家态势。明代科举考试的总特点是正常化和制度化。洪武三年（1370）明朝首次举行乡试，次年举行会试和殿试。因为缺少经验，又值开国之初，用人急切，明太祖于洪武六年（1373）下令暂停科举。洪武十八年（1385），科举恢复。从此以后，三年一科，成为定制。参加科举者必须是府、州、县学的生员，即秀才。借用现代的术语来说，考生必须有正式的学籍。每逢子、午、卯、酉年的秋八月，秀才前往省会参加乡试，合格者便成为举人。由于乡试在秋天举行，故称为秋闱。乡试次年，即丑、未、辰、戌年的春二月，举人进京参加会试。由于会试在春天举行，故称为春闱。会试及格者，紧接着于三月一日，参加由皇帝亲自主持或者以皇帝的名义举行的考试。这次考试在朝廷的宫殿里举行，故称为廷试或殿试。殿试中选者为进士。进士分为一、二、三甲。一甲三人，统称为赐进士及第，分别称呼即状元、榜眼、探花。二甲若干人，称赐进士出身。三甲若干人，称赐同进士出身。进士的资格，因为是皇帝给的，所以在庄严的场合前边总冠有一个“赐”字，在一般场合则可以省去这个“赐”字。明朝科举考试的命题范围承袭了元朝定下来的规矩，总是以《四书》、《五经》的文句为题目，以二程和朱熹的解释为依据，间用古注疏。永乐中期，胡广（1370～1418）等人奉敕编撰《四书大全》、《五经大全》并广泛刊行于世间。从此以后，古注疏便废弃不用了，考生必须完全依照程、朱的解释而进行发挥。应试文章，其格式规定为八股文。所谓八股，指文章的八个层次，或曰一篇文章所隐含的八个自然段，因为应试文章实际上是不分段书写的。在明代，进士的地位很高。《明史》卷六九《选举一》：“选举之法，大略有四：曰学校，曰科目，曰荐举，曰铨选。学校以教育之，科目以登进之，荐举以旁招之，铨选以布列之，天下人才尽于是矣。明制，科目为盛，卿相皆由此出，学校则储才以应科目者也。其径由学校通籍者，亦科目之亚也，外此则杂流矣。”① 士人通过科举而实现读书做官的愿望，此为正途，其余则为杂流。在同级官员中，出身正途者为人们所敬重，升迁的希望亦大，而出身杂流者则只好终生夹着尾巴做人，处处小心谨慎。进士不仅在发榜之后即可以任官，而且有望平步青云，显赫闻达，升至高位。《明诗综》卷二四吴宽《送胡彦超》诗：

> 年过四十不作官，还将短发笼儒冠。平生一经已烂熟，胡为挟入桥门观？前年乡书名始刊，曲江又避春风寒。重来桥门住三载，打头矮屋聊盘桓。朝虀暮盐不满盘，何须故人劝加餐？日高对案笑扪腹，自有五年之琅玕。侧身西北望长安，眼中一朵红云团。天门欲往涩如棘，若比蜀道尤云难。嗟哉出处谁得似？颇似吴下吴生宽。吴生作诗忽盈纸，送君还到春闱里。春闱多士多如蚁，勿将老少分忧喜。君不见，韩昌黎、张童子，同是陆公门下士。昌黎文章如皦日，童子声名逐流水。人生传世有如此，区区科第何难耳？②

---

① 中华书局编辑部编“二十四史”简体字本《明史》，中华书局2000年版，第1191页。

② （清）朱彝尊选编：《明诗综》，中华书局2007年版，第1234页。

这是吴宽（1435～1504）赠送其朋友胡彦超的一首诗。吴宽告诫胡彦朝，在科举考试中不要害怕困难。吴宽和胡彦超同于成化壬辰年（1472）赴京参加会试。他们所投宿的旅社相隔很近。赴考诸士子，伙食多不讲究，经常马马虎虎凑合一餐。由于他俩混得很熟，所以彼此连对方所吃饭菜都看得清楚，因而在诗篇中颇多开玩笑的话。吴宽本人科场顺利，官运亨通，朱彝尊选编《明诗综》卷二四吴宽《诗人小传》："吴宽。宽字原博，长洲人。成化壬辰，赐进士第一，授翰林修撰，历谕德，左庶子，少詹，侍讲学士，擢吏部侍郎，累官礼部尚书，兼翰林学士，掌詹事府事。卒，赠太子太保，谥文定。有《匏庵家藏集》。"① 其实，这一年胡彦超考得也不差。只不过会试之后还有殿试，殿试之后还得等待放榜，而在放榜之前，谁也不知道结果，只好做最坏的思想准备罢了。陈田辑撰《明诗纪事》卷六胡超《诗人小传》："朝字彦超，汤溪人。成华壬辰进士，官工部员外。有《廉耻集》。"② 吴宽《送胡彦超》诗共十四韵。前五韵构成一单元。胡彦超40岁还未成进士，不过他学问好，经书熟，而且在士子中间已经有了一定的名声了。考生辛苦，银钱不多，旅社只好住差一些的，饭菜只好简单点儿。饭菜油水少，食量自然大，不要别人劝说加餐饭，也会吃几大碗的！这种情况，恐怕今日之考生也还熟悉。吴宽才气充沛一些，心胸也开朗得多。因此，接下来的四韵构成另一单元。吴宽一方面对前途作了瑰丽的设想，同时也指出科举之路比蜀道还要艰难。他劝胡彦超向自己学习：万事都想开一点，不要担心年龄大。以上九韵，押上平声的十五寒。这时诗人突然换韵了。诗篇的最后五韵，自为一单元，改为押上声的四纸。诗韵由平声换为仄声，暗示着诗人情绪的急剧变化，同时也提醒接受赠诗的一方注意。那么，注意什么呢？吴宽劝慰胡彦超说，考生众多，多如蚂蚁。考生差别大，老与少都有。你才40岁，还有比你年龄大得多的考生，既然如此，那么你愁什么呢？吴宽将自己与胡彦超，比作韩愈与张童子，以期共同勉励。韩愈《赠张童子序》："愈与童子俱陆公之门人也。慕回、路二子之相请赠与处也，故有以赠童子。"③ 其实，韩愈（768～824）在科场上并不顺利，他一连考了四次，才于贞元八年（792）登进士第。这一年韩愈25岁，而张童子只有9岁。张童子，指参加童子科考试的某个姓张的人。至于张童子究竟指谁，历代注韩文者，对此均无确考。童子，唐代取士科目之一。凡十岁以下，能通一经及《孝经》、《论语》，每卷诵文十通者，予官。通七者，予出身，谓之童子科。古代常选童子，优异能通经者便拜为童子郎。"天下之以明二经举于礼部者，岁至三千人。"④ "张童子生九年，自州县达礼部，一举而进立于二百之列。又二年，益通二经。有司复上其事，繇是拜卫兵曹之命。人皆谓童子耳目明达、神气以灵，余以伟童子之独出于等夷也。"⑤ 由此可见，张童子的确优异。吴宽以此勉励胡彦超，庶几其朋友得以建立信心。

有趣的是，宋濂《文原》一文对归有光有重大的影响。归有光（1506～1571）的文章中潜藏着宋濂的因子。归有光为明代散文大家，他八九岁就能读书作文，然而其科举道路并不顺利。归有光八上公车不遇，直到嘉靖四十四年（1565）他才成为三甲进士，而这一年归有光已经60岁了。兹录归有光八股文《吾十有五而志于学》如下。

---

① （清）朱彝尊选编：《明诗综》，中华书局2007年版，第1230页。
② 陈田辑撰：《明诗纪事》，上海古籍出版社1993年版，第1037页。
③ （唐）韩愈著，钱仲联、马茂元校点：《韩愈全集》，上海古籍出版社1997年版，第208页。
④ （唐）韩愈著，钱仲联、马茂元校点：《韩愈全集》，上海古籍出版社1997年版，第207页。
⑤ （唐）韩愈著，钱仲联、马茂元校点：《韩愈全集》，上海古籍出版社1997年版，第208页。

吾十有五而志于学，三十而立，四十而不惑，

五十而知天命，六十而耳顺，七十而从心所欲，不逾矩

圣人所以至于道者，亦惟渐以至之也。(1. 破题)

夫道无终穷，虽圣人亦有待于学也。学之则不容无渐矣，此其理之固然，而岂圣人过为卑论以就天下也哉？(2. 承题)

自夫天下待圣人过高，以为有绝德于天下，而不知夫圣人之所为孜孜而不已者，固吾人之事也。(3. 起讲)

何则？人之心与理一也。人之为学，求至于心与理一也，然学之不可以骤而化之，不可以助长也，久矣。故自十五之时，始有志于圣贤之道，而从事于钻研之功。(4. 入手)

尝以为志之勿立，则无以负荷乎天之所与者，将不免于小人之归，是以始之以立志，而是非之介，取舍之极，盖有所定而不能移也。迨于三十之年，始有得于矜持之力，而取验于德性之定；(5～1. 起比第一股)

尝以为守之勿固，则无以凝聚乎性之所钟者，将不免于君子之弃。是以继之以定守，而纷华之变，盛丽之陈，盖有所持而不可挠也。自十五而三十，积以十五年之功，而意味固已不同矣，然犹不敢自怠。(5～2. 起比第二股)

而至于四十也，则随事见理，而研旨趣于万殊，参酌于无端无纪之中，而有得于灿然之妙。物之所以各足其天者，吾固已见之明，而知万殊之各正。视向之立者，不免犹胶于固也；(6～1. 中比第一股)

又至于五十也，则以理视物，而探渊源于一本，究极于大本大原之中，而有得于浑然之妙。天之所以流通于物者，吾固已见之一，而知帝则之必察，视向之不惑者，不免犹在于物也。(6～2. 中比第二股)

自三十而四十，而五十，体验于十年之间，而意味又各不同矣。然犹人也，非天也。君子之学，求至于天而可已乎？(7. 过接)

故六十以达耳顺之机也，理妙于中，而有以通乎外之所感。神而明之，存乎其人。感之者以天也，听之者以天也。顺于耳而耳不得而与焉；(8～1. 后比第一股)

七十以妙从心之用也。理运于外，而有以出于中之所豫，化而裁之，存乎变。从之者以天也，不逾之者以天也。从于心而心不得而知焉。(8～2. 后比第二股)

夫以六十、七十之所自得者如此，夫岂以年弥高而德弥劭哉？亦以道久而后熟，故日有所不同耳。是知志者，志此理也；立者，立此理也。不惑而知之者，亦此理也。至于耳顺从心，而理与心一焉。君子之学，求至于是而已也。(9. 收结)①

我们不妨在比较的视域中，解剖归有光的这一篇八股文。在西方有一门极其发达的学问叫圣经学。圣经学要求精密的研究，而精密的研究要求有可靠的文本。为了指称方便，《圣经》中的每一句话都是编了号的，称为“节”（verse)。归有光这篇八股文的题目为“吾十有五而志于学一节”，这是简称。全称为包含有这几个字的那一段经文，即《论语》第二篇《为政》的第二节。其实，“节”也是通俗的说法。若按朱

① （清）方苞奉敕编：《钦定四书文》第一集《正嘉四书文》卷二《论语上》。

熹《四书集注》，则称为“章”。因此，完整的题目是：“吾十有五而志于学，三十而立，四十而不惑，五十而知天命，六十而耳顺，七十而从心所欲，不逾矩。”八股文由八个部分构成，它们是破题、承题、起讲、入手、起股、中股、后股和束股。注意，在这里“股”指一篇八股文章中的某一部分。这八个部分又可以一分为二。前四部分构成一个大单元，为议论的预备。后四部分构成另一个大单元，为议论的本体。无论起股、中股、后股，还是束股，每一股均由两个呈对称性的语段构成。每个语段少则四句，多至二十句，因此称为“四比八股”。注意，在这里“股”指排比文字中所含两个语段中的任意一方。然而，八股文的结构，也允许有适当的变化。排比对偶为八股者为正格。排比对偶非八股者为变格。变格的股数少则六股，多则十六股或十八股。以归有光这篇文章为例，束比二股就不明显，略具对称性的语段实际上仅是两个短句：“志者，志此理也；立者，立此理也。”原来，归有光将预收、束股和落下统合在一起了。此外，“过接”也不是每一篇八股文都必须具备的，它好比音乐上乐段之间的“过门”，乃是根据需要而安排的，起承上启下的作用。归有光的这篇文章，一气呵成，不像时文，更像古文。选编者方苞评曰：“以古文为时文，自唐荆川始，而归震川又恢之以闳肆。如此等文，实能以韩、欧之气，达程、朱之理，而吻合于当年之语意。纵横排荡，任其自然，后有作者不可及也已。”① 难怪在方苞奉敕编选的《钦定四书文》第一集《正嘉四书文》中，归有光的文章，入选数量最多。

从归有光的八股文《吾十有五而志于学》我们能够明白无误地看到宋濂《文原》一文的三大因子。人们学写文章，模仿前人的优美词语，这是较为浅表的层次。人们学写文章，体会揣摩前人的行文气势，这是最为高级的层次。然而，在这两个层次之间，还有一个中间的层次，那就是通过刻苦学习，了解前辈优秀作家的文章结构，并在自己写作的时候加以运用。优美的词语，容易拾掇。行文的气势，难以琢磨。文章的结构，虽然比优美的词语难以琢磨一些，但是它毕竟具体地存在着，只要用心，是可以发现的。这就好比练习写字，单笔画好写，但是，一横、一竖、一点、一撇、一捺、一竖弯钩写得再好，如果字的结构差了，那么字还是没有写好。相反，如果把握住了字的结构，具体的某一笔差了一些，其实也是不要紧的。这就是为什么书法家教导人们，写字务须注意间架结构的道理所在。宋濂文章写得好，自然仿效的人多。加之宋濂地位崇高，号召力大，终于使得有明一代的文人们尊之为文章之正宗，进而创造了明代文学的辉煌。到了清代，明代的有些制度被废弃了，但是明代的成功建树，清代统治者还是假意虚心学习，努力继承的。明代有归有光，清代有方苞（1668～1794），他们都是写作八股文的行家里手。这一点大家都看到了。可是，在方苞的八股文中，有归有光的因子存在。而在归有光的八股文中，有宋濂的因子存在。宋濂在文坛的影响灿烂于明朝，返照于清朝，这是不争的事实。

作者简介　张思齐，武汉大学中文系教授。

① （清）方苞奉敕编：《钦定四书文》第一集《正嘉四书文》卷二《论语上》。

刘基与宋濂

吕立汉

今年是宋濂诞辰700周年，明年就是刘基诞辰700周年了，在“浙东四先生”当中，他们两人走得最近，关系最为密切。在此，我想就他俩的交往和友情谈以下几个问题：一是他们是在什么时候认识的。二是为什么他俩会走得那么近。三是他俩的政治遭遇和后来的患难之交。

一、交往时间探讨

宋濂出生于元武宗至大三年（1310）的十月三日，刘基出生于元至大四年（1311）的六月十五日，两人只差一岁。宋濂是婺州浦江人，刘基是处州青田人，同属浙东，地缘相近，所以刘基在《二鬼》诗中称结璘、郁仪是同时下凡，而且下凡的地域“相去近不远”。

刘基是什么时候认识宋濂的呢？史书没有明确记载。今天我们所能看到的关于刘基与宋濂交往的文字记载最早是在元至正十年（1350）。这一年，宋濂入仙华山为道士，著书立说。是时刘基正在江浙儒学副提举任上，得知宋濂入龙门山做道士，即以《送龙门子入仙华山辞》相赠，辞序云：

> 龙门先生既辞辟命，将去入仙华山为道士，而达官有邀止之者。予弱冠婴疾，习懒不能事，尝爱老氏清净，亦欲作道士，未遂。闻先生之言则大喜，因歌以速其行。先生行，吾亦从此往矣。他日道成为列仙，毋相忘也。①

从行文语气来看，刘基与宋濂已经是老朋友了，他们之间的结交应该已有相当长的一段时间。

我们注意到了郑涛《宋潜溪先生小传》，《小传》谓宋濂原名寿，后更名濂，“上饶郑录事复初为制今字”，也就是说，宋濂的“字”是郑复初为他取的。而郑复初正是刘基的老师。

刘基在14岁到17岁（1324～1326）就学于处州郡庠期间，结识了名儒郑复初。郑复初当时在处州任录事，是衙门里的行政职官。合理的解释应是刘基在府学读书之余，再拜复初先生为师求学的，类似于今天我们所说的“开小灶”。他跟复初先生学的是性理之学。《诚意伯刘公行状》谓刘基“闻濂、洛心法，即

① （明）刘基：《诚意伯文集》，四库全书文渊阁本，卷一。

得其旨归”，感悟力极强。为此，郑复初十分器重他，并对其父亲刘爚说：“吾将以天道无报于善人，此子必高公之门矣！”

郑复初，玉山（今江西玉山）人，元延祐年间进士，是一个很有学问的儒士，“精通伊洛之学，望重当世”。① 他一生只做过德兴县丞、处州录事两任小官，郁郁而不得志。后来还因小人构陷而离职，不久即病故。元人鲁贞《桐山老农集》卷二《送郑道源之金陵序》云：

往年玉山郑复初笃学力行，由进士为德兴丞，为处州录事。勇于行义，不畏强御，不顾利害，卒为豪有力者嗤去。人无贤愚，闻者莫不为之扼腕。

可见他虽为文人，却有一身浩然正气，为人刚正不阿。郑复初的交游也广，与当时名人萨都刺、袁桷、丁复、胡翰、顾瑛等都有交往。其中胡翰就是金华人，与宋濂交往甚密。

郑复初病逝之后，文坛正义之士纷纷为文赋诗悼念。萨都刺《凤凰台望祭进士郑复初录事》诗云：“已矣郑录事，功名与愿违。须翘如插戟，体弱不胜衣。白日长江去，青山何处归。崇台三酹酒，目断雁南飞。”② 宋濂亦作《悲海东辞》祭奠：

我悲海东，我涕拭矣。善人云瘁，邦其棘矣。倬彼昊天，冒此下民。彰善瘅恶，胡莫之惩。冥冥其书，不见出日。飘飘雨风，堕我家室。……我泪既竭，继之以血。百海其深，莫喻我心。③

宋濂的《悲海东辞》作于元顺帝元统元年（1333），说明郑复初病卒于是年。这一年，也是刘基考取进士之年。我总觉得刘基与宋濂相识，跟郑复初肯定有关系，尽管，至今我们还拿不出更多的证据来说明这一点。如果，上述判断没错的话，那么，刘基与宋濂的结交最迟也迟不过元统元年，即公元 1333 年。

宋濂入明后作《抱瓮子传》，说自己以前曾游览过处州的少微山，并在那与卓立不群的岩穴之士“抱瓮子”邂逅相遇。这里有一点引起了我们的注意，那就是少微山的紫虚观是少年刘基在处州郡庠求学期间常去的地方，他跟紫虚观的道士吴梅涧是忘年交。宋濂那次去处州，抑或就是去拜谒名儒郑复初吧，这一推测若能成立，则刘基与宋濂的结识还应该更早一些，大约在元泰定三年（1326）前后。

二、道德文章之交

刘基与宋濂相识之后，便成为志同道合的好朋友。从科举仕途来看，刘基在元季要比宋濂顺得多。刘基于元泰定三年（1326）16 岁时便“举于乡”，考取了秀才，元至顺三年（1332）中省试第 14 名举人，次年会试，中三甲第 20 名进士。元后至元二年（1336）便踏上了仕途。宋濂则不然，虽“弱龄时，颇有事科目之学”④ 的举动，然科场不顺，元后至元元年（1335）、元至正八年（1348）先后两次省试均告落第，但其文名早已远播京师。元末文章以吴莱、柳贯、黄溍为一朝之后劲。宋濂初从吴莱学，既又学于柳贯、黄溍，其授受俱有渊源。又早从闻人梦吉读贯五经，学问颇有根底。《明史》本传称其“于学无所不通，为文醇深演迤，与古作者并”。也正因为此，在危素等人的举荐之下，于元至正九年（1349），朝廷辟

① （明）宋濂：《赠承事郎工部主事刘府君墓版文》，见《文宪集》，四库全书文渊阁本，卷二四。
② （元）萨都刺：《雁门集》卷二。
③ （明）宋濂：《文宪集》，四库全书文渊阁本，卷二九。
④ （明）宋濂：《元故翰林待制朝散大夫致仕雷府君（机）墓志铭》，见《銮坡前集》卷三。

宋濂为翰林编修，因对元朝早已失去了信心，宋濂以亲老固辞，入龙门山著书立说去了。

元至正十五年（1355）前后，宋濂《潜溪集》（即《潜溪后集》）付梓，请刘基作序，时刘基正避地于绍兴，见老友新作问世，感慨不已。他说："国家混一七八十年，名儒钜公接武而出，其可以追配古人者固为不少。然而，老成凋丧之后，宴安游惰之习胜，以聪明捷敏之才，乘其在外急名之气，窃取糟粕，剜挑组缀，以耀聋瞽，袭声誉者纷纷皆是，而不知其于道何如也？盛极则消，理固然耳，予窃痛之，而忧今之将无其人。及待罪居越，得宋君景濂《潜溪集》观之，然后知造物之不丧斯文，而光岳之气犹有所钟也。"① 刘基对宋濂文章的评价是很高的，他在《潜溪后集序》中说：

> 景濂旧居金华，从故待制柳先生、侍讲黄先生游。二先生皆以文章鸣于世，景濂合二先生之长，上究六经之源，下究子、史之奥，以至释、老之书，莫不升其堂而入其室。其为文则主圣经而奴百氏，故理明辞腴道得于中，故气充而出不竭。至其驰骋之余，时取老、佛语以资嬉戏，则犹饫粱肉而茹苦荼、饮茗汁也。呜呼，文，天下之文，理，众人之理也！

我以为刘基与宋濂之交友，正是建立在道德文章之上。在人生价值定位上，似乎刘基建功立业的愿望更为迫切。如果说刘基是一位仁人志士，那么宋濂则是一位纯粹的文人。彼此性格也有很大的差异，刘基生性耿直，待人开诚布公，洞见肝腑，亲之者因此，恨之者亦因为此。宋濂则随和得多，豁达得多。但从骨子上分析，两人的道德文章俱佳，大有惺惺惜惺惺之感，声气十分相投。

元至正十六年（1356）十月，宋濂入小龙门山著《龙门子凝道记》，次年正月书成，书中有不少属寓言类作品。是时，刘基正在处州佐石抹宜孙平乱。元至正十八年（1359）年底，刘基愤而弃官归里，潜心著述，差不多用了一年的时间，也写成了一个寓言散文集，名《郁离子》。宋濂的《龙门子凝道记》和刘基的《郁离子》在中国寓言史上，都是有地位的专著，而后者更是一个里程碑式的作品。龙门子是贯穿《龙门子凝道记》全书的人物，也是宋濂的自号。郁离子是贯穿《郁离子》全书的虚拟人物，他有时是故事的主人公，有时是故事的评论者，也是作者的化身。后人何镗于明嘉靖三十五年曾将两个作品集合刻，名之曰《刘宋二子》。刘基著《郁离子》受宋濂著《龙门子凝道记》的影响，也是有可能的。

在"浙东四先生"当中，宋濂是最早投至朱元璋麾下的。元至正十八年（1358）十二月，朱元璋攻下婺州，次年正月，即聘宋濂、叶仪为五经师。时丧乱之余，学校久废，至是始闻弦诵之声，城中百姓，无不欣悦。那时的朱元璋已胸怀大志，正四处招揽文武之才。史书记载，刘基是因胡大海等人的举荐而进入朱元璋的视野。我以为还不能排除宋濂在朱元璋面前的推举。正史谓刘基在投奔朱元璋之前彼此间未曾有过接触。但刊载于缙云县《五云郑氏宗谱》署名刘基的《仁佑郑先生招隐文》却明白告诉我们，在元至正十九年（1359）夏，刘基同叶琛等人和朱元璋在婺州打过照面，这也为刘基最终决定投奔朱元璋打下了一定的基础。② 当时，宋濂以为浦江当戎马之冲，不可居，已还金华潜溪故居。刘基在进退维谷、艰难抉择之时，在与朱元璋会面之前，必然要去征询老友宋濂的意见的，可惜史书无载。

元至正二十年（1360）三月，"浙东四先生"应召结伴而行至应天。刘基一行北上金陵的路线是自丽水而金华，在金华约齐宋濂后，出双溪，"买舟溯桐江而西"入皖境之徽州路，由徽州路而宁国路，而太平路，而集庆路，最后沿江而下至应天。

---

① （明）刘基：《潜溪后集序》，该文刘基文集诸版本皆不录，今见于清宣统三年刊本《宋文宪公全集》附录卷四，中国社会科学院文学研究所图书馆藏本。

② 详见拙著《千古人豪——刘基传》，浙江人民出版社2005年版，第205页。

刘基他们经过桐庐之时，曾想劝说隐士徐舫一同前往应天，对此，宋濂在《故诗人徐方舟墓铭》中有详细的记载：

> 庚子之夏，皇帝遣使者奉书、币，起濂于金华山中。时则有若青田刘君基，丽水叶君琛、龙泉章君溢同赴召。遂出双溪，买舟溯桐江而西。忽有美丈夫戴黄冠，服白鹿皮裘，腰绾青丝绳，立于江滨，揖刘君而笑，且以语侵之。刘君亟延入舟中。叶、章二君兢来讙谑，各取冠服服之，竟欲载上黟川，丈夫觉之，乃止。濂疑之，问于刘君曰："此何人斯，诸公乃爱之深耶？"刘君曰："此睦之桐庐徐舫方舟也。"①

徐舫是刘基的好友，刘基自然希望他也能去辅佐朱元璋共成大业，但却遭到了拒绝，并且还对刘基等说了些冷嘲热讽的话，看来徐舫对刘基等人归顺朱元璋是不太理解的。

其实，浙东四先生投奔朱元璋都在不同程度上有过思想斗争，尤其是刘基，他作为元朝的进士，同样是进士出身的余阙、泰不华等人为元朝殉难，已经作出了榜样，一旦明珠暗投，骂名必将滚滚而至。宋濂即便没有在元朝担任过实职，但也毕竟是朝廷命官，思想问题的解决也需要一个过程。虽然徐舫的讥刺并没动摇刘基、宋濂等人投奔朱元璋的决心，但要告别并亲手去埋葬一个自己曾为之尽忠过的朝代，感情上的藕断丝连当在所难免。这可从他们四人途经泾县之时，刘基、宋濂的一次诗歌唱和当中得到进一步的印证。刘基在泾县赠给宋濂一首诗，其主题是以往诗歌所常见的，不外乎反映战乱给百姓带来的灾难。宋濂见诗后，亦和诗一首，内容也无特别之处。但两首诗的题目却很值得我们注意，刘诗名《泾县柬宋二编修长歌》，宋诗题《和刘经历韵》。徐永明博士曾就此议论："刘基称宋濂可以称景濂、可以称他的号，为什么偏偏要以排行称他呢？既已与元朝决绝，为什么偏要在这个时候用一个宋濂并未曾接受的旧朝官职称呼他呢？宋濂可以直接称刘基的字一如以往，为什么这个时候略而不书呢？为什么要用刘基在元朝的最后一个官职称呼他呢？这里面体现了刘、宋告别旧朝，接受新主时复杂的思想感情，刘、宋毕竟在元朝出生长大，对元朝曾寄予过希望，他们的老师都在元朝做官，尤其是刘基，他是元朝的进士，在元朝的仕途中留下过足迹。宋濂被举荐为翰林编修，虽然没有接受，但在自己的人生道路上，毕竟也是一件大事。所以，他们在这个时候用官职称呼，既是纪念，也是告别。但是，用旧朝的官职称呼对方，又明明白白地写上对方的名讳，不是招忌而不合时宜么？这是诗中不愿写上对方名讳的原因。"②

三、入明后的患难之交

入明之后，宋濂不久即赴任江南等处儒学提举，并为太子师。刘基则佐命帷幄，参与戎事，彼此相聚机会不多。鄱阳湖大战之后，刘基渐次弃武归文，历任太史监太史令、御史台御史中丞等职，为大明王朝的制度建设作出了卓越贡献。这期间，彼此交往应该比较频繁，但诗文唱和并不多。在大明王朝建立之前，宋濂所作涉及刘基的文章仅有《游钟山记》，是文记叙元至正二十二年（1362）宋濂、刘基、夏煜游南京钟山的欢快情景，表达了他们当时舒畅的情怀和彼此间深厚的友情。刘基在《送宋仲珩还金华序》中也忆及当年与宋濂、叶琛、章溢投奔朱元璋同居孔子庙学相与谈笑、情投意合的情景，但这序文是写在 15 年之后。

---

① （明）宋濂：《文宪集》，四库全书文渊阁本，卷一九。

② 徐永明：《刘基与婺州文人》，见吕立汉、潘玉花主编：《刘基文化论丛》，延边大学出版社 2002 年版，第 216 页。

在洪武初，以刘基为首的江南文人集团并没得到朱元璋重用，它仅仅是朱元璋手中的一颗棋子，往往是出于政治斗争的需要，用以弹压以李善长为首的淮西官僚集团，朱元璋让刘基出任御史中丞，便是出于这样的目的。而刘基却以为得到了重用，心血来潮还想干一番大事业。《明史》刘基本传称他于任职期间“令御史纠劾无所避，宿卫宦侍有过者，皆启皇太子置之法，人惮其严。”《明史纪事本末》卷十四说得更为具体：“基素刚严，凡僚吏有犯，即捕治之。宦者监工匠不肃，启皇太子捕置法；宿卫、舍人弈棋于直舍，按治之，人皆侧足立。”

明洪武元年（1368）四月，朱元璋北巡汴梁，命李善长、刘基留守京师。时中书省都事李彬因贪纵犯法，罪当死，刘基依法奏斩李彬。李彬素附善长，善长请缓其狱，刘基不听，仍遣人驰奏请诛李彬，朱元璋准其奏。时值大旱，李善长等正张罗祈雨事宜，就在这个时候，诛斩李彬的批文已到。李善长曰：“今欲祷雨，可杀人乎?”刘基怒曰：“杀李彬，天必雨!”遂斩李彬。《太祖实录》卷三四载：因李彬事，“及上还，怒基者多诉于上前。善长亦言基等专恣，语颇切”。因秉公执法，刘基得罪了包括李善长在内的诸多权贵，他已然感受到了官场的险恶。

明洪武元年（1368）京师大旱，直到八月旱情仍然不减。刘基祈雨不灵，朱元璋大动肝火，着实把刘基狠狠训斥一顿。皇上训斥臣子，天经地义，但刘基是一个要面子的儒生，并没把它当作小事，更重要的是，他可能又从中预感到了某种不妙！于是便以奔丧为由奏请告归，得到了朱元璋的准许。

八月中秋前后，刘基怀着落寞的心情，沉重地踏上了怀乡之路。途中赋诗颇多。其《客路》诗云：“客路秋风里，扁舟夕照时。渚鸿鱼复阵，江树井陉旗。衰朽嗟谁与？愚蒙荷帝慈。山中牧羊子，岁莫尔相期。①“牧羊子”是指宋濂。宋濂与刘基等同至金陵后，于元至正二十五年（1365）归省，后又丁母忧于乡，直到明洪武二年（1369）初因诏修《元史》才返回京城，是时正隐居于仙华山中。刘基过金华，便自然想起了宋濂这位好友，并羡慕他那飘忽于世的隐士生活，这是刘基屡遭政治挫折之后的心境反映。在还乡途中，刘基作《寄宋景濂四首》，其一云：

> 有美一人兮在山中，苍眉黑须兮玉雪其容。饮沆瀣兮食紫虹，濯石泉兮洒清风。邀初平兮从赤松，超逍遥兮乐无穷。安得羽翼兮致我与同!②

这首诗反映出刘基当时的心态十分消极，他想念老友宋濂，向往过那种与世隔绝的隐居生活。

明洪武六年（1373）正月，汪广洋因无建树，被贬谪至广东任参政，胡惟庸以左丞身份主持中书省一应事务。此前刘基曾在朱元璋面前议论过胡惟庸的不是，认为他就像一头“小牛犊”，让它犁田，“将偾辕而破犁”，根本不宜为相，胡惟庸因此耿耿于怀，总想伺机报复。胡惟庸“独专省事”后，果然没有忘掉已经致仕的刘基。他暗中指使刑部尚书吴云诱引青田县留用的元朝旧吏告了刘基一状，谓刘基强占民田做墓地，还声称日后自己骨殖安放于此，子孙可世世代代为王。此本一上，朱元璋即下旨夺刘基俸禄。明洪武六年六月，刘基入朝引咎自责，留京而不敢言归，艰难地度过他一生的最后岁月。宋濂时任翰林侍读学士，与久别老友重逢，“执手相盼睐，喜溢眉目”。

软禁京师期间，刘基还是有事可做。比如朱元璋一时心血来潮要编一部四书五经的通俗读本，名之曰《群经类要》，命孔克表等着手编写，刘基也在其列。

---

① （明）刘基：《诚意伯文集》，四库全书文渊阁本，卷一五。

② 同①。

此时，刘基已进入风烛残年，身体不好，心境更差，他常以诗歌来抒发内心的孤独与苦闷，偶尔也会将自己的新作向朋友请教。我们注意到了刘基与宋濂在这一时期的诗歌唱和。刘基有组诗《秋怀八首》，兹录其六如次：

> 饱食无一事，一日复一夕。倚门望圆穹，白云在空碧。来鸿与去燕，岁晚各有适。英英黄金花，粲粲好颜色。采撷贵及时，霜露已盈积。掩门还独坐，浩然怀往昔。惟有故乡梦，可以慰岑寂。①

宋濂和诗道：

> 昨见晴旭温，今已凉风至。代谢有恒理，顺时乃吾事。畴能辨贤愚？亦复混醒醉。身悔始全真，名高反为累。举头睇空青，魂逐云间翅。②

两首诗都写得很伤感，可以看作是他们当时心境的真实流露。

刘基在《犁眉公集》中有一首长诗名《二鬼》，也作于这一时期。诗叙盘古开天之初，天帝命结璘、郁仪二鬼作日月两眼的守护神。二鬼忠于职守，日夜操劳，天帝爱怜二鬼，暂放他们至人间游嬉。忽然间宇宙变异而六月飞霜、蛇头生角、鳄鱼掉尾、蓬莱宫倒。天帝筋骨解折，两眼变瞒。二鬼相约讨药治愈了天帝的眼病，并协助天帝重整了乾坤，复兴了纲纪。然遭天帝错怪，终被囚禁于银丝铁栅之内。二鬼无奈，只得"等待天帝解猜惑，依旧天上作伴同游戏"云云。诗中的两位虚拟人物结璘和郁仪，分别喻指宋濂和刘基自己，这学界已成定论。

这诗刘基大致作于明洪武六年，刘基遭胡惟庸构陷而入朝引咎自责，心境自然不佳，而当时宋濂的处境也不好。《明史》宋濂本传载："明年（明洪武三年）二月，儒士欧阳佑等采故元元统以后事迹，还朝，仍命濂等续修。六越月，再成，赐金帛，是月以失朝参降编修。四年，迁国子司业，坐考祀孔子不以时奏，谪安远知县……"可见宋濂虽为"开国文臣之首"，然入明后也屡遭贬谪，境遇堪忧。就在这样的政治背景之下，刘基做了这首《二鬼》长诗。诗中刘基将宋濂引为志同道合的患难之交，自在情理之中。

明洪武八年（1375），刘基病入膏肓。《诚意伯刘公行状》记载，是年正月，"胡丞相以医来视疾，饮其药二服，有物积腹中，如卷石。公遂白于上，上亦未之省也，自是疾遂笃"。同月，由刘基编选的《宋学士文粹》十卷刊行，在身体状况极差的情况下，刘基欣然命笔，为此书作序。三月初三日，朱元璋制《御赐归老青田诏书》，遣使奉送刘基归乡。宋濂在《恭题御赐文集后》云：

> 洪武八年岁次乙卯春三月壬辰，皇帝御乾清宫，召臣至。问前御史中丞刘基何日成行，臣以翌日对。继问病势不革否？还可自力至家否？臣复具以闻。时基有霜露之疾，上悯其为开国旧勋，特降手敕，令起居注郭传宣示之，俾还山以便侍养。然圣衷犹念之弗置，于是延臣扣其详。③

三月初四这一天，刘基终于乞得"骸骨"，在专使的护送下踏上了归途。回家后，还与家人团聚一月有

---

① （明）刘基：《诚意伯文集》，四库全书文渊阁本，卷一六。

② （明）宋濂：《和刘伯温秋怀韵》其一，见章培恒等主编《全明诗》第二册，上海古籍出版社 1993 年版，第 362 页。

③ （明）宋濂：《文宪集》，四库全书文渊阁本，卷一三。

余，但病情非但不见好转，反而愈来愈重。

明洪武八年（1375）四月十六日，这位杰出的政治家、军事家、文学家终于与世长辞了。逝者乘风归去，存者时常相思。我们在宋濂所作的《跋张孟兼文稿序后》中看到如下一段文字载：

> 濂之友御史中丞刘基伯温负气甚豪，恒不可一世，士常以倔强书生自命。一日，侍上于谨身殿，偶以文学之臣为问。伯温对曰："当今文章第一，舆论所属实在翰林学士臣濂，华夷无间言者。次即臣基，不敢他有所让。又次即太常臣孟兼。孟兼才甚俊而奇气伟然。"既退，往往以此语诸人，自以为确论。呜呼，伯温过矣！濂以无根蓏泽之文，何敢先伯温？今伯温之言若此，其果可信耶？否耶？纵使伯温非谬为推让者，才之优劣，濂岂不自知耶？伯温诚过矣！①

论文章写作，刘基确实也是好手，死后在正德皇帝那里还得到了"渡江策士无双，开国文臣第一"的美誉，但他在朱元璋面前却毫不犹豫地把第一把交椅让给好友宋濂坐了，自己甘居其次，这是怎样的一种高风亮节啊！自古文人多相轻，而刘基与宋濂却造就了一段为千古传颂的文人相重的佳话。

作者简介　吕立汉，丽水学院副院长，教授。

① （明）宋濂：《文宪集》，四库全书文渊阁本，卷一三。

宋濂遭难原因探析
——从一篇张冠李戴的“佚文”谈起

孙小力

近日发现《道光肇庆府志》和《道光广东通志》里有一篇标明为宋濂撰写的文章——《靖江右相李公墓志铭》①，该墓志铭没有明确的写作时间，不过墓主李质死于洪武十三年庚申（1380）五月，就是宋濂去世的前一年。也就是说，如果此文确实出于宋濂之手，应该是其临终前不久的作品。但是，笔者觅得佚文的喜悦转瞬即逝，因为《墓志铭》里说得明白：“（李质）生于元延祐丙辰（1316）二月十一日，卒于洪武庚申闰五月某日②。初，权厝金陵聚宝山后，某年月日归葬乡之清秀里布山之原。”洪武十三年庚申之后的次年，宋濂遭流放且死于途中，因此绝不可能有此撰述。随后很快我就明白，《道光肇庆府志》和《道光广东通志》的记载属于张冠李戴，此文的真正作者其实是东莞人陈琏，陈琏洪武年间任桂林府学教授，受李质次子李伯震的请托，根据伯震所撰行状撰写。陈琏的《故资政大夫靖江相府右相李公墓志铭》载于其别集《琴轩集》卷九，《皇明文衡》卷八十九、《国朝献征录》卷一百五都有转载，只是题目和内容略有差异，后者删节不少。

事情到此本来应该画上句号，但是我仍然想搞清楚，墓主李质到底是怎样一个人物？他与宋濂之间究竟有无瓜葛？陈琏撰写的墓志铭为何会挂上宋濂的名字？于是就有了以下的探寻和发现。

一、宋濂遭难原因三种辨析

李质死于洪武庚申年夏天，此年冬季，宋慎（宋濂孙）、宋璲（宋濂子）先后被处死，宋濂随后亦遭流放。那么，李质之死与宋濂祖孙的祸事是否有着某种瓜葛呢？我们不妨先对宋氏祖孙被害原因作一辨析。

宋濂祖孙遭难原因迄今尚不明朗，大致有以下三种说法：

其一，胡惟庸案牵连说。这是官方说法，迄今最为流行。根据《明史·宋濂传》，洪武十三年（1380），因宋濂长孙宋慎参与胡惟庸逆党，朱元璋施以铁腕，欲将宋濂及其仲子宋璲一并治罪，多亏“皇

① 《道光肇庆府志》卷八《冢墓》：“明靖江右相李质墓，在州东百二十里清秀里布山。明宋濂撰《墓志铭》略。”《道光广东通志》卷二二八《古迹》著录与此相同。

② 按：洪武十三年庚申实无闰月。此处有误，待考。

后、太子力救”，遂免宋濂一死，安置茂州，宋慎、宋璲则仍旧处死。次年，宋濂卒于流放途中，终年七十二。据此，宋濂遇难，是由于其长孙宋慎参与胡惟庸逆党的株连。而根据《明太祖实录》卷一百十一的宋濂小传，则说“（宋）璲以事得罪，濂当连坐”，认为宋濂是受宋璲的牵累。不过这两种记载有一个共同之处，就是宋濂因为晚辈而受株连。

其二，宋濂“失朝”说。这一说法源自徐祯卿的《翦胜野闻》，与《明史·宋濂传》所述有较大差异，认为宋氏祖孙的祸事，起因在于宋濂的偶然失误。根据《翦胜野闻》的说法，洪武十年（1377）宋濂致仕，离京之前，曾与朱元璋约定，每年帝节庆一定按时进京，当面称贺。然而在洪武十三年，宋濂没能如约上朝。宋璲、宋慎担心朱元璋怪罪，谎称宋濂有病，因此犯了欺君大罪，导致大祸。宋濂后来免予杀戮，是因为有太子拼死相救，然而宋璲、宋慎却终究未能逃脱立即处死的厄运①。按照这一说法，不是宋璲、宋慎连累宋濂，而是宋濂导致满门受难。

其三，遭人诬陷说。宋濂学生方孝孺在祭奠宋濂、宋璲的文章中透露说，宋家获罪是因为有小人进谗言所致。《逊志斋集》卷二十《祭宋仲珩》说：“子之获谴，或搆以罪。子则已矣，彼亦何在?”同卷《祭太史公》八首之三又说：“群言谗之，置于巴蜀。”卷二十二《宋仲珪墓志铭》说得更为明确，认为宋璲、宋慎是被“坐法者诬死”。综上所述，是因为有犯人受审时随意诬陷，导致了宋氏祖孙的灾难，而且当时诬陷和进谗的还不止一人，所针对的也不仅仅是宋濂的儿子。至于具体情况究竟如何，则未见方氏本人或其他史料记载。

以上三种说法究竟哪种可信，我们逐一予以分析。

其一，根据《明史·宋濂传》记载，宋慎参与胡惟庸逆党，宋濂一家遭难是受胡惟庸案的株连。但《明史》只是笼统述说，至于宋慎、宋璲、宋濂与胡惟庸案的真实关系，未见有具体的史料记载。那么，宋氏祖孙遭难是受胡惟庸案的株连，是否可能呢?

根据《明太祖实录》卷一百二十八、卷一百二十九记载，洪武十二年十二月，“右丞相汪广洋坐事贬海南，死于道”。十三年正月二日，“御史中丞涂节告左丞相胡惟庸与御史大夫陈宁等谋反，及前毒杀诚意伯刘基事”。仅仅四天之后，即正月六日，胡惟庸、陈宁、涂节被处死，“余党皆连坐”。也就是说，胡惟庸案发生于洪武十二年岁末至十三年年初，朱元璋反应之迅速，下手之快捷，令人咋舌，如果宋慎、宋璲真的参与了所谓胡惟庸逆党，或者受到莫须有的牵连，当时不可能幸免。至于宋濂本人，在那恐怖的时刻，恰恰因为每年的上朝谒见而奔赴京城，有可能目睹了这一切的发生。(见下)

不过，当时的朱元璋其实是想总揽大权，借胡惟庸案废除中书省是其主要目的，无心扩大株连。《明史·胡惟庸传》说：“惟庸既死，其反状犹未尽露。至十八年，李存义为人首告，免死安置崇明。十九年十月，林贤狱成，惟庸通倭事始著。”所谓“惟庸既死，其反状犹未尽露”，意思是说朱元璋并未穷追不舍，因为那时他并不愿意将胡惟庸事件扩大化。清人赵翼《廿二史札记》卷三十二《胡蓝之党》，列举了“坐胡党而死者”凡十五人，经笔者考察，其中李善长、陆仲亨、唐胜宗、费聚、赵庸、郑遇春、陆聚、叶昇、邓镇等九人，皆死于洪武二十三年或以后；黄彬、金朝兴和毛麒之子毛骧等三人，则属追论，例如金朝兴死于案发之前的洪武十二年，五年之后尚论功授世券，洪武二十三年才被追论为“胡党”。宜春侯黄彬

---

① 《翦胜野闻》：“洪武十年，宋学士濂乞老归，帝亲饯之，敕其孙慎辅行。濂顿首辞，且要曰：‘臣性命未毕蓬土，请岁觐陛阶。’既归，每就帝庆节称贺如约。帝惟旧，恋恋多深情。十三年，失朝，帝召其子中书舍人璲、孙殿廷礼仪司序班慎，问之。对曰：‘不幸有旦夕之忧，惟陛下哀矜裁其罪。’帝微使人瞰之，无恙。大怒，下璲、慎狱，诏御史就诛濂，没其家。先是，濂尝授太子及诸王经，太子于是泣且谏曰：‘臣愚戆，无他师，幸陛下哀矜裁其死。’帝怒曰：‘俟汝为天子而宥之?’太子惶惧，不知所出，遂赴溺，左右救得免。……乃赦濂死，而更令人谒，然怒卒未解也。……濂至，帝令毋相见，谪居茂州，而竟杀璲、慎。”

于胡惟庸案发时“坐胡党，上念其未尝失朝廷礼，宥之。数年卒”（《明异姓诸侯传》卷上）。十五人中，能确定或大致确定死于洪武十三年的只有三人：宋慎之外，就是左御史大夫丁玉、平章李伯昇，但此二人情况比较特殊，丁玉与胡惟庸联姻，关系密切，而李伯昇原本是张士诚属下大将。

上述后来被列入“胡党”的核心人物陆仲亨、费聚等等，其实洪武十三年已被牵连，但当时都“不问”。所以说，胡惟庸案真正的广泛株连，确实是在洪武二十三年，即胡惟庸案发十余年之后。也正因此，考察洪武十三年朱元璋处理胡惟庸案的力度和广度，考虑到胡惟庸案与宋氏祖孙案的时间距离，不免令人对上述两件案子的关联产生怀疑。笔者认为，朱元璋于胡惟庸案发将近一年之后，才以“胡党”罪名斩杀宋慎、宋璲，不太可能；宋慎、宋璲这样的低级文官（宋慎时任殿庭仪礼司序班，宋璲为中书舍人）和退休官员宋濂，当时不会牵扯进去。宋濂祖孙受胡惟庸案株连的说法，站不住脚。

其二，按徐祯卿《翦胜野闻》的说法，宋濂一家的灾祸，起因在于宋濂偶然的失误，是宋濂未能按时进京拜见皇帝而引起的。此说似有道理，因为在明初，大臣“失朝”，无论是有意还是无意，均可能被治罪，翰林应奉唐肃就曾“以失朝坐免官归”①，宋濂本人在洪武三年也曾因为“失朝参”而贬为编修②。但是笔者经过一番考察，发现宋濂失朝而遭家难的说法也是无稽之谈。

洪武十年（1377）正月六日，宋濂致仕，以后每年按时进京，于“帝庆节称贺”。所谓“帝庆节”，当指朱元璋自封吴王的日子。据《明太祖实录》卷二十一，元顺帝至正二十六年丙午（1366）十二月，朱元璋接纳群臣的建议，以明年为吴元年，遂于甲子日（十二月十七日）“亲祀山川之神”，表示登基。因此宋濂退休后每年入京祝贺，总是在十二月十七日之前。洪武十一年十二月甲寅日、洪武十二年十二月戊寅日，宋濂如约进京，《明太祖实录》卷一百二十一、卷一百二十八均有明确记录，后者有关记载颇能说明问题，照录如下：“（洪武十二年十二月）戊寅，致仕翰林承旨宋濂来朝。敕曰：‘卿多积德，以致高寿康宁。虽居致仕，而恋阙之心甚切，不惮祁寒，每岁必于斯时来朝。特赐酒骰及日用之物，卿其领之。’”

既然是“每岁必于斯时来朝”，说明宋濂晚年相当谨慎，每年进京谒见的时间颇为固定，绝不可能无故“失朝”。上述甲寅日、戊寅日，分别为洪武十一年、十二年的十二月十六日，那么，来年宋濂上朝拜见皇帝，也应当在此日。但是次年岁末，显然还在宋濂动身上路之前，宋慎、宋璲已被处死。宋慎的死期是洪武十三年十一月二十八日，宋璲死于十天之后，即同年十二月八日③，都还没到宋濂如约进京的日子。因此我们毋须再作进一步的辨析，《翦胜野闻》有关宋濂“失朝”，明太祖垂询，宋璲、宋慎曲为辩护而反遭杀身之祸等等，尽管演绎得生动逼真，但明显是坊间谣传。

其三，《宋子畏圹志》、《宋仲珩圹志铭》、《祭太史公》等等，是宋濂学生方孝孺所撰，距离事件发生并不太久，祭文中所谓宋濂祖孙因小人犯人诬陷而遭难的说法，可能最为接近真相。

但是，尽管“或搆以罪”、“群言谗之”的说法或许符合事实，它们却又是十分模糊的简单信息。因为朱元璋要治罪，必定是听说了对于宋濂及其子孙不利的传闻，而传闻的具体内容、传播谣言的具体人物，迄今一无所知，循此追索，难免走入死胡同。所以笔者认为，不妨换一个角度思考，转而考察朱元璋对待宋濂态度大变的原因。换言之，有无谗言、何人进谗可能并不重要，关键在于朱元璋为何认可诬陷和采纳

① 参见《翦胜野闻》。

② 参见《明太祖实录》卷一一一，《宋濂传》。

③ 《逊志斋集》卷二二《宋子畏圹志》：“金华宋慎子畏年二十七岁，洪武十三年庚申十一月二十八日以某官卒京师。”《宋仲珩圹志铭》：“三十有七庚申死，季冬八月时加巳。”按：“八月”当作“八日”。

谗言①。以上我们已经看到，从称赞宋濂“多积德”，到痛下杀手，中间相隔不到一年。那么，在这十来个月之间，究竟发生了什么变故，使得朱元璋态度发生如此巨大的变化，以致对宋濂祖孙这样的文臣恨之入骨，非要置之于死地呢？笔者认为，很可能与洪武十三年夏天靖江王朱守谦遭废黜有关，其中涉及到一个颇为关键的人物，就是本文开头提到的靖江王相府右相李质。

二、李质被杀和靖江王遭黜

李质（1316～1380），字文彬，号樵云。原籍开封祥符，故有时被称为“大梁”人。其先辈在德庆（今属广东肇庆）当官并定居，遂成德庆人。文彬与弟文昭曾放情山水，诗酒自乐，隐居不仕。元末四方战乱，遂募义兵捍卫乡里。洪武元年（1368）四月，归附明朝，擢为中书断事，次年转为都督府断事。历任刑部侍郎、刑部尚书、浙江行省参知政事等职，数年后召还京师。洪武八年十月起为靖江府右相，数年后被处死。李质生于延祐丙辰（1316）二月十一日，卒于洪武十三年庚申（1380）五月某日。李质工诗，有《樵云集》若干卷（已佚）。其生平详见《皇明文衡》卷八十九《故资政大夫靖江王府右相李公墓志铭》、《明史・李质传》。又据《明诗纪事》甲签卷二十七《李伯震》，李文彬与其弟文昭、其子伯震皆善诗，时称“三李”。笔者在这里特意拈出“善诗”这一点，是为了强调李质这一爱好和特长，应该是给他带来杀身之祸的重要原因。

李质的死因，明代刊行的方志史书大多不予披露。例如《大明一统志》卷八十一所载李文彬小传，干脆截去了他生命旅程中最后一段出任靖江王府右相的史实：“本朝李质，德庆人。通《诗经》，有大志。以儒发身，为东广枢密院同佥。值元末乱，守有德庆、封州二郡地，洪武初款附。授中书断事，迁刑部侍郎，寻升尚书，继授浙江行省参知政事。致仕还。”《嘉靖广东通志稿》卷十三《宦迹》所载李质小传与此类似，亦未涉及被杀一事。地方志如此描述，碑传文也未能如实记载。黄佐撰写的《刑部尚书李公质传》说：“复授资政大夫、靖江府右相，在任几四载而卒。为开国功臣。”（文载《国朝献征录》卷四十四）不明就里的，看到这样的记载，一定误以为李质最后属于善终。即使是陈琏所撰墓志铭，对此一段历史的叙述，也比较隐晦。有关李质的最后岁月，即从浙江参政任上被召还京城，直至死亡，陈琏是这样叙述的：

> 天子念公老，召还，致政于京师。尝入见，赐坐便殿，访以时政得失，直言无隐，上益重之。（洪武）八年乙卯冬十月②，复起为靖相府右相，阶资政大夫，有敕，奖谕甚至，公益思竭诚以尽辅导之职。尝入觐，因奏乞归省先陇，上可其请。王亲挥翰赋诗以赐，复命藩宪元僚与府中官属，宴饯漓江之浒，人莫不以为荣。后王坐事去国，公随终焉。

立誓“竭诚以尽辅导之职”的李质，因为靖江王朱守谦的“去国”而“随终”。所谓“去国”，就是将靖江王废为庶人；至于李质的“随终”是怎样的行为呢？陈琏没有明确述说，却在铭文中十分含蓄地予以了表达：“逮居相国，有谔其言。直虽不容，此志则完。之身云亡，之德弗替。”至于究竟是谁不容其直？是谁使李质“亡身”？也还是令人云里雾里。就连这样的铭文，在《国朝献征录》转载的《靖江右相李公墓志铭》中也不予留存而被删除。

---

① 按：对于宋濂等文臣的弹劾，早已有之，而朱元璋原先多持包容态度。如《明太祖实录》卷一一〇载，洪武九年十月壬子（宋濂致仕前三个月），监察御史吉昌等弹劾诸多王府辅臣，包括靖江府长史赵壎，以及翰林承旨宋濂等，“（上朝时）僭行左门，于礼非人臣所宜，宜下法司”。朱元璋不予采纳，“诏皆宥之”。

② 据《明太祖实录》卷103，授予李质靖江王右相是在洪武九年正月十九日甲戌。

李质究竟为何以及如何“随终”的呢?《明史·李质传》说:“拜靖江王右丞。王罪废,质竟坐死。”那么,如果说李质和宋濂两人之间存在着相同之处或者某种联系,最为明显的就是:李质曾任靖江王府右相,宋濂则是太子老师;其次,两人最终都受到了朱元璋的迫害,相距仅仅半年。

李质是因为靖江王的缘故而遭朱元璋杀害,靖江王究竟又是因为何罪而遭废黜呢?

靖江王朱守谦,是个十分特殊的人物。根据《明史·靖江王守谦传》、《明太祖实录》中的相关记载,我们将其生平简单作一交代。

朱守谦是明太祖从孙,其祖父乃朱元璋长兄,早死。元末,其父守正追随朱元璋,骁勇异常,尤其讨平江西陈友谅之役,战功居多。然而据说朱守正骄侈暴躁,因此受到朱元璋训斥,朱守正极为不满,遂试图投奔张士诚,遭朱元璋鞭笞而死。朱守正死时,守谦年仅四岁。奇怪的是,朱元璋对此“叛逆”之子不仅没有歧视,反而疼爱有加。朱守谦幼名铁柱,“吴元年,以诸子命名告庙,更名炜。洪武三年,更名守谦”(《明史·靖江王守谦传》),并与朱元璋九个儿子一同册封为藩王,为靖江王。靖江王的各种待遇,包括官员设置、伴读人员等等,起初与其他藩王几乎没有区别,在朱元璋众多旁系亲属之中,仅此一人,属于特例。

靖江王府位于今天的广西桂林,但朱守谦受封之初,并未动身前往,仍然与朱元璋众多儿子一起,留在京城接受教育。直至洪武九年(1376)十一月二十八日,朱守谦才动身前往王府。然而仅仅数年之后,又被召还京师,严加戒谕,随即黜为平民,使居凤阳,令其耕田。七年之后,才使复爵,镇守云南。随后又被召还,禁锢于凤阳,直至洪武二十五年(1392)正月二十九日死亡。

《明史·靖江王守谦传》和《明太祖实录》的相关记载,都极力渲染朱守谦的为非作歹和不可救药,以此反衬朱元璋的宽容和慈爱。比如朱守谦洪武九年十一月初次离京前往藩王府,二十多天后行至长沙,朱元璋特地飞信赐书,表示其关切和不忍之情,认为朱守谦心智尚未成熟,嘱咐随行官员要尽心辅佐,要“诱之向善”。然而据说靖江王置若罔闻,到达桂林王府之后,反而变本加厉,为所欲为,以致朱元璋不得不施以强硬的手段,《明太祖实录》卷二百十五《靖江王守谦传》如此描述这一过程:

> 既长,俾王靖江。险贼险狠,不谨宪度,狎比小人,肆为淫虐,国人苦之。上未忍寘于法,召还京师,戒谕之。守谦不知悔,复肆怨望,作诗讥刺。上复容贷,使居凤阳力田,冀其知稼穑艰难,而思所以保富贵也。

以上所引,是靖江王晚年禁锢而死之后,官方对其一生所作总结中的一段,当然也代表了明太祖的立场和态度。我们暂且不说靖江王朱守谦是否真的如此不堪,事实上朱元璋的“容贷”终究有限,靖江王虽然暂逃一死,朱元璋却将迁怒和杀戮的对象,对准了朱守谦身边的人。当然,这一切在《明太祖实录》中不可能照实记录。

朱守谦从广西被召还京城、废为庶人的具体时间,史书没有记载。但根据《明史·李质传》“王罪废,质竟坐死”的说法,联系陈琏《故资政大夫靖江相府右相李公墓志铭》,不难推知,洪武十三年庚申五月,即李质“坐死”的同时,靖江王亦遭废黜。那么,靖江王犯法,朱元璋为何迁怒于李质呢?笔者以为,一方面是因为当时朱守谦年纪不大,朱元璋对他尚且抱有幻想,而且或许自感有负于靖江王之父,不愿重蹈覆辙,所以试图给予重罚,以观后效;另一方面,更为关键的是,靖江王表达怨恨的方式,使得朱元璋很自然地将发泄对象瞄准了他身边的文臣。

靖江王朱守谦被召还京师以后,对于朱元璋的斥责教训,不予理会,反而吟诗表示讥讽和怨恨。《明史·靖江王守谦传》说:“守谦作诗怨望,帝怒,废为庶人。”《明太祖实录》也说:“(守谦)复肆怨望,作诗讥刺。”总之,当时朱守谦的怨诗使得朱元璋勃然大怒是不容置疑的,但是朱元璋既不愿就此将靖江王一棍子打死,又不能就此罢手,否则怒气难消,那么替罪羊势必是靖江王身边的诗友和辅臣。

李质早年曾“以诗酒自乐”,“暮年尤工于诗”,靖江王府中的诗酒聚宴,想必更为频繁。据前引陈琏所撰墓志铭,在桂林藩府时,李质曾告假还乡祭祖,靖江王亲自挥翰,赋诗赏赐,还命令藩宪元僚和府中官员,以诗酒送行于漓江之畔。喜好诗歌的靖江王,与“以诗酒自乐”的右相李质,肯定有过不少切磋酬唱。可以这样认为,靖江王朱守谦的诗才,正是因为有了李质之类辅臣的教育熏陶才得以展现。但是话又说回来,朱守谦的怨诗,绝不可能出自身边文臣之手。朱元璋的残暴和淫威滥施,于此可见一斑。

据陈琏所撰墓志铭,洪武十三年李质死后,“权厝金陵聚宝山后”,可见李质当年是与靖江王一同被召回京城,然后处死的。另外,笔者怀疑,在废黜靖江王朱守谦的同时,被杀的很可能不仅是右相李质,长史赵埙恐怕也难逃厄运。据《明太祖实录》卷一百一记载,洪武八年九月二十七日甲申,翰林编修赵埙被授予靖江府长史一职。然而赵埙究竟何时去世,则无从知晓。朱彝尊所撰《赵埙传》叙述其生平履历,截止于“八年九月迁靖江王府长史”(载《曝书亭集》卷六十二),《明史·文苑传》说赵埙“出为靖江王府长史,卒①”,那么赵埙应该是死在靖江王府长史任上的。

三、赵埙、李质、东宫仪卫与宋濂

靖江王朱守谦遭废黜和靖江相府右相李质被杀,发生在宋濂祖孙遇难前几个月,这一切势必影响到宋濂,因为宋濂与靖江王府辅臣,还有靖江王的仪卫,关系曾十分密切。

据《明史·文苑传》等记载,靖江王府长史赵埙,字伯友,新喻人。元至正初年江西行省乡贡进士②。自从明洪武二年(1369)修纂《元史》,就与宋濂共事。《元史》修纂,曾经分为洪武二年和洪武三年两个阶段,先后三十人参与,而自始至终参与其事的,除了总裁官宋濂、王祎,就只有赵埙。赵埙后来又与宋濂同在史馆任职,共同修纂《大明日历》、《洪武正韵》。赵埙人品才学出众,宋濂敬之如兄长。洪武八年九月,赵埙被授予靖江王府长史一职,这也应该与宋濂的推荐提携有关,因为当时出任诸王府长史的,赵埙之外,晋府长史朱右、楚府长史朱廉,都曾经参与过《元史》编修。

对于诸王的教育辅导,朱元璋十分重视,而且往往让他们与太子相伴学习,也正因此,作为太子赞善大夫的宋濂,还要负责诸王的教育。洪武八年十月二十六日,也就是宋濂致仕前一年多,朱右、朱廉、赵埙等出任诸王府长史不久,朱元璋命令皇太子与秦王、晋王、楚王、靖江王一起出游中都,沿道校猎,讲习武事,历时多日。上述长史均陪同前往,而为首的就是宋濂。这一切在《明史·文苑传》、宋濂的《游琅琊记》、《游荆涂二山记》(载《皇明文衡》卷二十九)中都有明确记载。

至于和李质的关系,尽管不是赵埙那样共事多年的同僚,但是宋濂对他的厚爱倾慕和惺惺相惜,不难窥见。仅举一例即可说明,本文开头提及陈琏撰写的《李质墓志铭》后来被张冠李戴,其实并非空穴来风,宋濂确实为李质撰写过长文,不过不是在李质死后,而是洪武五年(1372)九月,李质出任浙江行省参政之际。在《送刑部尚书李公新除浙江行省参知政事序》中,宋濂热情洋溢地高度评价李质,最后还说:“公之往也,推体用之学以施于民。凶奸之未屏也,我则锄刬之;仁化之未孚也,我则宣布之;人风之未淳也,我则移易之;民瘼之未瘳也,我则苏息之;水利之未修也,我则平治之。……此盖邦家之荣,非一身之荣

---

① 道光五年刊《新喻县志》卷一一《人物传》、同治十二年刊《新喻县志》卷十《文苑传》有《赵埙传》,然皆抄录《明史·文苑传》,无新材料。

② 据钱大昕《元进士考》,赵埙于至正二年、至正四年参加江西行省乡试,连续中举。

也。公其勗哉！”文中对李质如此推许，并不因为他是一个高官，按照宋濂的说法，是倾慕于李质的“昂然高志”和“博习经史”的学问，因此才寄予厚望。（文载《宋学士文集》卷十七）不过，由于李质的《樵云集》荡然无存，二人具体的交往实在无从查考。

最后，还有一则史料值得重视。顾诚《南明史》第八章《隆武政权同鲁监国的争立》第五节《靖江王朱亨嘉之变》，援引雷亮功《桂林田海记》有关记载说，当年朱守谦封为靖江王，其实并不乐意，认为粤西乃烟瘴蛮荒之地，所以迟迟不愿就封。最后还是马皇后百般劝慰，并且“以东宫仪卫赐之”，方才上路。

朱守谦就藩之后，发生种种忤逆不端，所谓“不谨宪度，狎比小人，肆为淫虐，国人苦之”（见前引《明太祖实录·靖江王守谦传》），靖江王的过错，明显与伴臣的辅佐无方、督导不力有关。那么，靖江王府辅相有罪，伴读有过，仪卫当然也难脱干系。如果说李质作为辅相而不能不“坐死”，宋濂也很容易因此受到牵连：其一，宋濂曾经负责诸王经书的讲授，从某种角度来说，也是靖江王朱守谦的老师。前述洪武八年十月宋濂带领皇太子与诸王出游中都凤阳，并沿途讲习，同行的就包括有靖江王。其二，靖江府长史、靖江王仪卫的挑选任命，也与宋濂有关。靖江王朱守谦动身前往桂林藩府，是洪武九年十一月二十八日，一个多月之后，也就是洪武十年正月，宋濂致仕。也就是说，选择“东宫仪卫”陪伴靖江王前往藩府，正是宋濂任太子赞善大夫的最后时期。循着这条线索，我们不妨再展开一点联想：宋氏祖孙中，宋慎首先被杀，是否因为他的职务与仪卫有关呢？是否因为他与东宫仪卫的关系可能十分密切呢？因为宋慎的官职正是——殿庭仪礼司序班。当时若有人进谗言，宋濂、宋慎与“东宫仪卫”的关系正是最好的谣言温床，更何况宋濂与靖江右相李质、靖江长史赵壎，还有如此亲密的关系。

通过上述宋濂祖孙遇难原因的追踪分析，我们排除“胡惟庸案株连说”和“宋濂失朝说”，采纳了方孝孺的说法。但是，我们并不认为所谓谗言是导致宋濂祖孙惨死的关键原因，谗言只是可燃可灭的导火索而已，真正的关键则在于掌控火种之人——皇帝朱元璋。事实上方孝孺本人，也不真正认同罪魁祸首就是所谓诬陷和谗言，我们从方孝孺悼念宋慎的文章中，不难窥见其真实思想，他说：“以子之才智奇伟，其于富贵寿考皆所宜有，而年不及壮，仕不克肬，举莫推其故也。告哀于幽，使陵迁谷变之后，有爱才者悼其不幸。”（《逊志斋集》卷二十二《宋子畏圹志》）所谓“举莫推其故”，其实是对有关罪名的质疑；所谓“爱才者悼其不幸”，则是对朱元璋的草菅人命，表示出了深沉的愤怒。

当然，宋濂祖孙遭难的具体原因，仍然不能说已经十分清楚，但是有一点我们基本可以确定，洪武十三年夏季发生的靖江右相李质被杀的事件，显示了某种信号：在迫害诛杀了汪广洋、胡惟庸、陈宁等开国元勋之后，对于身边的文臣，朱元璋也高度怀疑，更加上靖江王朱守谦怨诗的刺激，朱元璋心态大变。如果说，开国之初，朱元璋确曾有过右文黜武、偏爱文士的阶段①，那么，经过上述事件的发生，朱元璋对于文人的敏感和反感超乎以往②，对太子、诸王身边的高级辅臣也开始痛下杀手，而李质和宋濂祖孙，正是这一转变的较早的受害者。

作者简介　孙小力，上海大学文学院中文系教授。

① （清）褚人穫《坚瓠集》己集卷四《勋臣潛语》：“海内既平，高皇向意文士，诸勋臣不平。上语之曰：‘世乱用武，世治宜文，非偏也。’”

② 按：明初文字狱和朱元璋对于下层文人的迫害诛杀，可参见（清）赵翼撰《廿二史札记》卷三二《明初文字之祸》。

宋濂与江南文化在中国重要地位的确立

孙琴安

宋濂是明初的文学家，也是开国功臣之一。一向被视为明代开国文臣之首。他的博学和扎实的学术根底，就连清代人也是公认的。他的成就是多方面的，量多而广，散文成就尤高，对明代散文曾有过重大影响。

当然，宋濂的文学价值和散文地位固然值得肯定和研讨。然而，我却认为，宋濂的文学价值远不只此，他甚至对整个江南文化在中国重要地位的形成与真正确立，都起过非同小可的重要作用。

一、简单的历史回顾

自秦汉以来，中国的文化重镇一直在中原大地，虽然西晋末年，有一批中原大族南迁，建都建康（今江苏南京）。东晋诗人谢灵运、书法家王羲之等，对江南文化（即当时的吴越文化）有所开发和影响，但随着隋唐王朝的建立，定都长安，许多重要文化名人的北上，中国文化的重镇又转到中原。并孕育出许多杰出的文学家，如唐代的杜甫、岑参、韩愈、李商隐等都是今河南人，王勃、王维、王之涣、白居易、柳宗元等都是今山西人，王昌龄、韦应物、杜牧等都是今陕西人，李白、陈子昂这些蜀中才俊也都往长安求取功名。江南一带也只有在安史之乱以后，许多文士为了逃难，才暂时来此栖身。与辉煌一时的中原文化无法相比。

北宋时期，江西文人受到朝廷重用，从晏殊、欧阳修、到王安石、曾巩，都是江西人，不久又有以黄庭坚为首的江西诗派。但与以吴越为中心的江南文化无缘。

北宋灭亡，赵构南渡，建立南宋王朝，京城从汴州迁到临安（今浙江杭州）。许多北方的文化精英也漂泊江南，如女词人李清照便在浙江金华一带居住，辛弃疾也曾来浙江担任过浙东安抚使，并曾与陈亮（浙江永康）唱和。但这毕竟还只是一个南北文化的融合期。尽管南宋时，浙江也出现了一些文化名人，如文学上有陆游这样的大诗人，有“永嘉四灵”，哲学上有以吕祖谦为代表的金华学派，又有以陆九渊为代表的象山学派，以薛季宣、陈传良、叶适等为代表的永嘉学派等。但这仍都是在南北文化融合期这一大背景下所产生的一些文化现象。并不意味着江南文化的真正确立。随着元朝的兴建，元世祖迁都燕京，改名大都（即今北京），中国的文化重镇再次北移。元代散曲和戏曲发达，但有影响的散曲和戏曲家，如关汉卿、王实甫、马致远等都是大都（今北京）人。南宋时，曾经得以活跃和交融中的江南文化，并没得到更为有利的继续和发展。只有到了明代，江南文化才真正得到形成与确立，文化重镇才真正开始由以中原为主的北方转到以吴越为主的江南。

二、明代与江南文化重镇的真正确立

在明之前，以吴越为主的江南文化虽然有自己的文化历史积累和风格特点，也出现过一些影响全国的文化名人，但从总体上说，无论是秦汉魏晋，还是隋唐五代，都无法与中原文化相抗衡。尽管东晋、南宋时期有过两次比较大的南北文化的交流融合，并对江南文化的形成和发展起过非常重要的作用，但它毕竟仅是一种融合，而且具有很大的不确定性和不稳定状态，一旦都城北迁，随着政治中心的转移，这里的文化强度又会受到影响。然而，自明代开始，以吴越地区为主的江南文化，才得以真正形成和完全确立。理由主要有以下三点：

第一，这里在明代出现了一大批有全国影响的重量级文化名人。如明初，就有宋濂、刘基、王祎、贝琼、高启、翟佑、方孝孺等，随后又有唐伯虎、祝枝山等人的“明四家”，有哲学家王阳明，之后又有徐文长、王世贞、归有光、屠隆、陈继儒、张苍水、陈子龙这样的一流作家。有胡应麟、刘宗周、孙矿、黄宗羲、顾炎武这样的一流学者。此外，尚有入仕清朝的一流大家，钱谦益、吴伟业、李雯等。

第二，这里又是明代各种学术文化思潮与流派的发源地。有些学者对中国历代学术作过如下归纳：汉之经学，魏晋之玄学，唐之佛学，宋之理学，明之心学，清之朴学。而明之心学的创始者，便是余姚人王阳明。故又称“阳明学派”或“姚江学派”。就文学而言，明初就有刘基、徐舫等为首的越派诗，又有高启、杨基、张羽、徐贲并称的“吴中四杰”，至明末，这里又出现了云间诗派，即明清之际的词派论，这里便有以陈子龙、李雯为代表的云间词派，以朱彝尊为代表的浙西词派，以陈维崧为首的阳羡词派，以毛先舒等为首的“西泠十子”。

第三，明清两代，这里文人辈出。从春秋战国到汉魏六朝、到隋唐五代，中国杰出的文人学者多集中在黄河流域，以至陆机、陆云兄弟从江南来到中原，使张华等高官贵族大吃一惊，原来江南还有这等文士。由此可见，在当时文化发达的中原地区，根本就没想到江南还会出才子。然而，到了明清两代，以吴越为主的江南地区，无论城市抑或乡镇，都涌现出了无数的文人学者。今日的苏州、杭州、宁波、绍兴、无锡、常州、嘉兴、金华、桐乡，乃至昆山、太仓、常熟、海宁、永康、兰溪、甚至包括今日上海的松江、嘉定等地，都孕育出无数的状元、进士和杰出文人。就连清末的最后一个状元，也由江南才子南通张謇夺得。近人邓之诚编撰的《清诗纪事初编》，所录从明遗民顾炎武、吴留良、黄宗羲等起，至清顺治、康熙两朝文人止，共收诗人六百家，其中江南居多，占有绝对优势。而原先文化发达，诗人辈出的山西、陕西、河南地区，已被挤到末尾，明显衰微，与强盛的江南文化不可同日而语。

因此，从明代开始，江南文化开始日益强大，一直延续至清。所谓“江南出才子”、“江南出文人”的说法，也是从明代开始的，是指明清两代而言的。

三、宋濂在江南文化转为中国文化重镇中所起的作用

南宋王朝建都临安，由于政治中心的转移，把中原文化也带到了江南，大大刺激和推动了江南文化的发展，确实有一个文化重镇转移的历史现象。但这仍是暂时的历史现象和文化现象，随着南宋灭亡，元代建都大都（北京），南宋都城临安废弃，江南文化也随之衰弱，至少在元代不是文化重镇。直到元末才出了个杨维桢和他的“铁崖体”。所以，南宋时期的江南文化虽然有过前所未有的繁盛，也只是暂时的，带有南北文化融合的性质。

然而，到了明代，江南文化在南宋时期曾留下的光辉再度闪亮，而其日益兴盛，光芒四射。这种局面的形成，与明初的文学大家、明代文臣之首的宋濂，也有着非常密切而重要的关系。

首先，宋濂本身就是一代卓有成就的文学大家。一生著述丰厚，著有《龙门子凝道记》、《燕书》、《浦阳人物记》、《潜溪集》、《翰苑集》等多种，他先前手订的《宋学士文集》就有七十五卷，清嘉庆年间，严荣又编有《宋文宪公全集》。他以散文闻名当时，今传的散文数量达 1200 多篇以上，赋、颂、记、序、传、论、赞、塔铭、墓志等，无所不备，据王世贞《艺苑卮言》载，朱元璋曾对宋濂说："浙东人才，惟卿与王祎耳。才思之雄，卿不如祎，学问之博，祎不如卿。"同书又载，朱元璋曾与刘伯温谈论文章，刘伯温说："宋濂第一，其次臣不敢多让。"也就是说，学问极好，诗文成就极高的刘伯温，只认为宋濂是当朝第一，他也甘拜下风，对于包括王祎在内的其他散文家，他却"不敢多让"。由此也可看出宋濂当时的文名之高。其诗虽不如其文名声之高，但徐泰《诗谈》仍认为："宋景濂、王子充诗亦纯雅，以文名。"也就是说，宋濂的诗歌成就也不低，只是文章之名太盛罢了。而宋濂的这些文学作品，本身就是江南文化中不可忽视的一个重要组成部分。

其次，宋濂不仅自己文学成就卓越，而且是一代宗师，开一代文风，影响后世。《四库全书总目提要》一六九卷说宋濂与刘伯温"并为一代之宗。今观二家之集，濂文雍容浑穆，如天闲良骥，鱼鱼雅雅，自中节度；基文神锋四出，如千金骏足，飞腾飘瞥，蓦涧注坡，虽皆极天下之选，而以德以力，则略有间矣。"黄宗羲《明文授读》则说："景濂无意为文，随地涌出，波澜自然浩渺。"后明文大家方孝孺便是宋濂弟子，在散文方面也曾受到宋濂的一些影响。凡此，都说明了其文在当时的地位和影响。

再次，宋濂的地位也决定了他在江南文化方面的影响力。朱元璋在元末打天下时，除了常遇春、胡大海等一批武将，也有一批文臣辅佐他，其中最有名的便是刘伯温与宋濂，其次则有王祎等。有意思的是，这批开国文臣都是浙江人。明初时，由于他们开国有功，都做了很大的官，刘伯温在明初任御史中丞兼太史令，封诚意伯。宋濂任《元史》总裁官、礼部主事、翰林学士承旨、知制诰，朝廷重要文件与典册，多出自他的手笔。因此，他不仅文笔出色，而且官位重要，能呼风唤雨，他的文风自然会影响文坛，有着左右文坛风气的作用。

又次，宋濂本身就是江南人。宋濂是浙江浦江人，自幼家贫，刻苦攻读，先后受学于梦吉、吴莱、柳贯等人。这一点很重要，说明他的文化之根就在江南，是江南的土壤直接孕育出来的大文豪，不像李清照、辛弃疾等人的文化之根都在山东，浙江只是他们的避难漂流之地，情景完全不一样。

根据以上的分析，我们似乎可以得出这样的结论：如果说秦汉魏晋直至隋唐五代，中国文化的重镇一直在中原大地和黄河流域，那么明清两代，中国文化的重镇则在江南地区，尽管明成祖永乐十九年迁都北京，清廷也以北京为都，政治中心北移，但江南文化依然繁荣昌盛，依然是中国文化的重镇。而这一现象的转折点，便是明初；在其中起到重要或关键作用的，便是宋濂、刘基等一批开国文臣。他们可以说是江南文化转为中国文化重镇的真正开创者。而作为朝野公认的"国朝文臣之首"的宋濂，在其中更有着不可磨灭的重要贡献与杰出功勋。

作者简介　孙琴安，上海社会科学院文学研究所研究员。

宋濂融贯众说集婺学之大成

徐儒宗

一、婺学对宋濂的影响

宋元以来，婺州（相当于今金华市所属地区）逐渐成为学术区域化发展的一个重镇，并形成了婺州自具特色的儒学——婺学。学术界一般称婺学为事功之学，以区别于程朱的理学和陆王的心学。其实，谓程朱、陆王之学偏重道德而卑视事功，确属事实；若谓婺学偏重事功而轻视道德，实属偏见。一般而言，婺学之所以有别于程朱理学和陆王心学之处，主要在于如下两点：其一是程、朱、陆、王都专重内在的心性而讳言外在的功利，而婺州学者则大都主张心性与事功并重；其二是程、朱、陆、王都把修养心性看作是超越于功利之外的独立学问，而婺州学者则大都主张应把修养心性贯彻于事功之中，即道德的价值应从济世安民的事业中体现出来。所以，程、朱、陆、王之学，是旨在修养道德心性之学；而婺州之学亦即“婺学”，则是在修养道德心性的基础上，旨在经世致用之学。由于这种区别，所以程朱理学和陆王心学共同表现为：重内轻外，重本轻末，重经轻史，重道轻文，重性理道德而轻事功，崇尚高谈道德性命而不屑从事具体实务，从而不可避免地导致种种流弊；而婺学则倡导一种文道并重、经史并重、性理道德与事功并重的合理主张而避免了这些偏重一端之弊，从而形成了婺学的总的基本特色。

若以儒家宗旨而言，藉以修己的心性之学和用以安人的经世之学，是儒者所不可或缺的两个方面，故在立言上偏重一端而放弃另一端，必将有违儒家的中庸之道。比较而言，婺学坚持“内圣”的道德与“外王”的事功并重而且高度统一的主张，最符合孔门的本旨，也最符合立身处世和社会发展的客观规律。在当时众多学派之中，惟有婺学能直宗孔孟而独树一帜。它既承认存在于事物中之普遍规律亦即“理”或“天理”是无始无终、不生不灭的永恒存在，又认为“心”是认识“理”和驾驭“气”的主宰，并主张运用适得事理之宜的中庸之道将它们高度统一起来，由此出发而从事修身、齐家乃至治国、平天下的济世安民事业。这在当时道学界高谈道德性命而不屑治理实事的风气下，确实有其独树一帜的鲜明特色。总而言之，“婺学”就是婺州学者主张“内圣”与“外王”的高度统一，上承孔门之正传，下开清代实学之先河，旨在经世致用的求真务实之学。

若考婺学之渊源，系由两宋之交的兰溪香溪范浚开其宗，至南宋金华东莱吕祖谦、悦斋唐仲友、永康龙川陈亮三家鼎立而达最盛，其中又以东莱吕氏影响最大，足为婺学之代表。然后经由宋末浦江韶父方凤诸儒，以及元代金华凝熙闻人梦吉、浦江道传柳贯、渊颖吴莱、义乌晋卿黄溍诸儒，传至明初浦江宋濂而集婺学之大成，开启了有明一代之学风。

宋濂（1310～1381），字景濂，由金华潜溪迁居浦江青萝山。无论在经史文献、心性理学、典章制度以及文艺理论等各方面均卓有成就，故在学术史上有其巨大的影响。

关于景濂之学，清儒黄百家云："北山（何基）一派，鲁斋（王柏）、仁山（金履祥）、白云（许谦）既纯然得朱子之学髓，而柳道传（贯）、吴正传（师道）以逮戴叔能（良）、宋潜溪（濂）一辈，又得朱子之文澜，蔚乎盛哉！是数紫阳（朱子）之嫡子，端在金华也。"① 全祖望《宋文宪公画像记》亦云："文宪之学，受之其乡黄文献公（溍）、柳文肃公（贯）、渊颖先生吴莱、凝熙先生闻人梦吉，四家之学，并出于北山、鲁斋、仁山、白云之递传，上溯勉斋（黄榦），以为徽公（朱子）世嫡。"② 黄、全二氏都从朱学的渊源承传关系来说明景濂之学系出于朱学之嫡传。

然而，王梓材则云："东莱学派，二支最盛：一自徐文清（侨），再传而至黄文献（溍）、王忠文（祎），一自王文宪（柏），再传而至柳文肃（貫）、宋文宪（濂），皆兼朱学，为有明开一代学绪之盛。"③ 因为徐侨曾师事东莱的弟子叶邽，而王柏则是东莱弟子王翰之子，所以王梓材又从吕学的渊源承传关系来说明景濂之学系出于吕学之嫡传。

《四库提要》则云："（吴）莱与黄溍、柳贯，并受业于宋方凤，再传而为宋濂，遂开明代文章之派。"④ 这是说，景濂之学实源于方凤，而方凤实受龙川的事功、文章之学的影响最深，所以也就是说，景濂之学其实是来源于龙川陈氏。

以上三说看似矛盾，其实不然。黄、全二氏系就景濂继承了朱门的心性之学而言；王梓材系就景濂继承了吕氏的中原文献之统而言；《四库提要》系就景濂继承了方氏的文章之学而言。三说貌似矛盾，其实并行而不相悖，这正说明了景濂能集诸家之大成的恢宏气象。然而比较而言，景濂之学更接近于吕氏。这是因为，朱子特重心性道德而讳言功利，龙川特重事功而反对空谈道德性命，证诸儒门内圣与外王并重的中庸之道，未免都有一定程度的偏颇之处；惟有东莱吕氏之学，既重心性道德，亦重经史、文章与事功，可谓最得孔门之正传。景濂有见于此，故对吕氏之学情有独钟。

景濂曾作《思媺人辞》表达对吕东莱的景仰之情和吕学不传的忧虑。其文中云："吾乡吕成公实接中原文献之传，公殁始余百年而其学殆绝，濂窃病之。然公之所学，弗畔于孔子之道者也，欲学孔子，当必自公始。此生乎公之乡者，所宜深省也。"⑤ 这里明确表达了"欲学孔子，当必自公（东莱）始"之意。他还将此文寄给王祎，王祎读后，即作《思媺人辞后记》以作答复："景濂生公之乡，特起而拔出，其学博，其志笃，恒以吕氏之学不讲为己忧，而不胜夫景行之思。……是殆将以吕氏之学为学者乎！"⑥ 可见王祎也认为景濂是"以吕氏之学为学者"。王祎还在《宋太史传》中说："初，宋南渡后，新安朱文公、东莱吕成公并时而作，皆以斯道为己任。婺实吕氏倡道之邦，而其学不大传；朱氏一再传为何基氏、王柏氏，又传之金履祥氏、许谦氏，皆婺人，而其传遂为朱学之世嫡。景濂既间因许氏门人而究其说，独念吕氏之传且坠，奋然思继其绝学，每与人言而深慨之。识者又足以知其志之所存，盖本于圣贤之学，其自任者益重矣。"⑦

---

① 《宋元学案》卷八二《北山四先生学案》，《黄宗羲全集》第六册，第 216 页。
② 《宋元学案》卷八二《北山四先生学案》，《黄宗羲全集》第六册，第 298 页。
③ 《宋元学案》卷七三《丽泽诸儒学案》，《黄宗羲全集》第五册，第 916 页。
④ 《四库全书总目·别集类》，中华书局 1965 年版，第 1442 页。
⑤ 罗月霞主编：《宋濂全集》第一册，浙江古籍出版社 1999 年版，第 87 页。
⑥ 《王忠文集》卷八，台湾商务印书馆影印文渊阁《四库全书》本。
⑦ 《王忠文集》卷二一。

可见景濂和王祎都认为"婺实吕氏倡道之邦"，他们既为"其传遂为朱学之世嫡"而深感不平，又因"独念吕氏之传且坠"而深感忧虑和惋惜。作为婺州之人，就应肩负起"奋然思继其绝学"的重任。这鲜明地表达了对于吕学的向往之情。

实际上，宋、王所谓"其学殆绝"或"吕氏之传且坠"，仅仅是一种表面现象。因为自元代以来朝廷规定以程朱理学取士，故一般士人都以诵读朱子的《四书集注》为主要内容。然而婺州学者并不受所拘，他们都能继承吕学的兼取众长以资经世致用这一优良传统。即使是徐侨与"北山四先生"两支号称朱门嫡传的学者，也无不融入了婺州本土求真务实这一基本精神，而有别于一般空谈道德性命的道学家了。尤其是以圣贤之学自任的景濂，他在《龙门子凝道记》中谓自己治学的宗旨是"求为用世之学"，所以"学为大人之事，以周公、孔子为师，以颜渊、孟轲为友，以《易》《诗》《书》《春秋》为学，以经纶天下之务，以继千载之绝学为志"。正出于这一目标，他进一步继承和发扬了东莱吕学的优良传统，博通诸家之说而取其长，而成为婺学的集大成者。

二、经史诸子文献之学

宋景濂在学术上的主要成就当然是经学。他首先肯定了"经"的崇高地位，其《经畲堂记》云："'经'者，天下之常道也。大之统天地之理，通阴阳之故，辨性命之原，序君臣上下内外之等；微之鬼神之情状，气运之始终；显之政教之先后，民物之盛衰，饮食衣服器用之节，冠昏朝享奉先送死之仪；外之鸟兽草木夷狄之名，无不毕载。而其指归，皆不违戾于道而可行于后世，是以谓之'经'。……吾所谓学经者，上可以为圣，次可以为贤，以临大政则断，以处富贵则固，以行贫贱则乐，以居患难则安，穷足以为来世法，达足以为生民准。"① 景濂认为，"经"是无所不包而又人所不可须臾或缺的"常道"。

于是，景濂进而着重阐明了天理、人心与六经的关系，从而论述了世儒不善读经之弊和提出了正确的治经之道。他在《六经论》中说："圣人之道，唯在乎治心。心一正，则众事无不正。……大哉心乎！正则治，邪则乱，不可不慎也"。然而，"秦汉以来，心学不传，往往驰骛于外，不知六经实本于吾之一心。所以高者涉于虚远而不返，卑者安于浅陋而不辞，上下相习，如出一辙，可胜叹哉!"然而所以至于如此，实由于后世儒者不善治经之过，以致经旨晦而不明。于是，他提出治经之道："惟善学者，脱略传注，独抱遗经而体验之，一言一辞，皆使与心相涵。始焉，则戛乎其难入；中焉，则浸渍而渐有所得；终焉，则经与心一，不知心之为经，经之为心也。何也？六经者，所以笔吾心中所具之理故也。"所以他认为，"周、孔之所以圣，颜、曾之所以贤，初岂能加毫末于心哉！不过能尽之而已。"

景濂还撰有《周礼集注》、《孝经新说》等经学方面的著作。此外，对于附属于经学的小学，景濂亦深有研究。在景濂的著作中，有相当数量的篇章是属于研讨文字、音韵、训诂之作。

景濂所最钦仰的是东莱之学，因而他对某些误认为东莱"惟史最优，其于经则不密察"的言论作了辩解。他在《龙门子凝道记》中说：

> 或问龙门子曰："金华之学，惟史最优，其于经则不密察矣，何居?"龙门子曰："何为经?"曰："《易》《诗》《书》《春秋》是也。"曰："何谓史?"曰："迁、固以来所著是也。"曰："子但知后世之史，而不知圣人之史也。《易》《诗》固经矣，若《书》若《春秋》，庸非虞、夏、商、周之史乎？古之人曷尝有经史之异哉？凡理足以牖民，事足以弼化，皆取之以为训耳，未可以歧

① 《宋濂全集》第三册，第1670页。

而二之。谓优于史而不密察于经，曲学之士固亦有之，而非所以议金华也。”①

景濂认为，读书不应该因为经、史而有所轻重，而在于凡是“理足以牖民，事足以弼化”的书，都可以取以为训。这是对东莱之学的最合理的领会。于是，他对金华之学的特色和贡献给予阐明与推崇：“中原文献之传，幸赖此不绝耳。盖粹然一出于正，稽经以该物理，订史以参事情。古之善学者，亦如是尔。其所以尊古传而不敢轻于变易，亦有一定之见，未易轻訾也。”② 所谓“稽经以该物理，订史以参事情”，正是概括了经史不可偏废之旨。所以，他忠实地继承了东莱经史并重的传统。

景濂受命任《元史》总裁，在短短八个月间修成了占“二十四史”之一的历史巨著《元史》二百十卷。虽因急于成书而颇多舛漏，但也有胜过其他诸史的优点。例如：《历志》载许衡、郭守敬的《历经》，李谦的《历议》，而并及“庚午元历”之未尝颁用者以证其异同；《地理志》附载潘昂霄《河源考》，而取朱思本所绎“梵字图书”分注于下；《河渠志》则北水兼及于卢沟河、御河，南水兼及于盐官、海塘、龙山河道，并详其缮濬之宜等等，皆未尝不可为考古之证。《元史》的这些记载，都是史学界公认的长处。

景濂所撰《浦阳人物记》二卷，分忠义、孝友、政事、文学、贞节五门，共收二十九人，分别进行记述和评赞，保存了浦江元代以前的许多名人事迹。欧阳玄《序》称其“至公甚当，不以私意为予夺”；《四库提要》亦评为“皆具有史法”。③ 景濂在其《大明日历序》中云：“史事甚重，古称直笔，不溢美，不隐恶，务合乎天理人心之公。无其事而曲书之者，固非也；有其事而失书之者，尤非也。”④ 这就是他据以撰史的宗旨。

景濂治学，不仅经史并重，而且博通诸子百家之学。他所著《诸子辨》一书，自周之《鬻子》迄宋之《子程子》共四十馀家著作进行了考辨。在其《序》中自述此书之宗旨云：“《诸子辨》者何？辩诸子也。通谓之诸子何？周秦以来作者不一姓也。作者不一姓而其立言何？人人殊也。先王之世，道术咸出于一孔，此其人人殊何？各奋私知，而或盭大道也。曰：或盭大道也，其书虽亡，世复有依仿而托之者也，然则子将奈何？辞而辩之也。曷为辩之？解惑也。”⑤ 景濂考辨诸子的方法，涉及考察著录源流、材料来源、思想内容、文字风格乃至史实、典制、避讳等，或考辨其真伪，或评论其思想内容，或两者兼之。他对于诸子的考辨，在其书后题识中自谓“其中疏剔觝排，亦窃自谓有一发之见”⑥。关于诸子的辨伪，在景濂之前的学者如柳宗元、朱熹、晁公武、黄震诸人已有所涉及，但都未成系统。景濂对此进行较为系统的考辨，确实具有较高的学术价值。

三、弘道经世之学

宋景濂全面继承和发扬吕东莱之学的优良传统，并能博通宋儒诸家之说而取其长，力主义理、事功、文辞三者的统一。他以经学为主线，沟通了朱、陆之辨，朱、陈之争，洛、蜀之异，而呈现出兼收并蓄的弘大气象。

从景濂的宇宙论而言，他认为宇宙间的一切事物皆出于气之运行。其《辅教编序》云：“春夏之伸，而

---

① 《宋濂全集》第三册，第1803页。
② 《宋濂全集》第三册，第1787页。
③ 《四库全书总目·传记类》，中华书局1965年版，第523页。
④ 《宋濂全集》第二册，第875页。
⑤ 《宋濂全集》第一册，第128页。
⑥ 《宋濂全集》第一册，第149页。

万汇为之欣荣；秋冬之屈，而庶物为之藏息。皆出乎一元之气运行；气之外，初不见有他物也。”① 其《白云稿序》云：“日月星辰之昭布，山川草木之森列，莫不系焉覆焉，皆一气周流而融通之。”② 然而从人的活动而言，他又更重视心和理的作用。他认为“经”中有心学，有理学。他在《六经论》中说：“六经皆心学也，心中之理无不具，故六经之言无不该。六经所以笔吾心之理者也。……人无二心，六经无二理，因心有是理，故经有是言。心譬则形，而经譬则影也。无是形则无是影，无是心则无是经。”③ 这样，就因“经”的关系打通了朱、陆之间的心、理之辨。

景濂又认为“经”中有义理，有事功。其《经畬堂记》云：“夫五经孔孟之言，唐虞三代治天下之成效存焉。……小用之则小治，大施之则大治，岂止浮辞而已乎?”④ 所以他认为，儒家之道有二途：一重实际，一重理论。重实际的偏于应用，成为政治家的事功；重理论的偏于思索，成为道学家的义理。前者以社会为对象，所讲求的乃是济世安民的治人之道；后者以一己为对象，所体会的常在身心几微之间而成为修己之道。而所谓“道”，本是兼此修己和治人两方面说的。这样，就因“经”的关系沟通了朱、陈之间的“性理”与“事功”之争。

景濂还认为“经”中有文有道。其《浦阳人物记·文学》云：“文学之事，自古及今以之自任者众矣，然当以圣人之文为宗。……天地之间，至大至刚，而吾藉之以生者，非气也耶? 必能养之而后道明，道明而后气充，气充而后文雄，文雄而后追配乎圣经。不若是，不足谓之文也。何也? 文之所存，道之所存也。”⑤ 这样，就因“经”的关系泯除了洛、蜀两派之间的“文”与“道”的界限。

然而，景濂与东莱一样，在主张宇宙间的一切事物皆出于气之运行的前提下，又着重突出了“心”的主观能动作用。他在《萝山杂言》中云：“天下之事，或小或大，或简或烦，或亏或赢，或同或异，难一矣。君子以方寸心摄之，了然不见其有馀。”⑥ 而在《龙门子凝道记·天下枢》中则进而提出了“天下之物心为大”的观点。然而，景濂虽然很重视“心”的功用，但是与陆象山所标榜的“心学”是有所区别的。因为象山的心学既不重视读书致知，且又排除经世事功；而景濂则既重视读书致知，而又兼重经世事功，内在之心与外在之知识、事功是高度统一的。

其实，景濂虽然沟通了诸家之学，但也并非无原则地兼收并蓄，而是有选择地各取其长。这可以从他对于各家学说之利弊得失的评论中体现出来。他在《龙门子凝道记·段干微》中，对于宋代所流行的各学派作了专门评论。他对眉山苏氏的文学成就极其推崇，但认为其病在于颇染纵横家的习气，偏离了先王之道，未能符合文以载道之旨。他对于陈龙川的才略及其事功之学推崇备至，但认为其病在过于偏激，未能符合先王以道德化民之旨。对于陆象山提倡心的功用极其赞赏，但对其只强调“力行”而不重视“致知”，则又表示遗憾。他认为永嘉之学基本上合乎先王之道，其不足之处则在于没有抓住“大本”而过于琐碎与固执。这确实一语说中了永嘉之学的要害，因为永嘉之学确实缺少像朱子理学和象山心学那样明确的核心宗旨。最后，独对吕东莱的金华之学则作了无比的推崇，其云：

> 中原文献之传，幸赖此不绝耳。盖粹然一出于正，稽经以该物理，订史以参事情，古之善学者，亦如是尔。其所以尊古传而不敢轻于变易，亦有一定之见，未易轻訾也。当是时，得濂洛之

---

① 《宋濂全集》第二册，第940页。
② 《宋濂全集》第一册，第494页。
③ 《宋濂全集》第一册，第72页。
④ 《宋濂全集》第三册，第1671页。
⑤ 《宋濂全集》第三册，第1838页。
⑥ 《宋濂全集》第一册，第52页。

正学者鼎立而为三：金华也，广汉也，武夷也。虽其所见时有不同，其道则一而已。盖武夷主于知行并进，广汉则欲严于义利之辨，金华则欲下学上达。虽教人入道之门或殊，而三者不可废一也。

景濂认为，东莱的金华之学实与朱子的武夷之学、张南轩的广汉之学同出于濂洛之正学，尽管教人入道之门有所不同，但可以相辅相成，同归乎圣人之道。其实，景濂特别推崇东莱“稽经以该物理，订史以参事情”的经史并重之学，认为与“古之善学者”相同，则可谓对于重经轻史的朱子理学与象山心学实有微辞。即此可见，景濂在当时众多学派之中，最为推崇、所受影响最深的乃是东莱的金华之学，故能忠实地继承并进而宏扬了婺学的优良传统。即此可见，景濂之学虽不如宋儒所见之精，却比宋儒所见为大。因此后世各派的道学家和文章家都推崇景濂之学。

景濂一生以圣人之道自任，故常怀忧国忧民的济世情怀。他主张“以《易》、《诗》、《书》、《春秋》为学，以经纶天下之务”，却又不肯轻易出仕，直到明太祖攻取婺州，加以礼聘时，才毅然出山就职。然而在他的著作乃至就职从政后的实践中，显示了很多精辟的济世安民、为政治国之道。

关于治国的准则，景濂主张应以中道治民。所以他在《抱瓮子传》中，借抱瓮子的所谓“灌畦”之道来发挥其以中道治民的思想。其云：“疏性不欲燥，燥则生意厄而不伸；疏性宜湿，湿或过焉，则气伤而寖屈。吾日夜调之燮之，俾适夫厥中，则芃然而秀，嫣然而荣矣。”景濂从而领悟道：“所谓艺疏得中，不使倚于一偏，不几于治民有政者欤!”① 这显然是继承了大舜“执其两端，用其中于民”的政治思想。

关于治民之道，景濂认为不外乎“养”与“教”两条。他在《恭题御制〈论语解〉二章后》中云：“臣闻圣人之治天下，养之以政，而教之以道。民非养不生，非教不明，三代以降，未有兼之者也。”② 又在《长洲练氏义塾记》中云：“古之为治者，其法虽详，然不越乎养与教而已。养失其道，则民贫；教失其道，则民暴。贫则流而为盗，暴则去而为邪，二者皆乱之始也。是以先王重之。”③ 这其实是对孔子先富后教思想的进一步发挥。然而养民之关键，则在于官吏之清廉勤政。所谓教民之道，则在于教之以礼，并认为“礼”的功用要比“刑”的威力更为根本而有效。

景濂在朝时，经常向明太祖进言。他曾说：“得天下以人心为本，人心不固，虽金帛充牣，将焉用之?”又言：“人主诚以礼义治心，则邪说不入；以学校治民，则祸乱不兴。刑法非所先也。”又言：“赏罚适中，天下可定也。”这充分表现了他的德治、礼治和法治兼相并用的政治思想。太祖问灾祥之故，他回答道：“受命不于天，于其人；休符不于祥，于其仁。”④ 这又表现了他重视人道而否定天能施行灾祥祸福的人本思想。

四、诗文成就及其文论

宋景濂作为开启有明一代文风的文学大家，不仅对婺州文学有特大影响，而且在中国文学史上也有很高的地位。他的文学成就主要在散文方面。他的散文，大都写得明白流畅，不很深湛，然而雍容纯正而具有大家的气象。诗歌成就虽不及散文，但有许多诗的写情状物都很生动。《四库提要》评他“根柢经训，发

① 《宋濂全集》第二册，第822页。
② 《宋濂全集》第三册，第1730页。
③ 《宋濂全集》第三册，第1728页。
④ 《明史》卷一二八本传，中华书局标点本第十二册，第3784页。

为文章，称明一代之冠冕。其文醇深演迤，不动声色，而二百馀年之中，弹力翻新，终莫能先也”①。而且，还把他与当时与之并为一代之宗的刘伯温的文章作了对比：“今观二家之集，濂文雍容浑穆，如天闲良骥，鱼鱼雅雅，自中节度；基文神锋四出，如千金骏足，飞腾飘瞥，蓦涧注波。虽皆极天下之选，而以德以力，则略有间矣。”② 这就是说，景濂之文雍容浑穆而以“德”胜，较之伯温“神锋四出”而以“力”胜之文，更胜一筹。

景濂文章为世所重，有两个特点：一是他的文章有经史根柢，宏大而不浮华；二是他的文章多表现在综修《元史》及制度典章的制作上，发挥文章经世致用的精神。然而这种特点，应该说是完全继承并宏扬了婺学的优良传统。

景濂在文学理论上有很高的成就，对后世的文学批评起有巨大的影响。他著有《文原》上下篇，推究文章的本原及其作用和利病，是专门的论文著作；而一些杂著以及为人所写的序文中，也经常谈到他的文学主张。他的文论，学以义理为宗，文以唐宋为归，力主义理、事功、文辞三者的统一；主张文以载道，重视文学的社会影响和教化作用。

景濂在《文原》中云：“吾之所谓文者，天生之，地载之，圣人宣之，本建则其末治，体著则其用彰，斯所谓乘阴阳之大化，正三纲而齐六纪者也，亘宇宙之始终，类万物而周八极者也。”又云：“为文必在养气。……人能养气，则情深而文明，气盛而化神，当与天地同功也。”又云：“世之论文者有二：曰载道，曰纪事。纪事之文，当本之司马迁、班固，而载道之文，舍六籍吾将焉从？虽然，六籍者，本与根也；迁固者，枝与叶也。”又云：“大抵为文者，欲其辞达而道明耳！吾道既明，何问其馀哉！虽然，道未易明也，必能知言养气，始为得之。”③ 这是说，文之功用在于明道，而行文之法则在于养气。

基于“文以载道”的观点，景濂认为“文”与“道”不可分离。其《朱葵山人文集序》云：“夫天之生此人也，则有是道也；有是道也，则有此文也。苟能明道而发乎文，则将孰御乎？……故志于文者，非能文者也，惟志于道者能之。”④ 可见景濂提倡文以载道的实质，在于弘扬儒家之正道。而要弘扬儒家之正道，首先还必须能得天地之正气。他在《吴公私谥贞文议》中云：“斯文，天地之元气。得其正者，其文醇；得其偏者，其文驳。……本乎道，辅乎伦理；据乎事，有益乎治。推之于千载之上而合，参之于四海之外而准，传之乎百世之下而无弊。若是者，其惟文之正者乎！”⑤ 这是说，只有胸怀浩然正气的人，作文才能合乎正道并进而弘扬正道。

在文与道的关系上，景濂始终坚持文以载道、强调明道致用的主张。其《文说赠王生黼》云：“明道之谓文，立教之谓文，可以辅俗化民之谓文。斯文也，果谁之文也？圣贤之文也，非圣贤之文也？圣贤之道充乎中，著乎外，形乎言，不求其成文而文生焉者也。……圣贤之心，浸灌乎道德，涵泳乎仁义，道德仁义积而气因以充，气充，欲其文之不昌，不可遏也。”⑥ 其《白云稿序》云：“文者，非道不立，非道不充，非道不行，由其心与道一，道与天一，故出言无非经也。”⑦ 由此出发，所以他主张宗经师古。应以圣贤之学来统率文辞。其《徐教授文集序》云：“后之立言者，必期无背于经，始可以言文。不然，不足以与此也。……大之用天下国家，小而为天下国家用，始可以言文。”“文之至者，文外无道，道外无文。粲然载

① 《四库全书简明目录》卷十八，古典文学出版社 1957 年版，第 757 页。

② 《四库全书总目·别集类》卷一六九，中华书局 1965 年版，第 1464 页。

③ 《宋濂全集》第三册，第 1404 ～ 1406 页。

④ 《宋濂全集》第三册，第 1674 页。

⑤ 《宋濂全集》第三册，第 1509 页。

⑥ 《宋濂全集》第三册，第 1568 ～ 1569 页。

⑦ 《宋濂全集》第一册，第 495 页。

于道德仁义之言者，即道也；秩然见诸礼乐刑政之具者，即文也。道积于厥躬，文不期工而自工。不务明道，纵若蠹鱼出入于方册间，虽至老死，无片言可以近道也。”① 他认为经中有文，有道；宗经，则道在是，文在是，学亦在是，事功亦在是。文章以经为宗，即所谓师古之书；经中有道，故又须师古之道；道基于心，于是要师古之心；能师古之心，才可以发展开去，见之于事功，发之为文章。故由圣人而言，则基于心以见道，本于道以为经；由学者而言，则必由经以窥道，由道以师心。这是他以文为中心而建立的宗经师古理论。

然而，值得重视的是，景濂虽然主张为文应师古，但他认为应师古人之意而非师古人之辞，若仅仅在辞句上相师，则是没出息的。其《苏平仲文集序》云：“古之为文者，未尝相师，郁积于中，摅之于外，而自然成文。其道明也，其事覈也，引而伸之，浩然而有馀，岂必窃取辞语以为工哉？”“近世道漓气弱，文之不振已甚。乐恣肆者失之驳而不醇，好摹拟者拘于局而不畅，合喙比声，不得稍自凌厉以震荡人之耳目。”② 可见他是反对盲目师古的。

景濂在其《华川书舍记》云：“群圣人与天地参，以天地之文发为人文。……上下一千馀年，惟孟子能辟邪说，正人心，而文始明。孟子之后，又惟舂陵之周子、河南之程子、新安之朱子，完经翼传，而文益明尔！……故濂谓立言不能正民极、经国制、树彝伦、建大义者，皆不足谓之文也。”③ 这是把两宋理学家的载道之文作为文的榜样，而在另一方面则剔除了理学家重道轻文的偏见，宏扬了婺州学者文道并重的传统。《浦阳人物记·文学篇》云：“天地之间，至大至刚，而吾藉之以生者，非气也耶？必能养之而后道明，道明而后气充，气充而后文雄，文雄而后追配乎圣经。不若是，不足谓之文也。”④ 他在首先强调“文以载道”这一思想性的基础上，又很重视文的艺术性。他说：“盖文主于变，变而无迹之可寻，则神矣。”⑤ 很明显，景濂在文学创作上的成就，主要是继承婺州事功学派的传统。然而，他在文学理论方面，则兼融程朱理学与事功学派为一炉了。这不仅说明了景濂文章的渊源所自，同时揭示了其本乎经史、兼取众长而旨在经世致用的务实之风。

作者简介　徐儒宗，浙江省社会科学院哲学研究所研究员，浙江师范大学江南文化中心兼职研究员。

① 《宋濂全集》第三册，第 1351 ～ 1352 页。
② 《宋濂全集》第三册，第 1575 ～ 1576 页。
③ 《宋濂全集》第一册，第 56 ～ 57 页。
④ 《宋濂全集》第三册，第 1838 页。
⑤ 《宋濂全集》第三册，第 1839 页。

宋濂与佛学

许建中　李玉亭

宋濂的思想较为驳杂，前后也发生了很大变化①。深入考察其思想演变轨迹，宋濂前后期思想的最大变化在于对佛教的态度发生了明显转变。认识清楚这个问题，有助于我们认识宋濂在宋明理学发展史中的地位，有助于理解宋濂的作品，特别是后期大量充满禅意、禅味、禅趣、禅致的作品。

一、从尊重佛教到儒释一贯

入明之前，宋濂对佛教给予了相当的尊重，但并没有把佛教和儒学一视同仁，而是认为体同用异。“儒与浮屠其言固有同者，求其用处，盖天渊之不相涉也，其可混而为一哉?”② “余窃自叹玄理之在人心，虽南北之殊，风土颇异，而其不随物以变迁者，未尝不同。惜余儒家者流，弗悟健相分别之理，无以知其孰浅而孰深也。”③ 声称自己虽读佛经，却未尝倾心于佛学：“生多读台衡贤首、慈恩诸家书，或谤其偏，生曰：‘我虽口之，未尝心之也，何其偏?’”④ 这一时期，宋濂甚至还对佛教有过微词，认为其蛊惑视听，儒者应该读书穷理以抵制其诱惑。 “圣贤固不世出，其书还存乎否也? 究其书，明其道，虽百佛老不能惑也。”⑤

入明以后，宋濂对佛教态度发生变化。首先是文集中关于佛教的作品数量明显渐增。考察《宋濂全集》，除了史传专著《浦阳人物记》和道教专著《龙门子凝道记》之外，有关佛教的铭、记、序、引、赞、颂、偈、说、题、跋等作品比率相当高，总数已经远远超过了被人所称颂的传记文学作品的数量。随着时

---

① 如廖可斌先生曾将宋濂的生活道路以应朱元璋之聘分为前后两个阶段，并总结出宋濂前后期思想的两个显著变化：前期具有强烈的批判现实精神，后期则明显减弱；前期致力于哲学、伦理学等理论问题的探讨，后期虽“依然对佛道两教兴趣浓厚，但着眼点已从它们所蕴含的人生哲理转到它们以神道设教、辅俗化民的实用功能上。”《论宋濂前后期思想的变化及其它》，《中国文学研究》，1995 年第 3 期。由此进一步考察，前一个变化是宋濂文学创作的客观呈现，但难以归结为个人思想变化：在明太祖文化专制政策的高压下，宋濂在后期即便仍具有现实批判精神，出于避祸，也只能寓于心而不能书于文。后一个变化的表达也值得讨论：宋濂在后期写成了大量深入研讨佛学义理的著述，表明宋濂从未停止过哲学、伦理学的理论思考。

② 《段干微》，《龙门子凝道记》卷之下，罗月霞主编：《宋濂全集》，浙江古籍出版社 1999 年版，第 1787 页。以下所引宋濂材料，均出于此，不另注。

③ 《跋戒环师首楞严经解后》，《潜溪后集》卷八，第 284 页。

④ 《白牛生传》，《潜溪前集》卷七，第 81 页。

⑤ 《先王枢》，《龙门子凝道记》卷之中，第 1778 页。

间的推移，这一比率越来越高，归田后制作的佛教类作品比率已经达到元末同类作品比率的二倍，详见表 1。

表 1　《宋濂全集》中有关佛教类作品统计简表

	元末作品	入明后在朝制作	致仕归田制作（包括数次朝京时制作）	致仕归田制作（不包括数次朝京时制作）	所有作品总计（包括余集辑补）
作品总数（篇）	142	513	399	308	1362
有关佛教作品（篇）	17	82	76	74	187 ①
总数比例	12%	16%	19%	24%	18%

其次，宋濂不再遮掩，屡屡公开推赏佛法。“大雄氏之道，洪纤悉备，上覆下载，如彼霄壤，无含生之弗摄也；东升西降，如彼日月，无昏衢之不照也。”② “天地日月，寓乎形者也。形则有成坏，有限量，虽百亿妙高山中涵百亿两曜、百亿四天下，以至于恒河沙数，皆有穷也，皆有止也。此无他，囿乎物者也。若如来大法则不然，既无体段，又无方所，吾不为成，孰能为之坏？吾不为后，孰能为之先？吾不为下，孰能为之上？芒乎忽乎，旷乎漠乎，微妙而圆通乎！其小无内，其大无外，真如独露，无非道者。所以超乎天地之外，出乎日月之上。大而至于不可象，斯为大矣；明而至于不可名，斯为明矣。是故以有情言之，则四圣以至六凡，或觉或迷，佛法无乎不具也；以无情言之，则火水土石与彼草木，或洪或纤，佛法无乎不在也。三乘十二分教，不能尽宣也；八万四千尘劳门，不能染污也。呜呼！罄徂徕之松以为煤，断淇圆之竹以为管，其能尽赞颂之美乎？”③ 赞许叹服，溢于言表。

再次，宋濂毫不隐讳自己信佛。他自号“无相居士”，摹仿维摩诘居士说法开释沙门④，还笃信佛教因果轮回、缘业果报之说：“人之生也，出没气化之中，因成果随，夙有一定之业。世雄氏所谓假使百千劫，所作业不亡者，一旦遇合，虽大觉法王亦或有所不免”，并用“苟不归之于定业，将谁尤哉”来解释灵隐住持朴隐禅师瀞公“无罪谪死”的不幸遭遇。⑤

此时的宋濂已不仅站在儒者的立场上欣赏、尊重佛教，更是站在佛教和儒学的交错地带兼祧儒佛，每称“吾儒”，屡言“吾佛”。在他心目中，佛陀是“西方圣人”，孔子是“东方圣人”，地位同样尊贵，不分彼此高下。他认为儒学与佛学并无二致，因而公开宣扬儒释一贯论。在宋明理学家中如此响亮地喊出儒释合一的口号，宋濂可谓前无古人，后无来者。

> 鲁典竺坟，本一涂辙，或者岐而二之，失则甚矣。⑥
>
> 西方圣人，以一大事因缘出现于世，无非觉悟群迷，出离苦轮。中国圣人，受天眷命，为亿

① 云棲袾宏辑、钱谦益订：《宋文宪公护法录》中收录宋濂有关佛教的作品共 177 篇，故宫珍本丛刊第 517 册，海南出版社 2001 年版。笔者补遗 10 篇：《天香室偈》、《夹科法华经赞》、《重修云黄山行道塔碑》、《赠梵颙上人序》、《菩提发愿文序》、《佛陀一首送天童禅师游华顶峰并序》、《浮沤室说》、《新刻楞严经序后题》、《莲华藏室偈》、《跋大理国张胜温梵像图卷》。前 9 篇出自明洪武十年郑济刊《宋学士文粹辑补》，后 1 篇见《余集辑补》。

② 《赠定岩上人入东序》，《銮坡前集》卷八，第 512 页。

③ 《径山愚庵禅师四会语序》，《翰苑续集》卷一，第 786 页。

④ 《报恩说》，《芝园前集》卷一，第 1162、1163 页。

⑤ 《灵隐住持朴隐禅师瀞公塔铭》，《芝园后集》卷九，第 1455 页。焦竑：《国朝献徵录》卷一一八《释道》作《故灵隐住持朴隐禅师元瀞公塔铭》，增“故”、“元”两字；文中“百”作“日”。

⑥ 《赠清源上人归泉州觐省序》，《銮坡后集》卷十，第 780 页。

兆生民主，无非化民成俗，而跻于仁寿之域。前圣后圣，其揆一也。①

天生东鲁、西竺二圣人，化导烝民，虽设教不同，其使人趋于善道，则一而已。为东鲁之学者，则曰："我存心养性也。"为西竺之学者，则曰："我明心见性也。"究其实，虽若稍殊，世间之理，其有出一心之外者哉？传有之：东海有圣人出焉，其心同，其理同也；西海有圣人出焉，其心同，其理同也；南海、北海有圣人出焉，其心同，其理同也。……予本章逢之流，四库书颇尝习读。逮至壮龄，又极潜心于内典，往往见其说广博殊胜，方信柳宗元所谓"与《易》《论语》合"者为不妄，……孰能为我招禅师于常寂光中，相与论儒释之一贯也哉？②

象山云："东海有圣人出焉，此心同也，此理同也。至西海、南海、北海有圣人出，亦莫不然。千百世之上有圣人出焉，此心同也，此理同也。至于千百世之下有圣人出，此心此理，亦无不同也。"③ 宋濂在这里化用象山语来说明佛教教义和儒学义理之所以同一，完全是由于佛经儒典所言都是人心之理，而人心之理无有不同。

佛教和儒学都德化心性、善善恶恶，功能相同，毫无疑义。但一为世间法，一为出世法；一推崇人伦，一弃绝人伦，这个区别怎样统一？对此，宋濂也答辩得有理有据、滴水不漏。

宋濂认为孝亲对出家人来说责无旁贷，舍此不能入道。"大报恩中有孝亲之戒。盖形非亲不生，性非形莫寄，凡见性明心之士，笃报本反始之诚，外此而求，离道逾远。"因此出家人应该服行"如来孝亲之戒"，"虽尝绝学，不废明伦"④。然而出家人怎么孝亲？宋濂的回答极妙："夫爱者生死之根，轮回之本。何以故？众生由情生恩，由恩生爱，由爱生执，由执生恋，由恋不舍，遂成妄缘，辗转出没，无有休息。沙门，汝欲报恩，莫先入道；汝欲入道，莫先割爱；爱尽情尽，性源自澄。能如是者，名大报恩。……汝能割爱，即可破妄；汝能破妄，即是返真。直入菩提之路，福德所被，无量无边，虽聚七宝，高如苏迷卢山，待用布施，不是过也。是为大功德力，是为不思议胜力，是为十方大觉如来三昧神力，报父母恩，孰出于此？"⑤ 父母都望子成龙，所以割爱破妄、修成正果就是对父母最好的报恩。释迦文佛成佛后升兜率天为母说法、超度生母，大目乾连凭借佛力把母亲从地狱里救拔出来，这些都说明成佛以后凭借如来三昧神力来超度父母就是对父母最好的回报。"故弃其亲者，非佛氏之意，愚者失之耳。是以佛氏有报恩之经，称父母恩甚至。"⑥

忠君亦是如此。宋濂认为四大皆空、不问世事只是小乘佛法，大乘佛法则是"理事不二，有无双泯"，"不即世间，不离世间"。人只要内心空净，自能不沾染尘世的污秽，就算有所作为也并不违背佛教教义；相反，心若不空，就算整日无所事事也一样会烦扰纠缠，不得安宁，甚至口中所诵佛法都能成为搅扰心性的魔障。"我心空邪，则凡世间诸相，高下洪纤，动静浮沉，无非自妙性光中发现；苟为不然，虽法王所说经教与夫诸祖印心密旨，皆为障碍矣。"⑦ 天宁禅师祖阐仲猷"不惮鲸波之险"出使日本，"出将使指不辱君命，倭人慕化，稽首来庭"，功勋卓著。宋濂不无感慨赞叹："释门宏胜，无理不该，无事不摄。其于忠君爱物之心，亦甚悬悬。凡可以致力，虽身命将弃之，况其余者乎？人徒见其厌离生死，辄指为寂灭之行。

---

① 《〈金刚般若经新解〉序》，《芝园前集》卷七，第1292、1293页。
② 《夹注辅教编序》，《翰苑续集》卷九，第939、940页。
③ 《宋史》卷四三四《儒林四·陆九渊传》，中华书局1977年版，第12880页。
④ 《赠清源上人归泉州觐省序》，《銮坡后集》卷十，第779、780页。
⑤ 《报恩说》，《芝园前集》卷一，第1162、1163页。
⑥ 《送允师省母序》，《朝京稿》卷五，第1737页。
⑦ 以上均见《佛性圆辩禅师净慈顺公逆川瘗塔碑铭》，《銮坡后集》卷九，第747页。

呜呼！此特见其小乘者尔，吾佛之为教，岂至是哉?”①

宋濂认为真乘、儒典具有内在统一性，儒释并用、互相资益是最佳的修身治国之方。“柳仪曹有云：‘真乘法印，与儒典并用，人知向方。’诚哉是言也！盖宗儒典则探义理之精奥，慕真乘则荡名相之粗迹，二者得兼，则空有相资，真俗并用，庶几周流而无滞者也。禅林之规，分职授事，各因其才而责以成功，而于内记之选，尤难其人。凡有关于文辞之事，颇资之以达务，非熟采竺坟，旁通孔籍，未易以致之。苟能从事于斯，则说法名山，师表后进，阶级将自此而升矣。”② 佛教的因果轮回说能使强暴不法之徒闻之胆寒，具有一定的威慑作用，从而有阴补治化之功。“成周以降，昏嚣邪僻，翕然并作。绁缧不足以为囚，斧锧不足以为威。西方圣人，历陈因果轮回之说，使暴强闻之，赤颈汗背，逡巡畏缩，虽蝼蚁不敢践履，岂不有补治化之不足？柳宗元所谓‘阴翊王度’者是已。”③

宋濂在晚年更是以弘扬佛法为己任。“灼见佛言不虚，誓以文辞为佛事。”④ 宋濂此时年老体衰，精神不济，忌讳登门求文者如避瘟神⑤，惟独对佛教界人士有求必应。“余耄矣，厄于索文者繁多，力固拒之，此独乐序之而弗寘者，悯魔说之害教，表正传以励世也。”⑥ “衰迟之余，诸习皆空，凡他有所请，辄峻拒而不为，独于铺叙悟缘，评骘梵行，每若不敢后者。盖欲表般若之胜因，启众生之正信也。”⑦ 他临终时将自己定位于佛门弟子之列，以绝笔《观化帖》为生命画上了一个句号：“我心情识尽空，等于太虚，不见空空，不见不空，大小乘法门，不过如此。”⑧

二、以禅说理与儒释渗透

宋明理学以全新的方法和角度解释儒家传统理论，这多少受到佛道二教的影响，但其理论本身并未超出儒学范围。即便是屡被后人指为禅学的象山心学，其理论也都可以在《周易》、《孟子》等儒家经典中找到根据。与其他宋明理学家相比，宋濂理学思想最突出的一个特点是以佛教的教义和方法阐发其理学思想，儒释渗透、互动，因此具有异常浓厚的佛学气息。

宋濂的哲学理论以论心为主，但其心论并非上继象山心学，而是渊源于“直究心源”的禅学⑨，“心”这个概念也是从佛经而来。“积经以至恒河沙数，无有穷极，悉会于一，是名为心。……是名法藏。或微或显，不越一心。心外无法，法外无物。”⑩ “心生而内外生，心灭而内外灭，即大雄氏所谓知一切法，即心自性者也。心实即有，心虚即无”。⑪ 实在的大千世界在宋濂眼中成了虚幻不实的幻象，世间万物皆自心生，只有心才是这个世界上唯一的真实存在。宋濂论“心”的一个最基本观点就是，心能含摄世间万事万物，与天地齐，并与天地化而为一，不分彼此。这个观点也是来源于禅宗经典《六祖法宝坛经·般若品第二》：“心量广大，犹如虚空，无有边畔”。

---

① 以上均见《恭跋御制诗后》，《翰苑续集》卷八，第926、927页。
② 《送璞原师还越中序》，《銮坡后集》卷八，第721页。
③ 《重刻护法论题辞》，《翰苑续集》卷八，第913页。
④ 《四明佛陇禅寺兴修记》，《銮坡前集》卷十，第537页。
⑤ 参见《赠梵颙上人序》，《宋学士文粹辑补》，第1924页。
⑥ 《楚石禅师六会语序》，《銮坡前集》卷八，第513、514页。
⑦ 《佛性圆辩禅师净慈顺公逆川瘗塔碑铭》，《銮坡后集》卷九，第743页。
⑧ 王崇炳：《金华献徵录》，《潜溪录》卷二，第2347页。
⑨ 《金华安化院记》，《芝园前集》卷七，第1289页。
⑩ 《毗卢宝藏阁碑》，《芝园前集》卷七，第1291页。
⑪ 《声外锽师字说》，《芝园前集》卷八，第1317页。

天下之事，或小或大，或简或烦，或亏或赢，或同或异，难一矣。君子以方寸心摄之，了然不见其有余。①

仰观乎天，清明穹窿，日月之运行，阴阳之变化，其广矣！大矣！俯察乎地，广博持载，山川之融结，草木之繁芜，亦广矣！大矣！而此心直与之参，混合无间，万象森列而莫不备焉。非直与之参也，天地之所以位，由此心也；万物之所以育，由此心也。……四海之大，无一物非我也。一物不得其所，吾责也。夫然，故若天之覆也，地之载也，不知孰为天地也，孰为我心也，亦一而已矣！②

范围至道，妙契天符，初无声臭，不分远近，非至宝与？其博无际，其厚无涯，其高无上，其深无下，非至宝与？函天包地，载阴负阳，日月同明，鬼神同妙，非至宝与？不为尧存，不为桀亡，终古特立，不迁不变，非至宝与？③

宋濂还用禅宗的“心量广大”论来解释儒家的天人合一论。心外无理，心外无物。只要不参私伪，不杂物欲，人心可以与天地同，天地万物是心中所具，心神感应自然不是难事。

吾心之灵，实参两间，无物弗该，无理弗囿，人能用志不纷，则上可致日星之变，下可召物产之祥，岂徒见诸身心而已哉？第可憾者，为物所移，自塞自损，而不能与天地同耳。④

天地，一太极也；吾心，亦一太极也。风霆雷雨，皆心中所以具，苟有人焉，不参私伪，用符天道，则其应感之速，捷于桴鼓矣。由是可见，一心之至灵，上下无间，而人特自昧之尔。⑤

心则神之所舍，无大不包，无小不涵，虽以天地之高厚，日月之照临，鬼神之幽远，举有不能外者。故其精诚所召，挥戈指天，白日退舍；拔刀斫山，飞泉涌地：亦感应之常理耳，何足异乎。⑥

静坐作为一种儒家与佛教通用的涵养方法，已被宋明理学家们普遍采用。“昔明道在扶沟谓门人曰：‘尔辈在此只是学某言语，盍若行之?’谢显道请问焉，却云：‘且静坐。’”⑦ 但宋濂静坐的方法论却兼得于儒学的静默与禅宗的坐禅：

孔明于圣贤之学盖有闻矣，其所谓“学须静也”之言，信古今之名言也。止水之明，风挠之则山岳莫辨；浑天之察，人挠之则昼夜乖错，况方寸之心乎！古圣贤之成勋业、著道德于不朽者，未有不由于静者也。盖静则敬，敬则诚，诚则明，明则可以周庶物而穷万事矣。苟杂然汩其中，偶然应乎事，卒然措之于谋为，其不至于谬乱者鲜哉。孔明之学惟本乎此，故其所为，当世无及焉。⑧

---

① 《萝山杂言》，《潜溪前集》卷四，第52页。
② 《天下枢》，《龙门子凝道记》卷之中，第1774页。
③ 《终胥符》，《龙门子凝道记》卷之上，第1761页。
④ 《录客语》，《宋学士先生文集辑补》，第2153页。
⑤ 《赠云林道士邓君序》，《銮坡后集》卷十，第775页。
⑥ 《贞一道院记》，《潜溪前集》卷八，第98页。
⑦ 《朱子语类》卷一一四，中华书局1986年版，第3618、3619页。
⑧ 《静学斋记》，《朝京稿》卷五，第1736页。

且以吾心言之，大用繁兴之时，怒气炽然，如霆奔火烈；喜色熙然，如雾廓霞舒；兴衰则千人霣涕，鼓勇则万夫莫敌，皆此一心之变也。然心果有变乎？心无变，其所变者缘尔。故当本体澄湛之际，无物不有，而无一物之留。①

所谓变动不定之“缘”，与理学家所说诱惑人心的物欲相当。打坐静心，摒除外缘，不起一念，回归真实，心体澄湛，本性自见。“心”本性虚静，起心动念都是诳妄徒劳。“灵光洞然，出入无碍，诸缘自忘，大用常寂：此一心之冲默也。我念不生，法从何起？生灭本空，而况于法：此诸法之冲默也。冲默之义大矣哉！呜呼！有情之类亦云多矣，奈何营营逐妄、扰扰迷真？竭昼夜而实其所无，反覆胶滞，不求脱离，是不知有冲者也。风性所激，运转不停，欻焉凝冰，倏焉焦火，十二时中，无一息少宁，是不知有默者也。非大觉真人出而救之，将何所底止乎？然而妙明真性，不涉三际，元自冲虚，本由默静，无所不容，无所不具。因无所不容，故万有历然而未尝有窒于虚；因无所不具，故群动森然而未尝有离于静。”②

宋濂还总结出一套禅学的修行次第，即坐禅、求印、阅经三部曲。“吾佛之学，明心而已矣。然心未易明也，结习之所胶滞，根尘之所盖缠，沉冥于欲涂，颠倒于暗室，而不能自知。必处乎重山密林之中，木茹涧饮，绝去外缘而直趋一真之境，水漂麦而不顾，雷破柱而弗惊，久之驯熟，忽然顿悟，大地山河，咸作碧流离色。能如是，不可谓无所证入矣。然恐堕于空寂，未敢自信，又必担簦裹粮，不远数百千里求明师而证之。机锋交触，如短兵相接，失眼之顷，辄至丧身失命。及其印可已定，退藏于密，如护明珠，须臾不敢忘去。然而《修多罗藏》，其多至于五千四十八卷，大无不包，细无不统，其可委之为賸语耶？又必出司藏钥，昼夜研穷之，而毕知其说，证之于言，验之于心，既无分毫之不同矣，于是不得已出世度人，续佛慧命。”③ 这与其理学的方法论并不抵牾，尤其是“绝去外缘”之说与其“三代之民，当于大山长谷中求之”④ 的观点亦若符节相合。

三、宋濂崇佛的历史文化缘由及其影响

宋濂读佛颇早⑤。“濂幼龄时，辄读《金刚感应传》，见其所纪神异事甚众，然皆持诵精诚之所格，持诵犹尔，况通其义趣者乎？又况达性相二空而归于一实境界者乎？殊盛之利，诚未易窥测也。”⑥ 也曾受到老师黄溍的影响。“昔者先师黄文献公现宰官身，敷宣般若，与禅师为方外交。”⑦ 宋濂广结佛缘，“每遇学佛者，喜谈而乐道之，初不以其证入浅深而有间，其意颇有见于斯也。”⑧ 与高僧交游广泛，“或吴，或楚，或梁宋，或鲁卫，名僧开示，多有谒余浦阳江之上者”⑨。他与朴隐禅师瀞公、育王禅师裕公等情谊深厚，交往最为密切的是壮龄结识的千岩长公。“余与千岩结方外之交，挥麈谈玄，无月不会。”⑩ 宋濂在与法师

---

① 《松风阁记》，《芝园后集》卷一，第1354页。

② 《冲默斋记》，《銮坡后集》卷三，第615页。

③ 《送季芳联上人东还四明序》，《銮坡前集》卷八，第509、510页。

④ 《终胥符》，《龙门子凝道记》卷之上，第1762页。

⑤ 这与元代佛教盛行的社会文化背景有关，但可能更与民间送子入寺或幼年读经以禳灾避祸的风俗相关。郑楷《翰林学士承旨、嘉议大夫知制诰、兼修国史、兼太子赞善大夫致仕潜溪先生宋公行状》：“先生在妊七月即生，为婴儿时，苦多病，每风眩，辄昏迷数日。祖母金及母陈更相保抱，得免无虞。”《潜溪录》卷二，第2350页。

⑥ 《〈金刚般若经新解〉序》，《芝园前集》卷八，第1293页。

⑦ 《径山悦堂禅师四会语序》，《銮坡后集》卷八，第735页。

⑧ 《径山愚庵禅师四会语序》，《翰苑续集》卷一，第786页。

⑨ 《南堂禅师语录序》，《銮坡前集》，第8卷，第508页。

⑩ 《天龙禅师无用贵公塔铭》，《芝园续集》卷一，第1488页。

们的问辩切磋中，佛学造诣也越来越精深，屡屡得到大德高僧的嘉许。育王禅师裕公“许其可以入道”①，佛日普照慧辨禅师看了宋濂《剩语》一书，大为赞叹：“不意儒者所造直至于此！善自护持。”② 名列明末四大高僧的云棲袾宏还摘选宋濂所有与佛教有关的作品，辑为《宋文宪公护法录》，充分肯定宋濂护教弘法的功绩，从中可见宋濂在佛教界的地位和影响。

宋濂对佛法的渐趋执迷与明太祖朱元璋的影响密不可分。首先，朱元璋做过和尚的经历在中国历代帝王中极为特殊。皇帝做过和尚，诋毁佛法就等于是侮辱皇帝的出身，这对宋濂未尝不是一种潜在的威慑。朱元璋有意扶持佛教，屡次征召浮屠讲解佛经，作盛大法会。“洪武元年秋九月，诏江南大浮屠十余人于蒋山禅寺，作大法会，……二年春三月，复用元年故事召师说法如初，锡燕文楼下，亲承顾问。暨还，出内府白金以赐。三年之秋，上以鬼神情状幽微难测，意遗经当有明文，妙柬僧中通三藏之说者问焉。”③ 最为盛大的一次法会要数在蒋山太平兴国禅寺的广荐佛会。朱元璋亲临宝山，“听法于径山禅师宗泐，受毗尼戒于天竺法师慧日。”④ 宋濂先后为这次法会作文四篇。受到这种崇佛风气影响，宋濂对佛学的称扬才毫无顾忌。

其次，由于朱元璋猜忌阴险的性格和明初文化专制政策，许多功臣和文人惨遭迫害。宋濂本“性疏旷，不喜事检饬，宾客不至，则累日不整冠。”⑤ 但在朱元璋身边却一反常态，每日谨小慎微，如履薄冰。《明史·宋濂列传》：“濂性诚谨，官内庭久，未尝讦人过。所居室署曰‘温树’，客问禁中语，即指示之。尝与客饮，帝密使人侦视，翼日问濂昨饮酒否，坐客为谁，馔何物，濂具以实对。笑曰：‘诚然，卿不朕欺。’间召问群臣臧否，濂惟举其善者，曰：‘善者与臣友，臣知之；其不善者，不能知也。’”眼见与自己一起被召的开国元老们凋落殆尽，且多不得善终，宋濂多次在作品中发故老怀旧悲思，他的心情是相当复杂的。致仕后的宋濂更是深居简出，“辟一室曰‘静轩’，终日闭户纂述，人不见其面。戒子孙毋至城市，姻连有以郡县事为托者，皆峻谢之。或谈及时事，辄引去不与语。”⑥ 在高压状态的政治环境中，干预现实政治的行为极易招致杀身之祸。宋濂潜心佛典，以示不问世事，不失为一把避免自己被卷进朝廷政治斗争漩涡的保护伞。

影响总是相互的。明初三教并行，这与雅好佛学的宋濂对朱元璋的说教密不可分。宋濂曾记载了他和朱元璋讨论佛经义理的一次对话。“皇上御武楼下，顾濂言曰：‘卿言《楞伽》为达摩氏印心之经，朕取而阅之，信然。人至难持者，心也。触物而动，渊沦天飞，随念而迁，凝冰焦火。经言操存制伏之道，实与儒家言不异。使诸侯卿大夫，人咸知此，纵未能上齐佛智，其禁邪思、绝贪欲，岂不胥为贤人君子之归！’”⑦ 朱元璋在文章中也屡屡发明儒释一贯、释教阴补治化之意：“二教初显化时，所求必应，飞悟有之，于是乎感动化外蛮夷及中国。假处山薮之愚民，未知国法，先知虑生死之罪，以至于善者多而恶者少，暗理王纲，于国有补无亏”⑧，“尝闻：天下无二道，圣人无两心。三教之立，虽持身荣俭之不同，其所济给之理一。然于斯世之愚人，于斯三教，有不可缺者。”⑨ “释迦之为道也，惟心善世。”⑩ 从中是可以看到

---

① 《育王禅师裕公三会语录序》，《芝园前集》卷三，第1211页。
② 《佛日普照慧辨禅师塔铭》，《銮坡前集》卷五，第452页。
③ 《佛日普照慧辨禅师塔铭》，《銮坡前集》卷五，第450页。
④ 《蒋山广荐佛会记》，《銮坡后集》卷一，第563、564页。
⑤ 王祎：《宋太史传》，《潜溪录》卷二，第2327页。
⑥ 郑楷：《翰林学士承旨、嘉议大夫知制诰、兼修国史、兼太子赞善大夫致仕潜溪先生宋公行状》，《潜溪录》卷二，第2359页。
⑦ 《新刻楞伽经序》，《芝园前集》卷五，第1239页。
⑧ 朱元璋：《释道论》，《明太祖集》卷十，黄山书社1991年版，第213页。
⑨ 朱元璋：《三教论》，同上，第216页。
⑩ 朱元璋：《佛教利济说》，《明太祖集》卷一五，黄山书社1991年版，第338页。

其受宋濂思想影响明显痕迹的。

宋濂还往往通过影响朱元璋的思想从而影响整个佛教界的发展动向。宋濂于佛典尤其重视《楞伽经》、《心经》和《金刚经》，认为是治心之要。朱元璋亦认为"'皆心学所系，不可不讲习也。'……考功监臣某奉旨于大天界寺，俾天下诸浮屠咸读三经。"① 使这三部经典成为僧人必读之书。宋濂还很重视《佛说父母恩重难报经》，认为孝亲是佛门弟子不可推卸的义务。于是朱元璋登基之初，"犹恐愚者未察，诏浮屠各拜其亲，定著为律，于是习俗为之复美。"② 可见，宋濂的思想从各方面对当时佛教界产生了重大影响。他既是儒释道三教合一这一时代思潮的产物，同时又利用与明太祖的亲密关系，有力推动了这一潮流继续向前发展，他本人也因而达到了中国思想史上儒释合流的顶峰。

值得一提的是，宋濂倡导儒释一贯，却并不主张三教合一，他对道教是持批评意见的。他认为道教的太上老君"其本之未正，而末流之弊至贻士君子有'虚玄长而晋室乱'之言。虽聃立言之时，亦不自知其祸若斯之惨也"；庄子"所见过高，虽圣帝经天纬地之大业，曾不满其一哂，盖仿佛所谓古之狂者。惜其与孟轲氏同时不一见而闻孔子之大道。……孔子百代之标准，周何人，敢掊击之，又从而狎侮之？自古著书之士，虽甚无顾忌，亦不至是也。……不幸其书盛传，世之乐放肆而惮拘检者，莫不指周以藉口。遂至礼义陵迟，彝伦斁败，卒踣人之家国，不亦悲夫！"③ 宋濂对老子多否少可，对庄子则几乎深恶痛绝，可见其思想虽以驳杂为特色，但对道家学说的态度却有所保留，至少未能与儒释等量齐观。

对于宋濂的崇佛思想，后人颇多非议。同时代的人尚且避尊者讳，为之掩饰，说他还是以理学为主而兼取佛老语以资嬉戏："上究六经之源，下究子史之奥，以至释老之书，莫不升其堂而入其室。其为文则主圣经而奴百氏，故理明辞腴，道得于中，故气充而出不竭。至其驰骋之余，时取老佛语以资嬉戏，则犹饫粱肉而茹苦荼、饮茗汁也。"④ 后人没这么客气，骂声四起。明代郑瑗说他"于吾儒性命之学不甚理会，却好去理会异教，然亦只得其言语皮肤之末。虽平日著书立言，自任不为不重，终是泛博其文，亦多浮辞胜理，所著《龙门子》尤鄙拙乱道。"⑤ 甚至有人在编辑宋濂文集时，对其所有与佛教有关的作品一概不予收录，"或以尊崇二氏，不免过当，嫌于耽溺异学而隐之。"⑥ 由此可见，宋濂崇佛，特别是他的儒释一贯思想及其理论阐述，客观上对宋明理学构成了一个不小的冲击。到李贽、汤显祖等人崇释之风再度兴起，已经是200年以后的事情了。但这些后继者竟然极少论及先贤宋濂的崇佛，颇有意味。

作者简介　许建中，扬州大学文学院教授，博士生导师；李玉亭，扬州大学文学院2005级硕士研究生。

① 《新刻楞伽经序》，《芝园前集》卷五，第1239页。
② 《送允师省母序》，《朝京稿》卷五，第1737页。
③ 《诸子辨》，《潜溪后集》卷一，第130、137页。
④ 刘基：《潜溪后集序》，《潜溪录》卷四，第2491页。
⑤ 郑瑗：《井观琐言》卷一，《四库全书》第867册，上海古籍出版社1987年版，第237页。
⑥ 永瑢、纪昀：《宋景濂未刻集二卷》，《四库全书总目》卷一六九，中华书局1965年版，第1464页。

宋濂与《元史》

刘尚慈

明太祖朱元璋建国之初，即频频下诏词臣及儒士编修各类书籍：《存心录》、《元史》、《大明集礼》、《大明日历》、《皇明宝训》、《昭鉴录》、《大明志书》、《诸司职掌》、《洪武正韵》、《春秋本末》、《大明律》等。

其中明确得知宋濂为总纂官、总裁官的是《元史》、①《大明日历》、《皇明宝训》②、《洪武正韵》③。不著撰人名氏，不知总裁、总纂为谁的，也大多与宋濂脱不了干系，如：《大明集礼》，史载，“洪武二年八月诏诸儒臣纂修礼书，明年告成”，未说总纂官为谁。但《明史》宋濂本传中说“而一代礼乐制作，濂所裁定者居多”。《艺文志·孝慈传》④ 附注曰：“宋濂等考定丧服古制为是书，太祖有序”。据此可知，宋濂对《大明集礼》的贡献不可低估。《春秋本末》亦不能不与宋濂有关，本传曰：“尝召讲《春秋左氏传》，濂进曰：‘《春秋》乃孔子褒善贬恶之书，苟能遵行，则赏罚适中，天下可定也’”。

除了奉命纂修之外，宋濂个人的著述也是相当丰硕的。宋濂与高启、刘基并称为“明初诗文三大家”，而刘基特赞他为“当今文章第一”。从政治角度而言，朱元璋评价宋濂为“开国文臣之首”；从史学角度而言，学者们称他为“太史公”；从思想体系而言，宋濂继承宋代理学，被视为明代的朱熹。《明史》宋濂本传曰：“基雄迈有奇气，而濂自命儒者。”

然而，如此一位被各方人士赞不绝口的文人学者、政治家、史学家，他所主持编纂的《元史》却历来褒少贬多，显得很不相称。其原因何在？那些指摘、批评是否全都合情合理？

---

① 《元史·宋濂目录后记》：“洪武元年秋八月，上既平定朔方，九州攸同，而金匮之书，悉入于秘府。冬十有二月，乃诏儒臣，发其所藏，纂修元史，以成一代之典，而臣濂、臣祎实为之总裁。明年（1369）春二月丙寅开局，至秋八月癸酉书成……至若顺帝之时，史官职废，皆无实录可征，因未得为完书。上复诏仪曹遣使行天下，其涉于史事者，令郡县上之。又明年春二月乙丑开局，至秋七月丁亥书成”。《明史·宋濂传》：“洪武二年，诏修元史，命充总裁官。是年八月史成，除翰林院学士。明年二月，儒士欧阳佑等采故元元统以后事迹还朝，仍命濂等续修，六越月再成，赐金帛。”

② 《明史》宋濂本传曰：“六年七月……命与詹同、乐韶凤修日历，又与吴伯宗等修宝训。”《詹同传》：“请编《日历》。帝从之，命同与宋濂为总裁官，吴伯宗等为纂修官。七年五月书成，自起兵临濠至洪武六年，共一百卷。同等又言：《日历》秘天府，人不得见。请仿唐《贞观政要》，分辑圣政，宣示天下。帝从之。乃分四十类，凡五卷，名曰《皇明宝训》。嗣后凡有政迹，史官日记录之，随类增入焉。”

③ 《洪武正韵》十六卷。乐韶凤、宋濂等人于明太祖洪武八年（1375）奉诏编成的一部官方韵书。

④ 《孝慈传》是明朝第一部礼制全书，由于内容未备，洪武初修而不刊。到嘉靖九年前后，明世宗为祭礼改制的需要，正式刊刻。

《元史》的监修为左丞相李善长，宋濂、王祎为总裁，赵埙、汪克宽、胡翰等16人参加纂修。从洪武二年（1369）二月丙寅（初一）在天界寺（今南京朝天宫东）开局，至八月癸酉（十一日），仅用了188天，便修成了除元顺帝一朝以外的本纪37卷，志53卷，表6卷，传63卷，共159卷。书成，“诸儒并赐赍遣归”。然而由于缺乏顺帝时代的资料，全书没有完成。《元史·宋濂目录后记》：“至若顺帝之时，史官职废，皆无实录可征，因未得为完书。上复诏仪曹遣使行天下，其涉于史事者，令郡县上之。”明太祖派欧阳佑、吕仲善等十二人为采访官，到北平、山东等地，搜集史料①。仅用了半年时间，明年二月还朝，洪武三年二月乙丑（六日）重开史局，仍命宋濂、王祎为总裁，率领赵埙、朱右、贝琼等15人继续纂修，至秋七月丁亥（初一），经过143天书成，增编顺帝纪10卷，增补元统以后的《五行至》、《河渠志》、《祭祀志》、《百官志》、《食货志》各1卷，三公和宰相表的下卷，《列传》36卷，共计53卷。然后合前后二书，按本纪、志、表、列传厘分后，共成210卷，也就是现在的卷数。《元史》两次修纂共331天。修纂速度之快，为二十四史之最。

《元史》修纂所依据的档案、各类资料，大致是：

1.《十三朝实录》，这是撰修《元史》的主要史料依据。李善长《进元史表》：“上自太祖，下迄宁宗，据《十三朝实录》之文，成百余卷粗完之史。若自元统以后，则其载籍靡存，已遣使而旁求，俟续编而上送。”

2.《皇朝经世大典》，正文八百八十卷。文宗是元朝帝王中有着较深的文化修养，提倡文化治国的皇帝，他下诏依据《唐会要》、《宋会要》的体例编纂记录元朝典章制度的会要体政书《皇朝经世大典》。天历二年（1329年）二月开始修纂，至明宗至顺二年（1331）五月修成。该书分为《帝号》、《帝训》、《帝制》、《帝系》、《治典》、《赋典》、《礼典》、《政典》、《宪典》、《工典》等10类。每类之下再分若干细目。该书为《元史》的《志》和《表》提供了原始档案。

3.《元典章》、郭守敬《授时历经》、《大元太常集礼稿》、《后妃功臣列传》、王祯《农书》等。《元典章》，全称《大元圣政国朝典章》，是中统元年（1260）至至治二年（1322）元朝法令文书的分类汇编。延祐七年之前，分诏令、圣政、朝纲、台纲、吏部、户部、礼部、兵部、刑部、工部十大类，共六十卷；延祐七年之后纳入《新集至治条例》作为增附，分国典、朝纲以及吏户礼兵刑工六部共八大类，不分卷，记事至至治二年止。全部内容都由元代的原始文牍资料组成。《授时历经》，元世祖至元十三年诏许衡、王恂、郭守敬修纂，元仁宗皇庆二年（1313）刻印，这是《天文志》《历志》所依据的主要资料。《大元太常集礼稿》，泰定四年（1327），诏李好文率领僚属数人，花了两年多时间编纂而成，全书51卷（《元史》题作50卷，误）。其中郊祀9卷，社稷3卷，宗庙21卷，舆服2卷，乐7卷，诸神祀3卷，诸臣请谥及官制因革典籍录6卷。这部书为完备元朝的礼仪制度起到了很大作用，也为编纂《元史》提供了元朝礼仪故实。《后妃功臣列传》，顺帝八年诏翰林国史院纂修，总裁官为学士承旨张起岩、学士杨宗瑞、侍讲学士黄溍②，成为《元史》本纪、列传的重要资料。王祯《农书》，是中国古代“四大农书”之一，它生动地介绍了元代农村、农业、农民的生态状况，是元代一部综合黄河流域旱田耕作和江南水田耕作的大型农书。以上是至今尚存的典籍。

4. 南宋时期的史料杂著，如《黑鞑事略》、《蒙鞑备录》、《长春真人西游记》等。《黑鞑事略》是南宋

---

① 《明史·赵埙传》载：“以是年二月，开局天界寺，取元《经世大典》诸书，用资参考。至八月成，诸儒并赐赍遣归。而顺帝一朝史犹未备，乃命儒士欧阳佑等往北平采遗事。明年二月，还朝，重开史局。”

② 黄溍（1277～1357），元代文学家。婺州义乌人，撰有《日损斋稿》33卷，《义乌县志》7卷，《日损斋笔记》1卷，《黄文献集》10卷，是宋濂、王祎的老师。

彭大雅撰写并由同代人徐霆作疏的一部关于蒙古的见闻录。彭、徐两人分别在 1232 年和 1235 ~ 1236 年随奉使到蒙古。该书内容丰富，介绍了蒙古国的主要人物、地理气候、放牧和围猎方式、语言文字、历法、筮占、官制、风俗习惯、差发赋税、贸易贾贩、军队、武器、作战方法、行军阵势以及所属各投下①状况、被征服各国的名称等，是研究 13 世纪前半期蒙古史的珍贵资料。《蒙鞑备录》，南宋赵珙撰。宋宁宗嘉定十四年（1221），赵珙奉其上司贾涉之命，往河北蒙古军前议事，此为出使期间的见闻录。全书分立国、鞑主始起、国号年号、太子诸王、诸将功臣、任相、军政、马政、粮食、征伐、官制、风俗、军装器械、奉使、祭祀、妇女、燕聚舞乐共 17 目，为研究当时蒙古国和幽燕一带的历史提供了许多有价值的史料。《长春真人西游记》，李志常撰，全书二卷。作者为邱处机弟子，1219 年春至 1223 年秋，曾随邱处机应成吉思汗诏请前往西域雪山，此书即记载师徒等人前往西域途中所见山川地理、人情风俗以及其间经过等。书后附录中载有成吉思汗诏书、圣旨等。此书是研究 13 世纪漠北、西域史地及全真道历史的重要资料，为列传《释老》提供了原始材料。

凡后世修史，主要依据前朝遗留下来的文献资料。成吉思汗建国以前，蒙古人没有文字，后来借用畏兀儿②文写蒙古语，创制了畏兀儿字的蒙古文。到 1260 年，忽必烈又命国师八思巴用藏文创制“蒙古新字”，后称为八思巴文，作为官定的蒙古文。因此蒙古建国前和建国后的一段历史，都是后来追述的，比较简略，且有错误。13 世纪蒙古国官修的史书《元朝秘史》③ 是用畏兀儿体蒙古文写的，编纂《元史》时尚未译出。元顺帝北逃时又带走了宫廷档案。地方档案、民间杂著都还没有广泛搜集。为了让《元史》尽快成书，没有来得及做好各项准备工作，就匆匆开立了史局。修纂者就现有的资料随得随抄，彼此之间也不作对证，未认真考定异同，于是出现前后重复，甚至相互抵牾的情况。资料多就多写，少则少写，无资料则不写。于是各类内容比例严重失调。赖有《十三朝实录》和《经世大典》可供抄录，本纪和志占全书一半，而本纪又占全书近四分之一。本纪之间也失衡，忽必烈《世祖本纪》最为详尽，忽必烈在位 36 年，卷四至卷十七，共十四卷，占本纪的三分之一；顺帝在位 37 年，《顺帝本纪》从卷三十八至卷四十七，共十卷。而太祖铁木真 22 年只一卷；太宗窝阔台 13 年、定宗贵由 3 年，其间还有监国者拖雷当政 1 年、乃马真后称制 5 年，前后共 22 年，只有一卷；宪宗蒙哥 9 年，他的本纪也只一卷。显然不仅是因为元世祖和元顺帝在位时间长，重要的是有关他们的原始史料丰富。那么资料贫乏，即使太祖皇帝也只能从简。列传中，一些蒙古名臣的资料无处可找，故立传者不及一半。开国勋臣“四杰”（木华黎、博尔术、博尔忽、赤老温）中，无赤老温传；“四獒”（者勒蔑又作哲里麦、忽必来、哲别、速不台）中，只速不台有传，且重出。《宰相年表》大多有姓无名。《河渠志》、《祭祀志》照录文牍资料中耿参政、阿里尚书、田司徒、郝参政等官称而不考其名、字。这是因为蒙古人原本不注重修史，加之长期战乱，史籍散失很多，一时难以征集考证。汉人官员倒常有碑传资料可以参考，因而更全面一些。但因仓促，在抄录碑志家传时，由于取舍不当，考察失误，也会出现错误。如钱大昕发现，据《泽州长官段直墓碑》撰写的良吏《段直传》，在改写纪年的干支时竟出现误推一甲子的错误。《碑》云：“甲戌之秋，南北分裂。河北、河东、山东郡县尽废。”这写的是金宋对峙南北分裂时之事。《元史》却云：“至元十一年，河北、河东、山东盗贼充斥，直聚其乡党族属，结垒自保。”将太祖九年之甲戌（1214）误推为忽必烈至元十一年之甲戌（1274 年），相差

---

① 蒙古国时期诸王、贵族、军将把从汉地所俘虏的人户作为私属就地安置，进行农业或手工业劳作，派官员管领，称为投下户。不属州县，不“系官当差”。

② 宋代称高昌回鹘，元代称畏兀儿。

③ 《蒙古秘史》，后称《元朝秘史》，是 13 世纪蒙古国官修的史书，蒙古太宗窝阔台到宪宗蒙哥时期编成。记述成吉思汗二十二代祖先至宪宗的故事，共三十万字，是用畏兀儿体蒙古文写的叙事诗，对了解 12 ～ 13 世纪上半叶蒙古族历史有重要价值。但与蒙古皇室的金册国史不能相提并论，这部叙事诗似乎不能看做是纯粹客观历史，据说内容有很多错误。

一甲子。又有太祖误为太宗，太宗误为太祖，宪宗误为世祖，世祖误为宪宗等现象。第二次开局，新获得的资料只着力纂写顺帝当朝及《五行至》、《河渠志》、《祭祀志》、《百官志》、《食货志》等，其他在当充实补写的被忽略了。如第一阶段修史时，《刑法志》据《经世大典·宪典》删削而成，缺失顺帝朝的内容，第二阶段修史中，顺帝朝的相关内容没有补修进去，所以连顺帝时期修纂的重要法律文献《至正条格》、《六条政类》都没有提到。

参与修史者多是在野南儒，不懂蒙古文，收集到的蒙文资料受到翻译质量的局限，未能正确、合理充分地利用。更复杂的是，元代的政坛，活跃着许多蒙古人、色目人等各民族的人物，《元史》中出现了大量非汉族的人、地、官的译名。这些民族人物的文化、语言各不相同，史料来源不一，修史南儒对这些民族了解不多，难以驾驭此类史料。于是出现译名不一、一人二传、误译误解、硬译而违背原意的现象。如“忽鲁浑”又作“虎鲁浑”，“兀良合”又作“兀良罕”；而“速不台”、“雪不台”因译名不同而一人二传，列传第八、第九重出。《四库全书》修成后，乾隆就曾下令修改辽金元史籍中的译名，又重排了新的聚珍版殿本，此举对《元史》人名译音错误及不统一的现象作了一次调整。20 世纪 70 年代，中华书局校点二十四史①时又做了一次认真的整理、校订，在校勘记中一一作了说明。如《特薛禅传》“按察儿秃”为“按答儿秃 Aldartu（‘有声名’之意）”之讹。有个木来由（Malayu）小国，《成宗本纪》的“继没剌矛”、“没剌由”、“马来忽”，《世祖本纪》的“木剌由”，《外夷列传·暹》中的“麻里预儿”等异名，全都是 Malayu 之异译。其中“继”为衍字，“矛”乃“予”之误。《亦黑迷失传》中“招谕木由来诸小国”的“木由来”也是“木来由”之讹，“由来”误倒。卷四《世祖本纪》原文是：“（中统二年七月）己丑，命炼师王道归于真定筑道观。”显然“王道”当为人名，意思是命他回归真定筑道观。中华书局校勘本，据王恽著《中堂事记》同日颁发的圣旨原文得知，受旨人乃真定玉华宫“炼师王道妇”，又称“老王姑”。《元史》“妇”误为“归”，人名、语意全错。故点校本改为：“命炼师王道妇于真定筑道观。”

其实，参加纂修的儒臣对《元史》质量情况亦心知肚明。《明史·徐一夔传》载

> 将续修《元史》，祎方为总裁官，以一夔荐。一夔遗书曰：……“元朝则不然，不置日历，不置起居注，独中书置时政科，遣一文学掾掌之，以事付史馆。及一帝崩，则国史院据所付修实录而已。其于史事，固甚疏略。幸而天历间虞集仿六典法，纂《经世大典》，一代典章文物粗备。是以前局之史，既有十三朝实录，又有此书可以参稽，而一时纂修诸公，如胡仲申、陶中立、赵伯友、赵子常、徐大年辈皆有史才史学，廑而成书。至若顺帝三十六年之事，既无实录可据，又无参稽之书，惟凭采访以足成之，窃恐事未必核也，言未必驯也，首尾未必穿贯也。而向之数公，或受官，或还山，复各散去。乃欲以不材多病如仆者承之于后，仆虽欲仰副执事之望，曷以哉！谨奉状左右，乞赐矜察”。一夔遂不至。

这段引文长了一点，但从中足以证明，当时的学者就看到了史料短缺且不可靠的严重问题，续修时更有人员短缺的问题，十几位修纂者中，只有赵壎一人参加了第一次修纂。徐一夔深知这些困难无法克服，推辞了续修任务。

《元史》既成，太祖亦知其粗疏。洪武二十四年（1391），解缙归家进学，并以“《元史》舛误，承命

① 《元史》由翁独健和邵循正牵头，参加校勘的学者有林沉、余大钧、金启孮、黄时鉴、卫庆怀、智天成、叶新民、金峰、包文汉、周清澍、胡钟达、郝维民等。

改修”（见《明史·解缙传》）。

后世学界对《元史》的批评指摘不断。清初文学家、史学家赵翼《廿二史劄记》曰：“近代诸史，自歐陽公五代史外，辽史简略，宋史繁芜，元史草率，惟金史行文雅洁，敘事简括，稍为可观。然未有如明史之完善者”，对元史的评价最低。干嘉学派最杰出的代表钱大昕，在史学上的突出成就是对元史的研究，他的《廿二史考异》中《元史》考异占15卷。他说：“古今史成之速，未有如《元史》者；而文之陋劣，亦无如《元史》者。”钱大昕甚至嘲笑修《元史》者“皆草泽腐儒，不谙掌故”，说他们下笔“无不差谬”。《潜研堂文集·跋朝鲜史略》曰：“《元史·高丽传》叙事最为踈舛，至治以后传袭事迹皆阙而不书，何以成一代之信史?”又《跋元名臣事略》：“予始读元史至四杰事，喟然而叹曰：甚矣！文辞之不可已也。”又《跋雪楼集》：“予尝病元史于宰辅多不立传，欲博考它书，次第补之。”《十驾斋养新录》曰：“晋天福初，避庙讳，改郴州为敦州，改郴县为敦化。汉初，州县名悉复旧，是敦化之名乃石晋所改，未几即废，而元史臣乃以为至元十三年改敦化为郴阳，真可笑也。”朱彝尊《日知录》直接指责道：“宋（濂）、王（袆）二公与赵君（壎）亦难免于疏忽之咎矣。”“其文芜，其体散，其人重复”，“至于作佛事则本纪必书，游皇城入之《礼乐志》，皆乘谬之甚者。”干嘉年间汪辉祖《元史本证》则专用《元史》中纪、志、表、传互校，从中检出《元史》的许多错误。

宋濂是“自少至老，未尝一日去书卷，于学无所不通。为文醇深演迤，与古作者并”；“在朝，郊社宗庙山川百神之典，朝会宴享律历衣冠之制，四裔贡赋赏劳之仪，旁及元勋巨卿碑记刻石之辞，咸以委濂”（见《明史·宋濂传》）。《明史·曾鲁传》曰：“淳安徐尊生尝曰：‘南京有博学士二人，以笔为舌者宋景濂，以舌为笔者曾得之也。’”号称“开国文臣之首”、“当今文章第一”、“太史公”，这样一位硕儒，难道他就不知道“萝卜快了不洗泥”的道理？朱元璋甫建国称君，天下尚未归一，立即着手组织《元史》的编纂，而且不到一年即成书。朱元璋急于为刚刚灭亡的元朝盖棺论定，更急于确立自己“奉天承运”真命天子的身份地位。皇上急于求成，总裁官岂敢违命？前后两次纂修，历时仅331天。速度如此空前绝后，自然无暇仔细推究考量，质量之优劣只能是尽力而为罢了。时间太仓促，不得已而草率从事，故舛误过多，就不奇怪了。

至于《元史》的体例、选材、剪裁，则与总裁官宋濂、王袆密不可分了。宋濂、王袆都是义乌人，都受业于婺学传承人，理学家兼文学家柳贯、黄溍，且青出于蓝而胜于蓝，宋濂有一套以文学传承理学的理论，也因此获得“元代的朱熹”之称誉。他的《白云稿序》《徐教授文集序》中一再提出“文非道不立，非道不充，非道不行”，“文外无道，道外无文”。编纂《元史》的理念与宋濂的“文道合一论”一脉相承。首先最显明地体现在《元史》的体例上。范晔《后汉书》分立《儒林》、《文苑》两传，经学之士与文学之士分开立传，后代正史多沿袭之。《元史》一改“儒林”、“文苑”分立的做法，合并为《儒学传》。《儒学传》之小序中明确解释道：“经非文则无以发明其旨趣，而文不本于六艺，又乌足谓之文哉！由是而言，经艺文章，不可分而为二也明矣。”大约出于同一理由，《元史》没有《艺文志》，结果使得无传者之著述不可考。历代学者就此一变，掷出了许多责难。分析历史人物、历史事件，不可须臾脱离那个时代的大背景。朱熹的学说在元代思想界一直处于主导地位，理学成为官方的意识形态。文学是时代的风雨表，于是造就了一代具有理学背景的文学家。作为文坛领袖，在理学发展史上占有一席之地的宋濂，强调明道致用，在《元史》中实践“文道合一论”，应该说有其合情又合理的成分。《元史》反映的正是元代理学与文章合一的真实情形。从另一个角度看，《明史·宋濂传》曰：“（太祖）尝问以帝王之学，何书为要。濂举《大学衍义》。①” 宋濂所推崇的以理学治理国家的《大学衍义》，也已经被明太祖所接受，并成为皇族学士必读之书。所以宋濂的安排符合朱元璋的“朕意”。

元代妇女贞节观比较淡薄，这是蒙古民族风俗习惯使然，这说明，统治阶级的思想观念就是这个时代的思想观念。《元典章》中相关记载很多，甚至在为亡夫服孝期间，都可以自主婚嫁。改嫁是受法律保护和支持的。大德三年以后元律对妇女的离婚和改嫁的规定由宽松到渐严，标志着蒙元统治者依据理学观念对妇女贞节要求的逐渐加强。但终有元一代，妇女的离婚和改嫁还是比较自由的。然而，《元史·烈女传》记载的烈女竟有 187 人。其小序明言其目的是，“特著之，以示劝励之义”。可见这里凸显的是修史者的观念，即宋濂的“道统”观、朱熹的贞节观。宋濂的文集中，就大量充斥着歌颂、表彰贞节妇女的作品。因此，《元典章》中妇女自由改嫁的故事全被剪裁掉，《元史》没有收录、没有照抄。可见总裁官宋濂始终主导着《元史》的选材、剪裁和思想观念，《元史》并非全然盲目照抄元代典籍。这样做有拔高元代妇女贞节观之嫌，可明清讲究道统的史评人对此似乎没有批评。

有人认为《元史》本纪中不当照抄《实录》中所记载的佛事活动，列传中不当有大量的佛教、道教人物传记，更不当别出心裁立《释老传》。这是以汉史至唐宋正史为标的而提出的责难。史学家应该首先看重史实。有元一代，宗教信仰相当自由，对各种宗教宽容优礼的政策，是历朝历代所无法比拟的。各种宗教中，佛道两教最为兴盛，僧道的地位甚至比儒士高，《元史》是根据这个特点所作的创新。《释老传》小序曰：“元兴，崇尚释氏，而帝师之盛，尤不可与古昔同语。”这其中，宋濂仍然起主导作用。宋濂本人对佛、老之学，研究尤精，自号玄真子、玄真遁叟，自称“尽阅三藏，灼见佛言不虚，誓以文辞为佛事”（《四明佛陇禅寺兴修记》，《銮坡前集》卷十）。他信仰佛教，笃信因果报应；又与道家、道教有非常深厚的渊源关系。有人统计他的《宋学士文集》中与佛教有关者凡一百四十余篇，与道教有关也有六十篇之多。他与多位大禅师为方外交。他位高名重后，求见的各地名僧相踵不绝于途。晚年辞归后，终日闭户，披阅佛经，修习禅法。宋濂能撷取佛、道的精神实质融于儒家思想之中，使其融为一体，让人难以分辨。如此，宋濂的史学思想就具备了儒释道杂糅的丰富性和复杂性。凑巧的是，宋濂的信仰追求，恰恰与朱元璋契合。朱元璋少时落发为僧，建立明朝后，重用僧人，对佛教采取保护政策，在朝廷设僧录司官等等，一生佛缘不断。宋濂常与太祖论究佛经奥义。朱元璋在蒋山兴国寺举办法会，宋濂作《法会记》；在他与朱元璋研讨《楞伽经》后，又写下《新刻楞伽经序》。朱元璋还与道士周颠有着神奇的机缘和交往。朱元璋一生推崇佛、道，认为佛、道二教明因果、辨善恶、示吉凶，佛道二教有辅政、教化作用。由此可见，《元史》收录大量佛道之人之事，不是选材失当，而是总裁官有意为之。应该说，这部分内容真实地反映了元代的社会情况，对研究金元时期佛教及道教各流派的情况提供了重要资料，从中可以了解宗教在元朝所居的地位和发展情况。

官修《元史》不尽如人意，明代民间学者就元史做文章的很多。仅上了《明史·艺文志》的就有：梁寅《宋史略》四卷、《元史略》四卷、朱右《元史补遗》十二卷、张九韶《元史节要》二卷、胡粹中《元史续编》七十七卷、张溥《元史纪事本末》二十七卷、陈邦瞻《元史纪事本末》六卷、许诰《宋元史阐幽》三卷、徐光启《元史撰日订讹》一卷、王洙《宋元史质》一百卷。此外，还有明胡粹中《元史续编》，清邵远平《元史类编》、魏源《元史新编》、曾廉《元书》、屠寄《蒙兀儿史记》，清末民初柯劭忞《新元史》。后世对《元史》进行置疑、刊谬补缺、另打鼓重开张的，此不一一列举。其中，《新元史》是纪、

① 《大学衍义》，南宋著名理学家真德秀撰，是因《大学》之义进行推衍，宣扬用理学思想治理国家的著述。真德秀是朱子学术思想最典型的秉承者、宣传者，为理学取得正宗地位起到巨大作用。

志、表、传全部完成的集大成巨著，影响较大。1921 年，中华民国总统徐世昌曾经下令将《新元史》列入正史，与“二十四史”合称为“二十五史”。然而，无论是《新元史》，还是其他后续编纂的元代史书，它们都不能取代《元史》。

《元史》还有一些有别于其他正史的地方。自《史记》设“太史公曰”之后，各正史大多设“赞”、“评”、“史臣曰”于史传之后，独《元史》无之。清章学诚《文史通义》卷八曰：“至明祖纂修《元史》，谕宋濂等据事直书，勿加论赞。”章氏对此不以为然，曰：“虽寓谨严之意，亦非公是之道。仆则以为是非褒贬，第欲其平，论赞不妨附入；但不可作意轩轾，亦不得故恣吊诡。”钱大昕与之意见相左，《潜研堂文集·续通志列传总叙》曰：“诸史每传之后复为论赞，惟《元史》无之。夫良史之职，主于善恶必书，但使纪事悉从其实，则万世之下是非自不能揜，奚庸别为褒贬之词夹潒之？不载论赞允为有识，今亦仍其例云。”无论后世史学家对此赞同与否，秉事直书的原则、精神是值得肯定、推崇的。

宋濂遵照朱元璋提倡文字浅显通俗的意图，强调“文词勿致于艰深，事迹务令于明白”。《元史》文字浅显，叙事明白易懂，还保留了不少当时的方言土语。这是《元史》的一大长处。

二十四史之中，在国际上影响最大的就是《元史》。当年大元帝国幅员广大，横跨欧亚两大洲。三次大规模远征，连破莫斯科、基辅数城，进入匈牙利大草原，一直打到意大利威尼斯。之后，虽然蒙元没有控制那些地区，但元代历史涉及的地域、民族、文化、社会制度，都超出了今天中国的版图，所以《元史》引起世界许多国家的关注和研究。这些国家研究本国历史要借鉴《元史》，我们自己研究蒙元史也必须面向世界，搜集世界范围内有关蒙元的历史资料，了解和借鉴别国学者的研究成果。有人说《元史》具有“世界性”，道理就在这里。“世界性”是《元史》有别于其他正史的显著特点。《元史》涉及到汉籍之外的史料实在不少，就是在中华书局点校《元史》时也利用了不少外文典籍，如原由波斯文写成的《世界征服者史》①、拉施特《史集》②，藏文的《红史》、《萨迦世系史》等，也利用了蒙文汉字音译的《元秘史》，也常常借助国外学者的研究成果，如《马可波罗书注释》等等。

综上所述，除了编修时间仓促造成的粗疏外，从体例到选材、剪裁，无论优劣，都应由总裁官负责。在修史工作中，最重要的莫过于实事求是、真实可信。应该说宋濂、王祎是尽职尽责的，比较实事求是的。况且，因为元《十三朝实录》、《经世大典》和《大元大一统志》已经失传，今天的学者更看重的是，《元史》照抄的部分就成了这些原始资料唯一的来源，《元史》比其他正史，也比其他元代史书具有更高的史料价值。因此《元史》有特点、有长处，且无可替代。

作者简介　刘尚慈，中华书局语言文字编辑室，编审。

① 历史名著《世界征服者史》，13 世纪波斯史学家志费尼著。这是一部完整、详尽地记载成吉思汗及其子孙西征的历史著作。志费尼是伊利汗国，蒙古汗旭列兀的臣僚，曾几次随阿儿浑（蒙古人派驻乌浒水（今阿母河）以西诸省的长官）赴蒙古国都哈剌和林（今蒙古国后杭爱省额尔德尼召北）朝见大汗。在他三次哈剌和林之行期间，开始撰写该书，很多材料是他在旅途中亲自采集到的，包括当时社会上流行的传说。

② 《史集》，中世纪著名的世界通史著作。波斯文。波斯伊儿汗国宰相拉希德丁（1247～1317，又译“拉施特”）奉第七代伊利汗国合赞汗（1295～1304）和完者都汗（1304～1316）之命主持编纂。成书于1300～1310年间。书中《蒙古史》部分是研究14世纪初之前的蒙古族史最重要的史料之一，也是研究古代游牧部族社会制度、族源、民族学的重要资料，其中所依据的第一手史料，现在大部分已经散佚。

宋濂与龙泉章溢、胡深的交游
——附宋濂佚文两篇

徐永明

婺州与处州壤地相接，故两地的人士交往甚是密切。就宋濂来说，与处州交往的人士主要有刘基、叶琛、章溢、胡深等人。至正二十年（1360），宋濂与刘基、叶琛、章溢被朱元璋征召至南京，开始了浙东文人与朱元璋淮北武力集团的真正合作，成为朱元璋平定天下，建立明朝的标志性事件之一。本文探讨的是宋濂与处州龙泉章溢和胡深的交游，并附龙泉先达吴锦龙先生提供的宋濂佚文两篇。

一、宋濂与章溢的交游

章溢（1314～1369），字三益，别号损斋，龙泉人。其远祖可溯至南北朝时期宋朝的章岩，以兵部尚书出守福建泉州，家于南安。至唐康州刺史章及，又自南安迁福建浦城。五传后至北宋都官郎中章重，始自浦城迁于龙泉，子孙遂为龙泉人。章氏在龙泉为“世家巨室”，祖上或雄于资产，或富于图籍，或好儒术，或嗜岐黄，代不乏人。

章溢年轻时与本邑胡深、叶子奇以及丽水叶琛同受业于龙泉硕儒王毅门下，被称为高弟子。至正十二年（1352），红巾军从闽北入浙，攻打龙泉县城。章溢从子章存仁被执，章溢挺身而出，曰：“吾兄止一子，宁我代。”① 红巾军素闻章溢名望，企图胁迫他投降，而将他捆绑在庭柱上，章溢终不为屈。至夜，骗过看守士兵而逃归，遂召集乡民为义兵，协助元将石抹宜孙拼死戍守城池，最终将红巾军逐回闽北。

之后，石抹宜孙追查龙泉跟从红巾军起义的平民，欲将他们尽行诛杀。章溢劝说道：“贫民迫冻馁，诛之何为?”② 石抹宜孙在章溢的劝说下放弃了擅杀的念头，并对章溢的胆略器识甚是佩服，留他在幕下商议军事。后石抹宜孙戍守台州，曾为“贼”所围，章溢亲率义兵赴援，辅佐石抹宜孙“拯临海之穷民，敉宁海之强寇”③，皆卓有成效。石抹宜孙再镇守处州时，章溢成了他手下最可信赖的得力助手。当处州的松阳、青田、丽水等地“贼寇”蜂起，聚众猖獗时，章溢率领他的龙泉乡军果敢出击，屡获战功，保卫了一

① 《明史》卷一二八《章溢传》。（清）张廷玉等撰：《明史》，中华书局1974年版，第3789页。
② 同1。
③ 影印文渊阁《四库全书》本，《诚意伯文集》卷七《送章三益之龙泉序》。

方平安。地方和行省交荐于朝，要授他官职，章溢均辞不受。说："吾所将皆乡里子弟，使其肝脑涂地，而吾独取功名，弗忍为也。"① 红巾军起义爆发后，各地的起义此起彼伏，愈演愈烈，天下已及于大乱。章溢度势不可为，就独自"结庐匡山上，自号曰匡山居士"②。至正十九年（1359）冬，朱元璋的军队攻克处州，章溢避兵入福建。

章溢的老师王毅曾从学"金华四先生"之一的许谦，并与刘基的老师郑原善、宋濂的老师黄溍等有交往，因此，虽然章溢和宋濂一在处州，一在婺州，但他们彼此之间很早就互相知名。至正十三年（1353），章溢在龙泉斥田建龙渊义塾，让乡闾子弟在义塾受业读书。义塾建成后，章溢请宋濂写了一篇《龙渊义塾记》以记其事。新发现的宋濂佚文《玉峰寺碑》《（见下）显示，宋濂于至正十六年（1356）为章溢在龙泉重建的玉峰寺撰写了《玉峰寺碑文》。不过，章溢请宋濂撰文，并不能说明他们在朱元璋到来之前即已互相见面，按照宋濂在章溢卒后写的神道碑的话来说，他们的见面是在一起应召赴南京之时。"初予未识公时，辄稔闻其名。及公应聘而起，同赴于南京。"③

朱元璋的军队于至正十八年（1358）十二月攻下婺州，在婺州置中书分省，并将婺州改名为宁越府。至正十九年（1359）六月，朱元璋离开金华回到应天（南京）。九月，朱元璋的军队攻下衢州。十一月，攻下处州。是年底，浙东的大部已在朱元璋军队的控制之下。朱元璋打天下，不乏英勇善战、攻城略地的武士，然而，在人才储备库中，最缺的是博古通今，布政教化，经营擘画，运筹帷幄的文士。在李善长的建议下，朱元璋决定礼聘浙东最负盛名的宋濂、刘基、章溢、叶琛到南京辅政。因此，至正二十年（1360）三月，宋濂与处州的刘、章、刘三人结伴而行，从金华双溪出发，"买舟溯桐江而西"，过安徽，然后沿江至金陵。宋濂与处州等人的友谊由此揭开了新的篇章。

初到南京时，宋濂和刘基、章溢、叶琛四人住在南京的孔子庙。刘、章、叶三人都是从元朝过来的，虽然他们被征召至南京，但对朱元璋还存有芥心。不过，由于他们四人年龄相仿，地缘相近，经历学识都很丰富，故"惟日相与谈笑"，一同游玩南京的景点，不亦乐乎！刘基的《送宋仲珩还金华序》和宋濂的《游钟山记》生动地记叙了他们初到南京时的情景：

> 庚子之岁，予与金华宋先生俱来京师，时上渡江未久，浙东方归附。先生与予及予同乡叶景渊、章三益同居孔子庙学，惟日相与谈笑，虽俱不念家，而予三人者亦皆不能无芥于心。惟先生泰然耳，日与文彦士相从游不倦，人咸异焉。④

> 岁辛丑二月癸卯，予始与刘伯温、夏允中二君游。……诗未就，予独出行函道间。会章君三益至，遂执手止翠微亭，登玩珠峰。……日将夕，章君上马去。予还广慈，二君熟寐方觉。呼灯起坐，共谈古豪杰事，……厕以险语，听者为改视。……予遂回广慈，二君出迎，夏君曰："子颜色有异，得无有虎恐乎？"予笑而不答。刘君曰："是矣，子幸不葬虎腹，当呼斗酒涤去子惊可也。"……予幸与三君得放怀山水窟，一刻之乐，千金不以易也。山灵或有知，当使予游尽江南诸名山，虽老死烟霞中，有所不恨。他尚何望哉？他尚何望哉？章君约重游未遂，因历记其事，一寄二君，一遗上人云。⑤

---

① 宋濂：《大明故资善大夫御史中丞兼太子赞善大夫章公神道碑铭》，罗月霞主编：《宋濂全集》，浙江古籍出版社1999年版，第360～368页。（以下简称《宋濂全集》）

② 同①。

③ 同①。

④ 影印文渊阁《四库全书》本，《诚意伯文集》卷一五《送宋仲珩还金华序》。

⑤ 《宋濂全集》，第210页。

根据宋濂等四人的学识才能，朱元璋分别给予了不同的授职。宋濂授江南等处儒学提举行，并留为皇太子朱标授经；刘基主要参与军机，为朱元璋攻城略地出谋划策；章溢授营田司佥事，后擢浙东按察副使；叶琛授营田司佥事，寻迁洪都（南昌）知府。至正二十二年（1362），叶琛因降将祝宗、康泰反叛而殉职。宋濂后来写了一篇《忆与刘伯温章三益叶景渊三君子同上江表五六年间人事离合不齐而景渊已作土中人矣慨然有赋》长诗，回忆了他们一同应召南京，生死契阔的友情，寄托了他对叶琛的哀思。诗写道：

我歌何太苦，触事增百忧。忆离溪上舍，久客城东楼。……长山同蹑屩，严濑仍维舟。雨花掠篷走，风蒲向人愁。冒险前至歙，计程几经邮。盘涡结唇穴，欹石排蛇矛。暗陵走魑魅，灌木啼鸺鹠。川尽青逗晓。城新白凝秋。贤蹋访阙里，仙踪索浮邱。乌聊就神卜，绮席征童讴。……泮宫共一榻，江树闻鸣鸠。钟阜足游衍，龙湾更夷犹。谈锋述王霸，政柄分嬴刘。淬文砺戈戟，博古陈罍卣。合抱集鱼雁，响屧锵琅球。桂窗足每跳，花日首多囚。赌棋或握筭，斗酒恒投钩。下关避沈酗，抵掌争啁咻。一旦分客袂，三年感灯篝。剖符洪都郡，瞻云苍岭头。晨星遂落落，宵梦长悠悠。怀生悯契阔，悼死隔明幽。悲怀不可抑，衰涕何能收。牛鼎伤折足，羽旌恨无斿。①

洪武元年（1368）正月，朱元璋登皇位，国号大明。章溢授御史中丞，寻兼太子赞善大夫。朱元璋命章溢儿子存道所率的征闽乡兵入海道北征，章溢上奏谏止，说："乡兵农人耳，始令征闽，许以事平归农。今复调之，是爽信也。"② 建言应以叛逆之民为代，朱元璋即命章溢赴处州代行此事。章溢回龙泉后，不想母亲已殁，悲戚过度，于洪武二年（1369）夏某月日卒于龙泉之私第。

对于章溢的死，宋濂不胜悲痛，他为章溢写了一篇8000余字的《大明故资善大夫御史中丞兼太子赞善大夫章公神道碑铭》，备述章溢的经历和功绩。文章开头即写道他和章溢的关系：

呜呼，是为吾友龙泉章公之墓。初，予未识公时，辄稔闻其名。及公应聘而起，同赴于南京，同馆于青溪，同出入禁署，以备顾问，如是者四三年。私窃以谓，生我者父母，知我之至者唯公而已。不知公何为去予而遽死矣乎！有善孰予相？孰知我瑕疵而攻之乎？神道之铭，公之子特以为属。肝肠百裂，其何能缀缉言辞乎？相知之深者不为之，则铺张君子之休美，不识当属之谁乎？因抆泪而序之。③

对于章溢的功绩，宋濂最后评论道：

余窃闻之，章为东南著姓，自五季以迄于宋，代多显者，内则两制八座，外则州牧邑宰，皆未尝无其人。亲提师旅捍卫乡州，能成其勋名，唯太傅公为尤盛，闽人至今道之。公当元季纷扰，群盗四起，磨牙吮血，而桑梓为墟。公谈笑而起，皆剿殄之无遗育，处之民至今思之。于是声光流显，上致万乘之知，持节诸部，执法中台，其功业视太傅公，疑若过之。此无他，太傅公之所

① 《宋濂全集》，第2211～2212页。

② 宋濂：《大明故资善大夫御史中丞兼太子赞善大夫章公神道碑铭》，罗月霞主编：《宋濂全集》，浙江古籍出版社1999年版，第360～368页。

③ 同②。

遭者衰世，公之所际遇者有道维新之朝也，古人所谓能光于前人者，公其有焉。予敢评骘公行，勒诸坚珉，以垂示永久。于戏！金或可销也，石或可泐也，公之功不可忘也。①

除了《龙渊义塾记》、《玉峰寺碑》、《神道碑》外，宋濂为章溢还写过《龙泉章氏世系碑文》、《章氏三子制字说》、《看松庵记》、《题许先生古诗后》等文章。这里还要一提的是，章溢的儿子在京师从宋濂学，入侍皇太子。

二、宋濂与胡深的交游

胡深（1314～1365），字仲渊，龙泉人。其先出自汉安定，始迁祖为宋初胡栋，自润之丹阳来迁处州龙泉。栋九传至见大，为元江南西路兵马都监，是为胡深曾大父。父亲钰，为元征东行中书省左右司员外郎。胡深与章溢年同岁，居同乡，均为王毅高弟，有文武才。

与章溢一样，胡深在龙泉也集有乡兵，为协助处州守将石抹宜孙平定“山寇”作出了自己的贡献。譬如，处州山民作乱，四处为盗，胡深奉檄募兵，前往靖乱。胡深示之以威，晓之以理，最后山寇“尽毁旗械，肉袒请降”②。温州戍卒韩虎、陈安国杀主帅，据城以叛。行省命宣慰使恩宁普前往征讨，胡深率军协助。在胡深的建议下，派出能言善道的“辩士”入城中晓谕，最后叛军杀韩虎以降。青田潘惟贤聚众为叛，烧毁龙泉县治，胡深老师王毅与弟子集义兵平定了叛乱。里中有恶少忌妒王毅的功劳，将王毅谋害而死。时胡深在鄱阳，听说老师遇害的消息，立即驰归，将杀害老师的凶手一并歼灭。此后，缙云、松阳、遂昌、丽水又有“山寇”为盗，胡深又率军一一予以平定。

元至正十九年（1359），朱元璋命胡大海部攻占处州，石抹宜孙战败。胡深时统领四县军事，出于四县百姓安危考虑，纳城而降。朱元璋授中书左司员外郎，在处州招集旧部从征江西。后任浙东行省左右司郎中，总制处州军民之事。至正二十三年（1363）九月，诸暨叛将谢再兴以张士诚兵犯东阳，为李文忠击退。胡深引兵为援，在去诸暨六十里处筑新城防守，此后即以此城为据，击退元将李伯贞号称二十万大军的进攻，胡深因此得朱元璋所赐的名马嘉赏。朱元璋称吴王后，胡深擢王府参军，仍总制处州等翼。二十五年（1365），福建陈友定来犯处州，深击败之，追至浦城，败其守兵，城遂下。进拔松溪，后为陈友定锐师前后夹攻兵败，突围时，因马蹶被俘后遇害。年五十二，追封缙云郡伯。

宋濂与胡深的交游应在胡深归顺朱元璋后，即至正二十年（1360）左右。宋濂在《大明故王府参军追封缙云郡伯胡公神道碑铭》中写道：

昔濂侍上于白虎殿。忽顾问曰：“胡深何如人？”濂对曰：“文武才也。”上曰：“诚如卿言，浙东一障，朕方赖之。”则上所以倚公者至矣。然公亦知宸眷之深而无以图报，尝谓人曰：“区区承诏镇处城，皇灵覆冒，幸已宁谧。誓将挈全闽之地以入版图，庶展犬马之微衷也。”奈何功业未就而死及之，其非命也夫！濂辱公交者五六春秋，见公酒酣耳热，指挥三军，而雄姿奋扬不可遏。及与荐绅之流论文评诗，则欿然布衣书生也。濂未尝不服其勇而爱其谦。③

---

① 宋濂：《大明故资善大夫御史中丞兼太子赞善大夫章公神道碑铭》，罗月霞主编：《宋濂全集》，浙江古籍出版社1999年版，第360～368页。

② 宋濂：《大明故王府参军追封缙云郡伯胡公神道碑铭》，《宋濂全集》第370～374页。

③ 同②。

最后宋濂为其作铭云：

洸洸胡公，万人之英。一剑横空，莫之敢撄。
浙河之东，地气尽白。此为兵征，见于龟策。
尔众荷戈，来入我堡。置而枕席，拔而水火。
公师如风，鼠寇如云。一鼓之余，散为埃尘。
节钺出镇，涉历五年。桴鼓不惊，鸡犬晏然。
谁登叛人，陷我诸暨。公迁其城，寇至辄败。
皇用嘉锡，使车络绎。天闲龙马，于公弗惜。
公感主知，酣歌慨慷。誓提入闽，以归职方。
旄纛所届，势如破竹。天未厌乱，三军夜哭。
公材孔多，公志弗阿。月出如赭，公命奈何？
丈夫之泽，流于异方。孰能行之？父母之邦。
匪公之临，千里枯骴。公虽止斯，庶亦无愧。
庙堂有严，肖象其中。精灵翕然，上与天通。
栝苍之山，其翠欲滴。公名配之，有永无斁。①

胡深有子二人，长曰桢，从宋濂读书，并侍奉皇太子，后为宣武将军佥处州卫指挥使司事，次曰枢。女一人，适章溢儿子章存厚。由于章溢与胡深为亲家，且胡桢与章存厚一同师事宋濂，可见他们之间的关系非同一般。正是由于这一层关系，洪武二年（1369），胡桢请老师宋濂为他父亲胡深和母亲项氏作墓铭。宋濂在《故王府参军胡君妻项夫人墓志铭》中写道：

余授经青坊时，龙泉胡桢尝以伴读侍皇太子研席，桢因得从予游。今年春，予以总修《元史》，被召来京，寻入禁林为学士。时桢已擢宣武将军，佥处州卫指挥使司事，间以其先府君王府参军深墓上之铭来属。予既已为之，桢复泣曰："先子之行，幸托见于文字间，而先母未之有述，幸先生怜之，敢奉姻家兄章存厚之状以请。"予义不敢辞。②

三、宋濂佚文两篇

龙泉前辈吴锦龙先生长期致力于地方文史研究，尤其在宝剑文化研究方面成就卓著。他知我一直研究金华区域文学，就将他在《龙泉县志》和《胡氏家谱》中发现的两篇宋濂的文章寄给我，并告知这两篇文章为浙江古籍出版社 1999 年出版的《宋濂全集》所失收。根据上文所述宋濂与章溢、胡深的关系，两篇佚文的真实性无可怀疑。《玉峰寺碑》作于至正十六年（1356）。《缙云郡伯胡深墓铭》当为宋濂洪武二年（1369）应胡桢之请时所作。现将佚文附后，以为学界研究之需。

① 宋濂：《大明故王府参军追封缙云郡伯胡公神道碑铭》，《宋濂全集》第 370 ～ 374 页。
② 《宋濂全集》第 426 页。

玉峰寺碑

玉峰寺在龙泉县西五十里，相传唐朗法师道场，历岁既久，栋宇将压。宋嘉祐二年，县之先达章君公琛，为改建法堂，堂成而殿留，君复为新之，治平元年春正月告成。后三年，公之二弟公幹、公俊又新建三门。初，殿成之明年，有异人夜宿，诘朝，觅之无有也，唯见大书“曹溪”二字于殿之北墉，高逾二寻，广如之，寺自是不复火。元至正十年，墉坏而寺亡。十二年，闽寇钞县，寺因毁焉。十五年，君之十二世孙、匡山居士溢叹曰：“吾祖之志不可以弗继!”遂重构之，仍旧书“曹溪”于殿北，以复治平之旧。十六年夏六月讫工，来请文镵诸石，予既为序其事，复系之诗曰：

其一

玉峰之山，矗若停鸾。原泉吐玦，嘉木植繁。
中涵灵气，朝夕吐吞。地神献秘，化为衹园。

其二

峨峨宝坊，多历年纪。风伤雨饕，甍蚀程疧。
不有君子，废将焉起。章君曰噫，我经其始。

其三

有邃者堂，大法所基。翻河注舌，飞锋凑机。
龙鬼具瞻，人天所思。苟匪新之，喝啸等夷。

其四

堂既新只，殿犹未兴。郁修有知，以大为幻。
一尘不存，四河重粲。丹垩有辉，陵谷改观。

其五

爰有化人，绿发方瞳。于于而来，聛睨太空。
方栖厥神，遽潜乃踪。白云满扃，曾莫之封。

其六

但观北墉，元文犹湿。麟迴凤游，岳蹲海立。
有楳谁和，有翰谁执。孰睇空明，幻此煒奕。

其七

入明出幽，闪阴转阳。灵功所及，凡情叵量。
蚩尾成压，藻井莫祥。矧兹神迹，奚有毕方。

其八

逾二百龄，墉颓寺狗。妖人挺乱，一夕而烬。
龙逸象奔，鱼斥钟摈。逝者已虚，来者斯振。

其九

匡山有闻，既叹且吁。欲绳其先，志当在吾。
乃输布帛，乃集烝徒。乃简群材，以事以趋。

其十

其呼喁喁，其行负负。其屹黝黝，其列耦耦。
阶积三成，地逾百肘。虎础相缪，龙榱交纽。

其十一

霞切栱振，云分椽栾。三华山拱，五采星攒。

以庄严力，作清静观。兜率天宫，下移世间。

其十二

睟容中居，梵神旁卫。幢华有饬，缨盖咸乂。

如入灵山，不涉尘世。佛会俨然，说法犹炽。

其十三

大雄立教，返观物初。祇陀树林，即我室庐。

一宿勿再，恐情所潴。孰欲安居，以妥其居。

其十四

末法所凭，惟资至教。对彼三身，治兹六凿。

苟缘外因，不由中造。徒湟乃心，而槴其貌。

其十五

宝华楼台，元自天成。住于虚空，了无震凌。

女姬侍几，童真司扃。溥博无际，弹指辄登。

其十六

视彼成坏，莫非空假。一真既融，万法俱舍。

玉峰之山，白石雅雅。我勒我辞，以启观者。

幅巾男子宋濂文。

（辑自《龙泉县志》卷十二）

缙云郡伯胡深墓铭

公之始，安定氏。丹阳徙，缙云止。溯其源，故家子。

维其中，经义通。摅厥忠，殒厥躬。人焉故，声誉隆。

生其荣，死其烈。褒有功，谥有节。狮之源，凤之穴。

恩其渥，神其安。铭其石，鉴其孙。万斯年，永勿谖。

《宋文宪集》载有《缙云郡伯神道碑》，谓墓在龙泉围原先茔之侧。《龙泉县志》：胡公墓在丽水县四十七都石狮衕凤山下，墓铭亦是宋文宪撰，意者当日埋葬衣冠，两地均有其墓耶?

（辑自《胡氏宗谱》卷十二）

作者简介　徐永明，浙江大学人文学院副教授。

论宋濂后期的诗文风貌

王魁星

王朝的更替不仅直接左右着士子们的前途命运，而且对他们的思想观念、文学创作也有着不可低估的影响，这在人类历史、文学史上已是经过无数次验证的确论。作为经过元明易代洗礼的浙东籍文人宋濂，同样经历了仕途、诗文观念及创作等一系列变化。自至正二十年（1360）由李善长之荐至应天拜见朱元璋起，宋濂逐步完成了由隐逸之士向皇帝侍臣的角色转变。这一变化，使他的诗文观念及创作均呈现出了异于以往的风貌。学者们对该问题虽已多有关注，但时至今日，有两个问题仍未得到真正的解决。其一，学者们探讨的多是宋濂思想心态的转变，而对他在诗文创作风貌方面的变化则尚未能进行细致的考察。其二，简单地把宋濂后期的诗文划归为颂圣应制之作及应酬之文，更把其颂圣应制之作视为台阁体的先河，因而对该类作品持否定态度者居多。诚然，身份的转变使宋濂后期的诗文更为醇雅，在批判性上大不如前期，但他在传记文方面却多有拓展，并取得了一定的成就，而其颂圣应制之作也并不等同于稍后出现的台阁体。本文拟对宋濂后期的诗文风貌作一探究，以期对以上二问题作一考察。

一

由于不为今知的原因，宋濂入仕明朝后绝吟事者十余年①。就我们目前所见到的宋氏后期诗歌而言，可确定系年的单篇诗作仅 100 余首，即使把那些诗文序跋中所附诗作及广义上的偈、颂、赞加起来，也不足 200 首。宋濂虽以文名世，但他对自己的诗论及诗歌创作也是颇有信心的。在《刘兵部诗集序》中，宋濂称："濂虽不善诗，其知诗决不在诸贤后，故因作序而相与一言之，使郊、愈复生，当不易吾言矣。"② 乍看起来，宋濂谈的是"知诗"，即对自己诗歌理论的认知不亚于别人，但如果我们仔细推敲个中含义便不难明白，此语实则包含了他对自己诗歌成就的一种肯定。对此，我们只需比较一下他在另一篇序言中类似之语即可明白。在《莆阳王德晖先生文集序》中，宋濂如是说："虽然，濂不能文，而评文恐未有先之者。"③他认为自己对文章的认知，也无人能出其右。而"濂不能文"则显然与事实不符。众所周知，宋濂被朱元

① 据《送黄伴读东还故里》可知该诗作于入仕明朝后。此外，《题玄麓山八景》、《题方方壶画〈钟山隐居图〉》序言中分别有"予不作诗者十年"、"予十年不作诗"之句。

② 罗月霞主编：《宋濂全集》，浙江古籍出版社 1999 年版，第 609 页。

③ 罗月霞主编：《宋濂全集》，浙江古籍出版社 1999 年版，第 989 页。

璋誉为“开国文臣之首”，其文更被视为明初第一。因而，该语不过是宋氏的自谦之辞。同样，“濂虽不善诗”自然也非宋濂本意，仍是他的自谦之语。对于为人一向低调的谦谦君子宋濂而言，此语决非凭空而发，而是以一定的创作为依据的。因为，我们今天所见到宋濂在元季的诗作，并非其诗歌的实际数量。据郑涣《潜溪集题识》，宋濂另有诗赋集《萝山稿》，只是该集散佚失传。此外，《千顷堂书目》也记载了宋濂散佚诗集的具体卷数，“《萝山吟稿》三卷，《宋学士诗集》五卷。”① 因而，宋濂自称“知诗决不在诸贤后”不是没有道理，他是在自己大量创作基础上而发的可信之论。虽然我们目前所见到的诗歌有限，但这对我们考察宋濂后期诗歌风貌无疑也有着重要的价值。

“纪功铭德”之作在宋濂后期诗歌中占据相当大的比重，颂扬的特性往往使该类作品表现出一种中和之美与醇雅之貌。此类诗歌主要由颂圣之作和颂扬忠孝节义之作构成。其中，颂圣之作主要表现为对朱元璋文治武功的颂扬，如《平江汉颂》、《天降甘露颂》、《圣寿节早朝》等。其中，《圣寿节早朝》是此类诗作中较为典型的代表，该诗记述了圣寿节早朝颇为壮观的帝都气象：“天启圣图昌，流虹叶梦祥。飞龙起江左，战马放山阳。御柳垂阊阖，仙桃熟建章。远人陈贡篚，近侍浥炉香。金镜千秋录，瑶池万岁觞。小臣歌拜手，尧日正舒长。”② 作者在前四句中赞扬朱元璋一统江山的功绩，后半部分则极力叙写了早朝盛况，颇有台阁诗的风范。《扈从至滁阳登琅琊山》、《扈从至清流关》亦是如此：

承恩扈跸幸中京，侍从銮舆老亦荣。彩结千门迎左纛，帆飞万轴引前旌。琅琊山近浮龙气，六一泉清泻玉声。宸翰喜观新制作，南薰调古和难成。③

临滁御幄觐清光，诏赐天闲骏骕骦。圣主时巡行舜典，从臣词翰愧欧阳。尘收辇路三更雨，花拂旂斿百和香。一向清流关上望，中都郁郁瑞云黄。④

此二诗均为随侍朱元璋出巡时所作，不仅饱含对圣主的赞颂，也极力铺陈所见景物的繁胜，并尽述君臣间诗赋酬赠之欢，颇有司马相如相关赋作铺陈夸饰的特点。即便在一些与友人的送别之作中，作者也不忘对朱元璋进行赞颂。如《送钱允一还天台诗序》篇末所附诗作即以“大明天子开鸿基，雄兵百万皆虎貔。东征西讨十余载，变化不异云雷随”⑤ 开篇。

在此需要说明的是，颂圣之诗在宋濂作品集中数量极少，因而，简单地把宋濂后期诗歌视为台阁之诗并不符合实际情况。从杨维祯在洪武三年（1370）所作的《潜溪新集序》可知，早在洪武初，就曾有人以随侍朱元璋为界，把宋濂前后两期的诗文区分作山林之文与馆阁之文。杨维祯显然不赞同这一分法，在他看来，宋濂前后期诗文风貌不同是由于“文与外物迁”⑥，即所处地位使然，与宋濂人品无关。当代学者也常以宋濂的《〈汪右丞诗集〉序》为据，认为宋濂后期论诗文时褒“台阁”而贬“山林”。但这一结论也经不起推敲。为便于分析，我们把该序言的相关部分摘引如下：

昔人之论文者，曰有山林之文，有台阁之文。山林之文，其气枯以槁；台阁之文，其气丽以雄。岂惟天之降才尔殊也？亦以所居之地不同，故其发于言辞之或异耳。濂尝以此而求诸家之诗，

① 罗月霞主编：《宋濂全集》，浙江古籍出版社 1999 年版，第 2500 页。
② 罗月霞主编：《宋濂全集》，浙江古籍出版社 1999 年版，第 2220 页。
③ 罗月霞主编：《宋濂全集》，浙江古籍出版社 1999 年版，第 2221 页。
④ 同③。
⑤ 罗月霞主编：《宋濂全集》，浙江古籍出版社 1999 年版，第 480 页。
⑥ 罗月霞主编：《宋濂全集》，浙江古籍出版社 1999 年版，第 2500 页。

其见于山林者，无非风云月露之形，花木虫鱼之玩，山川原隰之胜而已。然其情也曲以畅，故其音也眇以幽。若夫处台阁则不然，览乎城观宫阙之壮，典章文物之懿，甲兵卒乘之雄，华夷会同之盛，所以恢廓其心胸，踔厉其志气者，无不厚也，无不硕也。故不发则已，发则其音淳庞而雍容，铿鍧而镗鞳。甚矣哉，所居之移人乎！今观中书右丞汪公之诗，益信其说为必然者矣。……此无他，气与时值，化随心移，亦其势之所宜也。然而兴王之运，至音斯完，有如公者，受丞弼之寄，竭弥纶之道，赞化育之任，吟咏所及，无非可以美教化而移风俗。此有关物则民彝甚大，非止昔人所谓台阁雄丽之作。而山林之下诵公诗者，且将被其霑溉之泽，化枯槁而为丰腴矣。虽然，诗之体有三，曰风、曰雅、曰颂而已。风则里巷歌谣之辞，多出于氓隶女妇之手，仿佛有类乎山林。雅、颂之制，则施之于朝会，施之于燕飨，非公卿大夫或不足以为，其亦近于台阁矣乎！輶轩之使弗设，而托之于国风者，若无所用之。皇上方垂意礼乐之事，岂不有撰为雅、颂以为一代之盛乎?①

从上述引文，我们可以归纳出以下几点：一、昔人以山林之文与台阁之文来论文，宋濂则借此论诗；二、宋濂总体上赞同前人关于山林之文与台阁之文的观点，但他的观点相对公允，并没有把山林之文彻底否定；三、宋濂并非只停留在前人称赏台阁之文雄丽这一层面上，他看重台阁之文是有着更为深层的原因的，即台阁之文具有雅、颂“美教化”“移风俗”的功用；四、所居地位不同是形成山林之文与台阁之文两种不同风格的主要原因；五、以美刺为特征的国风类诗作不易被帝王采用，不如迎合帝王“垂意礼乐之事”，以雅、颂方式实现教化的目的，就此点而言，宋濂主张台阁之文实为一种讽谏策略。因而，我们应当立足文本，先弄清楚宋濂主张台阁之文的语境，在“了解之同情”的基础上去理解宋濂主张台阁之文的真实内涵。我们不能简单地把宋濂的颂圣类诗作视为台阁体，更不能把此类带有台阁特征的诗歌作为宋濂后期诗歌的主流。其实，即使是宋濂后期的散文，我们也不能武断地把其视为宋氏后期文章的主流。关于此问题，我们将在下一章做具体分析，此不赘述。

通过歌颂忠孝节义以实现教化目的是宋濂颂扬类诗作的另一种题材，此类诗作才真正算得上宋濂颂扬类诗歌的主体。这在广义上的颂、赞类作品中体现得最为明显，如对先贤道德文章进行颂赞的《章判官像赞》、《虞文靖公像赞》等。此类广义上的诗作在句式上多为三言、四言及五言，其中以四言为主。四言诗四字两拍，没有休止音，吟诵时给人以庄重典雅之感。五言诗比七言少一个节奏，表达感情没有七言诗那么曲折回环，因而，它在节奏上更适合表达沉稳平和的感情。就用韵而言，该类诗作未采用窄韵、险韵，而是运用发音洪亮的东、冬及表情细腻的支、微、齐、灰等平声宽韵。这种在节奏、用韵上的特点，正好与颂赞类文体的表情内容一致，给人以庄重之感，以便达到教化之用。当然，在宋濂的古近体诗作中，也有大量的颂扬教化之作。在这些诗作中，一部分表现为对女性殉节的褒扬，如《含山操二解》就是赞扬和阳王纲妻吴贞媛在兵乱中完节赴水殉身之事。《题李易安所书〈琵琶行〉后》更是此类诗歌的典型代表。该诗是对白居易琵琶女形象的另类解读，序言即标明主旨：“李易安图而书之，其意盖有所寓。……余戏作一诗，止之于礼仪，亦古诗人之遗音欤。”② 全诗如下：

佳人薄命纷无数，岂独浔阳老商妇。青衫司马太多情，一曲琵琶泪如雨。此身已失将怨谁?

---

① 罗月霞主编：《宋濂全集》，浙江古籍出版社1999年版，第481～482页。

② 罗月霞主编：《宋濂全集》，浙江古籍出版社1999年版，第1623页。

> 世间哀乐常相随。易安写此别有意，字字似诉心中悲。永嘉陈侯好奇士，梦里谬为儿女语。花颜国色草上尘，朽骨何堪污唇齿。生男当如鲁男子，生女当如夏侯女。千年秽迹吾欲洗，安得浔阳半江水。①

宋濂一反前人同情琵琶女沦为商妇的立场，认为其失身于商贾是她本人的过错，甚至认为李清照之作也是自叙身世之悲②。“生男当如鲁男子，生女当如夏侯女”则是用古代因避嫌而整夜点烛与来投宿邻女共处一室的“鲁男子”和辞父以完节的“夏侯女”来表达对男女保持节操的赞扬。《风树亭诗》乃是以颂扬潘孝子来告诫人子应具有孝敬父母长辈的美德。《猗欤诗》则为赞颂不辱使命的忠贞义士而作。甚至在咏物诗中，宋濂也不忘教化之意，《滩哥石砚歌》、《灵槐诗》即为代表。在《滩哥石砚歌》中宋濂称：“上明文德化八极，下书宽诏苏疲癃。君方执笔掌纶诰，愿以此言闻帝聪。”③ 他的良苦用心，由此可见一斑。

我们可从宋濂后期的诗学主张中找到他大量创作纪功铭德类诗歌的原因。宋濂后期主张师法《三百篇》，准确地说，是师法《三百篇》中雅、颂类诗歌。在《猗欤诗》序中，他也明确表达了这一观点：“予谓作诗必本于《三百篇》。自李陵专于五言，历代因之，鲜有复于古者。晋魏之间虽有作者，音节韵趣亦有难于言矣。”④ 在他看来，汉代五言诗、魏晋歌行杂体均不够古，惟有《诗经》才应是学习的对象。宋濂之所以把《三百篇》作为学习对象，与他重视诗歌教化作用有关，这从《刘母贤行诗集序》即可看出。在该序中，宋濂这样感叹：“呜呼！诗者发乎情，而止乎礼仪也。感事触物，必形之于言，有不能自已也。……虽然，诗人之吟咏夥矣，类多烟霞月露之章，草木虫鱼之句，作之无所益，不作不为欠也，华编巨册，摹印而行者比比有之，其视贤母之诗，有补明教者为何哉?”⑤ 对于宋濂而言，有裨教化才是诗歌最重要的用途。这在《〈霞川集〉序》中也有相关表述：“盖诗者，发乎情，止乎礼仪者也。……止于礼仪，则幽者能平而荒者知戒矣。”⑥ 但必须说明的是，宋濂虽重视诗歌的教化作用，却并不偏废对诗歌表达技巧的学习。他在《〈樗散杂言〉序》中明确地表达了这一观点：

> 诗至《三百篇》而止尔，然其为体有三经焉，有三纬焉。所谓三经者，风、雅、颂也，声乐部分由是而建。所谓三纬者，赋、比、兴也，制作法裁由是而定。故《周官》大师之教国子，必使之以是六者。三经而三纬之所以聆其音节之祥，玩其义理之纯，养其性情之正，诗之为用，其深且大者盖若此。……夫诗一变而为楚骚，虽其为体有不同，至于缘情托物，以忧恋恳恻之意而寓尊君亲上之情，犹夫诗也。再变而为汉魏之什，其古固不逮夫骚，而能辨而不华，质而不俚，亦有古之遗美焉。三变而为晋宋诸诗，则去古渐远，有得有失，而非言辞之所能尽也。⑦

在宋濂看来，楚辞虽缘情托物，而“以忧恋恳恻之意而寓尊君亲上之情”犹可称诗，但少了雅、颂的正面教化作用；汉魏之篇虽“辨而不华，质而不俚”，有古之遗美，但已不如骚；晋宋之诗更是“去古渐远”。只有《三百篇》在内容与形式上达到了完美结合，才可称得上尽善尽美。在这里，宋濂并没有轻视

---

① 罗月霞主编：《宋濂全集》，浙江古籍出版社 1999 年版，第 1623 页。
② 据传，赵明诚去世后，李清照曾改嫁。
③ 罗月霞主编：《宋濂全集》，浙江古籍出版社 1999 年版，第 1632 页。
④ 罗月霞主编：《宋濂全集》，浙江古籍出版社 1999 年版，第 873 页。
⑤ 罗月霞主编：《宋濂全集》，浙江古籍出版社 1999 年版，第 1171 ～ 1172 页。
⑥ 罗月霞主编：《宋濂全集》，浙江古籍出版社 1999 年版，第 2024 页。
⑦ 罗月霞主编：《宋濂全集》，浙江古籍出版社 1999 年版，第 2025 ～ 2026 页。

“三纬”的作用，在他看来，如果失去了赋比兴此类表达技巧，诗歌就称不上是完美的。

感伤是宋濂后期诗歌的另一风貌。该类诗作往往表达了对时光流逝的感叹和对隐逸生活的向往。在至正二十年（1360）拜会朱元璋之后而尚未完全得到重用之前的一段时期，郁结在他心中的时不我待、功业未展之叹往往付诸诗歌创作中。与此同时，出仕新朝所面临的窘境也让他有一种难言的忧伤。这一感情体现最为沉痛、最为明显的诗作是《寄答戴九灵古诗十首》。此处，我们摘引前二首如下：

攒眉入山林，已失山林性。玄造亦何为，使之仍遘病。热中亦不舒，攻上风益劲；仅存气半丝，养此一朝命。命岂复在吾，乘化共归尽。方州罗夹巷，百龄寓几姓。大运既如斯，何须苦心竟。但我逆旅中，百感易交横。交横复焉如，欢然且孤咏。①

山中有玄鹿，西行正騤騤。众草吐芳滋，朝夕乐我饥。偃仰青石间，和鸣灵渚麋。伊谁施网罟，生致来轩墀。赴蹈绝汤火，奋触无完肌。亦知天地间，久安岂其宜。□恐棲长林，庶可免祸机。祸机既弗脱，死生一任之。唯思石牀前，有薇与云齐。即当谢羁绊，采采不知疲。窘束势方固，安能遂吾私?②

从第一首首句可知，作者当初拒绝元王朝之聘入仙华山为道实非心中所愿，不过是迫于时局而已。归隐仙华山本已是不得已之举，可他偏偏又于山林中生病，而且此病还差点让他失去生命。他曾试图把自己所遭遇的一切归因于天命，以祈求暂时的解脱：即使再长寿之人，最终也难免要归于寂灭，更何况自己又是“逆旅”中百感交集之人！因而，即便感伤却又能如何？所以，他安慰自己：与其忧愁前途如何，不如且吟诗忘忧。从这首诗歌可以看出，宋濂是打算顺应天命了。但在第二首诗里，他表达了决定出仕的原因，以回应戴良友善的提醒。宋濂以山林中自由的玄鹿最终仍无法逃脱猎人的网罟为喻，指出，即使“玄鹿”想在山林中快乐地终其一生，而结果仍遭到猎人追逐的迫害，即使抗争得体无完肤，仍摆脱不了被人网罗的命运。看来，出仕与归隐与否，都不能取决于自己的意愿。既然归隐同样要沦为落入网罟的下场，那就“死生一任之”了。作者希望能像戴良一样归隐山林，但“窘束势方固”，因而，他是不能遂自己的心愿了。在第十首中，宋濂点出了出仕的目的和决心：“年当四五十，所愧在无闻。于此苟不忧，可复名为人？是非姑置之，取琴弹秋云。琴中有至和，忘悲以欢忻。所伤至已乖，何能慁吾神?”③ 总之，宋濂决定要出去作为一番，而对于此举的是非对错，他已不再考虑了。这种矛盾交织的复杂心情，在宋濂随侍朱元璋初期比较明显。

然而数年间，境况就有了很大的变化，在经历了与志同道合者的生离死别之后，渴望归隐山林又一次成为宋濂的迫切之愿。《忆与刘伯温、章三益、叶景渊三君子同上江表，五六年间，人事离合不齐，而景渊已作土中人矣，慨然有赋》即表达了对前途命运的担忧及籍此生发的归隐之意：

我歌何太苦，触事增百忧。忆离溪上舍，久客城东楼。钩经语衮衮，舞剑光油油。五穷作奇祟，六凿为深仇。昏眸眩翳镜，秋骨束算筹。取憎鬼亦唾，出谒人谁谋。……怀生悯契阔，悼死

---

① 罗月霞主编：《宋濂全集》，浙江古籍出版社 1999 年版，第 2192 页。
② 罗月霞主编：《宋濂全集》，浙江古籍出版社 1999 年版，第 2192 页。
③ 罗月霞主编：《宋濂全集》，浙江古籍出版社 1999 年版，第 2194 页。

隔明幽。恶怀不可抑，衰涕何能收。牛鼎伤折足，羽旌恨无斿。[①]

“怀生悯契阔，悼死隔明幽”可谓诗人心境的真实写照，活着的友人因公务而天各一方，死去的又阴阳相隔，永无再见之日。但最让宋濂恐惧和伤感的是他们每个人都无法预知的前途命运。《明诗别裁》卷一，收录有宋濂洪武初年所作的《送徐时用还剡》一诗：“尊酒都门外，孤帆水驿飞。青云诸老尽，白发几人归？风雨鱼羹饭，烟霞鹤氅衣。因君动高兴，予亦梦柴扉。”“青云诸老尽，白发几人归”道尽了诗人无尽的辛酸。伴君如伴虎，他们的命运都掌控在朱元璋手中。因而，对于许时用归剡之举，宋濂也有归隐的渴望。因为在当时，无论朝野，浙东文人的地位都颇为尴尬。入仕新朝，他们就受到在野之士的戏谑。宋濂在为徐舫所作墓志铭中就记载了他与刘基、叶琛、章溢去应天拜见朱元璋时遇到的一件事：“买舟溯桐江而西，忽有美丈夫戴黄冠，服白鹿皮裘，腰绾青丝绳立于江滨，揖刘君而笑，且以语侵之。刘君亟延入舟中，叶、章二君竞来欢谑，各取冠服服之，竟欲载上黟川，丈夫觉之乃止。”[②]“揖刘君而笑，且以语侵之”和不与他们为伍均表明徐舫对他们出仕的抵触。而在朝廷上，朱元璋对曾仕元廷之臣也是持打击态度的，这在《太祖实录》卷五十三有明确记载。洪武三年（1370）六月，“左副将军李文忠捷奏至。时百官奏事奉天门，闻元主殂，遂相率拜贺。上曰：‘元主守位三十余年，荒淫自恣，遂至于此。’因谓治书侍御史刘炳曰：‘尔本元臣，今日之捷至，尝仕元者不许称贺。’”宋濂虽拒绝元廷授予翰林院编修一职，未仕元朝，但他在为人作文时却署有“前史官宋濂”之举，并作有一定数量歌颂元廷的作品，因而，他的地位在当时也多少有点尴尬。同年七月，宋濂失朝降编修。次年八月，又被谪安远知县。君臣相处一段时间后，宋濂对朱元璋有了更深的了解，因而，产生归隐的想法也在情理之中。《芝园续集》卷七所收归隐青萝山期间所作的《和郑奉常先生谯集诗韵》，即表达了归隐的愿望。由于“造化谁言类小儿”的原因，使诗人回归故里，而从“投老幸知同臭味，此生端不慕轻肥”[③]可知，宋濂确有归隐之意。《飞泉操》对具人形而无人忧的飞泉的赞颂也暗含了作者寄情山水的愿望。《青山辞》则通过对青山的歌颂，表达了诗人对隐逸生活的向往。宋濂还往往在题画诗中表达这一感情，如在《题方方壶画〈钟山隐居图〉》中，宋濂指出要“相期守规中，结庵在云村”[④]，《〈蛟门春晓图〉歌》“几年相期饭胡麻，至今不徕云路遐”[⑤]表达了归隐不得的痛苦，结尾更是发出了“不学长生将奈何？不学长生将奈何”[⑥]之叹，《题〈隐居图〉》也明言：“何日过桥分半景，傍云同筑草玄亭。”[⑦]在《和苏编修游东明山诗并简同游诸友》的结尾同样抒发了隐逸之意：“但知笑齿时频启，何事愁肠日九回？寄语山灵休厌我，有花莫待作诗催。”[⑧]

总之，宋濂后期的诗歌呈现出两种不同的风貌，它们当中虽不乏颇具台阁气息的颂圣之作，但这并非宋濂后期诗歌的主流。清人王夫之认为宋濂《清夜》一诗兼具“道气、雅情、骚肠、古韵”[⑨]等古诗风貌，该语倒颇合宋氏后期诗作的特点：颂扬教化之作确有道学气，但其教化的目的正源自“骚肠”；提倡雅、颂

① 罗月霞主编：《宋濂全集》，浙江古籍出版社1999年版，第2211～2212页。
② 罗月霞主编：《宋濂全集》，浙江古籍出版社1999年版，第1324页。
③ 据“探珠赤水欣同调，结屋青萝得所依”及“泉石要为中世托，姓名岂料九重知。东西御馔尝分赐，出入天门更不疑。虎簴秋严威闪闪，龙楼日转影祁祁。”可知，该诗是宋濂在出仕明朝一段时间后所作。
④ 罗月霞主编：《宋濂全集》，浙江古籍出版社1999年版，第1614页。
⑤ 罗月霞主编：《宋濂全集》，浙江古籍出版社1999年版，第1618页。
⑥ 同⑤。
⑦ 罗月霞主编：《宋濂全集》，浙江古籍出版社1999年版，第1628页。
⑧ 罗月霞主编：《宋濂全集》，浙江古籍出版社1999年版，第1619页。
⑨ 王夫之：《明诗评选》，文化艺术出版社1997年版，第107页。

诗风，主张诗歌止乎礼仪之论，使其诗歌颇有“雅情”之美，“颂优游以彬蔚”① 即是对此风格的生动概括；“非加稽古之功审诸家之音节体制，不能有以究其施”②，则正是对宋诗追求“古韵”的最好注脚。

二

我们既不能用山林之文与台阁之文区分宋濂前后期的诗风，也不能以之区分其前后期的文风。“纪功铭德”同样是宋濂后期文章的主体风貌，它既体现在颂圣应制之文中，也隐含在墓志铭、塔铭等应酬之作内。与其诗歌情况不同的是，“纪功铭德”不能作为概括宋氏后期应酬之文的全貌，因为，在这些应酬之作中还包含有大量的诗文序跋。在“纪功铭德”类文章中，描绘台阁的颂圣之文同样为数不多，墓志铭、塔铭类应酬之文是此类文章的主流。

第一，为数不多的颂圣之文主要体现在笺表类作品及应酬之作中。据郑楷《翰林学士承旨、嘉议大夫知制诰、兼修国史、兼太子赞善大夫致仕潜溪先生宋公行状》载，洪武九年（1376）：“（宋濂）父子祖孙三世皆官内廷，当世以为异事。复以先生艰于行步，特诏皇太子选良马以赐，上亲作《马歌》，复诏群臣咸作之以宠耀焉。……十一月有致政之诏，乃加赠先生之父侍郎为嘉议大夫，礼部尚书，母德人为淑人，祖德政赠亚中大夫、太常少卿，祖妣金氏赠淑人，夫人贾氏封亦如之。先生及二代诰辞皆上所亲制，天下荣之。”③ 为感谢朱元璋对自己的天大恩遇，宋濂于次年作《致政谢恩表》、《致政谢恩笺》。他在《致政谢恩表》中称颂朱元璋“以布衣混一四海如汉高祖”④，“以仁义化被万方过唐太宗”⑤。此类赞誉不可谓不高，究其实，却并无不妥。如果说这两篇谢恩之文是宋濂发自内心的颂赞，那么，在《〈大明日历〉序》中的颂扬则稍有夸大之嫌：

> 呜呼！惟天立辟，惟辟奉天。其能混合三光五岳之气者，盖可数也。然挺生于南服，而致一统华夷之盛，自天开地辟以来，惟皇上为然，其功高万古，一也。元季绎骚，奋起于民间以图自全，初无黄屋左纛之念，继悯生民涂炭，始取土地群雄之手而安辑之，较之于古如汉高帝，其得国之正，二也。平生用兵，百战百胜，未尝摧衄，以至继天出治，经纶大经，皆由一心运量，文臣武将不过仰受成算而已，其独禀全智，三也。钦畏天地，一动一静，森若神明在上，及至郊祀，存于心目，有赫其临，甚至不敢仰视；惠鲜小民，复恐一夫不获其所，贪墨吏及豪黠之徒有加害者，必威之以刑：其敬天勤民，四也。后妃居中，不预一发之政；外戚亦循理畏法，无敢恃宠以病民；寺人之徒，惟给事扫除之役：此皆古昔所深患，今绝无之，其家法之严，五也。兵戎，国之大权，悉归之于朝廷，有事征伐，则诏大帅佩将印领之，暨旋，则上章绶，归士卒，单身还第，其兵政有统，六也。呜呼！帝力难名，度越前王，不可以一二识也。⑥

把朱元璋视为开天辟地以来“挺生于南服”而“致一统华夷之盛”的第一人，这一赞颂可谓空前绝后。至于对朱元璋得国之正、文治武功、整顿吏治、敬天勤民、后妃不干政、外戚畏法、宦官只做给事扫洒之役、兵政有统等赞颂，也不能不说是事实。然而，如果我们换个角度理解，则会有另一种看法：此类

---

① 陆机著，张少康集释：《文赋集释》，人民文学出版社 2002 年版，第 99 页。
② 罗月霞主编：《宋濂全集》，浙江古籍出版社 1999 年版，第 608 页。
③ 罗月霞主编：《宋濂全集》，浙江古籍出版社 1999 年版，第 2356 ～ 2357 页。
④ 罗月霞主编：《宋濂全集》，浙江古籍出版社 1999 年版，第 1154 页。
⑤ 同④。
⑥ 罗月霞主编：《宋濂全集》，浙江古籍出版社 1999 年版，第 874 ～ 875 页。

颂扬不也暗含讽谏之意吗？整顿吏治、勤政爱民、兵政有统是历代有德之君的为君之道，而杜绝后妃、外戚、宦官干政也正是关系社稷存亡的关键所在。宋濂先颂扬朱元璋的文治武功，再引出此类治国之要，不失为一种讽谏策略吗？因而，对这类颂扬之文，我们应客观地对待。《恭题御制〈方竹记〉后》虽也有此类颂语，但却无讽谏劝诫之意："仰见天光昭回，赫著简素，皆日精月华之所凝结，敷之为卿云，散之为彩霞，曾不见神化著见之迹，其诚所谓天之文哉！臣濂闻之，三代而下混一寰宇者，若汉唐之高祖，宋之太祖，皆产乎北，其勋烈信伟矣，而未见以文辞称。今我皇帝生自南服，天戈一挥，九州内外罔不臣妾。自天开地辟以来，世之所未有，况乎神藻焕发，阴丽阳明，下被万物，无不仰照。此无他，皇天欲以文明化成天下，故挺生圣人，度越前代，若斯之盛也。"①，此类颂语在宋濂后期游记、序文类文章中也较为常见。如在洪武八年（1375）陪皇室子弟游琅琊、涂、荆时所作的《琅琊山游记》："岂非圣德广被，廓清海宁之所致耶"② 即如此。《春日赏海棠花诗序》本是友人咏觞游玩所作，然而宋濂在篇末也要将这一盛事归功于朱元璋："帝力所被，如天开日明，万物熙熙皆有春意。"③ 此类赞语也表现在对朱元璋文学素养的称颂上，如在《恭题御制文集后》中，宋濂如是说："跪捧而观，殷彝周鼎，未足喻其古也；泰山乔岳，未足喻其高也；风霆流行，未足喻其变化也。"④ 另如《祭古帝王陵墓文》、《拟诰命起结文》、《皇太子与高丽王书》、《恭题御制和诗后》、《御赐甘露浆诗序》等，都含有此类颂圣之句。对于此类颂圣应制之作，我们应把之放于明初政治背景中进行多方位观照。前面我们已经提到，自洪武三年（1370）起，浙东文人在大明王朝中地位已颇为尴尬，加上朱元璋猜忌心理极为严重，迫于生存处境，宋濂创作少量粉饰太平之作也未尝不可，文中虽有过誉之辞，但与那些丧失人格一味阿谀奉承之作却有本质的区别。其次，从客观效果而言，这些粉饰太平的颂辞并未成为朱元璋骄纵淫奢的温床，更未曾给朝廷带来灾难性事件，相反，宋濂等人最终也没能因此逃脱朱元璋对他们的迫害。再次，如我们在第一部分所述，雅、颂之作本身含有正面宣讲道德规劝之意，且易被帝王接受，从而以曲折之径达到教化目的，我们也并不能完全排除宋濂有这一层用意。总之，对于宋文中的颂圣之作，我们当作如是观。

第二，铭文、诗文序跋等应酬之作是宋濂后期文章的主流。由于宋濂被朱元璋誉为"开国文臣之首"，因而慕名而求其文者不计其数。《明史·宋濂本传》载："士大夫造门乞文者，后先相踵，外国贡使亦知其名，数问宋先生起居无恙否，高丽、南安、日本至出兼金购文集。"⑤ 郑楷《翰林学士承旨、嘉议大夫知制诰、兼修国史、兼太子赞善大夫致仕潜溪先生宋公行状》也称："既司制作之柄，造门求文之士先后相继，蛮夷朝贡者数问先生安否。日本得《潜溪集》，刻板国中，高句丽、安南使者至购先生文集，不啻拱璧。"⑥ 在这些应酬之作中，墓志铭、塔铭及诗文序跋占据主体。

宋氏铭文主要由墓志铭、塔铭、为器物及住室所作之铭构成，而墓志铭在诸多铭类作品所占比重最大，属于"纪功铭德"的范畴。这些墓铭往往由两部分组成，篇首大抵先叙死者籍贯名讳及生平事迹，篇末作有韵之铭以纪死者功德。"碑披文以相质。"⑦ "铭博约而温润。"⑧ 李善注曰："碑以叙德，故文质相伴。"⑨

---

① 罗月霞主编：《宋濂全集》，浙江古籍出版社 1999 年版，第 695 ～ 696 页。
② 罗月霞主编：《宋濂全集》，浙江古籍出版社 1999 年版，第 1065 页。
③ 罗月霞主编：《宋濂全集》，浙江古籍出版社 1999 年版，第 1235 页。
④ 罗月霞主编：《宋濂全集》，浙江古籍出版社 1999 年版，第 839 页。
⑤ 罗月霞主编：《宋濂全集》，浙江古籍出版社 1999 年版，第 2268 页。
⑥ 罗月霞主编：《宋濂全集》，浙江古籍出版社 1999 年版，第 2358 页。
⑦ 陆机著，张少康集释：《文赋集释》，人民文学出版社 2002 年版，第 99 页。
⑧ 同⑦。
⑨ 陆机著，张少康集释：《文赋集释》，人民文学出版社 2002 年版，第 113 页。

“博约，谓事博文约也。铭以题勒示后，故博约温润。”① 陆机所言正是对碑铭风格的形象概括。这些作品往往前一部分对死者生平事迹平铺直叙、铭德纪功，因而，艺术水准相对不高，且笔法重复，不免给人以雷同之感。而篇末铭文又囿于教化之用，同样缺乏感人之情。如果说为师长、同僚、乡贤、友人及释道僧徒所作的墓铭、塔铭尚有真情实感的话，那么迫于他人所请而推辞不果之作，则往往既乏真情，又无文采，实为宋濂“文臣之首”之身份所累。宋濂对这些求文者也颇为无奈：“濂年耄而昏，避求文者如避仇敌，甚不得已，多令学子代之。”② 此外，宋濂文集中也有许多为器物、住所等所作的铭文。为室、斋等所作之铭有《介石斋铭》、《茂承斋铭》、《冲虚室铭》、《宇定斋铭》、《双鲤轩铭》、《种学斋铭（有序）》、《玄默斋铭》等，器物之铭有《丹井铭》、《铜雀瓦研铭》、《日本砚铭》、《藤杖铭》、《楷木杖铭》、《柏杖铭》、《海东石砚铭二》、《砚铭三》、《婺源石砚铭》、《济源砚铭》等。前者大抵为朋友所居室、斋所作，往往阐述命名之因，表达勉励之意，后者也多有道德说教之意，艺术成就相对不高。关于忠孝节义的铭文有《鲍氏慈孝堂铭（有序）》、《双椿堂铭》、《节妇唐氏旌门铭（有序）》、《黄氏悦亲堂铭》、《忠孝堂铭》等，此类铭文虽为宣讲忠孝节义而作，但阅读这些铭文的序言时，却也有偶得骊珠的喜悦，如《双椿堂铭》小序：

> 三槐名堂，预知显融之兆；五柳有传，式启肥遁之趣。盖缘辞以达志，而其文特繁；托物以明类，而其义最切。粤自前古，以逮方今，指意固殊，途辙则一。有若右司都事某君，器局凝远，识度迥卓，笃爱日之诚，隆悦亲之道，奉其仲父，并于严君。建一室之靓深，揭双椿以为号。气同于祖，奚须类我之祝？孝推乎亲，必尽构堂之志，稽之五伦十起之私，阿新思继之晚，昭然轨迹，莫拟光尘。由是美闻流于缙绅，永歌传于缃简，不鄙狂瞽，漫绍徽音。③

此序乃骈俪之作，读起来婉转顺畅，唇齿生香，表达之意也明晰自然，堪称骈文中的佳篇。《赠朱启文还乡省亲序》亦骈散结合，文采斐然。此外，一些铭文，虽寥寥数语，却也饱含深意，如《发栉铭》：“发有垢，尚假尔治。心有垢，人胡不思?”④ 该铭仅有四句，但却以日常生活中梳发作喻，劝诫人们应经常反思，以期达到为善去恶的目的。

序跋在宋濂应酬之作中也占据一定的比重。这些序文或为友人送别之作，或为诗文集而作，后者往往代表着宋濂的诗文观念，具有较高的诗论、文论价值。在这些诗文序跋中，宋濂或梳理历代诗文发展脉络，或表达自己的诗文见解，是其诗文观念的集中体现。就艺术性而言，我们或许无法对此类序文作出评价，但它对我们考察宋濂诗文观念的演变轨迹却有着重要的价值。尤其是《汪右丞诗集序》、《〈杜诗举隅〉序》、《霞川集序》、《刘兵部诗集序》、《刘母贤行诗集序》、《张侍讲〈翠屏集〉》、《徐教授文集序》、《文原》、《文说赠王生黼》、《苏平仲文集序》等，它们几乎涵盖了宋濂后期的整个诗文思想。因为本文并非阐述宋濂诗文理论，此不展开论述。

第三，宋濂后期也创作了数量相当可观的传记文、论说文。此外，一些游记散文及为一室一地所作之记也颇具特色。

在这些传记文中，除对相关人物生平详细记述的墓志铭、塔铭等作品外，单就以“传”为名的此类文章也较多，且不乏佳作。在这些传记中，具有开创意义的莫过于宋濂塑造了一个个生动形象的平民义士形

---

① 陆机著，张少康集释：《文赋集释》，人民文学出版社 2002 年版，第 114 页。
② 罗月霞主编：《宋濂全集》，浙江古籍出版社 1999 年版，第 951 页。
③ 罗月霞主编：《宋濂全集》，浙江古籍出版社 1999 年版，第 525 页。
④ 罗月霞主编：《宋濂全集》，浙江古籍出版社 1999 年版，第 2001 页。

象，如《李疑传》中勇于打破旧俗而甘愿无偿收容病人的李疑，《杜环小传》中十多年如一日奉养父友之母的杜环等，《王冕传》更是脍炙人口，广为传颂。这些传记往往采用优美的语言为我们展现被撰人物的生活境况，如《抱瓮子传》，开篇就用极为精简、华美的语辞为我们描绘了这位隐士居住的环境：

> 予尝游括之少微山，俯瞰四周，如列屏障。山之趾，有随地形高下为蔬圃，约二十亩，凡可茹者，咸艺焉。傍列桃杏梨李诸树。时春气方殷，蔬苗怒长，满望皆翡翠色，树亦作红白花，缤纷间错，如张锦绣段。心颇讶之，曰："是必有异因。"曳杖而降，冉冉至其处，气家幽琼，绝不闻鸡犬声。遥望草庐一区，隐约出竹阴间。①

作者以轻灵飘逸之笔，简约生动地勾勒出这位隐士所居环境的超尘脱俗与静谧，以此衬托抱瓮子超越尘俗的性格。还有一些传记往往通过人物语言及细节描写展示主人翁的性格，为我们塑造了一个个性格鲜明的平民形象。如《记李歌》就是通过娼人之女李歌斥责益津县令的言行来展示其性格的：

> 李持刀入户，以巨木撑拄，骂曰："吾闻县令为风化首，汝纵不能，而忍坏之耶？令冠裳其形，而狗彘其行，乃真贼尔，岂官人耶？汝即来！汝即来！吾先杀汝而后自杀尔。"②

"持刀入"、"以巨木撑拄"、"骂"，展现了李歌为维护名节置生死于不顾、坚贞不屈的性格，"汝即来！汝即来！吾先杀汝而后自杀尔"，表现出李歌愤怒至极不可侵犯的凛然之态。

宋濂后期散文中也不乏优秀的论说文。这类文章，或敷演道德说教，如《说鐕燧》、《论顽》、《蟠松说》；或应佛徒之请阐述寂灭思想，如《报恩说》、《浮沤室说》，但均充满着浓郁的说教色彩。而《翰苑别集》卷四的《人虎说》则带有深刻的寓意。该寓言讲述了莆田壶山下一山民衣虎皮拦路抢劫，最终被人识破的故事：

> 莆田壶山下，有路通海，贩鬻者由之。至正丁未春，民衣虎皮，煅利铁为爪牙，习其奋跃之态绝类。乃出伏灌莽中，使侦者缘木而视，有负囊至者，则啸以为信。虎跃出，扼其吭杀之，或臠其肉，为噬啮状。裂其囊，拔物之尤者，余封秘如故，示人弗疑。人竞传壶山下有虎，不食人，惟吮其血，且神之。已而民偶出，其妇守岩穴，闻木上啸声急，意必有重货，乃蒙皮而搏之。妇人质脆柔，贩者得与抗，妇惧，逸去，微见其蹠，人也。归谋诸邻，譟逐之，抵穴，获金帛无算。民竟逃去。呜呼！世之"人虎"，岂独民也哉！③

文章结尾的"呜呼！世之'人虎'，岂独民也哉"这句感叹，很容易让我们想到宋濂早期作品闽姝求偶这则寓言中"呜呼！岂唯女子然哉"④ 的篇末之叹。它们阐述的道理虽然不同，但揭示寓意的结构模式却如出一辙。"岂独民也哉"说明，该寓言批判的对象绝不是衣虎皮的山民，而是统治阶级。宋濂虽未对该寓言作太多阐发，但把要表达的意思置于末句反问之中，其发人深思的效果远远超过直接叙述。

---

① 罗月霞主编：《宋濂全集》，浙江古籍出版社 1999 年版，第 822 页。
② 罗月霞主编：《宋濂全集》，浙江古籍出版社 1999 年版，第 546 页。
③ 罗月霞主编：《宋濂全集》，浙江古籍出版社 1999 年版，第 1023 页。
④ 罗月霞主编：《宋濂全集》，浙江古籍出版社 1999 年版，第 1765 页。

此外，一些山水游记及亭台楼阁类记文中摹写山水之笔也颇具特色。创作于洪武八年（1375）十一月扈从朱元璋及诸皇子在琅琊山游猎时的《琅琊山游记》，就不失为一篇优秀的山水游记。该文以游踪为线，以时间为纬，对琅琊山优美的环境作了传神的描绘。而在一些记述亭台楼阁之作中，宋濂也时常有对山水形胜进行生动传神的描摹，如《环翠亭记》、《见山楼记》等，都清新可喜。由于篇幅限制，这里不作详细阐述。

综上所述，笼统地以“台阁”代称宋濂后期的诗文风格是不符合客观实际的。宋濂虽有一些颇具台阁气息的诗作，但这些作品与稍后出现的台阁体却有本质的区别，它们与渴望归隐的恋乡之作共同构成宋濂后期诗歌的两大题材。此类带有台阁特征的诗歌与宋濂主张继承《三百篇》雅、颂传统的诗论有关，同时也与其以曲折道路讽谏及期望籍此免于祸机有一定的关系，因而，我们应客观地看待。那些颂圣应制之文，在宋濂文集中也仅为少数，远非其后期散文主流，墓志铭、塔铭等类应酬之作的“纪功铭德”才是宋氏后期文风的主流。而宋濂后期的传记文在题材方面多有开拓，在技巧上也取得了很高的成就，与此同时，游记散文同样不乏佳篇，这都应当引起我们的注意。

作者简介　王魁星，复旦大学中国古代文学研究中心博士研究生。

宋濂《诸子辨》的学术定位与评价

黄震云　崔蕴华

宋濂是我国明初散文家，被誉为开国文臣之首，散文、小品文多有佳作，以文学驰名于世。但宋濂在学术上也很有建树，主修《元史》，亦有多种学术著作，值得我们重视。《诸子辨》是宋濂学术著作中的一种。与一般的学术著作不同，《诸子辨》是宋濂在战乱中凭借记忆写作的，因此很像学术回忆录，或者读书笔记。宋濂在《诸子辨》跋中说：

> 遣妻孥入勾无山，独留未行。日坐环堵中，块然无所为，乃因旧所记忆者作《诸子辨》数十通，九家者流颇具有焉。孔子门人之书宜尊而别之；今亦俯就其列者，欲备儒家言也。始之以《鬻子》而终之以周、程者，欲读者有所归宿也。其中疏剔觝排，亦窃自谓有一发之见；第以家当屡徙之余，书无片牍可以稽质，不能必其无矛盾也。①

从跋文看，宋濂对《诸子辨》的学术价值还是有很大的期许，这主要表现在：一凭记忆而作的学术素养及其精神，二提出孔子门人之书的分而别之的解读方法，三能关注献言读者对儒学的阅读理路，四肯定和期待自己的本书以发现见长。姚际恒在《古今伪书考》的序中也提到《诸子辨》，认为“明宋景濂有《诸子辨》，予合经、史、子而辨之。”肯定其有一定的学术价值。

《诸子辨》最早由顾颉刚先生整理出版，顾颉刚认为“在跋上看，他著这书始于是年三月丙辰（十八日）之后，至六月壬午（十五日）脱稿，不满三个月。因为家室屡次迁徙，没有书籍存留，单凭记忆，所以定得并不详细。过了两年，他就受明太祖的征召了②。……我们现在要表章这此著作，只为它们的作者肯用一点自己的心思，能给予读者一个求真的暗示之故，并不是说他们的批评和考证都是很精确的。老实说，在现在时候，这些著作是早该没有价值的了。③

顾颉刚认为，从学术史上看，《诸子辨》的贡献主要在于求真，但思想迂腐，论证武断，举了宋濂信《鬻子》非伪书，而其理由只是“其文质，其义弘”，不信《化书》为宋齐丘作，理由只是“使齐丘知此，

① （明）宋濂：《诸子辨》，朴社出版社1928年版，第47页。

② （明）宋濂：《诸子辨·序》，第3页。

③ （明）宋濂：《诸子辨·序》，第4～5页。

则何为不得其死也?”顾颉刚认为“自然也有很好的，如《亢仓子》、《子华子》、《淮南子》、《文中文》诸条。总之，他是用善恶功过的信条来论定古书的真伪的。这种观念，在现代的学术界里是绝对站不住的。”顾颉刚对《诸子辨》的评价非常客观。但是作为序，不可能面面俱到。下面就阅读所见所思发表一些粗浅的看法。

根据《诸子辨》，我们看到一共辨析的是《鬻子》、《管子》、《晏子》、《老子》、《文子》、《关尹子》、《亢仓子》、《邓析子》、《鶡冠子》、《子华子》、《列子》、《曾子》、《言子》、《子思子》、《慎子》、《庄子》、《墨子》、《鬼谷子》、《孙子》、《吴子》、《尉缭子》、《尹文子》、《商子》、《公孙龙子》、《荀子》、《韩子》、《燕丹子》、《孔丛子》、《淮南鸿烈解》、《杨子法言》、《抱朴子》、《刘子》、《文中子》、《天隐子》、《玄真子》、《金华子》、《齐丘子》、《聱隅子》、《周子通书》、《子程子》四十家。四十家之数，宋濂在跋中称数十，是不想改变其估价的方式，就是说，由于没有参考书或本书，只是记忆之作，因此只是概言之。这是宋濂给《诸子辨》的定位和评价。在刊出时没有进行详实的考订。40 篇中汉代以后只有 12 篇，截至宋代。可以看出，宋濂的读书记忆主要在先秦，他对子学的定义也是以楚鬻熊为诸子开始，整体以战国诸子为主，儒学为正宗，是宋濂《诸子辨》的学术基础和思想观念。其书成败亦与此有关。

宋濂辨伪的方法，主要有以下几种。

以历史事实为根据。

根据书中记录、体现的历史事实作为书中内容真伪的判断标准是宋濂的为文根据。《诸子辨》开篇是《鬻子》，题为楚鬻熊撰。熊为周文王师，封为楚祖，著书二十二篇，盖子书之始也。对于《鬻子》，宋濂认为：“其文质，其义弘，实为古书无疑。”但又根据“其书颇及三监曲阜时事，盖非熊自著”，虽然认定古书，也就是上古之书比较主观，但根据历史事实有晚出现象，断定不会是鬻子自著，则显得严谨。①

宋濂在辨析管子有关真伪时指出：“《管子》二十四卷，齐大夫管夷吾撰，夷吾字仲。其书经刘向所定，凡九十六篇，今亡十篇。”

“是书非仲自著也。其中有绝似《曲礼》者，有近似老庄者，有论伯术而极精微者，或小智自私而其言至卑汙者。疑战国时人采掇仲之言行，附以他书成之。不然，“毛嫱西施”，“吴王好剑”，“威公之死，五公子之乱”，事皆出仲后，不应豫载之也。”② 宋濂根据《管子》中出现系列历史事实发生在管子死后，因此《管子》不可能都是管仲写作，又参照其中部分内容似《礼记》，因此断定书为后人采掇仲之言行，附以他书成之，结论比较允当。

以历代文献为参照。

结合历代文献记载变化，确认著作真伪是宋濂辨伪的又一重要方法。如对程本集的分析说：

《子华子》十卷，程本撰。本字子华，晋人，曰魏人者非也。《艺文志》不录。予尝考其书，有云：“秦襄公方启西戎，子华子观政于秦。”又稽《庄周》所载子华子事，则云：“见韩昭僖侯。”夫秦襄公之卒在春秋前，而昭僖之事在春秋后，前后相去二百余年，子华子何其寿也？其不可知者一。《孔子家语》言孔子遭齐程子于郯，程子盖齐人。今《子华子》自谓“程之宗君受封于周，后十一世国并于温”。程本商季文王之所宅，在西周，当为畿内小国。温者，周司寇苏忿生之所封。用襄王举河内温、原以赐晋文公，温固晋邑也。孰谓西周之程而顾并于河内之温乎？地之远迩，亦在可疑。其不可知者二。后序称子华子为鬼谷子师。鬼谷，战国纵横家也。今书绝不似之，乃反类道家言。又颇剿浮屠、老子、庄周、列御寇、孟轲、

① （明）宋濂：《诸子辨》，朴社出版社 1928 年版，第 2 页。
② （明）宋濂：《诸子辨》，第 3 页。

荀卿、《黄帝内经》、《春秋外传》、司马迁、班固等书而成。其不可知者三。刘向校定诸书，咸有序，皆渊悫明整，而此文独不类。其不可知者四。以此观之，其为伪书无疑。①

宋濂根据《左传》、《庄子》等书确定子华的生活时代，然后从时代、地理、事件、文格等四方面证明为伪书，比较可信。如果不是同名者，当为不易之论。又关于言子说："《言子》三卷。言子名偃，字子游，吴人。近新昌王爚裒《论语》书所载问答而为此书，不知者直谓为偃所自著，盖非也。大抵古书之存于今者，多出于后人之手。如《孔子家语》谓为孔安国所录壁中之文，往往多钞《左传》、《礼记》诸书，特稍异其辞耳，善读者固不敢与之。世传贾谊《新书》，谓谊所作，亦不过因《过秦论》、《吊湘赋》而杂以《汉书》中语足之，似非谊本书也。此犹有所附丽而然。"② 根据文献中关于言子事迹和书的产生情况推定，出于后人之手。

以思想内容为定夺。

历史上一些思想流派，为了表明其根基和权威，往往造出一些古代名人的事实或者语录，汇而成书。宋濂注意到这些，并在辨析中比较好地进行了运用。如："《文子》十二卷，老子弟子所撰，不知氏名。徐广曰：'名鈃。'李暹曰：'姓辛，葵丘濮上人，号曰计然，范蠡师事之。'……诸说固辩矣，然是书非计然之所著也。予尝考其言，壹祖老聃，大概《道德经》之义疏尔。其他可以类推。盖《老子》之言宏而博，故是书杂以黄、老、名、法、儒、墨之言以明之，毋怪其驳且杂也。计然与范蠡言，皆权谋术数，具载于书，绝与此异，予固知非著是书者也。③ ……《关尹子》一卷，周关令尹喜所撰。喜与老聃同时，著书九篇，颇见之《汉志》。自后诸史无及之者，意其亡已久矣。今所传者，以《一宇》、《二柱》、《三极》、《四符》、《五鉴》、《六匕》、《七釜》、《八筹》、《九药》为名。盖徐藏子礼得于永嘉孙定，未知定又果从何而得也。前有刘向序，称盖公授曹参，参薨，书葬；孝武帝时，有方士来上，淮南王安秘而不出，向父德治淮南王事，得之。文既与向不类，事亦无据，疑即定之所为也。间读其书，多法释氏及神仙方技家，而藉吾儒言文之。如'变识为智'，'一息得道'，'婴儿蕊女，金楼绛宫，青蛟白虎，宝鼎红炉'，'诵咒土偶'之类，聃之时无是言也。其为假托，盖无疑者。或妄谓二家之说实祖于此，过矣。"④

宋濂根据道教的一些规则、术语、技术方式确定书不可能是老子的弟子写作，根据书出现的时间等确认为永嘉孙定写作，比较可信。那么，这些论证的方式，在现在看来也是成立的，同样具有学术价值；而其对三教理念的熟悉更显辨伪具有一定的思想高度，因此值得我们重视。

又关于《尹文子》二卷，题周尹文撰。宋濂认为"其书言大道似老氏，言刑名类申、韩，盖无足称者。晁氏独谓其亦宗《六艺》，数称仲尼，其叛道者盖鲜。呜呼！世岂有专言刑名而不叛道者哉？晁失言矣！仲长统序称其出于周尹氏，齐宣王时居稷下，与宋鈃、彭蒙、田骈同学于公孙龙。按龙客于平原君，尹相赵惠文王。宣王死，下距惠文王之立已四十余岁，是非学于龙者也。统卒于献帝让位之年，而序称其黄初末到京师，亦与史不合。呜呼！《素问》以为黄帝所作，而有'失侯失王，脱营不医'之文，殊不知秦灭六国，汉诸侯王国除，始有失侯王者。《六韬》谓出于周之吕牙，而有'避正殿'之语，殊不知避正殿乃战国后事。《尔雅》以为周公所制，而有'张仲孝友'之言，殊不知张仲乃周宣王时人。予尝验古书真伪，每以是求之，思过半矣，又况文辞气魄之古今绝然不可同哉！予因知统之序盖后人依托者也。呜呼！岂独

① （明）宋濂：《诸子辨》，第28页。
② （明）宋濂：《诸子辨》，第18页。
③ （明）宋濂：《诸子辨》，第7～9页。
④ （明）宋濂：《诸子辨》，第7～10页。

序哉?"① 宋濂根据史料和书中的思想倾向认为《尹文子》不可能为周代人，又举《尔雅》为证，但《尔雅》不能直接证明此书真伪，因此证明比较勉强。这一类虽然不多，但也不是仅此。这样就削弱了本书的质量，而其连称仲尼皆以为不可，将儒学宗教化，则又进一步消解了其学术成就。

以典章制度为原则。

在甲骨文中就有典册之说，因此历代皆有典册，这是时代的规制，也是行政思想的体现，表达的是国家意志，所以根据典册制度确定书的年代，一般皆比较可靠。宋濂亦将这一方法充分运用到自己的辨伪中，发挥了一定的作用。其辨析《亢仓子》说："《亢仓子》五卷，凡九篇。相传周庚桑楚撰。予初苦求之不得，及得之，终夜疾读，读毕叹曰：'是伪书也！剿《老》《庄》《文》《列》及诸家言而成之也。'其言曰：'危代以文章取士，则剪巧绮繿益至，而正雅典实益藏。'夫文章取士，近代之制，战国之时无有也。其中又以'人'易'民'，以'代'易'世'。'世民'，太宗讳也，伪之者其唐士乎？予犹存疑而未决也。后读他书，果谓'天宝初，诏号《元桑子》为《洞灵真经》，求之不获。襄阳处士王士元，采诸子文义类者，撰而献之。'其说颇与予所见合。复取读之，益见其言词不类，因弃去不复省。《农道》一篇，虽可读，古农家书具有之。或者谓可孤行，吾亦不知其为何说也。"② 宋濂根据避讳和科举制度，确定书为唐代作非常可靠。西周时期，学在官府，并无私人著述传统，《尚书》《诗经》皆不署名，只是从别的书中才能得到一些著述的消息。如周公作《武》，见于《吕氏春秋》，《鸱枭》见于《左传》，等等。避讳，根据《逸周书》，亦起于西周初年，但被避讳的人很少同名，又有一定规律，因此以此作为识别真伪是至今仍在流行的重要方法。又其《鹖冠子》一篇说：《鹖冠子》，楚人撰，不知姓名。尝居深山，以鹖羽为冠，著书四卷，因以名之。其书述三十变通古今治乱之道，而《王鈇篇》所载楚制为详。立言虽过乎严，要亦有激而云也。周氏讥其以处士妄论王政，固不可哉！第其书晦涩，而后人又杂以鄙浅言，读者往往厌之，不复详究其义。所谓"天用四时，地用五行，天子执一以守中央"，此亦黄老家之至言。使其人遇时，其成功必如韩愈所云。黄氏又谓"韩愈猎取二语之外，余无留良"者，亦非知言也，士之好妄论人也如是哉！陆佃解本十九篇，与晁氏削去前后五卷者合。予家所藏，但十五篇云。③

《鹖冠子》一书自汉迄唐初，学者都以为《鹖冠子》为先秦子书。柳宗元首先认为它抄自贾谊《鹏赋》，遂断为伪书。《鹖冠子》是伪书几成定论。然而自长沙马王堆帛书出土以来，学者发现《鹖冠子》有多处与《黄帝书》意同或语同，又以为《鹖冠子》是先秦子书，或以为是汉代作品，其作者乃鹤冠子。民国年间傅增湘先生介绍的唐写本《鹖冠子》残卷和 1987 年何凤奇、王洪生所述的齐齐哈尔市图书馆藏唐写本《鹖冠子》残卷，一般都认为是伪作。冠子是对具体职务的附加表达，如鹤冠是指控鹤官员的官服，有严格的规定。《左传》鲁僖公二十四年说：

郑子华之弟子臧出奔宋，好聚鹬冠。郑伯闻而恶之，使盗诱之。八月，盗杀之于陈、宋之间。君子曰："服之不衷，身之灾也。《诗》曰：'彼己之子，不称其服。'子臧之服，不称也夫。《诗》曰，'自诒伊戚'，其子臧之谓矣。《夏书》曰，'地平天成'，称也。"④

建华冠又名鹬冠，以鹬羽为饰。祀天地五郊，明堂乐乐舞人所戴，官员要求通天文地理。郑伯引《曹风》和小雅《小明》说明作为礼乐制度服的规制不能游戏。因此，从《鹖冠子》名称和内容涉及军事看，符合身份。宋濂引周氏讥其以处士妄论王政为据，实难有说服力。方法不错，但运用从宽，形成不足。

---

① （明）宋濂：《诸子辨》，第 28 ～ 29 页。
② （明）宋濂：《诸子辨》，第 10 ～ 11 页。
③ （明）宋濂：《诸子辨》，第 12 ～ 13 页。
④ 《汉魏古注十三经》之《春秋经传集解》卷六，中华书局 1998 年版，第 118 页。

以学派文风为感知。

春秋以来，出现百家争鸣的局面，学派因此形成，著述成为风气，虽其同源，但各具特色。这些特色，又经过发扬，因此标志明显。发扬的过程就是文风形成和定性定型的过程，因此，这也是辨伪的有效方法之一。如关于《老子》一书，宋濂详细地阐明了他的观点：

《老子》二卷，《道经》、《德经》各一，凡八十一章，五千七百四十八言，周柱下史李耳撰。耳字伯阳，一字聃。聃，耳漫无轮也。或称周平王四十二年，以其书授关尹喜。今按平王四十九年，入春秋，实鲁隐公之元年；孔子则生于襄公二十二年。自入春秋，下距孔子之生，已一百七十二年；老聃，孔子所尝问礼者，何其寿欤？岂《史记》所言“老子百有六十余岁”及“或言二百余岁”者果可信欤？聃书所言，大抵歛守退藏，不为物先，而壹返于自然。由其所该者甚广，故后世多尊之行之。“视之不见名曰夷，听之不闻名曰希，搏之不得名曰微”，道家祖之。“谷神不死，是谓玄牝；玄牝之门，是谓天地根”，神仙家祖之。“吾不敢为主而为客，不敢进寸而退尺，是谓行无行，攘无臂，扔无敌，执无兵，祸莫大于轻敌，轻敌几丧吾宝，故抗兵相加，哀者胜矣”，兵家祖之。“道冲而用之或不盈，渊乎似万物之宗，挫其锐，解其纷，和其光，同其尘，湛兮似若存，吾不知谁之子，象帝之先”，庄、列祖之。“将欲翕之，必固张之；将欲弱之，必固强之；将欲废之，必固兴之；将欲夺之，必固与之”，申、韩祖之。“以正治国，以奇用兵，以无事取天下”，张良祖之。“我无为而民自化，我好静而民自正，我无事而民自富，我无欲而民自朴”，曹参祖之。聃亦豪杰士哉！伤其本之未正，而末流之弊，至贻士君子有“虚玄长而晋室乱”之言。虽聃立言之时亦不自知其祸若斯之惨也。呜呼！此姑置之。道家宗黄老，黄帝书已不传，而老聃亦仅有此五千言，为其徒者乃弃而不习，反依仿释氏经教以成书。开元所列《三洞琼纲》，固多亡缺，而祥符《宝文统传》所记，若《大洞真》，若《灵宝洞元》，若《太上洞神》，若《太真》，若《太平》，若《太清》，若《正一》诸部，总四千三百五十九卷，又多杂以符咒、法箓、丹药、方技之属，皆老氏所不道。米巫祭酒之流犹自号诸人曰，“吾盖道家！吾盖道家！”云。①

老子在东周朝廷，担任过柱下史，所谓柱下史就是御史，汉代张苍也担任过这一职务。余不多见。柱下史是一个俗称，柱指庙堂路寝建筑的庭柱，由于砖瓦结构的房屋主要从西周开始，因此柱下是西周的职号，在柱下听命的实际上就是御前听命的官员。所以，老子的《道德经》比较客观地体现了西周以道德为核心的政治思想。分而为兵、为道、为法，再后来出现道教一些技术，但是彼此并无直接联系，是道教催生装饰了道家，西汉不过是黄帝老子之道。那么，其思想学派的演变必然带来思想的和时代的烙印，据此便可以更深入地识别作品的时代和风格。宋濂对此作出了比较细致的理论阐发。

以孔门道德为准则。

宋濂《诸子辨》多半有自己的见解，但是个别地方考辨不够严谨，影响了人们的评价，但最让今人所不能接受的是思想的倾向性，有时候近乎迂腐。如关于庄子条说：

《庄子》十卷，战国时蒙人漆园吏庄周撰。《内篇》七，《外篇》十五，《杂篇》十一，总三十三篇。其书本《老子》，其学无所不窥，其文辞汪洋凌厉，若承日月，骑风云，上下星辰而莫测其

① （明）宋濂：《诸子辨》，第5～7页。

所之，诚有未易及者。然所见过高，虽圣帝经天纬地之大业，曾不满其一哂，盖仿佛所谓“古之狂者”。惜其与孟轲氏同时，不一见而闻孔子之大道。苟闻之，则其损过就中，岂在轲之下哉？呜呼！周不足语此也。孔子百代之标准，周何人，敢掊击之，又从而狎侮之？自古著书之士，虽甚无顾忌，亦不至是也。周纵曰见轲，其能幡然改辙乎？不幸其书盛传，世之乐放肆而惮拘检者，莫不指周以藉口。遂至礼义陵迟，彝伦斁败，卒踣人之家国，不亦悲夫！金李纯甫亦能言之士，著《鸣道集说》，以孔、孟、老、庄同称为圣人则其沉沉之习至今犹未息也。异说之惑人也深矣夫！《盗跖》、《渔父》、《让王》、《说剑》诸篇不类前后文，疑后人所剿入。晁氏谓“孔子没，道术散，老子始著书，周起而羽翼之。”老子著书在孔子未没之先。①

宋濂称庄子为古之狂者并无不是，但仅以孔子为标准，恶意贬斥庄子也不可取。另外，对孙子亦说：“古之谈兵者，有仁义，有节制。至武一趋于权术变诈，流毒至于今未已也。然则武者，固兵家之祖，亦兵家之祸首欤?”则呈现迂腐之态。还需要指出的是，宋濂把孔子看成是唯一的标准，如在荀子一章说：“由其才甚高，故立言或弗悖于孔氏；由其不见道，故极言性恶，及讥讪子思、孟轲不少置。学者其务知道哉！至若李斯虽师卿，于卿之学懵乎未之有闻。先儒遂以为病，指卿为刚愎不逊、自许太过之人，则失之矣。”② 对荀子也采取了不屑的态度，就显得思想僵化了。

从上述我们看出，《诸子辨》是以客观为主，带有主观判断的一部学术著作，考据学的一般方法完备，内容赅博，值得充分肯定。以儒学为尊，贬低百家之学，虽欲求真，但多处又无奈自戕，是为不足之处。

作者简介　黄震云，中国政法大学中文系教授；崔蕴华，中国政法大学中文系副教授。

① （明）宋濂：《诸子辨》，第22页。
② （明）宋濂：《诸子辨》，第32页。

评点学与宋濂诗学研究

徐华中

宋濂（1310～1381），字景濂，号潜溪，祖籍金华，后迁浦江（今浙江浦阳县）。累官翰林学士承旨，诗文兼擅，明太祖许为明初开国文臣之首。其学承自元代名儒黄溍之门，下开方孝孺（1357～1402）道学儒风之脉，文学思想以宗经明道为本，然亦主张自抒一家，变通无迹以至于神，力戒“体规画圆”，“合啄比声”之模拟。① 一生著作甚丰，四库全书收录《宋学士全集三十六卷》、《宋景濂朱刻集二卷》等。今人罗月霞主编《宋濂全集》增补辑佚现存宋濂诗文及杂著，刊行四册，凡宋濂作品大抵尽备于斯。② 惟尚欠阙补待补者，即有关宋濂作品之评论。

说到评论，又可大别为两类，其一见诸于明清诗文总集选集，凡入选宋濂诗文之评语，表达对宋濂诗文之评价，可谓宋濂评论之一。其二见诸于明清诗文选集选录宋濂诗文，加以评点，写下行间批语、案语、眉批等之文字，谓之宋濂诗文评点。此二类，在新编《宋濂全集》一书中未收录，以致对宋濂文学的研究，及其总成就之评价，较难窥其全貌。本论文有鉴及此，乃先择明清学者有关宋濂诗作品之“评点”资料，略加疏理，举例析论，专就文学评点学之理论与角度，论述评点家笔下的宋濂诗风格及其评价。

一、评点定义与宋濂诗评点文献

今案文献明代诗选选录宋濂诗作，首见于王夫之《明诗评选》。其后朱彝尊《明诗综》卷四收录宋濂诗作五首，并辑录诸家评语，再益以朱彝尊诗话，其三则有沈德潜《明诗别裁集》，仅录宋濂诗一首，未下批语。至于清初钱谦益与程嘉燧合选的《列朝诗集》则每一入选诗人皆作小传，次下评论，但此评论性质稍与“评点”形式不同。评点学兴起南宋，下迄元明清各代，皆有评点之作，及清季中叶桐城文派而集其大成。不惟集部有评点，经史子各部要籍，无不有评点之作。可惜，此类书籍文献，庞然杂陈，无以归类。故而“评点学”一目竟阙载于四库，评点之书，淹埋良久，过去学界罕有措语论之者。所幸学界近年已知

① 参见宋濂《苏平仲文集序》与《答章秀才论诗书》此二文。收录《宋学士文集》卷七，台湾商务印书馆1981年版，四部丛刊初编本。

② 参见罗月霞主编：《宋濂全集》，浙江古籍出版社1999年版。案宋濂著作当不止此，今据四库全书存目有《篇海类编二十卷》，题宋濂撰，杨时伟补笺《洪武正韵四卷》，又据《丛书子目类编》载录《萝山杂言》、《燕书》、《文原》等皆是。而《龙门子》与《凝道记》实为两书，可惜诸家书目均混为一书。清人邵懿辰《增订四库全书简明目录标注》卷十八据《绣谷亭书录》始知分开为二书。

延伸文论的研究新途径，大量注意明清四部学方方面面，繁复多元的文学评点。本此，对宋濂的诗文研究，恰恰足以适时赶上这股新学风，重新加以诠释。盖一因，自宋濂以下的明清学风，正是流行评点的最盛期。民国刘声木《苌楚斋随笔》卷五“评点书目”条云：

评点始于南宋诸儒，当时选本，若宋楼昉编《崇古文诀》三十五卷，宋吕祖谦编《古文关键》二卷，宋谢枋得编《文章轨范》七卷，卷中始有评点勾抹，后世皆称善本，即《四库提要》亦言其善。后来明人踵行其法，变本加厉，几于无一书无评点，无一人不评点。南宋若楼昉、吕祖谦、谢枋得，皆深知文体，撰述渊雅，其书足传，其人尤足传，故人无闲言。明则无人无书不评点，陋劣之人，俗恶之书，亦与列焉，遂致为通人诟病，悬为厉禁。其实评点能启发人意，固有愈于讲说，姚姬传郎中鼐亦尝言之，曾文正公国藩至谓之评点之学，是评点又何可废也。诚能得通儒之书，深知文体者评点，其嘉惠后学，裨益文章，至远且大。①

这则引文里刘声木比较客观地以近代人的新见解，重新认识评点的功与过，优与劣。尤其指明明代人无书不评的现象，若从此切入对宋濂诗评点的研究，不失为可尝试之途径。以下即略举王夫之、何焯、朱彝尊三家评点宋濂的诗作为例，试论之。

二、王夫之评点宋濂诗作特色

宋濂诗七绝体收入《明诗选评》有三首，分别是《秦宫谣》、《艳阳词》二首。王夫之的评点，认为此三首宋濂七绝，有很深的美刺群怨效果。但是，王夫之更加强调宋濂此三首七绝是透过深刻、自然与玄妙的笔法，表现诗中美刺群怨的内涵，而不是明白露骨，一眼看出的那种俗笔写法。所以，王夫之用了“雅人高唱，自然玄至”的批语称赞《艳阳词》。试读《艳阳词》如下：

其一

南国佳人玉作腰，闹装香带斩新雕。醉骑宝马踏青去，嘶入城东第四桥。

其二

九子金铃出九龙，流苏杂彩蹙芙蓉。东风不管花无力，吹满昭阳第一宫。

粗看表面诗语，字词有“佳人”，容易让人联想《楚辞》的美人香草之比兴，由此揣想诗句必定影射什么当代时事，或讽刺人君俗士。然而诗语只是直写，即景即目，就眼前所见景物，寓景于人，人与物合写，一路描写，皆是眼中景，情中景。可以不必细究佳人有何比兴？但也不可随意放过佳人或有所指？一任读者各以其“心”感应，自然融洽于诗心人心。于是，像此首第三句“醉骑宝马踏青去”的骑者，也不必一定指逃世之隐士，然而处于一时代的混浊气氛中，亦自有清流不俗，私心孤傲之辈，不随世而浮沉。然而不论何指？此首诗之末句但就眼前所见所闻，趋马城东，跨越第四桥，遂不必究问何以第四？无非自然玄妙之行，随心高雅之声。宋濂的诗，表现一派清明醒目，情景自然的抒怀。而王夫之的评点，则能切中精义，点出宋濂七绝的特色，真可谓要言不烦，深悟宋濂诗风深妙之意涵。

宋濂《艳阳词》第二首与第一首的写法，特点一致，都属即景即目，景中有人，景中有情的白描手法。

① 引自刘声木：《苌楚斋随笔》卷五，中华书局1998年版，新编第103页。

单凭诗词的表面看，完全读不出有何讽谕美刺的指涉，但是在“作者之心未必然，读者之心未必不然”的理解之下，诗语更深一层的内涵，其实容许读者做多角度与多元意义的联想发挥。类似这样的诗，一直是王夫之个人诗学理论中所认可的，也是王夫之评价明代诗好与坏的重要标准。而这种白描写景的理论，就是王夫之提出非常著名的诗学“情景交融”理论。王夫之根据个人的学术系统，即以经学为基础，由经学文学再到诗学，建构他自己特色的情景说，不但有理论的阐释，也时常将此理论应用在明诗唐诗的评点与解读。对于宋濂诗的评点也不例外，王夫之充分运用他的情景交融理论评赏宋濂诗，这也就无形中反证他心目中的宋濂诗作，确实具有情景合一的写法特色，点出宋濂诗的价值及意义。

然而为何王夫之在另外几则批语中又特别强调宋濂诗的“自然玄妙”，非来自俗人的“古学”功力呢?显然，在王夫之的理论系统里，所谓自然玄妙的诗，并不表示与学问功力有必然关系，相反的，王夫之一再点出宋濂诗之佳处，其背景是来自宋濂个人性情襟抱的天然英姿。王夫之举韩愈、苏东坡二人代表的唐宋诗为例，对比宋濂的诗作，既不致落入韩愈的“夸学”，好在诗中卖弄学问，又免于苏东坡的“俗媚”，做市井小人能言之语。从而凸显宋濂诗作不被浮言浮语所拘束，终能脱离狐媚，驰骋千年万里。王夫之这种诗评观点，写在宋濂三首古诗的批语中。分别见于《明代诗选》五言古诗类宋濂诗三首：《清夜》、《和刘伯温秋怀》、《兰花篇》等。今录王夫之批语如下：其一《清夜》批语：

> 太史清姿自绝，未免为韩、苏所困，泛滥时不能自已。如此作者，道气、雅情、骚肠、古韵备矣，亦何必定如俗之所谓古学而后为古哉。①

此段批语，首将宋濂的诗风，与韩愈、苏轼做一比较。低贬韩苏高谈阔论，稍欠清气典雅之风。反而高度评价宋濂诗能传承《离骚》的风格，具备古韵之美，以及道气雅情的特点。其中拈出宋濂诗特有的古韵味，又与一般俗论大谈特谈的古学不一样旨趣，宋濂的古趣出自天然清姿的性情。这一观点，在《和刘伯温秋怀》这首的批语，又再次申论。王夫之云：

> 局约言博，可以千年万里。如此襟次，一为昌黎、眉山所桎梏，便锁入格子里翻筋斗。甚矣，流俗之所谓古学者，损天下之已酷也。②

这则批语，着重说明宋濂其人之性情襟抱，辽阔深远。故而下笔为诗，就能达到“局约言博”，可以驰纵千年万里，不至于像韩愈、苏轼般的拘束，只讲格法，不能纵横放达。因为，太拘泥于所谓古学古调，容易落入流俗人之见解。此则批语与上则批语都同时注重宋濂诗的古典情味，与一般俗士讲古学不同。足证宋濂诗很符合王夫之“情景自然”的理论要求。由此，王夫之评点宋濂古风式的长篇歌行《兰花篇》，就明言宋濂诗的古朴之气，可以上追诗三百。王夫之云：

> 宛折无痕。此太史公髫龄作也，静远之度，早已如是，涵泳久之，何古人之足劳，其企逮进追《三百篇》有余矣。一为韩、苏所引，舍其恒度而从之也，遂成荑稗。韩、苏诐淫之词，但以外面浮理浮情诱人乐动之心，而早报之以成功，惮于自守者，不为其蛊鲜矣。太史隽才深致，且

① 转引自王夫之编选，陈新点校：《明诗评选》，文化艺术出版社1997年版，第107页。

② 同①，第108页。

> 为河间挑许，况未逮太史者乎。伊川言学者于佛氏，当如淫声美色以远之。韩、苏亦然，无他，唯其挑达引人，夙多狐媚也。①

此段批语，首先总括宋濂此诗的“宛折无痕”之特点，意指此诗含蓄表达，借香花以取喻，比兴之意深，但绝不直言，故有不落痕迹的高妙手法，此即自然韵味的表现，无须斤斤计较于琐碎之物，也不必使用某些淫词，做一些浮理浮情的狐媚技巧。王夫之的评价再度归结到宋濂诗风的自然与情景相配合的特点。

三、何焯评点宋濂诗论

宋濂的诗作，有后人评点赏析，可藉以略窥宋濂诗风及其评价。除此之外，宋濂诗论，也有后人透过评点形式，加以引述，并讨论其得失。这种形式的宋濂诗论评点，出现在清初康熙年间评点大家何焯（1662～1722）在《义门读书记》一书评点杜甫诗的时候，首先引述宋濂检讨前辈评论杜诗，太过拘泥于诗史是不对的讲法，顺着宋濂的见解，有所斟酌。何义门云：

> 宋景濂为俞默翁杜诗举隅序，以为注杜者，无虑数百家，大抵务穿凿者，谓一字皆有所出，泛引经史，巧为附会，楦酿而丛脞，骋新奇者，称其一饭不忘君，发为言词，无非忠君爱国之意。至于率尔咏怀之作，亦必迁就而为之说，说者虽多，不出于彼，则入于此，遂使子美之诗，不白于世。余谓此言盖切中诸家之病，而明人注杜，则又多曲为迁就，以自发其怨怼君父之私，其为害盖又有甚焉者矣。景濂讥刘辰翁于杜诗轻加批抹，如醉翁寱语，终不能了了，其视二者，相去不远。元人皆崇信辰翁，莫有斥其非者，此实自景濂发之。而注杜者从未有一言及之，何耶？默翁名浙，字季渊，宋开庆己未进士，盖因生不逢辰，有所托而为之者。序言其各析章句于体段之分，明脉络之联属，三致意焉，亦必有可观，惜余不及见也。②

这一则大段批语，是何义门评点《杜工部集》之《古诗》此首下的批语。对宋濂的杜诗评价，大为折服。认为宋濂提醒注杜不须仅据忠臣家国为解，杜诗自然人情的一面，就诗言诗，本自具诗美。劝注杜者，必须还杜诗原来的本色，始称能知杜诗者。由何焯的批语逆推宋濂的诗论，宋濂主张诗虽有一定法度，但是诗意诗心诗旨却不可局限于表面语辞，必须注意言外之意，文外重旨，保留诗思本体无限可能的“潜藏性”。这就是宋濂诗论的精义，藉由何焯的评点清楚地勾划出来。③

---

① 转引自王夫之编选，陈新点校：《明诗评选》，文化艺术出版社1997年版，第107页。

② 引自何义门：《义门读书记》，中华书局1976年版，第987页。案：宋濂批判刘辰翁评点杜诗的文章，见于《宋学士文集》收录《杜诗举隅序》这篇文章里。宋濂云：“诗三百篇，上自公卿丈夫，下至贱隶小夫，妇人女子，莫不有作。而其托于六义者，深远玄奥，卒有未易释者。故序诗之人，各述其作者之意，复分章析句，以尽其精微。至于东山一篇，序之尤详，且谓一章言其完，二章言其思，三章言其室家之望女，四章乐男女之得及时，一览之顷，耦提领挈，不待注释，而其大旨焕然昭明矣。呜呼，此岂非后世训诗者之楷式乎！杜子美诗，实取法三百篇，有类国风者，有类雅颂者，虽长篇短韵，变化不齐，体段之分明，脉络之联属，诚有不可紊者。注者无虑数百家，奈何不尔之思，务穿凿者，谓一字皆有所出，泛引经史，巧为傅会，楦酿而丛脞，骋新奇者，称其一饭不忘君，发为言辞，无非忠国爱君之意。至于率尔咏怀之作，亦必迁就而为说，说者虽多，不出于彼，则入于此。子美之诗，不白于世者，五百年矣。近代庐陵刘氏，颇患之，通集所事实，别见篇后，固无缴绕猥杂之病，未免轻加批抹，如醉翁寱语，终不能了了，其视二者，相去何远哉！”

③ 宋濂诗论虽无专书刊行，但散见于文集中的零篇意见，多有创见，可供诗学专考，可惜，未见今人刊印的诗学或文学批评史多加注意。像宋濂批判杜诗的注解，不要片面拘泥于忠君爱国之作，要回归杜诗率尔之作的常情常理，即是反对杜诗作为“诗史”佐证的看法。今见陈文新《明代诗学》第一章一小节诗史说的辨证，遍举明代各家之说，却独漏宋濂。请参陈文新：《明代诗学》，湖南人民出版社2000年版，第43～55页。

四、朱彝尊评点宋濂诗学源流

清初收录宋濂诗作，而以类似总集形式呈现，又兼有诗话性质，以及评点手法之一部明代诗选，当为朱彝尊（1629～1709）编撰的《明诗综》。朱彝尊，字锡鬯，号竹垞，里籍浙江秀水（今属嘉兴）。尝举博学宏词科于康熙朝，官至翰林检讨。晚年定居故乡，著述终身。于诗学主张“性情”与“学问”并重，被推许为清初一大诗人。著作有《经义考》、《日下旧闻》、《曝书亭集》、《明诗综》等。其《明诗综》综辑全明一代诗人，毕录无遗，每一人之前并作点评，兼辑时贤评论，末则益以个人之诠品，而以诗话形式呈现。故而姚祖恩从中辑出《静志居诗话》，冠以作者朱彝尊。其首卷录宋濂诗五首，朱彝尊云：

诗话：王子克叙景濂集云：古今文库作者未易悉数，即婺而论，南渡后有东莱吕氏，说齐唐氏，龙川陈氏，各自成家。而香溪范氏，所性时氏，先后又间出。近则浦阳柳公，乌伤黄公，并时而作。踵二公而起者，为吴正傅氏，张子长氏，吴立夫氏，当吕氏唐氏陈氏之并起也，新安朱子弟子曰勉斋黄氏，寔以其学传之北山何氏，而鲁斋王氏，仁山金氏，白云许氏，以次相传。胡仲申叙王子克集云：吾婺以学术称者，至元中则金公吉甫，胡公汲仲为之倡，汲仲之后则许公益之，柳公道传黄公晋卿、吴公正传、胡公古愚，卓立并起。而张公子长、陈公君采、王公叔善，又皆彬彬附和于下，言文献之绪者，以婺为首称。合两公之言绎之，金华文库理学之源备于是矣。景濂于诗亦用全力为之，益心慕韩苏而具体者。①

朱彝尊诗话这段点评金华诗坛，自元代到明初的名家流派，尤特重师承渊源系谱，犹如一篇金华诗史简编。其中提及至元中（约1280以后），金华诗坛的盟主之一黄公晋卿，正是宋濂的业师。黄氏今传《金华先生文集》，书末一篇行状，即出自宋濂恭写。②

其次，朱彝尊诗话指明宋濂于诗，亦用全力，而特别心慕韩、苏二家，即合唐宋两位大家诗人而集于一身。此观点，可自宋濂的诗作，宋濂的诗论，以及其他评点宋濂的批语中，互相旁通，得到充足的论证，以验朱彝尊的点评，自有定见，言之成理。

就师承关系而言，宋濂很喜欢自我标榜“金华之学”与“金华诗坛”的称号。金华之学主要谈到金华儒学的特点，另见宋濂《凝道记》一书，兹不赘述。至于金华诗坛，则历数里望出自金华的历代诗人之风格，尤其侧重在明代开国以后的诗学承传，以及师门授受渊源。就此而言，宋濂最乐道的是自己业师黄溍，不惟奉之为金华之首，甚至暗比之北宋苏东坡在诗坛的领袖宗主的地位。在《宋学士文集》卷六有一篇《用明禅师文集序》的序跋文中，宋濂为其业师之友人用明禅师写序，细述业师黄溍如何称誉用明禅师，以及师友相交三十年的厚谊。宋濂先溯源北宋诗坛苏东坡与方外诗人道潜禅师的典故，将苏门学士如何与道潜的折冲摩擦，转变为认同的相知相契，比拟做用明禅师与“黄门”的交游关系。然后，备叙用明禅师与自己的师友交谊。宋濂云：

会先师黄文献公游浙水西，用明橐其所作来见，复成诗八十韵以为贽，黄公读已，大加称赏，遂日与黄公游，及其东还乌伤，用明又赋诗饯之，黄公因造序文一篇以遗用明，其声气之同，盖

① 引自朱彝尊：《明诗综》（文渊阁四库全书本），台湾商务印书馆1981年版，卷四，新编第231页。
② 参见黄溍：《金华黄先生文集》（四部丛刊本），台湾商务印书馆1970年版，卷四三，新编第452页。

翕如也。今年春，余奉诏来京师总修元史，适与用明会于龙河佛舍，用明出诗文各一钜册示余曰："子黄公之高第弟子也，盍为我序其首?"嗟夫，黄公以道德文辞高出一世，固当代之文忠公，而吾用明之作，亦何愧于潜师。顾余视黄、秦、晁、张诸君，曾不足以供洒扫之役，何敢为用明序乎。独念及黄公之门三十余年，知用明受知为深，幸与用明交，亦似无间诸君之于潜师者，序盖不得不作也。①

这一段忆述师友交游的历程，最主要的观点，便是提出黄溍的地位，尊之为金华诗学之"黄门"宗派，犹如北宋诗坛之"苏门"地位。凡苏门的种种轶事秘闻，也照例可在黄门的脉络里找到。由此可知宋濂标榜业师黄溍的用心，见于文字，不言而喻，恰恰与朱彝尊诗话的认知颇为吻合。宋濂在另一篇《书刘生饶歌后》这篇文章里，便清楚地提升其业师在宋元以后诸大家相比之下的突出地位。宋濂云：

近代以文章名天下者，蜀郡虞文靖公、豫章揭文安公、先师黄文献公及庐陵欧阳文公为最著。然四公之中，或才高而过于肆，或辞醇而过于窘，或气昌而过于繁，故效之者皆不能无弊。惟先师之文，和平渊洁，不大声色而从容于法度，是以宗而师之者，虽有高下浅深之殊，然皆守矩蹈规不敢流于诡僻迂怪者，先师之教使然也。②

由此一段话可知宋濂尊黄溍文章及其学术之心，已臻极致，由一句"文章宗师"之定评，道尽无余。所以，朱彝尊诗话引述王子克与胡仲申历叙明初诗坛的师门渊源及其流派，必提"黄溍"其人及其诗学的崇高地位，显然也是言之有据，评述有理的点评。

其次，再看宋濂的诗学体系，遵奉苏东坡、韩愈二家的诗史地位，服膺韩苏二家的诗学主张，可据《宋学士文集》卷二的一篇《答章秀才论诗书》这篇文章，阐述历代诗史，点评历代诗家，明显看到宋濂给予韩苏二家极高的评价。例如宋濂评韩愈云：

韩、柳起于元和之间，韩初效建安，晚自成家，势若掀雷抉电，撑决于天地之垠。柳斟酌陶、谢之中，而措辞窈渺清妍，应物而下，亦一人而已。③

又评苏东坡云：

天圣以来，晏同叔、钱希圣、刘子仪、杨大年数人，亦思有以革之，第皆师于义山，全乖古雅之风。迨王亢之以迈世之豪，俯就绳尺，以乐天为法，欧阳永叔痛矫西昆，以退之为宗，苏子美、梅圣俞介乎其间。梅之覃思精微，学孟东野，苏之笔力横绝，宗杜子美，亦颇号为诗道中兴。④

---

① 引自宋濂：《宋学士文集》，台湾商务印书馆1970年版，卷六，第279页。案：此文收入吴文治主编《明诗话全编》册壹，与其他宋濂单篇序跋合编为《宋濂诗话》，其实宋濂今存著作，未有专言诗话者。

② 同①引书，第241页。

③ 同①，第252页。

④ 引自宋濂：《宋学士文集》，台湾商务印书馆1970年版，卷六，第279页。案：此文收入吴文治主编《明诗话全编》册壹，与其他宋濂单篇序跋合编为《宋濂诗话》，其实宋濂今存著作，未有专言诗话者。第263页。

此二则代表宋濂评价韩、苏两大家诗风之总结。虽然第一则宋濂把韩柳并举，但是宋濂谈论的重点在韩，尤其指出韩愈诗风以“气势”见长，贯穿于天地之间的一股正气，隐约可见就是宋濂一生学术思想主健归心的反映与目标投射。

又第二则虽连举数家点评，但特别突出苏子美以“退之”为宗的师法渊源，学气势到极致，自然能显现“笔力”，气势加上笔力，便是宋濂理想中的至高至上境界。难怪王夫之诗话会说宋濂自韩苏而来，王夫之评点宋濂的诗风及其诗学源流，经由宋濂文集所见序跋体的自述自白，在此可以得到旁通交流的互证效果。

结　语

以上论述，本文藉由三位“阅读者”的观点角度，即王夫之、何焯、朱彝尊三家的论述，引用评点学的定义作为论述基础，讨论宋濂的诗风格，兼及宋濂的诗学看法。王夫之评点谓宋濂诗有情景交融的特点，景中有人，景中有情，颇见自然玄妙。而这种说法，又经何焯对宋濂诗论的评点，结论说出宋濂主张诗不可太过拘泥于忠君爱国之鄙论，应该回归诗意诗心的本位，也颇符合宋濂透过序跋为师友门生写序所表达的诗学意见。只是，那些意见，历来研究宋濂诗论的学者，早已据之而论，自然也是最直接的取材原典。例如张健《明清文学批评》一书论宋濂的文论，全部取材文集中的序跋文章，没有参考历来阅读者的评点材料。① 另外，陈正宏《明代诗文研究史》也是如此，都根据宋濂为明初文人别集写的序，归纳他对诗学的看法，提出宋濂的理论只是“崇道轻文”，甚至“道外无文”的主张。② 本文改从何焯的评点，认为并不如此。最后，再透过朱彝尊的评点，重新提出宋濂“主健归心”，强调“气势”的论调。本文悉自“它者”的理念，反复参证，得出宋濂作为一代大家的诗学风貌，中庸精致，才学兼备，不愧是金华诗人之首冠。

作者简介　徐华中，台湾勤益科技大学通识教育学院副教授。

① 参见张健：《明清文学批评》，国家出版社1983年版，第3页。

② 参见陈正宏：《明代诗文研究史》乙文，刊《中国文学研究》第二辑，江西教育出版社2000年版，第29～32页。

《龙门子凝道记》名义发微
——兼论元末明初婺州作家外道内儒的文风

于淑娟

宋濂作为明代“开国第一文臣”，著述极为丰赡，在他入仕之前的作品中，屡被提及的是写于元末的《龙门子凝道记》。这是宋濂前半生的重要著作之一，集中反映了元末时期他的政治、学术思想。因此《龙门子凝道记》在明清时期引起了文士的重视，徐禮因同僚黄泽得以阅览，有“天之所甚惜而不轻以畀诸人”之叹，即付梓刻行于世，为成化徐氏本。嘉靖丙辰年间，李濂《龙门子凝道记后》感叹“是编尤其精蕴，所寓宜与《郁离子》并观”，因而将之与《郁离子》于开封合刻，并上中二卷为一，世称《刘宋二子》，四库馆据以入附存。嘉靖十五年，金华知府严荣刻《宋文宪公全集》，苦觅得《龙门子凝道记》，“为之惊喜，附刻于后，足见当时传本之罕”①。后胡凤丹所编《金华丛书》中亦有收录。

从现代学术研究的角度来看，《龙门子凝道记》是考察宋濂在元末思想及文学创作的重要著作，其中的说理散文、学术散文具有重要的思想史、学术史研究价值，而其中的寓言以及散文本身的创作风格及特征，则是文学研究者的重要资源。但检视目前已有的研究成果，并未有对《龙门子凝道记》一书名义的考论。以往的文献资料中，这一问题因未曾明确提出，因而无明显的分歧争论，但就此书之名义，后人的理解却隐然两派，意见相左。本文拟通过文献考释，正其名义，以求教于方家。

一

《龙门子凝道记》一书收录于《四库全书》卷一百四十七子部道家类，四库馆臣在提要中评述此书，称其“有四符、八枢、十二微，总二十有四篇，盖道家言也。”论断《龙门子凝道记》一书为“道家言”并非无根游谈，虽因篇幅所限，《四库全书总目提要》中并未详细阐述，但据已有的文献资料，不难发现，四库馆臣之论有两方面的根据，一是书名及其篇章结构，二是宋濂元末入山修道的经历。

《龙门子凝道记》一书中，宋濂以“龙门子”自称。宋濂一生所用之号颇多，潜溪是其常用之号，另有道号玄真子、玄真道士、元真子、仙华道士等，“龙门子”应是宋濂的闲号之一。自先秦诸子以来，以

① 罗月霞编：《宋濂全集》，浙江古籍出版社1999年版，第2472页。

"子"自称，在儒士中十分罕见。清代孙之騄所著《南漳子》一书后附题解："南漳者，湖名也；子者，余自谓也。"①《四库全书总目提要》中评："乃自称为子，核其体例，实亦于古无征。"足见自号为"子"，非儒者所为。而在道教中，"子"为道号是最普遍的现象，因而，四库馆臣见"龙门子"之号而以此为道家著作，实有理有据。

"凝道"一词，其义在修道，四库馆臣判其为道家，并非无本之源，《龙门子凝道记》中即有相关论述：

> 玄牝之门，真息之根也，凝神之室也。虚以待之，久则气聚。气聚则精合，精合则神凝，神凝则可久视而长世矣。②

"玄牝之门，真息之根"，化用《老子》第六章："玄牝之门，是谓天地根。"凝神之室，即道，正是老子所论的天地万物之根本。且宗教典籍中以"凝道"指称修道，亦有先例，唐代《续高僧传》卷十九《释道林传》记载释道林曾至梁山，"凿山为窟，凝道其中"③。宋濂逃禅学道，出入佛老，因而用"凝道"一词指称其道教修行，合情入理。

从《龙门子凝道记》一书的结构体例安排来看，以符、枢、微作为结构全篇的卷名，更具有浓厚的道教色彩。以"符"名篇，见于《庄子·德充符》、《列子·说符》、《老子河上公注·玄符》等，是道家典籍中常用的章节名称；以枢名篇，更是宗教典籍文献之特色，如南朝陶弘景之《真诰》卷十一《稽神枢》④、唐人孟安排所辑《道教义枢》⑤、宋人曾慥所撰《道枢》；以微名篇，在道教典籍中亦多见，如《老子河上公注·守微》、褚伯秀《南华真经义海纂微》⑥，等等，不一而足。

四库馆臣将《龙门子凝道记》归为子部道家，除其书名义及章节名称与道家密切相关外，宋濂元末的入道经历是这一论断的另一重要依据。至正九年（1349），宋濂辞元朝国史院编修一职，至正十年，入仙华山修道。《明史》记载极为简略："元至正中，荐授翰林编修，以亲老辞不行，入龙门山著书。"另有郑楷在《翰林学士承旨、嘉议大夫知制诰、兼修国史、兼太子赞善大夫致仕潜溪先生宋公行状》中所记："会世乱，益韬闭不事表显，乃与弟子入龙门山，著书二十四篇，曰《龙门凝道记》，及著《孝经新说》《周礼集注》等书。"⑦ 最能反映真实情况的，应是至正十年宋濂入山修道之际，戴良所写《送宋景濂入仙华山为道士序》："尝以翰林国史院编修官征之，固辞不起，后竟寄迹《老子》法中，入仙华山为道士。'‘今易其名曰元贞子，署其号曰仙华道士云。"⑧

以上所述，应是四库馆臣论断《龙门子凝道记》为道家之言的主要原因。但以上所分析的判定依据，看似确凿可信，但细加推敲，可疑之处甚多。比如，《龙门子凝道记》一书中的章节，分别用"孔子"、"先王"等儒家色彩明显的题目命名，更重要的是，考其内容，十之八九为儒家思想的阐发，甚至对道教修行以求长生有所排斥，认为"生顺死安，天理也。逆天理而苟生，吾不为也。"⑨ 究其著作的主要思想，正如徐礼在《龙门子凝道记序》中所论："其所忧则有之，忧之如何？如孔子而已。观其在龙门之日，著书立

① （清）孙之騄：《南漳子》，清刻晴川八识本，藏所：浙江省图书馆。
② 罗月霞编：《宋濂全集》，浙江古籍出版社 1999 年版，第 1779 页。
③ （唐）释道宣：《续高僧传》三十一卷，清沈氏十经斋抄本。藏所：北京大学图书馆。
④ （南北朝）陶弘景：《真诰》，清嘉庆十年张氏照旷阁刻学津讨原二十集一百七十三种本，第 90 页。
⑤ （唐）孟安排：《道教义枢》，明正统《道藏》本。
⑥ （宋）褚伯秀：《南华真经义海纂微》，明正统道藏本，卷一百六。
⑦ 《宋濂全集》，第 2352 页。
⑧ 《宋濂全集》，第 2569 页。
⑨ 《宋濂全集》，第 1779 页。

言，有及乎此，虽若不敢以斯道自任，亦见其有不得而辞者矣。”①

这种书名与内容不相契合的现象，应是宋濂有意为之，正如其在《龙门子凝道记》卷后小记中，自道此书“其理晦而不章”，其书名及内涵或另有一番玄机，只待后人探赜索隐。

二

“龙门子”作为宋濂的号，以“子”自称，具有明显的道教色彩，但“龙门”二字，却别有一番深意。

宋濂在《龙门子凝道记》书后小记中自述成书过程，“濂于至正十六年丙申冬十月四日庚戌，入小龙门山著书。”这是宋濂在其著作中第一次谈到小龙门山，之后世人撰写宋濂传记或提及《龙门子凝道记》一书时，往往会参考这段记载，将《龙门子凝道记》一书与“入小龙门山”联系起来。以山水地名为号在元明之际的隐逸之士中司空见惯，据此认为“龙门子”是宋濂隐居著书时，取所居小龙门山山名为号，是非常自然的推理。但早在至正十年（1350），宋濂入仙华山为道士之际，刘基所写《送龙门子入仙华山辞并序》一文中即称：“龙门先生既辞辟命，将去，入仙华山为道士”②。可见至晚在至正十年，宋濂已经开始以“龙门”为号，而小龙门山一名在与宋濂相关的文献中，却较晚出现。

至正十年，宋濂入山修道之际，刘基、戴良所写赠序文中，皆称其“入仙华山”，并未提及“小龙门山”。至正十七年宋濂《龙门子凝道记》卷后小记中提及小龙门山，后来在至正十八年（1358）所作《答郡宋聘五经师书》中也有提及。此后，王祎《宋太史传》、李濂《书龙门子凝道记后》，皆记宋濂“入小龙门山著书”一事。由此可知，小龙门山一名，始见于宋濂。明代嘉靖《浦江县志》卷二西安山条中记载了龙门的方位、形貌：

> 西安山，县北十里，一名西庵，距金坑四里许，由溪口溯流而入数百步，忽然开朗。群峦峭立，蟠绕如环，纵横相望各半里。此西安也。南北山腰对峙处，绀泉一缕，飞瀑悬空，此龙门也。……东则少女峰，矗立云表，若倚户牖。西临绝壁，下绕湖源溪水返，瞰龙门西内，又似别有天地。其中平田十亩可耕，潴水二区可溉，麓坪夷坦可庐。相传元至正中宋潜溪先生辞编修聘，遁入仙华山为道士，结庐避居，著《龙门子》，盖即其地云。③

嘉靖《浦江县志》中所记西安山、少女峰附近的龙门，是否就是宋濂著书的小龙门山？

宋濂《答郡守聘五经师书》：

> 所居之北，有一峰峻甚，俗以其如冯翊夏阳之山，因号小龙门。其间多闲旷之地，思诛茆架草室三间，以奉老亲，则志愿毕矣。

以上引文出自罗月霞编：《宋濂全集》，浙江古籍出版社1999年版，第254页。这是宋濂第二次提及小龙门山，且前后一致，皆称为“小龙门山”，不同于后来王祎在《宋太史传》中“小龙门山”与“龙门山”相混用的情况。而后来《明史》、康熙《浙江通志》、雍正《浙江通志》、嘉庆《四川通志》、康熙《金华府志》等文献史料中则径言“龙门山”，不再使用“小龙门山”的称呼，因而王颂蔚《明史考证捃逸》卷三

① 《宋濂全集》，第2471页。

② 《宋濂全集》，第2596页。

③ 《浦江县志》（嘉靖）卷二，民国五年黄志璠再增补铅印本，第259～260页。

考《宋濂传》"入龙门山著书逾十余年"条特意指出："《浙江通志》义乌县只有龙门山，无小龙门山。"①虽一字之差，却易生舛误，足证"小龙门"与"龙门"并不相同。

这段文字也是宋濂对小龙门山惟一的形貌描述文字，其中"峻"、"其间多闲旷之地"两个重要的特征，与嘉靖《浦江县志》所记吻合，但"所居之北"的方位却差距甚远。至正六年（1346）十月二十七日，宋濂于青萝山脚下建寝室三间，至正十年（1350）二月十五日，宋濂携家迁至浦江孝门桥。两次迁居，《芝园后集》卷一的《萝山迁居志》中记载明确无疑。至正十年，宋濂入仙华山修道，直到至正十七年著《龙门子凝道记》之时，始终定居于浦江孝门桥，中间未曾搬迁。

《答郡守聘五经师书》写于至正十八年，由"思诛茆架草室三间"一句来看，此时宋濂显然仍未真正在小龙门山筑室定居。宋濂提及的"小龙门山"位于"所居之北"，此时宋濂的居所正是青萝山下。据光绪《浦江县志》："青萝山，县东三十里，高五十丈，峰顶圆粹，左侧呀豁丈许，名小龙门，南皆平壤。元至正三年（笔者按：应为至正六年），宋濂筑青萝山房，自金华徒居于此。……山溪绕其东，南有石梁曰孝门桥，桥去宋居不百步。"② 数则材料相互印证，可确定，宋濂所提及的小龙门山当是浦江县北青萝山房之北小龙门所在之山。③

但这段文献中颇有可玩味之处，冯翊夏阳的龙门山为汉代司马迁出生及生长之地，即今山西渭南韩城。《汉书·地理志》：夏阳，故少梁，秦惠文王十一年更名。《禹贡》：梁山在西北，龙门山在北。④ 夏阳的龙门山距浦江有千里之遥，大多数浦江地方人士不可能熟知夏阳之山的形态，因而，"俗以其如冯翊夏阳之山，因号小龙门"，不过是宋濂假托俗称而已。而宋濂本人入仙华山之前，"足迹未尝踰乡里"，更未游历过夏阳，对冯翊夏阳龙门山的形貌了解也只能依据文献。《木华·海赋》："启龙门之岝嶺"。李善引郑玄注："龙门，山名也。岝嶺，高貌。"这就解释了为何宋濂对小龙门山的形貌描述得简略之至，仅以一"峻"字来形容。但为何宋濂要将居所之北的山峰与千里之外、自己也并未见过的夏阳龙门山相提并论？

这与宋濂入仙华山修道之前，即以"龙门先生""龙门子"为号有重要的联系。龙门在文人学士的心目中，因养育了司马迁这位千古良史而具有特殊的意义，而司马迁本人，有时也被称为"龙门子长"。如明代申时行所著《赐闲堂集》卷三十四《祭宪副茅公文》："龙门子长含茹六籍，凌轹百氏"⑤；储羲评廖腾煃《海阳纪略·程列妇序》："序事议论生气勃勃、逼真，龙门子长之文。"⑥ 宋濂在入山修道之前，即以文名史材而著称，《潜溪集》中大量的创作表现出其良史之材，由布衣而征召翰林国史院编修，是危素等人对其文史之材的肯定。元至正十年宋濂入仙华山，名为修道，实为著书，戴良《浦江人物记序》："《浦江人物记》一书，监县廉侯到官之初年，始请县人宋景濂氏撰成之。"⑦ 同年八月，其书即成。从廉侯委托宋濂作浦江地方人物传记一事，也足可证其文史盛名。戴良在《送宋景濂入仙华山为道士序》中特意标举其史材："金华宋景濂先生通古今学，有史氏长材。"与宋濂相知颇深的同窗王袆也将之与司马迁相提并论："吾观宋太史以文章擅名今世，其才气殆前无古人，使其生迁时，与之相颉颃，不知其孰为先后矣。……迁生龙门，而景濂亦著书龙门山，其所著书，与迁协六经异传，整齐百家杂语，以成一家之言何异?"⑧

---

① （清）王颂蔚：《明史考证捃逸》，民国嘉业堂丛书本，第28页。

② 《浦江县志》（光绪）卷，民国五年黄志璠再增补铅印本，第245页。

③ 《浦江县志》（光绪）青萝山条附录的按语：邑中名龙门者五，一在青萝山，一在刘源，一在城窦，一在壶盘山，一在西安。所考录甚详，其中即有西安龙门，可佐证其与小龙门无关。

④ （汉）班固：《汉书》，中华书局1962年版，第1545页。

⑤ （明）申时行：《赐闲堂集》卷三十四，明万历刻本，第535页。

⑥ （清）廖腾煃：《海阳纪略》，清康熙三十二年浴云楼刻本，第8页。

⑦ 《宋濂全集》，第2475～2476页。

⑧ 《宋濂全集》第2328页。

作为一代文士，宋濂对闲号的命名有一定的见解。《樗散生传》中，借樗散生李孟言之口，道出："名之美者，吾岂不欲居之？然苟无实以称之，则名只足为祸。"① 认为名的取用必须与个人的意趣、才志相符合。宋濂一方面仰慕史迁之才，一方面自身也以文史之材而闻名于世，因而以"龙门"自诩，名至实归，暗寓自己的志向与才能，同时也表达了对先贤的追慕。

综上所论，宋濂在郑氏义塾之时，已因仰慕史迁、自负史材而启用"龙门子"之号，至正十七年，其著作中才出现了对"小龙门山"的记载。细究龙门子与小龙门山之间的关联，宋濂或因所居青萝山房之北的小龙门山而自号"龙门子"，又或先有宋濂"龙门子"之号，而后竟以此号命名原本无名之山，并因此在《答郡守聘五经师书》中，将小龙门山与冯翊夏阳龙门山相提并论，为"龙门子"一号的深意留下一个较明显的线索。

"子"虽不用于儒士自称，却可用于隐士自称，如宋濂《采苓子赞》："荥阳郑仲德有隐操，尝采苓九蓝山间，因自号采苓子，斯赞之所由作也。"② 宋濂在元末同样为隐遁之士，先隐于教席，后隐于黄冠，因而以"龙门子"自号，与其有良史之材的隐士身份正相契合。

三

"龙门子"貌似道号，而内中却隐寓了宋濂的良史之材及隐逸之志，那么，"凝道"二字是否另有玄思？

范邦甸在《天一阁书目》"刘宋二子四卷"中，对此有所阐释："曰'凝道'者，苟非至德，至道不凝之谓也。"③ 此说显然据《中庸》第二十七章：

> 大哉圣人之道！洋洋乎！发育万物，峻极于天。优优大哉！礼仪三百，威仪三千。待其人而后行。故曰苟不至德，至道不凝焉。④

由全篇来看，范氏对《龙门子凝道记》一书十分熟悉，其解释也较为确切。以儒家经典来解释"凝道"二字，显然深味作者本意，比之四库馆臣"道家言"的论断，更合于其书旨归。宋濂隐居拒仕，并非绝意仕宦，《龙门子凝道记》中即有多处文字，托喻心志。如卷下《林勳微》第十一：

> 或问龙门子曰："林勳著《本政》书，欲渐复三代井田之法，其言甚详也，不识可行于今乎？"龙门子曰："均田之法不行，兼并之风不息，虽尧舜复生，不足以言治也。……世有用我者，虽老矣，犹能张喙吐其详焉。"⑤

宋濂借论三代井田之法的施行，婉转表达出自己对元末社会土地兼并现象的批判。元末社会动荡，季世之象已尽现，在这样的环境下，选择避世而居，是大多数士人的明智选择。宋濂作为有识之士，一方面拒仕，另一方面却仍渴望得遇明主，因而发出了"虽老矣，犹能张喙吐其详"的心声。

对于自己的避世隐居，《龙门子凝道记》中也有解释：

① 《宋濂全集》，第1695页。
② 《宋濂全集》，第233页。
③ （清）范邦甸、范懋敏：《天一阁书目四卷附天一阁碑目一卷》卷三之二子部，清嘉庆十三年扬州阮氏元文选楼刻本。
④ （宋）朱熹：《四书章句集注》，新编诸子集成，中华书局1983年版，第35页。
⑤ 《宋濂全集》，第1810页。

龙门子曰：古之人非乐隐也。隐盖不得已也。伊尹躬耕于有莘之野，傅说避世于版筑之间，太公望渔钓于渭水之滨，若将终身焉。及其三聘之加，审象之求，后车之载，遂自任以天下之重，其功烈卒至于此之盛也。隐岂其本心哉？过此以往，若四皓，若严陵，若诸葛孔明，若李泌，虽其才不能尽同，然皆足以表暴于一世。古之人非乐隐也，隐盖不得已也。①

这段对古人隐世的论述，可以视作宋濂在元末选择隐居拒仕的复杂心理“供状”，以古喻今，其不得已而隐居、相机而动之意昭然若揭。

正因为宋濂这种复杂的心态，所以《龙门子凝道记》一书的名义表面道教色彩浓厚，而实质却以儒家思想为核心，出现了其书名义兼通儒道的奇特现象。宋濂在《龙门子凝道记》书后小记中，说自己所著“皆一时念虑所及之言”，“其词芜以费，其理晦而不章”，这正是其时宋濂真实心迹的表露，通过这部著作外道内儒的特点，隐晦曲折地表达隐居以待圣君、明时的思想。

《龙门子凝道记》外道内儒的特点是指其内容以儒家思想为主，并不是说其中无道家思想的印迹。此书掺杂了道、法、阴阳等诸子学说，综观其文，正如刘基《潜溪后集序》中所论：“上究六经之源，下究子史之奥，以至释老之书，莫不升其堂而入其室。其为文则主圣经而奴百氏，故理明辞腴，道得于中，故气充而出不竭。至其驰骋之余，时取老佛语以资嬉戏，则犹饫粱肉而茹苦荼（笔者按：本为茶，据王祎《宋太史传》改）、饮茗汁也。”② 亦如王祎所论：“百氏之说，悉得其指要。至于佛、老氏之学，尤所研究，用其义趣，制为经纶，绝类其语言”。③ 宋濂之文，出入佛老，但究其本质，仍为徘徊于仕隐之间的儒家者言，道家之言是其思想之枝柯而非根本。

《龙门子凝道记》外道内儒的文风在元末明初婺州学派的文学创作中是较为普遍的现象。婺州作家中的柳贯、黄溍等人，皆有此特点。宋濂自述其业师柳贯的学问及沾溉：“读书博览强记，自礼乐、兵刑、阴阳、律历、田乘、地志、字学、族谱及老、佛家书，莫不通贯。……濂虽不敏，受先生之教为深”④。柳贯的《东亭图序》一文即出入老庄而终归于儒家。黄溍更强调文章以儒家经学为本：“作文之法，以群经为本根，迁固二史为波澜。本根不蕃，则无以造道之原；波澜不广，则无以尽事之变。舍此二者而为文，则槁木死灰而已。”⑤

另如宋濂的同门王祎、戴良等人，虽以儒家思想为主，亦间有外道内儒之作，如王祎在《云林小隐记》中，记葛孟桓所言之隐逸修道之所，既借古人之言表示嘉许，却又主要表彰葛孟桓“事其亲以孝闻，驯行素为乡里所推服”⑥。戴良的《蓬莱山房记》通篇多为道家者言，篇末却以仙人谪降隐喻儒士之隐逸于道：“抑又闻古之列仙，皆忠孝仁义之人，或有所谴，则谪降人间，混迹以自晦”⑦。而同为婺州作家的苏伯衡更有《空同子瞽说》，与《龙门子凝道记》风格近似，“托物以造端，比事以寓意，缘情以见义”⑧，同样以寓言与论说为主，其思想以儒为主而杂以释老之说。

---

① 《宋濂全集》，第1807页。
② 《宋濂全集》，第2491页。
③ 《宋濂全集》，第2327页。
④ 《宋濂全集》，第120页。
⑤ 《宋濂全集》，第1028页。
⑥ 李修生编：《全元文》卷一六六八，第五十五册，凤凰出版社2004年版，第416页。
⑦ 李修生编：《全元文》卷一六三四，第五十三册，凤凰出版社2004年版，第374页。
⑧ 胡翰：《苏平仲瞽言后跋》，《胡仲子集》，清文渊阁四库全书本，第80页。

柳贯、黄溍等金华学者，固然是元末的文章大家，而元明之际，辅佐过朱元璋的儒士如宋濂、胡翰、苏伯衡、戴良、王袆、许元、吴沉、章溢等，亦多出自浙江金华，诚如刘基所论：“圣天子龙兴江右，文学之士彬彬然为朝廷出者，金华之君子居多。”① 婺州作家的文风在一定程度上可以代表元末明初的文坛走向，而这种外道内儒的风格，与婺学及元末明初的社会现实有一定关联。

元末金华学派以文章而名动天下的学者，从柳贯、黄溍而至宋濂、王袆等人，一脉相承，这当中虽有文法的教承，但婺学的影响不可低估。婺学本有广采博收的传统，正如《龙门子凝道记》卷下《大学微》中所记载的他人的诘难非议：“金华之学，惟史最优，其于经则不密察矣”②，即反映了当时人对婺学的习见。宋濂对金华之学也有“其所以尊古传而不敢轻于变易，亦有一定之见，未易轻訾也”③ 的评价，足见其思想的变通与广博。至于佛老之言遮蔽儒学的担忧，在宋濂看来不必多虑，只要以孔孟之书、儒家经学为本，“究其书，明其道，虽百佛老不能惑也。”④ 这种以儒为主而兼容百家的学风，是元末婺州作家外道内儒文风的思想来源。

此外，元末文人面对当时衰敝的社会现实，自然会滋生出末世之感、避乱之思。而元代社会对佛、老、儒等量齐观，三教并流合一，佛、道二教为官方所尊重并具有合法的地位，于是释门黄冠自然成为文人栖身托名的理想之所。而这也在客观上促成了元末婺州作家时以释老相托，曲折表达其儒家思想的文风。

同为婺州同乡且与宋濂结为忘年之交的胡助，在《大拙先生小传》一文中描述了一位“不详其乡里、世系所出，或云浙人”的“大拙先生”。其人“恒以孝悌忠信语人，独好儒学，能文章，喜为诗”，同时又“间与释老二氏游，而不崇信其法也”，“世莫测其何如人”。这位神秘的大拙先生，正是元末婺州作家群体形象的绝佳写照，也是宋濂在《龙门子凝道记》中所寄托的大拙隐世、外道内儒的精神化身。

作者简介 于淑娟，浙江师范大学人文学院副教授，浙江师范大学江南文化研究中心研究员。

① （明）王朝佐：《东嘉录》卷二十，清影明抄本。
② 《宋濂全集》，第1803页。
③ 《宋濂全集》，第1787页。
④ 《宋濂全集》，第1778页。

元末明初画家徐原甫考述
——兼论宋濂《题徐原甫墨梅》

崔小敬

徐原甫为元末明初金华画家，雅善画梅，时人曾将之与元季著名画家王冕相提并论。然时移世迁，岁月无情，其人隐于乡野，又逢元季大乱，入明后未出仕，故而正史无传、列传不载，延至今日，其生平行实已零落成尘，几致湮灭。宋濂集中有《题徐原甫墨梅》一篇：

> 唐人鲜有画梅者，至五代滕胜华始写《梅花白鹅图》，而宋赵士雷继之，又作《梅汀落雁图》。自时厥后，丘庆余、徐熙辈或俪以山茶，或杂以双禽，皆傅五采，当时观者辄称为逼真。
>
> 夫梅负孤高伟特之操，而乃溷之于凡禽俗卉间，可不谓之一厄也哉！所幸仲仁师起于衡之花光山，怒而扫去之，以浓墨点滴成墨花，加以枝柯，俨如疏影横斜于明月之下，摩围老人大加赏识。既已拔梅于泥涂之辱，及逃禅老人杨补之之徒作，又以水墨涂绢出白葩，尤觉精神雅逸，梅花至是益飘然不群矣。同郡徐原甫，清旷标韵之士也，性爱梅，行吟坐讽，无斯须离去。间参用补之法，与其传神。老干倾欹，而数花翘乎其颠，真一绝也。世之好事者往往多宝玩之，濂因推本而题之若此，士大夫有和陈去非和张规臣之作者，尚津津而有继哉。①

宋濂本人于书画颇有成就，有学者称“宋濂是当之无愧的书法家，也是很有眼力的书画鉴赏家”，“洵为古代不多见的书画理论家”②。本文当写于宋濂致仕家居后，方孝孺谓“金华潜溪公以翰林学士承旨致仕，居家时尝以郡人徐原父所画梅寄余兄希学”③。文中所述，主旨有二：第一，“推本”画梅史。宋濂认为画梅始自五代滕胜华，这实际上是不够准确的。梅之为物，在人们的认识中经历了一个自功利到审美的发展过程，南宋罗大经指出梅在六朝之前诗文中“但取其实与材而已，未尝及花也。至六朝时，乃略有咏之者。及唐而吟咏滋多，至本朝，则诗与歌词，连篇累牍，推为群芳之首，至恨《离骚》集众香草而不应

① 罗月霞主编：《宋濂全集·宋学士文集·銮坡前集》卷十，浙江古籍出版社 1999 年版，第 550 ～ 551 页。

② 王春南、赵映林：《宋濂方孝孺评传》，南京大学出版社 1998 年版，第 240 ～ 241 页。

③ 方孝孺：《画梅赞》，《逊志斋集》卷一九，影印文渊阁四库全书本。

遗梅”，虽然罗大经认为这其中有“古之梅花，其色香之奇，未必如后世，亦未可知也”的现实原因①，但至少说明，至唐时，梅在文人心目中已经完全审美化了。梅之入画时间虽不能确考，但应早于五代，初唐裴孝源《贞观公私画史》中即著录张僧繇《咏梅图》一卷，亦见于中唐张彦远《历代名画记》卷七，虽不知画面具体内容，但据画题推测，其中梅或不并占主要地位。至北宋《宣和画谱》中，见于著录的唐代画梅之作还有边鸾《梅花鹡鸰图》、于锡《雪梅双雉》、萧悦《梅竹鹑鹩图》等。至五代滕昌祐、梅行思等，画梅之作始多，至宋而益夥。此时期画梅之作的特点确如宋濂所评“或俪以山茶，或杂以双禽，皆傅五采”，追求的是设色的生动艳丽。直至北宋释仲仁出，才“拔梅于泥涂之辱”，至南宋杨补之则更以水墨画法以突出梅之“精神雅逸”。宋濂这段对写梅史的论述，除述其始略有差误外，余者皆的论，尤其是对梅之品性及写梅技法上的转变评述颇为经典，发前人所未发，可补画史之阙。

第二，评徐原甫画梅，继南宋陈与义和张规臣水墨梅事。宋濂对徐原甫其人其画的评点甚为精到，谓其人则“清旷标韵之士也”，其性则“性爱梅，行吟坐讽，无斯须离去”，其梅则“老干倾欹，而数花翘乎其颠，真一绝也”，赏识之情溢于言外。宋濂曾以原甫画梅赠方孝孺之兄方孝闻，方孝孺称其“笔法清劲，有出尘之意”，并为之赞曰：“玉质冰姿，不污纤尘。破颜一笑，万物皆春。”② 从宋濂及方孝孺的评价看，徐原甫画作风格偏于清雅高洁一路。徐原甫其人不见于《明史》，今据现有文献略为裒集，以补正史之遗。

徐原甫，《四部丛刊》影明正德本宋濂《题徐原甫墨梅》作“徐原甫”，今本皆从之，弘治、正德、光绪、嘉庆《兰溪县志》、雍正《浙江通志》则作“徐原父”，余者如元李昱（“昱”或作“晔”、“暈”）《草阁诗集》、明胡翰《胡仲子集》、方孝孺《逊志斋集》等亦作“徐原父”；李日华《六研斋笔记二笔》作“徐良甫”，康熙、乾隆《浙江通志》亦作“徐良甫”。古代“甫”、“父”相通，而宋濂、胡翰、方孝孺、李昱或与徐原甫同里，或与徐原甫同时，所记姓名不当有误，故推测“良”当为“原”字之形误。本文为方便计，统一写作“徐原甫”。

光绪《兰溪县志》卷五《人物》称：“徐原父，紫岩乡人，善吟咏，尤善画梅。时以原父梅与同邑徐舜举书、金华王子约竹号为‘三绝’。”徐原甫曾集古诗中之咏梅佳构为《听香亭集句》，胡翰为之跋云：

> 吾里徐原父采凡古诗之咏梅者以为听香亭集句，有诘之者以香恶乎听而诗恶在乎？其集句也，用非其能，取非其有，能无惑乎？柏轩叟从而释之，意谓客之言未离乎迹也。梅之有香，在鼻不在耳，以心言之，鼻与耳其致一也。古人之诗，或唐或宋，苟会于心，则古之与今，其致一也。由是推言其故，其言蒐矣。而原父重请于妫仲子，仲子曰：“吾何以语若哉？吾居山中，观于山之群木，霜露既降，荣者变衰，衰者摇落，其皭然而特妍，莹然而有韵者，惟梅而已耳。当其山空岁寒，积雪澄霁，玉树珠英，万荧的皪，云阶月地，境于世别。其罗浮邪？姑射邪？起而视，瞑而坐，噫气鼓而芬芳发，虚徐而来，悠扬而逝，澹而不秾，微而不烈，冉冉簌簌，触之而非无，挹之而不可得，条焉而袭人，洒焉而毛发俱爽，肝胆洞彻。吾不知鼻之为耳，耳之为目，果有听乎？果无听乎？吾不知情之为性，性之为真，果有待于言乎？果无言乎？抑庄生所谓身融者乎？神凝者乎？不知宇宙之大，古之为今，今之为古也？何逊也？林逋也？彼亦一也，此亦一也。顾凡作者之残膏剩馥，皆吾咳唾也。吾尝咀天地之粹，饮天地之和，探其精而玩其颐矣。阴阳相为消息，阴为冬为杀，阳为春为生。而是梅也，得春于冬，变杀为生，其孰权舆是乎？古所谓太极

① 罗大经：《鹤林玉露》卷四，影印文渊阁四库全书本。
② 方孝孺：《画梅赞》，《逊志斋集》卷一九，影印文渊阁四库全书本。

之妙者，亦有不能已者乎？固无声无臭矣，而全体岂不呈露乎？子之亭亦有是哉？试取集句诵之，以余言求之，其亦有得乎？否也。幸以复于柏轩叟，其亦有合乎？否也，且逌然重为我解颐矣。”①

胡翰（1307～1381），字仲申，一字仲子，浙江金华人，曾官衢州府教授，洪武乙酉纂修《元史》书成，辞归，赐白金文绮，卜居长山之阳，学者称长山先生，集中多自称“㛹仲子”。文中之“柏轩叟”当指范祖幹，祖幹字景先，生卒年不详，浙江金华人，受业于白云先生许谦，自号柏轩，人称柏轩先生，与胡翰俱享当世名，见《明史》卷二百八十二儒林传。徐原甫、胡翰、范祖幹三人同里，且俱有隐居乡邦之经历，当互有来往，范祖幹曾阅徐原甫《听香亭集句》并为诘者释“听香”之意，而胡翰应徐原甫之请再为之跋以申之。“听香亭”为徐原甫之亭，时人或以“听香亭”代指徐原甫，元末明初诗人叶颙有歌行《题听香亭梅花卷》、《再赋听香亭并序》：

《题听香亭梅花卷》：

山空木落雕繁卉，政苦蛮烟愁瘴雨。南枝此际特清奇，独抱孤真岩谷里。水乡云路寡相知，惟友风姨交月姊。江南岁晏淡妆束，沙上无人薄梳洗。丰姿潇洒态度闲，修竹疏篱茅屋底。罗浮日冷水欲冰，冻霭昏霾江路阴。残雪消迟霜魄出，一梢寒彩明空林。人知鼻臭目善睹，岂知劫外春光淡荡春意深。平生不识宋广平，但识铁石肠肚珠玉之胸襟。平生不识桃与李，奇松劲柏屹立千仞之云岑。唯许孤鸾双凤见，岂容妒蝶狂蜂寻。幽香旖旎薰宇宙，芳流不尽古至今。暮龄作事愧颠倒，听不以耳唯以心。瑶琴三弄枯树下，摩挲老眼观妙音。西湖处士宁复道，东坡先生骨应槁。迩来八万四千载，只有梅花颜色好。羌笛声高旧梦醒，玉楼人去东风杳。横斜浮动未要论，奇芬不在枝头老。

《再赋听香亭并序》：

予既赋听香亭梅花诗，书于卷尾，已而兴懒神疲，高卧云树之下。梦美人玉容冰质，风环云佩，揖予而言曰：“子之诗虽美矣，何独于听香微旨乏吟咏？遂俾幽姿减艳，雅态违欢，公能不遗，幸续赐题品，使枯荄朽干，顿发奇芳，幽谷寒岩，倍增春色，岂唯无负于梅花，而不肖亦免以借口伏惟司花之真宰，不识吾子以为何如？”予乃划然而寤，即操觚洒墨，复题一诗，虽未足惊群，聊以谢六桥么凤尔。

听香亭畔春风起，吹折琼花三两蕊。烟梢留宿白云飞，横渡溪桥归海屿。雪消南国近黄昏，月照前村半江水。五更霜重玉容寒，吟翁睡足茅屋底。梦中非我亦非梅，非鼻非心复非耳。但见芬芳遍太虚，唯聆馥郁周寰宇。幽香和冻堕琴床，旖旎肝肠熏骨髓。胸次峥嵘妙莫窥，襟怀洒落奇无比。醉后频惊往事空，醒来倍觉吾庐美。疏影横斜涧沼中，韶光浩荡乾坤里。雌蝶雄蜂浪自狂，山猿野鹤深相嘻。画角高酣兴不孤，玉箫婉娩情难已。雾钥江南去路迷，罗浮望断知何许。拟祛声迹绝闻尘，汲引深情为君洗。②

叶颙字景南，浙江金华人，亦与徐原甫同里，志行高洁，结庐城山东隅，名其地曰云颠，自号云颠天

① 胡翰：《书听香亭集句后》，《胡仲子集》卷三，影印文渊阁四库全书本。

② 叶颙：《樵渔独唱》卷二，影印文渊阁四库全书本。

民，据今人考证，其生卒年当在1300～1383年间①，其诗“皆高旷之言，绝无及仕宦者”②。从“暮龄作事愧颠倒，听不以耳唯以心”、“醉后频惊往事空，醒来倍觉吾庐美”等可以看出此二诗应作于叶颙晚年。徐原甫之听香亭后世未见记载，或已不存。然稍后“吴中四士”之一张羽于吴兴亦有亭名“听香”，其《静居集》卷一有《听香亭》诗：“粲粲岁寒花，幽香静中起。人皆待三嗅，余独爱以耳”③，虽未必直接受徐原甫听香亭之影响，其“听香”之命意则与徐原甫同。

《听香亭集句》今未见传本，《兰溪县志》虽谓徐原甫“善吟咏”，但原甫自作之诗似未见流传。《听香亭集句》集历代咏梅花诗，或乃徐原甫为画梅所准备之“文学参考资料”。元末李昱对徐原甫之画梅，曾有长篇歌行吟咏之：

座客且莫喧，听我梅花歌。古今画者岂不多，俗工柰此幽绝之花何。花光道人得三昧，标格孤高出尘外。后来继之复何人，画师敛手看前辈。汤叔雅，杨补之，我尝按谱搜瑰奇。或如蜂腰绕屈干，或若鹤膝行高枝。或如蟹眼竞的皪，或若兔耳相参差。阴阳向背合造化，攒三簇四何葳蕤。眼看变态不可测，记一忘百空尔为。寥寥数百年，寂寞江村树。乾坤尽埃尘，伊谁重毫素。人间不是无梅花，无人识得梅花趣。山阴老王腹如蝶，能写千朵万朵之繁葩。权门挟势求不得，徘徊怅望扼腕生咨嗟。九里山中草堂窄，手种梅花动成百。有时疋纸戏作推篷图，老干新捎溢春色。寻常更有梅花船，系在鉴湖之溃柳姑之庙前。夜半酒豪诗兴颠，绕湖撑遍十顷玻璃天。金华徐君亦有梅花屋，终日关门媚幽独。西湖东阁座上亲，庾岭罗浮眼中熟。三年落笔始一挥，观者已觉心神飞。达官名流得真迹，珍藏箧笥生光辉。有时写墨梅蕊，玄霜点注雪色纸，三十六宫貌如玉，风流却让昆仑美。有时作红梅花，鹅溪绡上碎染天台霞，艳如玉环醉夘酒，炯如姑射餐丹砂。有时画钓潭影，横枝下浸沧波冷，老龙屃赑蟠水鳞，夜半熟眠呼不醒。有时画出墙梢，孚尹玉气春风淆，佳人日暮翠袖薄，独倚修竹当林坳。有时写雪后容，清绝但无比，玉瘢数点春自生，铁骨一梢僵不死。有时写风前景，满地还飘零，粲如鱼鳞嗅不腥，纷纷点破莓苔青。有时或写烟中骨，仿佛倾城在林樾，隔帏遥见李夫人，灯下玉容终恍惚。有时或写月下魂，巫阳招得来黄昏，缟衣能歌绿衣舞，月落参横何处村。王君笔底纵横处，意匠分明与神遇。遂令海内人题诗，碎锦零珠不知数。忆昔君尝求我吟，一别风雨江湖深。十余年来乏佳句，今日为君劳寸心。许坛高筑临无地，立呼四友来参侍。前驱陈玄后陶泓，楮生毛颖还同至。山根水涯开几株，南枝北枝春有无。搜梅之精擿梅髓，旧怀新赏成须臾。金华之山鉴湖水，山有奇峰水清泚。王徐写梅伯仲间，况复清高亦相似。王也骑龙叩天关，五云之中唤不还。平生画梅得真诀，置在二十四风花仙之上班。徐也少年今白首，能事无能出其右。世人唤作梅花徐，剩有香名吹不朽。何水部，杜拾遗，老夫赖尔相提携。寻花索笑往何所，梦中着屐行春泥。岂不闻凌风之台，郄月之观，岁莫之伤，春愁之乱，二老乃是诗中豪，其余作者李与桃。桃红李白徒烂熳，风韵岂似红梅高？林逋处士请回驾，暗香疏影非真画。画本无声诗有声，诗人几许浪得名？我欲寻君牧羊洞，自取瑶琴作三弄。复念人间知者希，梅梢月色谁能共。三弄亦不尽，离思纷如云。问天乞借骊珠一千颗，置在白玉盘中持赠君。赠君君莫违，什袭当爱惜。诗因君画始霶霈，画得吾诗倍辉赫。朝来隐几已忘言，更向孤根寻太极。花神有灵应笑我，此翁也有梅花癖。老翁之癖因作歌，苦被风骚互推激。湛卢

---

① 王树林：《元末诗人叶颙考论》，《中国文化研究》2009年秋之卷。

② 《樵渔独唱提要》，影印文渊阁四库全书本。

③ 《四部丛刊三编》影明成化刻本。

豪曾欧冶重，绿螭紫燕孙阳识。我歌不求众口夸，我才不倚千夫敌。但恐为花漏泄春消息，花神上诉天为嗔，六丁下取飞霹雳。

上段引文出自李昱：《徐原父画梅歌》，《草阁诗集》卷二，四库全书本。

李昱字宗表，号草阁，生卒年不详，洪武中曾官国子助教，钱塘人，元末乱后“避兵金华，翱翔东阳、永康二邑间”，“卜筑永康，开门授徒，与其邑之人士咏觞酬倡以相乐”①，当是在此段时间与徐原甫相识并结下了深厚情谊。李昱之诗，四库馆臣称“才力雄赡”“清刚隽上”②，朱廉序中称“精熟清新，气雄而辞畅，一出李杜二家机轴”③，其生气淋漓从此长篇中亦可略窥一斑。诗中之“山阴老王”指元末著名画家王冕，诗中所叙有数点可值得重视：其一，李昱谓“王徐写梅伯仲间”，数度将徐原甫与王冕相提并论，如山阴老王与金华徐君，王冕植梅之九里山与徐原甫种梅之梅花屋，金华之山与鉴湖之水，王冕画之“权门挟势求不得，徘徊怅望扼腕生咨嗟”与徐原甫画之“达官名流得真迹，珍藏箧笥生光辉”等等，处处以海内已享盛名之王冕烘托、映照徐原甫。其二，徐原甫画作中梅之形容丰赡多姿，各具情态。就颜色论，有墨梅、红梅；就姿态论，有疏影横斜幽潭，有疏枝逸出墙梢；就时节论，有雪后梅，有风前梅；就场景论，有烟中梅，有月下梅等等；不一而足。这与徐原甫“性爱梅，行吟坐讽，无斯须离去”的性格和“终日关门媚幽独”中对梅的细腻观察密不可分。其三，从“忆昔君尝求我吟，一别风雨江湖深。十余年来乏佳句，今日为君劳寸心”看，十余年前徐原甫曾向李昱求诗，而“徐也少年今白首”，可见二人交情之久且厚。李昱另有《题徐原父推篷图》：“忆昔西湖湖上路，梅花雪后开无数。总宜船子坐推篷，偷眼看花索诗句。在上不见琼瑶痕，在下不见莓苔根。横梢半截露春色，繁花烂熳如儿孙。玉龙槎枒卧清晓，老干新条抽未了。昆冈玉碎春风来，吹香扑鼻知多少。天上归来十五年，湖光寂寞真堪怜。金樽檀板杳无迹，但见落日之渔船。徐君写梅夺造化，白璧黄金满高价。昔日少年今白头，叹惜人间空见画。”此诗当为李昱自钱塘移居金华十五年之后所写，“昔日少年今白头”与上诗“徐也少年今白首”相符，可见二诗写作时间大致相近。

综上，徐原甫在元末虽以画梅著称，然其声名、影响似未出故里金华一隅，李昱、胡翰、宋濂等辈虽为之鼓吹，然今日知王冕者甚夥，而于原甫则多茫然不知何许人也。今不揣鄙陋，勉为裒集并略加述论如上，俾乡邦人杰或因此而彰，吉光片羽之存，当不为无益。

作者简介　崔小敬，浙江师范大学人文学院教授，浙江师范大学江南文化研究中心研究员。

① 宋濂：《草阁诗集原序》，《草阁诗集》卷首，影印文渊阁四库全书本。案：据周录祥、胡露《〈四库全书简明目录〉讹误举要》（《江南大学学报》2005年第3期），此序应为朱廉所撰，而非宋濂。

② 《四库全书简明目录》卷十八《草阁诗集六卷拾遗一卷文集一卷附筠谷诗一卷》，影印文渊阁四库全书本。

③ 《草阁诗集原序》，《草阁诗集》卷首，影印文渊阁四库全书本。

宋濂与岭南的渊源及其影响

周松芳

岭南自古偏居一隅，文化相对落后。但从明初开始，以孙蕡为代表的“南园五先生”（另四人为王佐、赵介、黄哲、李德，又称“南园五子”）在广州南园结社唱和，开创岭南诗派，一跃而成为当时国中五大地域流派之一①，对岭南文学与文化的发展产生了深远的影响。首先是建立起了岭南文学与文化发展的自信，欧大任在《潘光禄集序》里甚至说“岭南五子”“轶视吴中四杰远甚”。其次是确立了岭南文学与文化发展的传统，岭南后世稍有影响的文学团体，多集于南园，如明中叶欧大任等五人重修南园诗社，明末陈子壮、黎遂球等十二人复集南园诗社，清末梁鼎芬、黄节等八人重开南园后社，上述诸家皆为一代翘楚；且每以“南园后五先生”（欧大任、梁有誉、黎民表、吴旦、李时行，梁有誉还是明代复古派的“后七子”之一）、“南园十二子”（陈子壮等十二人）、“南园今五子”（李洸、熊润桐、曾希颖、余心一、佟绍弼）等相称，以示文脉相承。直至当代，以原籍浙江温州的中山大学著名教授王季思（起）先生为代表，仍在呼吁重接“岭南诗派”，重振岭南文学与文化②。岭南文学与文化，自此渐由附庸蔚为大国，如康熙时主盟诗坛的王士祯说：“东粤人才最盛，正以僻在岭海，不为中原江左习气熏染，故尚存古风耳。”③ 当代文史大家谢国祯也说：“广东地方虽然僻远，但文化极为昌明。在崇祯间，陈子壮、黎遂球、陈邦彦、欧必元等人，以文章声气，与江南复社相应和。”④

然而，这一光辉的传统，与宋濂甚有渊源。

一、宋濂与何真

先从四库全书《广东通志》卷六十《艺文》中的一篇宋濂的佚文《何氏义田遗训记》说起。全文如下：

---

① 胡应麟《诗薮》：“国初吴诗派昉高季迪，越诗派昉刘伯温，闽诗派昉林子羽，岭南诗派昉于孙蕡仲衍，江右诗派昉于刘崧子高”，《明诗话全编》，江苏古籍出版社1997年版。

② 王季思：《振兴岭南诗派的设想》，《诗词》1988年第2期。

③ 王士祯：《池北偶谈》卷一一，中华书局1982年版，第251页。

④ 谢国祯：《明清之际党社运动考》，中华书局1982年版，第196页。

何公名真，字邦佐，世居广之东莞，至公始迁惠州。初授中奉大夫江西等处行中书省参知政事。洪武庚戌，移山东行省。越七年，以老致其政。初公追思显荣之盛，由于先世，既于东莞率族人建祠置田以祀群祖，复与弟迪谋悉以其先所遗田捐入以祭其祢祖。公犹未惬于心，乃以惠州城西之私第为义祠，并有所私之田百余顷为义田，世俾宗子主祀事。恐族人不知学也，有塾以教之；恐族人不能立也，有粟帛以赈给之，嫁娶葬祭有以助之，疾病疲癃有以养之；惧其久而或失其意也，为书以训之，俾嗣弗坏，而来请记于余。

嗟乎！先王所以亲民善俗之道至矣，贤人志士欲推之于世而势有所不能，退而惠一族、化一乡，而力有所不逮者有之。至于势足以为而不为，力可以至而不至者有之。此所以越数十世而事曾不一二见也。惟公奋自布衣，除盗安民，辑宁南服，致位尊显，又能推本反始，孝于祖宗，惠及族人，所践所言，洵可为法，其于富贵，可谓不苟取矣。视彼私厥身而忘其所自者，其贤岂不多哉，是宜纪其事，著之金石，以为后世法也。

何真是广东人，从生到长到割据一方，均在广东。洪武元年，岭南“和平解放”，何真率部归顺明朝，无论于朱元璋拟或岭南地区，都是一件丰碑般的大事。揆诸当时的形势，朱元王朝虽然征服了长江流域的陈友谅、张士诚和方国珍，但元王朝实力尚存，如其军师刘基所言：“王保保未可轻也。”整个西南边垂也尚在元室手里。所以，黄佐说：“方是时，操斛扬舲之夫，甫统乌合之众，即称帝称王，盖不特张、陈而已。使其为尉佗之业，夫谁能禁之?”①《明史·何真传》也说：“时中原大乱，岭表隔绝，有劝真效尉佗故事者。”这一点，朱元璋在何真归顺之后的褒赠之词中说：“朕惟古之豪杰，保境安民，以待有德。若窦融、李勣之属，拥兵据险，角立群雄间，非真主不屈。此汉、唐名臣，于今未见。尔真连数郡之众，乃不烦一兵，保境来归，虽窦、李奚让焉。”② 等于是间接地予以承认了。所以，朱元璋虽派廖永忠大兵压境，但何真是以逸待劳，无论胜负如何，至少双方都会付出惨重代价。这样一来，朱元璋统一全国的时间将被大大延滞。更令人不愿看到的是，整个江南与岭南的老百姓，将为这场战事付出沉重的代价，影响难以估量。

但是，何真的可贵和不俗之处在于，他并不是一个简单的赳赳武将，《明史·何真传》就说他“尤喜儒术，读书缀文”。他稍有势力时，即开府辟士，与文人儒士交往，明初岭南诗派的五大家孙蕡、王佐、赵介、李德、黄哲并受礼遇。而这些文人儒士，从文学与文化发展以及儒家的民本立场出发，是反对战争主张和平的。他审时度势归顺朱元璋，就颇受这些士人的影响；据《明史·孙蕡传》，其归顺朱元璋的降表，“曲尽诚款”，即孙蕡所拟。前此明人黄佐在《广州人物传》中对此大唱赞歌：“（廖）永忠不戮一人而南海帖然者，蕡之力也。”③

何真所带来的和平，对于岭南文学与文化发展产生了深远的影响。首先，南园五子的交往及岭南诗派的形成与其有相当关系；其次，避免战乱，为广东的经济文化发展奠定了坚实基础，如黄佐所言，“元末大乱，豪杰云起，锋镝连海峤，血肉渥草莽，独我南海，赖何真保障，得以奠枕无虞，其功伟矣”；第三，客观上促成了岭南地区长期由地方豪强向士绅治理的历史转折，为岭南文学与文化的可持续发展提供了重要保障④。还要指出的是，何真归顺以后，并未居功自傲，而是“始终一心”，如他自己所言：“鼎沸图存仅十年，平生忠义在安边。英雄不学万人敌，方寸长悬五尺天。宣布曾分南国政，贤劳敢咏北山篇。真心独

---

① 杨宝霖校点：《东莞县志》（崇祯）卷五《何真传》，东莞市政府1994年印行。

② 《明史·何真传》，四库全书本。

③ 黄佐：《广州人物传》卷一一，广东高等教育出版社1991年版，第107页。

④ 刘志伟：《从乡豪历史到士人记忆——由黄佐〈自叙先世行状〉看明代地方势力的转变》，《历史研究》2006年第6期。

有松堪比，臣节惟应老更坚。"① 他的这种坚定的心志，与孙蕡等昔日同乡幕僚的态度分不开的。他任山东行省参政时，孙蕡就投诗相劝勉："皇风来播南陲日，开府兼持将相权。千里分封鸾诰下，三珠耀日虎符悬。长怜野日违清顾，且喜恩光照暮年。勋业已成头半白，落陵佳气丽中天。//君侯昔在东藩时，英风远略人共知。帐前铁骑金锁甲，腰下宝玦珊瑚枝。将相兼权未足贵，身名两存今始奇。便可临风搔白首，对酒且赋归来词。"②

因此朱元璋对他是"未闻微谴加焉"，一直让其担任山东、山西、浙江、湖广等处参知政事或布政使等镇守方面的重要职务，致仕后还封其为东莞伯，并"予世券"。这在明初朱元璋雄猜好杀，大肆屠戮功臣的背景下，"其生荣死哀，诚非一时诸臣所可几而及也"③。由于他的善终，使得与其过从甚密甚至依附其下的岭南五子，不致牵连受祸，客观上有助于岭南文学与文化的发展。

应当说正是何真的这种姿态及其现实的践履，使作为开国文臣之首的宋濂乐于与其交往，并在其致仕之后，接受其请求，为作《何氏义田遗训序》。但是，这篇序的意义还不止于此。事实上，何真捐作义祠的私第及供养义祠的义田，后来由其子辟为丰湖书室及书室的义田。后人再将丰湖书室发展成丰湖书院。这丰湖书院，乃在惠州城区最佳名胜西湖之上，惠州文脉佳话，因之演为传奇。在这传奇历程中，宋濂又再度影入其间；这一次，是通过其得意门生方孝孺。

二、方孝孺与何真父子

方孝孺（1357～1402），字希直，一字希古，浙江宁海人。师从明开国第一文臣宋濂，被誉为天下读书种子，是宋濂最得意的门生。洪武间曾任汉中府学教授，蜀献王世子师；外放经历，乃朱元璋对其刻意安排的历练，以便辅佐未来的建文皇帝。朱元璋死后，建文皇帝继位，方孝孺入朝任侍讲学士，为建文皇帝设计了一套复古的治国方略。永乐皇帝明成祖朱棣攻入南京，方孝孺因拒绝为其起草诏书，被诛连十族，成为明朝文化的重大损失。

方孝孺与何真父子的交往，俱见于其因何真之子何奉先之请所作的《丰湖书室序》：

某初侍先君守济宁，获拜参政何公于山东行省。公当天下未靖，举南粤数州之籍来献，天子弗劳干戈，全其富庶，乃嘉宠公，赐以玺书，授之大藩。公有德有威，施政发令，风行霆断，人莫敢犯，而所为皆本于宽厚。尤好儒术，平居读书缀文无虚时。孝孺获侍几杖者数月。公每称其子奉先之嗜学，因已知公之有后，而闻奉先之贤。及某居先君之丧毕，来京师，公亦以老致政，居国门南之私第。又往拜焉，而奉先适自粤来省公。公命相与论辩往昔治乱之理，奉先剧谈历数，如江出巫峡而东驰，壮马脱衔而骤于旷野也；如发初栉而承之以手，茧沦盘而鼓之，其绪虽多而不紊也；恢乎如锯断木，秩乎如绳贯珠而连之也。某益大骇，知奉先之果贤不可及，意其为学之功，必有过人者。已而奉先来言："居惠尝即惠州之滨为丰湖书室，日讲学其中，士大夫多为诗称其善。诗已联为巨卷，子为我序之。"某于是又知奉先之过人者在是也。生乎富贵而好礼，圣人以为难。彼在周之时，去文、武之化未远，犹若是，况今违圣人二千载。惠距圣人之居六七千里，而奉先不惟好礼，又能浸灌乎问学，沉酣乎仁义，出言制行，郁然儒者，岂易得哉。是可见参政

① 何真：《洪武三年朝京师，转授山东等处行中书省参政事有感而作》，载杨宝霖校点：《东莞县志》（崇祯）卷七，东莞市政府1994年印行。

② 孙蕡：《投赠山东何方伯》，《西庵集》卷五，四库全书本。

③ 杨宝霖校点：《东莞县志》（崇祯）卷五《何真传》，东莞市政府1994年印行。

公之教行于家，善格于天使然，非世之徒富贵者比，可歌也。昔麟趾之诗，称公子之美，圣人取而著于周南，以彰周公之德。今天子方法成周之治，歌诗之作，洋溢宇内。他日采诗者得丰湖之诗，必将序之曰：此何公之化也。则奉先之贤，可以不朽垂千载，岂徒一时为观美已哉。①

方孝孺初识何真于山东。当时，方孝孺的父亲方克勤任山东济宁知府，而何真适由江西调任山东行省参政，是方克勤的顶头上司。方克勤是明朝著名的循吏，事迹载于《明史·循吏传》。方孝孺与何真，辈分不同，地位也相去悬殊，但从序文看二人相得甚欢；方孝孺甚至“获侍几杖者数月”，愿为方氏幕僚或曰私人秘书。这一不殊的情谊，他们是维持着的：何真致仕京居，方孝孺父亲遭冤杀，居丧满期回京，即往拜访，与其父亲相论历代治乱之道，情志十分契合。与何真父子的交往，影响到方孝孺对岭南文化的态度。他在另一篇为广东人而作的文章《送梁宏省亲还广东序》② 中，极力驳斥人分南北之说，为岭南文化张本。

三、宋濂与孙蕡

宋濂与何真的关系先于孙蕡，而与孙蕡的关系也与何真有关——孙蕡是何真所辟之士，宋、何的关系也会直接或间接影响到宋、孙关系，但宋濂与孙蕡的关系最为重要，对岭南文学与文化的影响也最为深远。至于孙蕡之结缘宋濂，在其最初贽见宋濂的诗中已有表白：“惠州枉礼遇，揣己愧明恩。际会幸有时，感激复何言。”③ 这里“惠州”，当指何真，他们初次见面，大约就是在何真府上。

孙蕡，字仲衍，号西庵，广东顺德人。生于元惠宗元统二年（1334）。早年与好友王佐、赵介、黄哲、李德相聚于广州南园抗风轩，共组诗社，人称“南园五先生”。负节概，不妄交游。何真据岭南，礼遇之。洪武三年（1370）举于乡，旋登进士。授工部染织局使，继调安徽凤阳府虹县主簿。其后，入京任翰林典籍官，跟随宋濂等参与编修大型韵书《洪武正韵》。后出任平原县主簿，不久，受胡惟庸案牵连下狱，罢官还乡。洪武十五年（1382）复出，任苏州府经历。八年后，又遭贬调，远戍辽东。洪武二十七年因曾为凉国公蓝玉题画，坐蓝党案致死。《明史·文苑》有传，有《西庵集》传世。

前面已经述及孙蕡为首开创的岭南诗派在岭南文学文化史上的极其重要的地位与极为深远的影响，但这种影响，与宋濂甚有渊源。明以前，岭南与内地文化的联系，基本上是单向度的，主要是为官或贬岭南者对岭南士民施加影响，鲜少有岭南士子主动北上游学、返教于乡者。在此背景下，孙蕡景仰并师事或私淑宋濂，自有其一种特别的意义。其时宋濂虽然是开国文臣之首，朝廷大制作多出其，海外都竞相求阅其文章，但孙蕡也可以像其他士子那样，虽景仰之，不一定非师事之；其之所以师事之，其中的重要内在逻辑在于双方文化与文学主张的相近。在文化上，宋濂为理学正宗婺学传人，孙蕡也倾心理学；据四库全书总目《西庵集》提要：“蕡著述甚富，自兹集外，尚有《通鉴前编纲目》、《孝经集善》、《理学训蒙》。”可见其理学修为与成就，“其《孝经集善》则宋濂为之序”，也可见出他们在理学上的授受渊源。在文学上，宋濂乃至整个浙东派都倾向于征经、宗唐、得古，以孙蕡为代表的岭南诗派，其突出的特色也是标举唐音，诗风雄直，已成学界不刊之论。

渊源既明，下面我们就考察其间的具体情形。

今检《宋濂全集》④，孙蕡乃是向宋濂献诗最多的一位，有31首之多。而且从一开始，就表达了对宋

① 方孝孺：《逊志斋集》卷一三，四库全书本。亦载康熙《东莞县志》卷一三《艺文》，文字略有出入。
② 方孝孺：《逊志斋集》卷一四，四库全书本。
③ 孙蕡：《贽翰林宋先生诸老》，《西庵集》卷一，四库全书本。
④ 宋濂：《宋濂全集》，浙江古籍出版社1999年版。

濂的崇敬之情。第一首献诗，如前所述，当是在何真府上。如诗中所示，当是宋濂对他这位荒僻之地来的小伙子，不以其位卑名微，而青眼有加（显宦极崇高，下顾念斯文），故其感激不已，献诗以为贽，并说“斐文谢嘉诲，久敬道弥敦”，表示出从师之意：

依依野田雀，本在桑榆间。深林荫栖息，卑枝覆羽翰。春风照九垓，阳和德泽宽。翱翔宵汉上，乃得随鸳鸯。群公珪璧才，盛世仕明君。出入金门里，百辟同缤纷。显宦极崇高，下顾念斯文。惠州枉礼遇，揣己愧明恩。际会幸有时，感激复何言。斐文谢嘉诲，久敬道弥敦。①

在稍后所献的《陪翰林宋承旨游钟山》中，师从意更为明显：

天上禅关敞薜萝，每缘休沐得经过。云笼梵宇青莲湿，地接皇居紫气多。甘露结花凝木末，醴泉和雨落岩阿。欲陪谢傅金屏约，未解朝簪奈尔何。

而当宋濂致仕返乡之际，更再三表明这一层意思：

承恩初入词林日，亦得叨陪侍从班。云彩九重开凤阁，天光咫尺近龙颜。彤闱侍读青春暖，彩笔题诗白日闲。此去定酬优老愿，软轮游遍越东山。

一自先生离禁闼，玉堂清致更无人。金莲飐彩初寒夕，燕瘦凝香散暮春。著作有官惟故事，论思此道竟谁陈。青云志气惭悲梗，不觉临歧泪满巾。②

而最集中最直白的表现，见于《送翰林宋先生致仕归金华二十五首》③。这一组诗，既全面反映了宋濂的志趣与功业，也直白而急切地表白了彼此之间的关系或者孙蕡所想象的关系。其三说：“二十余年侍禁闱，趋朝常早晚归迟。春坊一掬临分泪，记得垂髫受业时。”很直白地将宋濂说成是自己的受业之师。而在受业门生中，孙蕡还认为宋濂对他是青眼有加的：“门生日日侍谈经，独向孙蕡眼尚青。几度背人焚谏草，风飞蝴蝶满中庭。”（其四）因为这种感觉，所以孙蕡对宋濂的致仕十分不舍，不仅说“后学无师误少年”，将宋濂抬到天下师表的高度，更说“在于蕡也更堪怜”，表明一意师宋的坚贞情怀：“联班欲上陈情表，留取先生住讲筵。”（其十九）

组诗的余下部分，在全面反映了宋濂的志趣、功业与声名的同时，也反映了一些不同于流俗的意见。如其五（千载班扬亚六经，先生高步续芳声。高丽日本朝王使，长向仙班问姓名）和其六（万丈文光北斗悬，清名不独域中传。东夷买得潜溪集，已向扶桑石上镌）反映宋濂文传四夷的成就与声名，但其七则说：“头百勋庸列上卿，君王岂是重文名。朝廷礼乐新寰宇，半是先生撰次成。”字面上说朱元璋看重的不是宋濂的文名，而是其礼乐制度的建设。这多少与事实是相违的，这只不过反映了孙蕡和乃师的不得其志的理想。故其十二就说宋濂“盖世文章未是雄，真纯卓有古人风”。其八说：“几逆龙鳞进治安，朝回只说圣恩宽。小儒日侍丝纶阁，不得囊中奏稿看。”宋濂在朱元璋的雄猜之下，温树自警，自是不会轻逆龙鳞，这也只能看做孙蕡的想望。其十六说：“山僧野客莫相过，碑板人间刻已多。从此黄庭不须读，自开池水养群

① 孙蕡：《赞翰林宋先生诸老》，《西庵集》卷一，四库全书本。

② 孙蕡：《饯宋承旨潜溪先生致仕归金华》，《西庵集》卷五，四库全书本。

③ 见《潜溪录》，载《宋濂全集》，浙江古籍出版社1999年版，第2612页。

鹅。”其十七说：“荣归诏许老山垌，火棘交梨养性灵。秘府图书翻阅尽，却从方士借丹经。”以及其十八所说：“近欲长参不语禅，水云飞尽月轮圆。”均是说宋濂归去，会礼佛崇道，不问世事，不过在其二十又说：“龙江关吏如相识，应止青牛乞著书。”并不希望宋濂就此隐废了文章大道。而有意味的是其十八所说：“惟余一册龙门子，留与西江学者传。”十分看重宋濂的《龙门子凝道记》。这可是宋濂元时未得志之时著以期将来之用，就像刘基在元末以为其志不得用于今世，而著《郁离子》以传世一样。而其十四也说：“玉树芝兰取次成，小孙开岁亦能行。悬灯夜读元朝史，认得前编老祖名。”在大明而以前元事业相标榜，无论如何是颇犯忌的。那孙蕡如此跳出来说，其用意何在呢？应当是在为乃师抱不平也，这在当日，十分难得；孙蕡日后竟坐蓝玉党祸而死，草蛇灰线，或许于此已埋。因此，希望当今研究宋濂与孙蕡的方家，此一关节切不可轻轻放过，这也是笔者撰作本文的原因之一。

作者简介　周松芳，中山大学中文系博士研究生。

浅析宋濂的“帝师”心理

苏　萍

一、圣贤治国导航的雄心

与世界文学不同，中国文人自《诗经》伊始，就与政治结下不解之缘，屈原成其先秦典范。其中仕与隐的心理纠结，生与死的宦海沉浮，忧时与忧世的永恒主题，抒写不尽中国文人“学与政”统一的信念，以及对“大济苍生”理想的执着追求，不仅成就了一部中国文学史，也抒写了一部中国文人独特的心灵史。被明太祖称为“开国文臣之首”的宋濂就是元末明初此类文人学者的承前启后者。

在最能代表宋濂文学观的《文原》中，他说：“余讳人以文生相命，大夫七尺之躯，其所学者，独文乎哉！”在《赠梁建中序》中自述为学经历时说：“余十七八时，辄以古文辞为事，自以为有得也。至三十时，顿觉用心之殊，微悔之；及逾四十，辄大悔之。五十以后，非惟悔之，辄大愧之；非惟愧之，辄大恨之。自以为七尺之躯，参于三才，而与周公、仲尼同一恒性，乃溺于文辞，流荡忘返，不知老之将至，其可乎哉！自此焚笔砚而游心于洙泗之滨矣。”在《自题画像赞》中说：“吾心与天地同大，吾性与圣贤同贵，奈之何随于曲学，局乎文艺，忘其真实之归，溺此浮华之丽！”

可见，宋濂心灵的“真实之归”是以“圣贤自期”，即是《明史》本传中说的“濂自命儒者”。师从宋儒黄溍，浸身金华婺学，自幼博览经书，只以孔孟为宗（孔子之文“才称之为文”，“六籍之外当以孟子为宗，韩子次之，欧阳子又次之”《文原》）的宋濂，其目心中“文人”与“儒者”有着截然层次区别。

“文”，甲骨文写作，其字形“象正立之人形，胸部有刻画之文饰，故以文身之纹为文”① 《说文解字》曰：“文，错画也”；《广雅·释诂》曰：“文，饰也”。即文的本义是文采与文饰，从本质到功用都是锦上添花的增彩辅助之用，宋濂从“经国之大业”角度看这种“浮华之丽”，当然“悔之”“愧之”“恨之”。

甲骨文中没有“儒”字，小篆写作，许慎《说文解字》曰：“柔也，术士之称。”“柔”，段玉裁《说文解字注》注曰：“郑目录云‘儒行者，以其记有道德所行。儒之言，优也，柔也；能安人，能服人。又儒者濡也，以先王之道能濡其身。’《玉藻》注曰：‘舒儒者，所畏在前也’”。“术士”，段玉裁《说文解字

① 董作宾：《小屯·殷虚文字乙编》六八二零；郭沫若等：《甲骨文合集》三六五三四。

注》注曰："术，邑中也，因以为道之称。《周礼》'儒以道得民'，注曰'儒，有六艺以教民者'；《大司徒》'以本俗六安万民''四曰联师儒'，注云'师儒，乡里教以道艺者'。按六艺者，礼乐射御书数也，《周礼》谓六行六艺，曰德行道艺"。①

可见，春秋时，"术士"是从巫、史、祝、卜中分化出来的、熟悉诗书礼乐而为贵族服务的人。据《孔子世家》记载，宋濂崇拜的孔子小时候就以此礼仪为训，后来又创办最早的儒家思想流派。孔孟儒学在古代一直是中国传统思想文化的指导核心，渗透到政治、经济、文化等各个领域。儒学以"仁爱"为核心，政治上主张仁政，经济上主张"置民之产"，君民关系上主张"以民为本"，人际关系遵从"忠恕"原则，社会理想为"天下归仁"，个人最高境界"从心所欲不逾矩"，审美理想为"温柔敦厚"，文艺理想为"文质彬彬"。可见，宋濂的人生理想即是成就明"孔圣人"——社会思想文化的指导者，明帝王执政的引航师。

无论文道统一，以道为主的文艺观，还是十九年帝王之师的教育思想，都能清晰看出宋濂思想观念始终是孔孟儒学的承传与发展，打上宋代理学烙印而已——以天下兴亡为己任，以理学律己为自觉。为人"诚谨"，为文典雅，为臣忠厚，为事精专，完全承传古代君子儒的风范。

《白牛生传》是宋濂自传："白牛生者，金华潜溪人，宋姓濂名，尝骑白牛往来溪上，故人以白牛生目之。生趣干短小，细目而疏髯。性多勤，他无所嗜，惟攻学不怠，存诸心、著诸书六经，与人言亦六经。或厌其繁，生曰：'吾舍此不学也，六经其曜灵乎！一日无之，则冥冥夜行矣'。宋濂潜心学经是为了致用，即是"真儒在用世"观："夫《五经》、孔孟之言，唐虞三代治天下成效存焉。其君尧舜禹汤文武，其臣皋夔益契伊傅周公，其具道德仁义礼乐、封建井田，小用之则小治，大施之则大治，岂此浮辞而已乎？世儒不之察，顾切切然剽窃模拟其辞为文章，以取名誉于世。虽韩退之之贤，洒勉其子亦有经训菑畬之说，共意以为经训足以为文章之本而已，不亦陋于学经矣乎？学经而止为文章之美，亦何用于经乎？以文章视诸经，宜乎陷溺于彼者之众也。吾所谓学经者，上可以为圣、次可以为贤，以临大敌则断、以处富贵则富、以行贫贱则乐、以居患难则安，穷足以为世法、达足以为生民准，岂特学其文章而已乎？"② 正是这种人生观的督促，宋濂希望朱元璋是他理想中的英明君主，实现当年屈原就渴望的"两美必合"的政治愿望，并始终以"事君如事天"③ 的心态侍奉朱元璋，真诚积极地在伴君如伴虎的的恶劣环境下，全力以赴地辅佐朱元璋，做其父子的帝王之师，充分利用这个身份，极力用儒家思想影响朱氏父子，以便通过当今皇帝及未来的皇帝实现自己的政治追求，即实现儒家的治国思想。朱元璋曾问宋濂"帝王之学，何书为要?"濂举《大学衍义》以对。《大学衍义》是朱熹再传弟子真德秀所著的一部疏解《大学》的理学典籍，内含许多修身、齐家、治国、平天下的道理。在真氏看来，《大学》是"君天下之律令格例"，"本之则必治，违之则必乱"，并谓："为人君不知《大学》，无以清出治之源；为人臣不知《大学》，无以尽正君之法。"据袁燮：《明通鉴》卷九记载，朱元璋接受宋濂的建议，吴元年，金陵宫殿落成时，朱元璋不尚雕锦，却特命侍臣将《大学衍义》大书于殿两庑之壁，说："以此备朝夕观览，岂不胜丹青乎?"并亲率文武大臣听宋濂讲解此书。宋濂还向朱元璋积极推荐《尚书》、《春秋》等儒家经典。解析《尚书》中《尧典》、《皋陶谟》等皆有关治国的"大经大法"，又说："《春秋》乃孔子褒善贬恶之书，苟能遵行，则赏罚适中，天下可定也。"劝导朱元璋以儒家仁礼治国。虽然布衣出身的朱元璋一直利用宋濂显示自己的学识，并非真心敬慕宋濂，但是宋濂作为"帝师"的循循善诱，对朱元璋的治国思想体系还是起着潜移默化的影响。

① （清）段玉裁：《说文解字注》，上海古籍出版社 1989 年版。
② 《四库全书》，1223 册第 281 页上，《文宪集卷二·经畲堂记》，上海古籍出版社 1987 年版。
③ 《四库全书》，1223 册第 310 页下，《文宪集卷三·复古轩记》。

二、帝师激励诱导的苦心

“朝廷以道学政术为二事，此正自古之可忧者。”宋理学家张载的感叹正是宋濂出任帝师引以为责的心理原因。即“能使吾君忧天下之人如赤子，则治德必日新，人之进者必良士”，儒师们坚信：“帝王之道不必改途而成，学与政不殊心而得矣。”① 既然“道学”与“政术”合一，那么帝王就应该“为天地立志，为生民立道，为去圣继绝学，为万世开太平”，② 这是宋濂执着坚持的信念。可是，尽管朱元璋深受宋濂儒治思想影响，身为统治者的朱元璋与理学帝师的宋濂却有着本质区别，表现在价值观、思维方式等许多方面，加上宋濂承袭着中国古代文人浓厚的臣妾依附意识，其命运的悲剧是不可避免的。

首先，宋濂以“圣贤自期”，50 多岁，雄心勃勃出仕，期望在治国理念上引导朱元璋以儒治国，恩泽百姓。他的大量应制文字，是真心歌功颂德，这不完全是被迫谄媚，而是宋濂以“帝师”的思维采用的激励教育方式，目的是让朱元璋更好地接受自己的治国思想。亦即“为天地立志，为生民立道，为去圣继绝学，为万事开太平。”如《春日赏海棠花诗序》，通过抚今追昔，歌颂盛世，推出“帝力所被”“万物熙熙”的和谐繁盛主题；最为后人传诵的《阅江楼记》，先从“山川王气”说起，指明开国鼎盛之天意，接着又以“中夏之广”“四陲之远”“万方之民”，启发天子尊天命顺民意：保国、抚边、安民。全文庄重典雅，含蓄委婉，可谓用心良苦。可惜作为封建帝王的朱元璋并非如宋濂所愿。这一点与宋濂同时出仕的刘基认识得更清晰些：“执政者许其言而心忤之”（刘基《郁离子谓执政》），“宋濂以‘圣贤自期’，而朱元璋始终以‘文学侍从’蓄之。”③ 用今天的话说：宋濂把朱元璋当作目的，君臣合力实现“天下归仁”的社会理想，也是自己经世致用的理想；而朱元璋的目的是利用天下人让自己的政权长治久安，文武大臣只是达此目的的工具，宋濂也不例外。帝王的自豪是玩弄权臣于股掌之上，“优遇”与“宠异”都是笼络与扬己的手段。《明史》中记载，朱元璋召见一个叫桂彦良的儒生（泛指读书人），当面夸奖他说：“江南大儒，惟卿一人”，桂彦良颇有自知之明，加上他也不懂朱元璋的心思，连忙答道：“臣不如宋濂、刘基。”这时候，朱元璋说了句心里话，“濂，文人耳；基峻隘，不如卿也。’”。朱元璋也曾夸赞宋濂：跟我十九年，未曾说一句假话，讥讽任一人的短处，始终如一。他不只是个君子，几乎称得上是个贤者了。而当时最高尚的人是“圣人”，也即是孔子类的“大儒”。可见，儒者们以生命般守候的君子人格，在统治者看来只是忠实侍臣的材料而已，根本不配为引导时代思想主流的“圣人”与“大儒”，彻底否定当时公认的当代大儒宋濂和刘基，否定其道统传承者的资格，也就否认了宋濂的儒治理想。同样朱元璋当然也不认为名不见经传的桂彦良是大儒，耍笑而已。作为帝王之师，宋濂跟随朱元璋十九年，常与其同宿大本堂，通宵达旦议论国事，朱元璋也明知宋濂不能喝酒，为人诚谨，却逼宋濂连喝三大杯，致使其“举不开步”，而哈哈大笑，还命人作《醉学士诗》，这种视学者文人为弄臣娼优的意识暴露无余，余后的亲调甘露与赠马作诗，也便有了演“明君“戏的嫌疑。也许正是如此经历，才让博学敏锐的宋濂痛心感慨：“宁做百夫长，不做一书生”！而其忍辱负重十九年，除了政治高压不敢辞官，更主要是儒家“知其不可为而为之”的人生观与文人永恒的美好愿望使然，重演着悲壮的文人仕途人生剧。

其次，宋濂最引以为自豪的就是苦读经书，“乐与道俱”，“无愧于孔氏之徒”“然后无愧于七尺之躯矣。”（《桃花涧修禊诗序》），把追随孔子作为完善自己的至高理想、神圣目标。而朱元璋不仅要从精神上羞辱文人，还要仰仗强大的国家机器，胁迫以道统自命的文人在他所代表的“治统”面前低下头来，诚惶

① （宋）张载：《张载集·答范巽之书》，中华书局 1978 年版，第 349 页。
② （宋）张载：《张载集·张子语录·语录中》，中华书局 1978 年版，第 320 页。
③ 郭预衡：《中国散文史》，上海古籍出版社 2000 年版，第 26 页。

诚恐。在他坐上皇位不久，就做了一件惊世骇俗的事，即逼迫病中的“衍圣公”到南京来朝见他（按：“衍圣公”是一个封爵名，它是孔子嫡派后裔的世袭封号，各朝皆置。被朝廷封为“衍圣公”的人，即成为孔氏全家族的大宗主。很少有一个新成立的政权会逼他去朝见的，帝王登基后去孔庙祭拜倒是屡见不鲜）。而一直以儒家礼仪为教导之本的帝王之师宋濂对此苦不堪言，无奈顺从。太子朱标早卒未能即位，寄予厚望的当今圣上又如此不可救药，晚年多病辞家的宋濂其心境孤苦绝望可想而知，这也是文人寄托明君贤臣实现社会理想的再次失败。

再次，宋濂与朱元璋有关“民本”的认识也不同。宋濂把关心百姓作为目的，朱元璋则当作手段，表面接受儒家“民本”思想传统影响，屡言：“得乎民心，则得乎天心。”实际是借助“民心”得“天心”保佑自己长久驾驭百姓。而宋濂则提出与汉儒董仲舒“君权天授”论相对立的“君权民授”说：“有民斯有国，有国斯有君。民者，君之天也。君之则君，舍之则独夫耳，可不畏哉?”① 两相比较，宋濂之说显然更具人民性，开后来黄宗羲《明夷待访录》“以民为主而以君为客”之论的历史先河。当然，宋濂虽然认识到君权不是来自君而是来自民，“民”是“君之天”，但他没有、也不可能提出与“王权支配社会”的政治架构根本对立的民主政治体制，这是历史的局限，不能强求宋濂。

最后，巧与曲；执与直，统治者与文人儒者的思维方式是截然不同的，前者多是以功利为目的，以他人为工具，以变诈为主要思维方式，注重的是“外王”；而文人学者更注重的是“内圣”，即个体内在道德的完善与仁爱忠恕的修养，以人性为本体，以执著精专为思维方式。据《明史·宋濂传》，朱元璋曾津津有味地向宋濂“口释”古代兵书《黄石公三略》，而宋濂却认为帝王的兴趣不应放在这类书上，儒家经典对帝王的意义远胜于《黄石公三略》。1378 年宋濂告老还乡，朱元璋确实赐宋濂《御制文集》和锦缎，当时也颇真诚地希望：“你把锦缎拿回去藏上三十二年，作百岁衣穿吧。”宋濂真诚感激，铭记在心。可惜，仅仅三年后，宋濂因孙子宋慎犯法，朱元璋果决地置宋濂于死地，多亏太子太后还有妇孺恻隐之情，全力挽救，宋濂免死流放茂州，71 岁病死途中。朱元璋称宋濂为“开国文臣之首”，刘基赞许他“当今文章第一”，四方学者称他为“太史公”，宋濂却与历代从政文人同命，也与同时的开国诗人高启（39 岁被腰斩）、文武双全的开国元勋刘基（65 岁郁闷而终）一样，均死于非命，死于执着而热心辅佐的帝王之手，给后世文人从政留下太多的思考与忧虑。

三、文人纯真性情的“童心”

孔子温柔敦厚之文风，孟子浩然之正气，佛道纯真人性之守候，共同组成仕宦之外的宋濂真实的个性特征，这是一个较少理性约束的，本体性的活生生的宋濂。一个执着地用希望编织、用唯美修饰着社会理想与人际理想的古代文人典型，一个永远会在自由纯真与封建专制矛盾中激起正义之气的学者，其可赞可叹之处都在于此。

宋濂活了 71 岁，集中出仕 19 年，大多数时间隐居读书、藏书、著书和教书。

宋濂藏书始于青年时代。当时，他因元末战乱迁居浦江，于青萝山中筑室读书，因名其楼为“青萝山房”。兵祸之后，官私藏书毁损严重，而宋濂因隐居山中，仍能坐拥书城。明祁承汉《澹生堂藏书红》说：“胜国兵火之后，宋文宪公读书青萝山中，便已藏书万卷。”清载殿泗《风希堂文集》卷二《宋文宪公全集序》则说宋濂“始自潜溪徒浦江，得卷氏藏书之富，首推宋濂”。宋濂藏书之精华，有少数流入清人之手。如北宋本《长庆集》，先后为钱曾、黄丕烈、潘祖荫所藏。《百宋一廛赋》：“庐山《长庆》，见取六丁；金

① 《四库全书》，1224 册第 392 页下，《文宪集卷二十七·燕书》。

华太史，独著精灵。”（注：“《长庆集》北宋时镂版，所谓‘庐山本’者。庚寅一炬，种子断绝，唯此金华宋氏景濂所藏小宋本，图记宛然，古香可爱，推稀世珍。”）又有宋本《春秋经传集解》、《史记》、《文选》等流入清宫内府，（《天禄琳琅续编》有记）宋濂还曾藏有宋刊《事林广记》，后归广东丁日昌，（《持静斋书目》著录）

宋濂著书以散文见长，尤其是传记与寓言，更能体现其文人个性，比其应制文字更具有文学价值与认识价值。

在明代武侠传奇之文中，宋濂的《秦士录》深得司马迁《项羽本纪》遗意的佳作。刻画出邓弼豪爽粗狂的个性，文末在慨叹邓弼空负一腔抱负的同时，寓有对元末社会人才受压制状况的愤激之情。《太白丈人传》运用互相映衬的方法写了两个人物：太白丈人和文中子王通。其中的太白丈人是悟透尘世的飘逸隐士，而文中子则是想出仕而徘徊犹豫的困顿者。使用两人互衬的手法，更显示出了封建社会对人才的压抑。《樗散生传》写以卖药隐于民间的樗散生，凸现了主人公追求精神自适的隐士人格。还有《王冕传》，写出一个元末“狂士”的精神面貌。又《竹溪逸民传》写出一个出世高士的形象，由于作者遵循肯定本真自由人性的原则实录人物事迹，致使这类文字都写得较出色，更能透露出宋濂作为文人的纯真本性，《送东阳马生序》自述早年在贫寒中求学的艰苦，《白牛生传》写“以圣贤自期”的志向与“人固莫能识也”的千古孤独，真实动人。

宋濂不仅有意识地为忠义人物、高逸之士立传，而且塑造了一批平民义士的形象，丰富了中国古代文学的人物画廊。如《李疑传》借庸俗的商业环境，凸显小客栈店主周人之急的品质；《记李歌》用白描手法，写一位出身倡家的少女能反对权贵，自卫其贞。这类传记精于选材，侧重于一时一事的描述，常用只言片语就凸显出主人公精神境界的精粹之处。

宋濂的寓言多以曲笔揭露社会，如“商于子家贫，无犊以耕，乃牵一大”“代耕”，以此讽刺统治者用人制度“倒之颠之”，“牧吾民者”“不以贤”并指出“不以牛，虽不得田，其害小；不以贤，则天下受祸，其害大。”从其文能读出孟子《齐桓晋文之事》“缘木求鱼”的风格与气魄，显然承袭儒家任用贤能仁政治国的思想，其“怨刺”之言，也因其文人本性而超出儒家温柔敦厚的审美范畴。类似的还有寓言《观鱼微》，揭露“干戈万里，掠人为粮，甚或载盐尸以行”的触目惊心的元末现实；《书斗鱼》，写斗鱼者把好斗的波斯鱼放在大水缸中，欣赏“冥顽不灵”的鱼同类相残，随笔一转写出真正用意“然者余所哀者，岂独鱼欤?”可谓意味深长。灵长之人类相互残杀，历史之久，手段之酷，数量之多，哪是小鱼可比的啊！与历代信仰万物有灵、人性本善的文人一样，最不能释怀，也最想改变的就是重写吃人历史的梦想。

可见，宋濂的传记重在揭露社会，传记多写世人（尤其士子）的反抗，以此书写文人文者自由人性与专制君权的冲突，以及自己对美好人性的坚守与向往。如果说“帝师”是宋濂社会属性所然，那么追求自由才是其真实本性内质。

此外，与许多古代文人一样，醉心优美的自然景色描写，如《抱瓮子传》对隐士刘彬居处的自然环境的描写：

> 予尝游括之少微山，俯瞰四周，如列屏障。山之趾有随地形高下为蔬圃约二十亩，凡可茹者，咸艺焉。傍列桃杏梨李诸树。时春气方殷，蔬苗怒长，满望皆翡翠色。树亦作红白花，缤纷间错，如张锦绣缎。心颇讶之，曰：“是必有异！”因曳杖而降，冉冉至其处，气象幽敻，绝不闻鸡犬声。遥望草庐一区，隐约出竹阴间。

这样的生花妙笔营造了优美神秘的环境气氛，为隐者的出场起到了铺垫和衬托作用。在元末动荡不安的社会背景下，宋濂工笔描绘如此安静恬淡的世外桃源，显然是在其中寄寓了他对和谐、清醇、安定的生存环境的永恒向往，充满人文色彩。

无论“开私家藏书风气者，首推宋濂”；还是“开国文臣之首”、“当今文章第一”、“太史公”、“台阁体”先驱；还是金华婺学的承继者；以及“帝师”称誉，历史给我们留驻的宋濂还是儒者、文人、教育家的典范，他对中国传统文化及江南地方文化的传承贡献是很大的，他的君子人格与耿介硬骨是值得赞扬的，他的敢于参与政治，并极力导引政治统治思想的勇气是可佳的，影响也是值得肯定的，这是古代沉溺辞藻的普通文人不能比拟的。

与宋濂同时期的王祎评论：“景濂为文，初若不经思，而用意极精密，浩浩乎莫闚其际，源源乎不知其所穷，浑浑乎不见其所不足也。”为文如为人，宋濂博学浑厚，志向远大，用思深邃，内儒外释道，别说同时期人，就是历经千年积淀，今人仍“固莫能识也”。

作者简介　苏萍，鞍山师范学院中文系教授。

学佛然后能知儒
——论宋濂道统思想及文学观的极端性与其佞佛的关系

申明秀

自从韩愈作《原道》，正式提出了所谓“尧、舜、禹、汤、文、武、周公、孔、孟”关于道的传授系统说，而开启宋代道学的先声之后，道统思想的强弱就成了衡量一个士人是否真儒的核心标志。被朱元璋屡推为“开国文臣之首”的宋濂是明初杰出的“醇儒”之一，他一生虽浸淫儒道释，但总以继承、弘扬儒家道统为己任，为文主张“原道”、“宗经”、“师古”，其日益极端的道统文学观为后人所诟病，而其“以文辞为佛事”的佞佛举动又为理学卫道士所难以容忍，这使得宋濂成了中国文化文学史上一个极其吊诡的精神个案。对宋濂身上的儒道释的纠缠，他的好友同僚应最有发言权，一生偏重于儒家的刘基认为：“其为文则主圣经而奴百氏，故理明辞腴，道得于中，故气充而出不竭。至其驰骋之余，时取老佛语以资嬉戏，则犹饫粱肉而茹苦荼、饮茗汁也。”（刘基《〈〈潜溪后集〉序》）① 而同为宋濂知己的王祎的看法可能更为中允：“景濂于天下之书无不读，而析理精微，百氏之说，悉得其指要。至于佛、老氏之学，尤所研究，用其义趣，制为经论，绝类其语言，置诸其书中，无辨也。”（王祎《宋太史传》）② 当然更多的是抵制的声音，如明代理学家郑瑗就因宋濂的佞佛而加以指责，现代的文学史家对宋濂极端的道统文学观也很不以为然等等。本文拟对宋濂的极端的道统思想及文学观与其佞佛的关系作一番探讨，以推动对宋濂的深层解读。

一、灼见佛言不虚，誓以文辞为佛事

宋濂（1310～1381），浙江金华潜溪人，字景濂，号“潜溪”、“无相居士”、“龙门子”、“仙华生”、“白牛生”、“南宫散吏”、“南山樵者”等，其思想的繁杂多变从其号中也可见一斑。自幼英敏强记，好读能诗，颇有奇气，人称神童。先后从闻人梦吉、吴莱、柳贯、黄溍等诸儒问学，博通经史，早有文名，而其一生学佛的经历及造诣更是堪称奇迹。

---

① 罗月霞主编：《宋濂全集》（第四册），浙江古籍出版社1999年版，第2491页。

② 罗月霞主编：《宋濂全集》（第四册），浙江古籍出版社1999年版，第2327页。

“予本章逢之流，四库书颇尝习读，逮至壮龄，又极潜心于内典，往往见其说广博殊胜，方信柳宗元所谓‘与《易》、《论语》合’者为不妄，故多著见于文辞间。不知我者，或戟手来诋訾。予噤不答，但一笑而已。”① 宋濂入明后写的《〈夹注辅教篇〉序》一文中的这段话，可看作是其一生学佛经历的真实写照。宋濂曾与千岩、用明、白庵、端文等大师有方外交，其与千岩禅师的近30年的交往更是传为佳话，而尤能让后人领略到宋濂学佛的不凡境界。

千岩禅师（1284～1357），俗姓董，名元长，字无明，号千岩，萧山人，泰定丁卯冬十月入主伏龙山，很快名震四方。其时大约19岁的宋濂，因幼时即诵读了大量佛学著作，很是自负，闻义乌伏龙山来了位千岩禅师，“濂初往伏龙山见师，师吐言如奔雷。时濂方尚气，颇欲屈之，相与诘难数千言，不契而退。”（《佛慧圆明广照无边普利大禅师塔铭》）② 旋又去信问难，千岩元长和尚阅后答曰：“前日承一宿山中，谈话半更。今日有书来报云云，无明读一过，不觉失笑。笑个甚么？笑景濂坐井观天，又如贫儿拾得锡，说与人要做银子卖。只是自不识货，教别人不识货则不可。何以故？景濂每尝在尘劳声色境界中，混得烂骨地熟了，思量计较文字语言，弄聪明业识多了。乍闻吾辈说一个放下，可以做寂静工夫，透脱生死。得此事入手，暂时起一念厌离之心，退步静坐。回头乃见无思量、无语言处，便错认作法身。喻如玲珑八面窗，喻如须弥山。言说不得！这个只是暂时歧路，如何便骂得佛，赞得祖，赞得无明耶？赞、骂、憎、爱心不除，但增长我见。我见未忘，目前只见别人过失，不知自家过失，要成办透脱生死大事，难矣！”（《千岩和尚语录·答景濂宋公书》）③ 可见年轻宋濂虽读了不少佛经，但离真正参悟佛理而悟道尚远。

此次虽“不契”，但宋濂由此与比他长26岁的千岩禅师结下了深厚的友谊，自此“挥麈谈玄，无月不会。”（《天龙禅师无用贵公塔铭》）④ 在千岩禅师的教诲下，宋濂息心正念，深入大藏。宋濂后来在千岩禅师圆寂后为其写的塔铭中回忆道：“越二年，又往见焉，师问曰：‘闻君阅尽大藏教，有诸？’濂曰：‘然。’曰：‘君耳阅乎，抑目观也？’曰：‘亦目观耳。’曰：‘使目之能观者，君谓谁耶？’濂扬眉向之，于是相视一笑。自时厥后，知师之道超出有无，实非凡情之可窥测，因缔为方外之交垂三十年。”（《佛慧圆明广照无边普利大禅师塔铭》）⑤ 可见当时二十出头的宋濂学佛进步很快，对千岩禅师的道行深为折服，之后更是倾心礼敬，书问不绝。

千岩禅师对勤奋且悟性甚高的年轻宋濂亦更加看重，时时慈悲垂示，孜孜诱掖，其于元顺帝至正七年（1347）的一封复信尤具代表性：“士林中来者，无不盛谈左右，乃间气所生，文章学问绝出，为浙东群儒之冠；且尤深于内典，欣羡无已。承叙，自幼读佛书，领其要旨，出入有无空假中。中至于中且不有，有无何在？三复斯言。此今之士夫，执有执无，离边离中，分彼此儒释之异，如左右儒释一贯者，能有几人？人言为不虚矣！张无尽云：‘余因学佛，然后知儒。’古德云：‘居无为界中，而不断灭有为之法；居有为界中，而不分别无为之相。’暗合道妙，不易！不易！审如是，则有为底便是无为底。左右已百了千当，何处更有身心之虑未祛？事物之来未息？又何处更有真实工夫可做？而后出离有为，了生死大事耶？左右与山野交二十年，会或剧谈，别或寄语，未有如此书之至诚也。人天之际唯诚，朋友之道亦诚而已……左右以至诚而来，山野不可不至诚而答。”（《千岩和尚语录·答景濂宋公书》）⑥ 由这封信中千岩禅师的如此高度而真诚的评价，我们就可以知道自幼就读佛书的宋濂在其即将不惑之年时就已经达到了很高的人生境界了，

① 罗月霞主编：《宋濂全集》（第二册），浙江古籍出版社1999年版，第940页。
② 罗月霞主编：《宋濂全集》（第一册），浙江古籍出版社1999年版，第277页。
③ 蓝吉富主编：《禅宗全书》（第四十九卷），文殊文化有限公司1989年版，第247～248页。
④ 罗月霞主编：《宋濂全集》（第三册），浙江古籍出版社1999年版，第1488页。
⑤ 罗月霞主编：《宋濂全集》（第一册），浙江古籍出版社1999年版，第277页。
⑥ 蓝吉富主编：《禅宗全书》（第四十九卷），文殊文化有限公司1989年版，第248页。

这跟他在佛学上的长期孜孜以求与甚深悟解是分不开的。

“予也不敏，尽阅三藏，灼见佛言不虚，誓以文辞为佛事。”① 这是宋濂大约在其60岁时写的《四明佛陇禅寺兴修记》一文中末尾的一段话，大约两年后在《〈楚石禅师六会语〉序》中又感慨道：“余耄矣，厄于索文者繁多，力固拒之，此独乐序之而弗置者，悯魔说之害教，表正传以励世也。”② 在其64岁写的《佛性圆辩禅师净慈顺公逆川瘗塔碑铭》的序中宋濂这样总结道：“濂自幼至壮，饱阅三藏诸文，粗识世雄氏所以见性明心之旨。及游仕中外，颇以文辞为佛事，由是南北大浮屠，其顺世而去者，多以塔上之铭为属。衰迟之余，诸习皆空，凡他有所请，辄峻拒而不为，独于铺叙悟缘，评骘梵行，每若不敢后者。盖欲表般若之胜因，启众生之正信也。”③ 事实也正如此，宋濂曾经先后为元明之际出世弘法的近四十位高僧撰写过铭文，可见他在出家人眼中的分量，这些文字后来被“明末四大高僧”之一的莲池袾宏大师辑为《护法录》刊行。在宋濂现今所存的1300多篇作品中，跟佛教直接相关的铭、记、序、引、赞、颂、偈、说、题、跋等作品就占了近13%，数量如此之多，在宋明理学家中也是极其罕见的，尤令卫道士恼火的是他的这些作品又大肆赞美佛教，其佞佛的标签太显眼了。

有人认为学佛不应囿于文字，反对宋濂的“以文辞为佛事”，而宋濂则认为：“佛法随世以为教，当达摩时，众生滞相离心，故入义学者悉斥去之。达观之言，犹达摩之意也。苟不察其救弊微权，而据以为实，则禅那乃六度之一，先佛所指持戒为禅定智慧之本者，还可废乎?”（《〈楞伽阿跋多罗宝经集注〉题辞》）④ 由这一细节就可见宋濂学佛的功力。对佛教的推崇，入明以后的宋濂更是溢于言表：“大雄氏之道，洪纤悉备，上覆下载，如彼霄壤，无含生之弗摄也；东升西降，如彼日月，无昏衢之不照也。”（《赠定岩上人入东序》）⑤ 宋濂不仅研习内典，领悟佛理，“以文辞为佛事”，而且也有相当的修为，他曾宴坐般若场中，深入禅定，“有巨钟，朝夕出大音声，我未尝闻之也。”（《声外锽师字说》）⑥

二、六经皆心学：儒释一贯

理学虽吸收了道释成分而提升、拓展了儒学，但像宋濂这样真正能做到儒释一贯的，还是罕见的。从上文提到的千岩禅师给宋濂的复信中，可以得知宋濂最迟在38岁时就已经做到了儒释一贯了，从他后来的一些论述中可以得到大量的佐证。

儒释两家，一为世间法，一为出世间法，二者表面上有很多分歧与冲突，但本质上还是有一致的地方。因为释家比儒家究竟，所以儒家往往倾向于排斥释家，但释家是不会否定儒家的，而且反而比儒家更知道儒学的可贵，因为儒家所推崇的“仁”、“君子之道”等也正是释家走向解脱的基础和前提，这就是宋朝张无尽丞相感慨“学佛然后能知儒”的原因。前期的宋濂以“心学”来贯通儒释：“六经皆心学也，心中之理无不具，故六经之言无不该。六经所以笔吾心之理者也……人无二心，六经无二理，因心有是理，故经有是言……今之人不可谓不学经也，而卒不及古人者无他，以心与经如冰炭之不相入也。察其所图，不过割裂文义，以资进取之计，然固不知经之为何物也。”（《六经论》）⑦ 宋濂隐居小龙门山著书时就借用佛理对“心”作了深入的探讨：“天下之物孰为大？曰：心为大……曰：何也？曰：仰观乎天，清明穹窿，日月

① 罗月霞主编：《宋濂全集》（第一册），浙江古籍出版社1999年版，第537页。
② 罗月霞主编：《宋濂全集》（第一册），浙江古籍出版社1999年版，第513页。
③ 罗月霞主编：《宋濂全集》（第二册），浙江古籍出版社1999年版，第743页。
④ 罗月霞主编：《宋濂全集》（第二册），浙江古籍出版社1999年版，第652页。
⑤ 罗月霞主编：《宋濂全集》（第一册），浙江古籍出版社1999年版，第512页。
⑥ 罗月霞主编：《宋濂全集》（第二册），浙江古籍出版社1999年版，第1317页。
⑦ 罗月霞主编：《宋濂全集》（第一册），浙江古籍出版社1999年版，第72～73页。

之运行，阴阳之变化，其广矣！大矣！俯察乎地，广博持载，山川之融结，草木之繁芜，亦广矣！大矣！而此心直与之参，混合无间，万象森列而莫不备焉。非直与之参也，天地之所以位，由此心也；万物之所以育，由此心也。能体此心之量而践之者，圣人之事也，如羲、尧、舜、文、孔子是也。能知此心，欲践之而未至一间者，大贤之事也，如颜渊、孟轲是也。或存或亡，而其功未醇者，学者之事也，董仲舒、王通是也。全失是心，而唯游气所狗者，小人之事也，如盗跖、恶来是也……心一立，四海国家可以治；心不立，则不足以存一身。使人人知心若是，则家可颜孟也，人可尧舜也，六经不必作矣，况诸氏百子乎?”（《龙门子凝道记·天下枢》）①

学佛后的宋濂真正明白了儒学的价值与根本，他说：“天地未判，道在天地；天地既分，道在圣贤；圣贤之殁，道在六经。”（《〈徐教授文集〉序》）② 他这样赞叹孔子与儒学：“道德之儒，孔子是也：千万世之所宗也。我所愿则学孔子也。其道则仁、义、礼、智、信也，其伦则父子、君臣、夫妇、长幼、朋友也。其事易知且易行也，能行之则身可修也，家可齐也，国可治也，天下可平也。我所愿则学孔子也。”（《七儒解》）③

儒释一贯的思想在宋濂后期的作品中得到了明确的阐述与大力的弘扬。“天生东鲁、西竺二圣人，化导烝民，虽设教不同，其使人趋于善道，则一而已。为东鲁之学者，则曰：‘我存心养性也。’为西竺之学者，则曰：‘我明心见性也。’究其实，虽若稍殊，世间之理，其有出一心之外者哉? ……是则心者，万理之原，大无不包，小无不摄。能充之则为贤知，反之则愚不肖矣；觉之则为四圣，反之则为六凡矣。世之人，但见修明礼乐刑政为制治之具，持守戒定慧为入道之要。一处世间，一出世间，有若冰炭、昼夜之相反。殊不知春夏之伸，而万汇为之欣荣；秋冬之屈，而庶物为之藏息。”（《〈夹注辅教编〉序》）④ 在《送璞原师还越中序》一文中又说：“柳仪曹有云：‘真乘法印，与儒典并用，人之向方。’诚哉是言也！盖宗儒典则探义理之精奥，慕真乘则荡名相之粗迹，二者得兼，则空有相资；真俗并用，庶几周流而无滞者也……予，儒家之流也，四库书册，粗尝校阅；三藏玄文，颇亦玩索。负夸多斗靡之病，无抽关启铃之要。”⑤ 宋濂在其晚年又进一步总结道：“西方圣人，以一大事因缘，出现于世，无非觉悟群迷，出离苦轮。中国圣人，受天眷命，为亿兆生民主，无非化民成俗，而跻于仁寿之域。前圣后圣，其揆一也。”（《〈金刚般若经新解〉序》）⑥

儒释一贯的宋濂，在出仕后以儒为主，为明王朝的开国兢兢业业、呕心沥血，深得朱元璋的赏识与敬重，曾当着朝臣的面这样称誉宋濂：“古人太上为圣，其次为贤，为君子，景濂事朕十九年，未曾有一言之伪，诮一人之短，宠辱不惊，始终无异，不谓君子人乎? 抑可谓贤乎！”（王崇炳《金华献征录》）⑦ 而更难能可贵的是，宋濂不失时机地做到了儒释并举，除了乐此不疲于“以文辞为佛事”外，宋濂总是抓住机会与曾经做过和尚的朱元璋研习佛法，且成功地影响了朱元璋儒释并重的治国思想：“钦惟皇上以生知之圣，一观辄悟；诏天下诸浮屠是习是讲，将使真乘之教，与王化并行，治心缮性，远恶而趋善，斯心也，即如来拯度群生之心也，何其盛哉！”（《新刻楞伽经序》）⑧ “皇上自临御以来，宵衣旰食，励精图治，礼乐刑

① 罗月霞主编：《宋濂全集》（第三册），浙江古籍出版社 1999 年版，第 1773 ～ 1774 页。
② 罗月霞主编：《宋濂全集》（第三册），浙江古籍出版社 1999 年版，第 1351 页。
③ 罗月霞主编：《宋濂全集》（第一册），浙江古籍出版社 1999 年版，第 71 页。
④ 罗月霞主编：《宋濂全集》（第二册），浙江古籍出版社 1999 年版，第 939 页。
⑤ 罗月霞主编：《宋濂全集》（第二册），浙江古籍出版社 1999 年版，第 721 ～ 722 页。
⑥ 罗月霞主编：《宋濂全集》（第二册），浙江古籍出版社 1999 年版，第 1292 ～ 1293 页。
⑦ 罗月霞主编：《宋濂全集》（第四册），浙江古籍出版社 1999 年版，第 2345 页。
⑧ 罗月霞主编：《宋濂全集》（第二册），浙江古籍出版社 1999 年版，第 1240 页。

政，粲然备举，所以裁成天地之道，辅相天地之宜，以左右民者，既无所不用其极。今又彰明内典，以资化导，唯恐一夫不获其所，其设心措虑，实与诸佛同一慈悯有情，所谓仁之至义之尽者也，于戏盛哉!”(《〈金刚般若经新解〉序》)① 朱元璋三教并重的思想当然有多方面的原因，但宋濂的努力应是其中重要的一环，他在《三教论》中宣扬的就是儒道释一贯的思想。

三、真儒在用世：宋濂的道统思想

宋濂生长在具有浓厚理学传统及浓郁文化学术氛围的婺州金华地区，这为他道统思想的形成与发展提供了便利的条件，当然宋濂的成才、成功主要源于他的勤奋好学与转益多师。他先就学于闻人梦吉，后游学于吴莱、黄溍、柳贯、陈君采等名师大儒，博采众长，特别是通过他们学习“婺学”，上追周敦颐、二程、吕祖谦、朱熹等宋代理学家，直至孔孟，如此长期深受浙东儒家“事功”和金华学派“践履”精神的熏染，既崇尚伦理道德，又推重用世事功，两者兼取不偏，使宋濂迅速成长、成熟起来，而成为一代“醇儒”，其道德文章影响至今。

道统思想在宋濂身上主要表现为儒家伦理的弘扬与积极用世。首先，宋濂大力倡导君子之道：“古语有之：光明正大，疏畅洞达，如青天白日，如高山大川，如雷霆之为威，如雨露之为泽，如龙虎之为猛，如麟凤之为祥，磊磊落落，无纤芥可疑者，必君子也。”(《龙门子凝道记·君子微》)②“君子之道，与天地并运，与日月并明，与四时并行。冲然若虚，渊然若潜，浑然若无隅，凝然若弗移，充然若不可以形拘。测之而弗知，用之而弗穷。唯其弗知，是以极微；唯其弗穷，是以有终。”(《萝山杂言》)③ 这些描绘也确实是宋濂一生为人为官为文的形象写照。宋濂心目中君子抑或真儒的楷模是三国蜀汉的诸葛孔明，他认为：“三代以下，人物之杰然者，诸葛孔明数人而已。孔明事功著后世，或侪之于伊、吕，固为少褒。”④ 在这篇勉励友人钱塘罗宗礼以孔明为榜样的的《静学斋记》一文中，宋濂继续这样议论道：“古人所以为圣贤者，其道德著乎其言，其才智形乎功业，而存乎册书，非徒以其名称之美而已也……近代之所学者，浮于言而劣于行。孔孟之言非特言而已也，虽措之行事亦然也。学者不之察，率视之为空言，于是孔孟之道，不如霸术之盛者久矣。”⑤

宋濂不仅以君子的标准身体力行，而且还经常教导自己的子女、学生、朋友等要立志高远、兼济天下。他在《龙门子凝道记·令狐微》中这样告诫瓒、璲二子：“当求为用世之学，理乎内而勿骛于外，志于仁义而绝乎功利……富贵外物也，不可求也。天爵之贵，道德之富，当以之终身可也。”⑥ 又在《送从弟景清还潜溪序》中勉励景清说：“必也学为圣贤有用之学，达则为公为卿，使斯道行；不达则为师为友，使斯道明。如此而后庶几也。”⑦ 方孝孺之于宋濂，有如当年宋濂之于吴莱，师生二人情如父子，宋濂对他这个最得意的弟子期望极高，致仕以后在送别方孝孺时亦写诗告勉：“真儒在用世，宁能滞弥文？文繁必丧质，适中乃彬彬……道贵器乃贵，奚须事空言？孳孳务践形，勿负七尺身……此意竟谁知，为尔言谆谆。”(《送方生还宁海并序》)⑧ 在此诗的序中，宋濂认为，就诗文而言，唐宋以来，除欧阳修、苏轼以外，没有人能写

---

① 罗月霞主编：《宋濂全集》(第二册)，浙江古籍出版社1999年版，第1293页。
② 罗月霞主编：《宋濂全集》(第三册)，浙江古籍出版社1999年版，第1789页。
③ 罗月霞主编：《宋濂全集》(第一册)，浙江古籍出版社1999年版，第50页。
④ 罗月霞主编：《宋濂全集》(第三册)，浙江古籍出版社1999年版，第1735页。
⑤ 罗月霞主编：《宋濂全集》(第三册)，浙江古籍出版社1999年版，第1736页。
⑥ 罗月霞主编：《宋濂全集》(第三册)，浙江古籍出版社1999年版，第1814页
⑦ 罗月霞主编：《宋濂全集》(第一册)，浙江古籍出版社1999年版，第107页。
⑧ 罗月霞主编：《宋濂全集》(第三册)，浙江古籍出版社1999年版，第1627页。

超过方孝孺的，他预言道："予今为此说，人必疑予之过情；后二十余年，当信其为知言，而称许生者非过也。虽然，予之所许于生者，宁独文哉?"① 方孝孺没有辜负恩师的期望，二十余年后果然以其舍生取义的惊天壮举，而"留取丹心照汗青"。

宋濂的道统思想还集中表现在其"出处"问题的处理上。孟子曰；"穷则独善其身，达则兼善天下。"而宋濂则曰："达则为公为卿，使斯道行；不达则为师为友，使斯道明。"② 显然宋濂的用世思想更为积极，主张不管个人穷达如何，都要有益于社会。事实上，宋濂也正是这样做的，他的"不达"的前大半生就是"为师为友，使斯道明"，而应召朱元璋之后的"达"的后小半生"则为公为卿，使斯道行"。宋濂无论穷达，都是围绕一个"道"字，或"行道"或"明道"，可见其道统思想的正宗。宋濂在元朝时曾屡入科场，均名落孙山，但至正九年（1349）当被荐为翰林编修官时，年已四十的宋濂却"以亲老，不敢远违，固辞"。(郑楷《行状》)③ 这个举动颇令人费解，其实还是跟宋濂独特的道统思想有关。宋濂认为，仕进不是为了荣华富贵，而是为了"行道"，他后来在《白牛生传》中这样写道："生不肯干禄，或欲挽之使出，生曰：'禄可干耶? 仕当为道谋，不为身谋，干之私也'"④ 也许正因为宋濂越来越看出了无道的元朝即将瓦解的迹象，即使出仕也无从"行道"，所以他毅然决然地选择了退隐，去"明道"，而当十一年后朱元璋聘请他时，他稍一婉拒后就欣然出山了，因为他已看出了朱元璋将是未来天下的"明君"。

无论是授经麟溪，还是隐居仙华山，入小龙门山著书，宋濂或读书，或授经，或著书，或交游，或徜徉山水，无不是他"明道"的努力，而显示了他放达、通脱的本色。他的好友王祎曾这样描写宋濂："性疏旷，不喜事检饬，宾客不至，则累日不整冠。或携友生徜徉梅花间，轰笑竟日；或独卧长林下，看晴雪堕松顶，云出没岩扉间，悠然以自适。世俗生产作业之事，皆不暇顾，而笃于伦品，处父子兄弟夫妇间，尽其道；与人交，任其无钩距；视人世，百为变眩捭阖，谩若不知，知之亦弗与较。"（王祎《宋太史传》)⑤ 一个放浪形骸的赤子形象跃然纸上，与入明后纯正雅儒的宋濂形成了强烈的对比，由此可知，"达"后的宋濂为了"行道"，不得不包装自己，表面上看宋濂前后期判若二人，实则一也。对于一心用世的宋濂来说，面对混乱腐朽的元末现实，长期的退隐实在是百般无奈的选择，而总是拿古之隐者孔明等为自己开脱："古之人非乐隐也，隐盖不得已也。"（《龙门子凝道记·越生微》)⑥ 他这样表白自己的拳拳济世之心："君子未尝不欲救斯民也，又恶进不由礼也，礼丧则道丧矣。吾闻君子守道，终身弗屈者有之矣，未闻枉道以徇人者也。"《（龙门子凝道记·采苓符》)⑦ 所以当朱元璋遣使者礼聘他时，他说："昔闻大乱极而真人生，今诚其时矣。""遂幡然应诏"。(郑楷《行状》)⑧

四、宁能滞弥文：宋濂的道统文学观

自范晔《后汉书》分立《儒林》、《文苑》两传，以区分经学之士与文学之士，后代官修正史多沿袭之，而由宋濂总裁修撰的《元史》却取消了这种区分，单立《儒林传》，这一被后人看来严重危害文学的举措其实就源于宋濂极端的道统文学观。从三国时期的曹丕在《典论·论文》中明确提出"文以载道"，

---

① 罗月霞主编：《宋濂全集》（第三册），浙江古籍出版社 1999 年版，第 1626 页。
② 罗月霞主编：《宋濂全集》（第一册），浙江古籍出版社 1999 年版，第 107 页。
③ 罗月霞主编：《宋濂全集》（第四册），浙江古籍出版社 1999 年版，第 2352 页。
④ 罗月霞主编：《宋濂全集》（第一册），浙江古籍出版社 1999 年版，第 80 页。
⑤ 罗月霞主编：《宋濂全集》（第四册），浙江古籍出版社 1999 年版，第 2327 页。
⑥ 罗月霞主编：《宋濂全集》（第三册），浙江古籍出版社 1999 年版，第 1807 页。
⑦ 罗月霞主编：《宋濂全集》（第三册），浙江古籍出版社 1999 年版，第 1754 页。
⑧ 罗月霞主编：《宋濂全集》（第四册），浙江古籍出版社 1999 年版，第 2352 页。

到刘勰《文心雕龙》的“道沿圣以垂文，圣因文而明道”，强调“明道”、“宗经”、“征圣”，道统文学一直波澜不惊，而到唐代以恢复道统为己任的韩愈所大力倡导的古文运动，才一时盛况空前，至宋代真正迎来了道统文学的全面盛张。宋初经过柳开、穆修、石介等人的努力，到北宋中期随着理学的兴起，周敦颐、二程、欧阳修、苏舜钦等前后接力，道统文学终蔚为大观，但至宋濂时，道统文学又早已凋零。以“道”、“心”、“气”等融合了儒道释的宋濂，比前辈儒者更加能够体会到道统文学的珍贵，而毕生竭力倡导在常人看来难以理喻的、极端的道统文学观，其用心良苦，亘古未有。

宋濂早有文名，经柳贯、黄溍等文章大家栽培与褒奖后，更是声名鹊起。柳贯谓宋文“雄浑可喜”，曰：“吾邦文献，浙水东号为极盛。吾老矣，不足负荷此事。后继来者，所望惟景濂。以绝伦之识，而济以精博之学，进之以不止，如驾风帆于大江中，其孰能御?”黄溍谓宋文“雄丽而温雅”，曰：“吾乡得景濂，斯文不乏人矣!”柳、黄过世后，“景濂踵武而起，遂以文章家名海内”。(王袆《宋太史传》)① 可让人意外的是，宋濂并不满意自己的文名，他写于中年的自传式的《白牛生传》中有云：“或以文人称之，则又拂然怒曰：‘吾文人乎哉? 天地之理，欲穷之而未尽也；圣贤之道，欲凝之而未成也；吾文人乎哉?’”② 年近花甲之年他又这样总结道：“余自十七八时，辄以古文辞为事，自以为有得也。至三十时，顿觉用心之殊微，悔之。及踰四十，辄大悔之。然如猩猩之嗜屐，虽深自惩戒，时复一践之。五十以后，非唯悔之，辄在愧之；非唯愧之，辄大恨之。自以为七尺之躯，参于三才，而与周公、仲尼同一恒性，乃溺于文辞，流荡忘返，不知老之将至，其可乎哉。自此焚毁笔砚，而游心于沂泗之滨矣。”(《赠梁建中序》)③ 宋濂为什么不承认自己为“文人”呢? 为什么越来越悔恨自己几十年来的“以古文辞为事”呢? 这其实还是根源于宋濂越来越极端的道统文学观。

那么，宋濂心目中的“文”或“文人”的标准究竟怎样呢? 又是怎样演变的呢? 我们先看宋濂前期的思考：“呜呼! 文岂易言哉! 日月照耀，风霆流行，云霞卷舒，变化不常者天之文也；山岳列峙，江河流布，草木发越，神妙莫测者地之文也。群圣人与天地参，以天地之文发为人文……虽其为教有不同，凡所以正民极、经国制、树彝伦，建大义，财成天地之化者，何莫非一文之所为也。”(《华川书舍记》)④“文学之事，自古及今以之自任者众矣，然当以圣人之文为宗……天地之间，至大至刚，而吾藉之以生者，非气也耶? 必能养之而后道明，道明而后气充，气充而后文雄，文雄而后追配乎圣经。不若是，不足谓之文也! 何也? 文之所存，道之所存也。文不系道，不作焉可也。”(《浦阳人物记·文学篇序》)⑤ 花甲之年宋濂这样强调：“其文之明，由其德之立；其德之立，宏深而正大，则其见于言，自然光明而俊伟，此上焉者之事也。”(《赠梁建中序》)⑥ 晚年的宋濂又进一步总结道：“日月之昭然，星辰之炜然，非故为是明也，不能不明也；江河之流，草木之茂，非欲其流且茂也，不能不流且茂也! 此天地之至文，所以不可及也。惟圣贤亦然，三代之《书》、《诗》，四圣人之《易》，孔子之《春秋》，曷尝求其文哉? 道充于中、事触于外而形乎言，不能不成文尔! 故四经之文，垂百世百无谬，天下则而准之。”(《〈朱葵山文集〉序》)⑦ 这里宋濂反复论述的就是“道”、“气”、“德”与“文”的同一关系，那么这个“文”就不是广义的“文”，而是狭义的高标准的“载道”或“明道”之“文”了，这样的“文”当然是罕见的。

① 罗月霞主编：《宋濂全集》（第四册），浙江古籍出版社 1999 年版，第 2326 ～ 2327 页。
② 罗月霞主编：《宋濂全集》（第一册），浙江古籍出版社 1999 年版，第 80 页。
③ 罗月霞主编：《宋濂全集》（第一册），浙江古籍出版社 1999 年版，第 558 页。
④ 罗月霞主编：《宋濂全集》（第一册），浙江古籍出版社 1999 年版，第 56 页。
⑤ 罗月霞主编：《宋濂全集》（第三册），浙江古籍出版社 1999 年版，第 1838 页。
⑥ 罗月霞主编：《宋濂全集》（第一册），浙江古籍出版社 1999 年版，第 557 页。
⑦ 罗月霞主编：《宋濂全集》（第三册），浙江古籍出版社 1999 年版，第 1674 页。

越到后来，宋濂道统文学观也越是极端而明确，当然也更让人难以接受了。在《〈徐教授文集〉序》一文中宋濂再次大谈特谈“道”与“文”的关系：“曹丕有言，文章者，不朽之盛事。其故何哉？夫山之巍然，有时而崩也；川之泓然，有时而竭也；金与石至固且坚，亦有时而销泐也。文辞所寄，不越乎竹素之间，而谓其能不朽者，盖天地之间有形则弊。文者道之所寓也。道无形也，其能致不朽也宜哉！是故天地未判，道在天地；天地既分，道在圣贤；圣贤之殁，道在六经。凡存心养性之理，穷神知化之方，天人感应之机，治忽存亡之候，莫不毕书之。皇极赖之以建，彝伦赖之以叙，人心赖之以正，此岂细故也哉？后之立言者，必期无背于经，始可以言文。不然，不足以与此也。”（《〈徐教授文集〉序》）① 接着又从反面来论述：“是故扬沙走石，飘忽奔放者，非文也；牛鬼蛇神，佹诞不经而弗能宣通者，非文也；桑间濮上，危弦促管，徒使五音繁会而淫靡过度者，非文也；情缘愤怒，辞专讥讪，怨尤勃兴和顺不足者，非文也；纵横捭阖，饰非助邪而务以欺人者，非文也；枯瘠苦涩，棘喉滞吻，读之不复可句者，非文也；庚辞隐语，杂以诙谐者，非文也；事类失伦，序例弗谨，黄钟与瓦釜并陈，春穠与秋枯并出，杂乱无章，刺眯人目者，非文也；臭腐塌茸，厌厌不振，如下俚衣装不中程度者，非文也。如斯之类，不能遍举也。”（《〈徐教授文集〉序》）② 宋濂评判是否为“文”的标准只有一个，那就是“道”，这样自然就排除了大量无“道”或少“道”的作品，等于取消了文学的多样性，而有矫枉过正的嫌疑。因而他对历代名家之文的评判就更是让人瞠目结舌了：“夫自孟氏既没，世不复有文，贾长沙、董江都、太史迁得其皮肤，韩吏部、欧阳少师得其骨骼，春陵、河南、横渠、考亭五夫子得其心髓。观五夫子之所著，妙斡造化而弗违，百世以俟圣人而不惑。斯文也，非宋之文也，唐虞三代之文也；非唐虞三代之文也，六经之文也。文至于六经，至矣尽矣，其始无愧于文矣乎！世之立言者，奈何背而去之？”（《〈徐教授文集〉序》）③ 显然，在宋濂看来，前人留下的汗牛充栋的书册中能称为“文”的就微乎其微了，当然能称为“文人”的也就屈指可数了。

致仕家居后撰写的《文原》与《文说》则更为集中地表述了宋濂后期的道统文学观。前者明确指出：“余之所谓文者，乃尧、舜、文王、孔子之文，非流俗之文也。”（《文原》）④ 后者又给“文”下了个更标准的定义：“明道之谓文，立教之谓文，可以辅俗化民之谓文。”（《文说》）⑤ 而最能反映宋濂道统文学观日趋极端的，则是他对司马迁、班固的态度的变化：“世之论文者有二：曰载道，曰纪事。纪事之文，当本之司马迁、班固，而载道之文，舍六籍吾将焉从？虽然，六籍者，本与根也，迁、固者，枝与叶也，此固近代唐子西之论，而予之所见，则有异于是也。六籍之外，当以孟子为宗，韩子次之，欧阳子又次之。此则国之通衢，无榛荆之塞，无蛇虎之祸，可以直趋圣贤之大道，去此则曲狭僻径耳，荦确邪蹊耳，胡可行哉？”（《文原》）⑥ 这里，宋濂将同为“枝与叶”的“迁、固”也砍去了，最终逐出了“文”的领域。到此我们就可以理解，宋濂为什么不忌讳被称为“文人”和悔恨自己的“溺于文辞”了，他把“文”的标准大大提高，而排除了“流俗之文”，后人就只能望“文”兴叹了。

由于坚持自己正宗的道统文学观，宋濂对千百年来的“文之衰”现象深感忧虑，他在《师古斋箴并序》一文中借题发挥道：“然则所谓古者何？古之书也，古之道也，古之心也。道存诸心，心之言形诸书；日诵之，日履之，与之俱化，无间古今也。若曰专溺辞章之间，上法周汉，下蹴唐宋，美则美矣，岂师古

① 罗月霞主编：《宋濂全集》（第三册），浙江古籍出版社1999年版，第1351页。
② 罗月霞主编：《宋濂全集》（第三册），浙江古籍出版社1999年版，第1351页。
③ 罗月霞主编：《宋濂全集》（第三册），浙江古籍出版社1999年版，第1352页。
④ 罗月霞主编：《宋濂全集》（第三册），浙江古籍出版社1999年版，第1403页。
⑤ 罗月霞主编：《宋濂全集》（第三册），浙江古籍出版社1999年版，第1568页。
⑥ 罗月霞主编：《宋濂全集》（第三册），浙江古籍出版社1999年版，第1406页。

者乎?"① 在《〈讷斋集〉序》中他又感慨道："孔子忧世之志深矣，奈何世教陵夷，学者昧其本原，乃专以辞章为文，抽媲青白，组织华巧，徒以供一时之美观。譬如春卉之芳穠非不嫣然可悦也，比之水火之致夫用者，盖寡矣。呜呼！文之衰也一至此极乎!"② 当人们津津乐道于汉赋、唐诗、宋词、元曲时，宋濂却为道统文学的长期缺失而忧心忡忡，而大声疾呼，可是回音寥寥。

一生浸淫佛老的宋濂却坚持如此极端、激烈的道统文学观，而把道统文学观发展到极致，乍一看简直令人难以置信，可如果像宋濂那样能贯通儒道释，也就释然了。曲高和寡的道统文学观发展到宋濂这样一个最高峰，可谓戛然而止了，后来虽有唐宋派的余波，也很快淹没在"情"与"个性"的文学声浪中，道学、道统文学观已走进了历史的末路。明清以来，文学可谓百花齐放，可就是缺少了真正的、也是最重要的道统文学，后人遥望的只能是站在明初的宋濂那孤独、依稀的背影。

结语：平生无别念，念念只麟溪

宋濂晚年因坐孙宋慎罪被逮，后经马皇后、太子的求情，被朱元璋免去一死，流放至茂州安置。临别前，他把自己的文稿、画像等托付给在京的义门弟子郑楷，并赋诗一首道："平生无别念，念念只麟溪。生则长相思，死当复来归。"（郑柏《宋潜溪先生遗像记》）③ 从 1335 年 26 岁到麟溪郑义门执教到 1380 年 71 岁远遣四川茂州的 45 年当中，宋濂虽曾几度出入浦江麟溪，但前后总计有近二十四年是在麟溪度过的。郑义门是宋濂传道、明道的最好基地，麟溪绝佳的人文、山水又是宋濂学道、悟道、著书的天然道场，儒道释与麟溪的一草一木早已融进了宋濂的生命里，而铸成了宋濂矢志不渝的道统思想及道统文学观。后来虽离开麟溪出山"行道"，但他的根一直在麟溪，是麟溪滋润了他的灵魂、他的思想，所以远徙他乡之前才有这样的慨叹。

宋濂卧病途中，卒于夔州。临终前书写毕《观化帖》，端坐而逝。帖云："君子观化，小人怛化，中心既怛，何以能观? 我心情识尽空，等于太虚，不见空空，不见不空，大小乘法门，不过如此。人不自信，可怜可笑。示恪示怿。"（王崇炳《金华献征录》）④ 宋濂在生命的最后一刻，也没有忘记"以文辞为佛事"，安然离去，为他"明道"、"行道"的圆满人生画上了完美的句号。

作者简介　申明秀，复旦大学中国古代文学研究中心 2009 级博士研究生。

① 罗月霞主编：《宋濂全集》（第二册），浙江古籍出版社 1999 年版，第 922 页。
② 罗月霞主编：《宋濂全集》（第四册），浙江古籍出版社 1999 年版，第 2032 页。
③ 罗月霞主编：《宋濂全集》（第四册），浙江古籍出版社 1999 年版，第 2304 页。
④ 罗月霞主编：《宋濂全集》（第四册），浙江古籍出版社 1999 年版，第 2347 页。

宋濂非从学于李大有论

龚剑锋　金晓刚

元末明初文学家、史学家宋濂（1310～1381），出生于江浙行省婺州路金华县金华乡孝善里潜溪西岸宋宅（今浙江省金华市金东区傅村镇潜溪西岸禅定寺旁）。元至正十年（1350），宋濂年41岁携家迁居婺州路浦江县感德乡仁义里青萝山（今属浙江省金华市浦江县郑宅镇）。宋濂通融儒家诸派，又合儒、释、道三教，并用理学影响帝王成功治国而成为明初文坛魁首，开有明之文绪，卓然一代儒学和文章大宗。而考查其博大之见，除源于他笃志苦习、博学于文，更得裨于其转益多师。宋濂自幼蒙受庭训和乡学浸润，学有本原，远窥吕祖谦、朱熹、陈亮、唐仲友诸儒之学，近聆闻人梦吉、柳贯、黄溍、吴莱众先生之教。而对宋濂师承渊源的叙述稽考，时人或来者多有所及，然其中未免有瑕疵、舛误之处。

如侯外庐、邱汉生、张岂之主编的《宋明理学史》在论述"宋濂的理学思想"时说："宋濂除了从黄溍等人受朱学以外，又从方凤得闻陈亮功利之学。其间又学于吕祖谦的后学李大有，为'吕学续传'。"① 对于后半句话，学者们多深信不疑，继而用之，如陈寒鸣所述："宋濂又曾从学于吕祖谦的后学李大有，故其为'吕学续传'。"② 周群在《刘基评传》内也说："他（宋濂）除了师从黄溍等人受朱学之外，又从方凤得闻陈亮功利之学，从学于吕祖谦的后学李大有，为'吕学续传'。"③ 南炳文、何孝荣著《明代文化研究》中亦有："宋濂先后师从黄溍、柳贯、吴莱、闻人梦吉等人，是朱学的正传。他又从方凤得闻陈亮功利之学，从李大有得闻吕祖谦之学。"④ 张岂之主编的《中国学术思想编年·明清卷》也提到："（宋濂）作为金华学派的传人，他对浙东功利之学相当倾心，主张出世、立事功，著之民用；又曾学于吕祖谦后学李大有，故而其学又有吕学重经制、典籍的特点。"⑤《吕祖谦与浙东明昭文化》一书说得更明确："侯外庐等指出'宋濂除了从黄溍以及柳贯、吴莱、闻人梦吉等人受朱学外，又从方凤得闻陈亮功利之学。其间又学于吕祖谦的后学李大有，为吕学续传。'说明宋濂也如同吕祖谦一样，学出多门，还是吕祖谦私淑弟子李大有的后学，是地地道道的吕学续传。"⑥

---

① 侯外庐、邱汉生、张岂之主编：《宋明理学史（下）》，人民出版社1988年版，第57页。
② 陈寒鸣：《简论宋濂思想的特色》，《孔子研究》1993年第3期。
③ 周群：《刘基评传》，南京大学出版社1995年版，第178页。
④ 南炳文、何孝荣：《明代文化研究》，人民出版社2006年版，第241页。
⑤ 张岂之主编：《中国学术思想编年·明清卷》，陕西师范大学出版社2006年版，第16页。
⑥ 浙江省武义县政协文史资料会编：《吕祖谦与浙东明昭文化》，社会科学文献出版社2006年版，第180～181页。

如此众多学者对宋濂从学于李大有之说，未加细考，即予采用。其实此说有误，现予以澄清。

一、宋濂并未从学于李大有

众多学者认为宋濂从学于李大有，其根源在于清代黄宗羲原著、全祖望补修的《宋元学案》或侯外庐、邱汉生、张岂之主编的《宋明理学史》。查《宋元学案·东莱学案·东莱学案表》，吕祖谦的嫡传有吕祖俭、吕祖泰、叶邽、楼昉、葛洪、乔行简、赵焯、辅广、朱塾、刘爚、刘炳、吴必大、王遇、陈孔硕、沈有开、潘友端、宋甡、章用中、倪千里、舒璘、袁燮、石斗文、石宗昭、陈刚、丁希亮，又注明“又六十三人并见《丽泽诸儒学案》”。在东莱弟子最后又单独增列“李大有”一人，并在“李大有”之前特别注明“私淑”二字。而据《宋元学案·东莱学案·东莱私淑》记载，李大有是南宋婺州东阳县人。同时《宋元学案·东莱学案·东莱学案表》，在吕祖谦传人表页面的最下端载有宋濂和王袆两人，并注明“并吕学续传”，说明宋濂是吕祖谦的再传弟子。在其后的《宋元学案·东莱学案·吕学续传》中，也有“文宪宋潜溪先生濂，别见《北山四先生学案》”。① 众多学者为何把宋濂误为李大有的弟子？原因是《宋元学案·东莱学案·东莱学案表》中“李大有”下方较远处列有“宋濂”和“王袆”。其实，黄宗羲将宋濂、王袆列于《东莱学案表》下端，纯粹是将宋濂、王袆2人作为“吕学续传”，与上端的“李大有”并无直接或间接关系，况且李大有与宋濂之间也无线条引连。黄宗羲《宋元学案》的表述是正确的，而后人因为对其版式的误解，误以为宋濂是吕祖谦私淑弟子李大有的弟子，导致以讹传讹。

关于李大有其人生平，《宋元学案·东莱学案·东莱私淑》记载：“常博李先生大有：李大有，字谦仲，东阳人也。大同之兄。私淑三先生之学。尝以轮对上疏，略曰：‘国朝自周敦颐、张载、程颢、程颐，本于正心修身，至于致君行道。近世张栻、朱熹、吕祖谦阐而大之，而义理益明。自庆元权臣创道学名以排之，而士始有以其说为不足学者。其能者又求之于科举，而幸中于剽窃。愿召宿儒，推明儒先之训，扶植治本。而师儒之官亦以此意风厉作成，毋徒为袭取利禄计。’闻者是之。”（云濠谨案：先生庆元二年进士，官至太常博士卒。魏鹤山志其墓。）”② 云濠，即清代冯云濠，与王梓材合著《宋元学案补遗》100卷。魏鹤山，指南宋理学大儒魏了翁。关于东阳李大有的具体生平事迹，魏了翁撰写的《太常博士李君墓志铭》最为详细，其文曰：“嘉定十有六年，某为大常少卿，婺东阳李大有谦仲主簿。谦仲习于礼，顾笾豆簠簋、登俎尊垒位置失次，脊胁臑肫肩亦多阙；……绍熙四年，补博士弟子员。庆元二年中进士第，授迪功郎，主簿潭之益阳，教授平江府，知福州闽县，通判通州，主管官告院，历司农、太常寺主簿，迁太常博士，积阶至朝请郎。……谦仲卒之明年，当宝庆之元，其孤卜十月丁酉葬于怀德乡蒋碑山之原，以今吏部侍郎乔公行简所状行实求铭。某以声气之同，不敢曰不可，则叙而铭之。……（李大有）得年六十有六。娶马氏，封孺人。四子男：自勉、自牧、自得、自修。自得先七年卒。三女，适乡贡进士蔡秦琰、孙用庚，从事郎、新台州宁海县长宁盐场管押盐袋乔通孙。孙男女各一。”③

根据《太常博士李君墓志铭》中所说的“谦仲卒之明年，当宝庆之元”，宝庆即皇帝年号。查《中国历史纪年表》，历史上只有南宋宋理宗在位时使用过宝庆年号（1225～1227）。宝庆元年即1225年，而李大有卒于宝庆元年前一年，所以李大有卒于公元1224年。又据李大有“得年六十有六”，可得出其生于

---

① 以上均见黄宗羲等：《宋元学案》卷五十一《东莱学案》，《黄宗羲全集》第五册，浙江古籍出版社1999年版。
② 同①。
③ 曾枣庄主编：《全宋文》，第311册，上海辞书出版社2006年版，第169页。

1159年，所以李大有的生卒年应当为1159～1224。① 而宋濂生于元武宗至大三年（1310），这时李大有已早卒86年，两人怎么可能相见呢？更谈不上宋濂从学于李大有了，故宋濂根本不可能从学于李大有。

关于此点，在白寿彝先生总主编多卷本《中国通史》中卷九王毓铨著的《中古时代·明时期（上）》中有了更正："宋濂既从黄溍、柳贯等人继承'金华四先生'的朱学之传，又从方凤得闻陈亮功利之学，间学于吕祖谦的后学李大有。"② 这与《宋明理学史》相比，在"间学"前缺一"其"字。为何有此差异？笔者冒昧揣测，有两种可能。一是王毓铨在爰引《宋明理学史》时未仔细披览，以为此处"其"代指宋濂，为避免一句中主语重复，将其略去。然《宋明理学史》中"其间"一词实是介词短语，作为整体，不可分开。若此，则王毓铨删"其"字为误。二是或许王毓铨已发现东阳李大有卒时宋濂未出生，从生卒年上否认宋濂从学于李大有。但又未深入稽考，认为宋濂虽未亲炙于李大有，却可能从学于与李大有弟子或后传弟子，故将"其间学于"易为"间学于"，以示"宋濂间接学于李大有"。若按此意，即宋濂是因学于李大有弟子或再传弟子而继承吕祖谦的学说，成为"吕学续传"，而这又有众多疑问。

首先，李大有未曾师事吕祖谦，"谦仲气刚而质粹，幼与弟大同亲师力学，不幸早孤，遣大同受学于朱文公先生，而躬任家事，不以遗母劳，读书穷晨夜不释"。③ 李大有遣送弟弟李大同受学吕祖谦、朱熹等大儒，然自己则在家治理家务，照料老母，并昼夜读书、自学不辍。虽然李大有十分推崇吕祖谦，并曾为吕祖谦的《大事记》写过《大事记跋嘉定五年》一文，"太史先生是书名袭迁史，体备编年，包举广而兴寄深，虽不幸绝笔于证和，而书法可概见。其文则史，其义则窃取之矣。《通释》，是书之总也；《解题》，是书之传也。学者考《通释》之纲，玩《解题》之旨，斯得先生次辑之意云。嘉定壬申，锓木吴学谨识于卷后。冬至前三日，学掾东阳李大有书。"④ 但检索相关资料，都没提到他登门受学于吕祖谦，只是说他私淑吕祖谦、朱熹、张栻三先生之学，故东阳李大有又入《宋元学案》卷四十八《晦翁学案》及卷五十《南轩学案》。又因李大有的著作今已不见，可见者只有上述这篇《大事记跋》，而从中也难窥其思想梗概。至于是否得到吕的真传，吕学的精髓与特点，李大有有无继承，均尚有疑问。

再者，李大有虽推崇张栻、吕祖谦道德性命之说，"愿召宿儒，崇近列推明儒先之训，扶植治本。"⑤ 但他的学术思想影响较小，在当时多以政事才能显世，史籍亦多记载其勤政为民、造福一方。如"正旦，率乡之大夫士，正齿位仿古乡饮酒礼讲行之，复刻前贤乡约、乡仪风示学者习俗用劝。"⑥ 说他乡居时候致力于恢复古礼，刊行乡约乡仪推行古代乡饮酒礼，以达到风示士习的目的。以及李大有在担任通州通判其间，曾率领民众凿山石，引江河水以灌溉农田，"民田岁苦旱，大有相地势，凿五狼山石麓引江入河以溉之。自是岁以大稔，而商舶亦竟达城下，为通州无穷之利。摄郡事，吏持案白事例钱合自支送大有，判曰有例可送，无法可支。悉却之"。⑦ 还有，李大有曾"尝宛转请于当路，下常平司，以所没入富人财产为乡邑社仓，用朱文公及建安吴氏旧法，岁凶贷民，至今守之"。即运用朱熹发明的"社仓"存储粮食，在饥荒之年贷于百姓，缓解民疾。这些都可以看出李大有体恤民情、关心民瘼的精神品质。既然李大有在当时学术思想影响不大，其弟子或再传弟子因众书不载或资料遗缺，具体已不可考。况且当时婺州之地传吕学者

---

① 这与《全宋文》第294册第251页和《中国理学大辞典》（董玉整主编，暨南大学出版社1996年10月版）第263页"李大有（1159～1224）字谦仲，婺州东阳人"相符。

② 白寿彝总主编、王毓铨著：《中国通史》第九卷《中古时代·明时期（上）》，上海人民出版社1999年版，第423页。

③ 魏了翁：《太常博士李君墓志铭》，《全宋文》第311册，上海辞书出版社2006年版，第169页。

④ 曾枣庄主编：《全宋文》，第294册，上海辞书出版社2006年版，第252页。

⑤ 正德《姑苏志》卷四十二。

⑥ 同⑤。

⑦ 万历《金华府志》卷之十五《人物一》。

甚众，“有若李正节、侯茂钦、信国葛端献公容甫、监察御史乔公世用、通判眉州赵公周锡，皆成公之高第弟子，或以忠义显，或以政事称，或以文学著，传之当世，布之简书，相去一百余载，人尤象而法之，呜呼！何其盛也”！① 宋濂若研习吕学，为何不向其他人求教，而偏求于李大有之后传?

还有，宋濂作为理学家、文学家，素重“明道尊经宗圣”、“道统”、“文统”，主张“文道合一”。而检索现今收集宋濂文章最全的《宋濂全集》，竟对李大有只字未提。考宋濂众多师友之师承，也未见与李大有有关。又查明洪武以后记载南宋东阳李大有事迹的传文，如载于《金华先民传》卷六、正德《姑苏志》卷四十二、万历《金华府志》卷十五、万历《通州志》卷六、《牧津》卷十五、《两浙名贤录》卷二十七、雍正《浙江通志》卷一百二十六、同治《苏州府志》卷七十三等处有关李大有事迹的传文均未提及宋濂从学于李大有，所以说宋濂因间学于李大有而成为“吕学续传”，也值得商榷。

既然宋濂并非因李大有而得闻吕祖谦学说，那么吕学思想影响宋濂的真正源流到底是什么呢? 下文兹以论述。

二、宋濂与吕学之渊源

宋元以来，婺州名儒蔚兴，踵武相接，人文荟萃，逐渐发展成为理学的重镇，赢得“小邹鲁”和“东南文献之邦”之美誉。至南宋乾道、淳熙之际，婺州出现了吕祖谦、唐仲友、陈亮三大婺学巨头，“吾婺学之盛，宋南渡以还，东莱吕成公，龙川陈文毅公，说斋大著唐公，同时并兴”。② 然由于说斋之学与龙川之学为朱熹所抵牾，尤其是说斋唐仲友“自为朱子所纠，互相奏论，其力卒不胜朱子，而遂为世所訾”。③ 此后浙东儒者，绝口不及，其学遂绝。而吕祖谦则与朱熹、张栻相游为世人师，时称“东南三贤”。又吕祖谦之学与朱熹之学、陆九渊之学鼎足三分，并称理学三大学派，“宋乾淳以后，学派分而为三：朱学也，吕学也，陆学也”。④ 尤其是婺州，为吕氏倡道之邦，四方之士争相趋之，“东莱吕子，其会友堂曰丽泽，一时士人倾心向往，道统学派灿然昌明，名儒蔚兴，踵武相接，天下称婺州为小邹鲁”。⑤ 吕学影响甚大，弟子众多，蔚为大观，“吾婺自东莱吕成公传中原文献之正，风声气习，蔼然如邹鲁，而其属邑东阳为尤盛”。⑥ 惜东莱早卒，未见其止，集大成者为朱子，然吕学并未由此中断，仍递传不替，“明招诸生，历元至明未绝，四百年文献之所寄也”。⑦ 宋濂出自婺州，从小对婺学耳濡目染，在这样的大环境下自然离不开婺州浓厚的吕学氛围对他思想的陶铸作用。

综观宋濂的师友，也多为东莱后学。“东莱学派，二支最盛，一自徐文清（侨），再传而至黄文献（溍）、王忠文（祎），一自王文宪（柏）再传而至柳文肃（贯）、宋文宪（濂），皆兼朱学，为有明开一代学绪之盛”。⑧ 而宋濂均上承此二支，因其同时师事黄溍、柳贯。虽朱熹生前常到婺州讲学，接引弟子，由他高足黄干传下的何基、王柏、金履祥、许谦，前承后继，形成金华朱学之统绪，被视为朱学世嫡，在元朝时成为官学，在婺州及全国广泛传播，影响深远。然细察金华朱学之渊源，其与吕学联系密切。尤其是朱熹三传弟子王柏，与吕学有较深关系，王柏的父亲王翰是吕祖谦的及门弟子。汪开之是吕祖谦的再传弟

① 宋濂：《题蒋伯康小传后》，《宋濂全集》，浙江古籍出版社 1999 年版，第 1449 页。

② 王祎：《送胡先生序》，《王忠文公集》卷七，四库全书本。

③ 黄宗羲等：《宋元学案》卷六十《说斋学案》，《黄宗羲全集》第五册，第 364 页。

④ 全祖望：《鲒埼亭集外编》卷一六《同谷三先生书院记》，清嘉庆十六年刻本。

⑤ 光绪《金华县志》，转引自李国钧主编：《中国书院史》，湖南教育出版社 1994 年版，第 362 页。

⑥ 同①。

⑦ 同①。

⑧ 黄宗羲等：《宋元学案》卷八十二《北山四先生学案》，《黄宗羲全集》第六册，第 916 页。

子，他给王柏早年讲“为己之学”，曾影响王柏立志于学道。吕祖谦的弟子戚如琥，其孙子戚绍、曾孙戚象祖都是王柏的讲友，相互论学不断。还有吕祖谦的弟子倪士毅的后人“三倪”也是王柏的讲友。并且王柏、金履祥都曾主讲于丽泽书院。如此家学及众讲友必然会对王柏产生影响，因此由王柏传下的仁山（金履祥）、白云（许谦），不可能不受吕学思想的熏陶，如许谦与东莱后学戚象祖交游亲密。戚崇僧，字仲咸，戚象祖之次子，27 岁时从许谦讲学于东阳县八华书院。① 宋濂一生师事时间最长，影响最大的当推闻人梦吉、吴莱、柳贯、黄溍。因吴莱为宋遗民方凤弟子，而方凤的思想渊源不详，只知与龙川之学有关联，其与吕学关系如何尚不明显，此暂不述。

宋濂 19 岁即从闻人梦吉游学。闻人梦吉（1293～1362），字应之，乡贡进士，门人私谥凝熙先生，金华人。父闻人诜，号桂山翁，往来乡先达定庵（王翰）、鲁斋（王柏）之门，“而得之定庵者为最深”。② 桂山翁知梦吉有异质，“父子自为师友，昼夜饬厉之”。③ 柳贯，浦江人，年轻时登金履祥之门，受仁山思想甚深。黄溍，义乌人，师事同乡理学名家王炎泽、石一鳌。王炎泽受学于叶由庚，叶由庚师事徐侨，石一鳌则受知于王世杰，王世杰游学徐侨之门。而徐侨师承叶邽，叶邽为东莱高足，得吕学之精要。故王、石两人均为吕祖谦四传弟子，黄溍与戚象祖亦系忘年之交，其曾应戚崇僧之请，为崇僧父戚象祖（字惟传，曾任东阳县学教谕、绍兴和静书院山长、信州道一书院山长）撰过《道一书院山长戚君墓志铭》，此外，黄溍还为戚崇僧撰过墓志铭。故黄溍受吕学影响甚大，“其学颇类吕祖谦”④。宋濂的同门友，很多人也继承了吕学思想，如“吕学续传”之一的王祎等。在宋濂的师友人物中，还有两个人应值得注意：宋濂的师辈好友东阳人陈樵、胡助。陈樵，字君采，号鹿皮子。世为衣冠巨族，父陈取青，国学进士，受学于理学家石一鳌。胡助，字履信。父胡祐之，祖胡中行，曾祖胡居仁。胡居仁从东莱吕成公学，与同里曾官至国子祭酒的东莱高弟葛洪为友。宋濂与上述两人交往甚深，亦师亦友。宋濂处于这样的坏境下（众多师友均受学于东莱后学），其受吕学影响，可见一斑。黄宗羲在《宋元学案·东莱学案》中将他列为“吕学续传”，盖缘由于此。

对吕祖谦的金华之学，宋濂在学术上表现出由衷的敬服。他曾经立志要做吕祖谦那样的史官，并对吕学称颂不已，如谓：“窃惟东莱以中原文献之传倡，鸣道学于婺，丽泽之益，近沾远被。……至于宋之文献相承，所以垂世而立国者，亦东莱亹亹为言之，而学始大备。”⑤ 还认为南宋“得濂洛之正学”的仅金华、广汉、武夷三派，这三派所见虽时有不同而其道则一，然教人入教之门或殊而三者不可或缺。

宋濂所处时代，吕学虽有弟子传承，却出现“其学殆绝”之势。宋濂“独念吕氏之传且坠，奋然思继其绝学”，⑥ 即作《思媺人辞》，表达对吕祖谦的景仰之情和吕学衰微的忧虑。文中云：“吾乡吕成公实接中原文献之传”公殁始余百年而其学殆绝，濂窃病之。然公之所学，弗畔于孔子之道也，欲学孔子，当必自公始。此生乎公之乡者，所宜深省也。嗟夫！‘公骨虽朽，公所著之书犹存’。古之君子有旷百世而相感者，况与公相去又如此之甚近乎？闻而知之，盖必有其人矣。托物引类，作《思媺人辞》。”⑦ 当他把此作寄给同门友王祎过目时，王祎竟发出了这样的感叹，认为宋濂“其意盖眷眷焉，是殆将以吕氏之学为学者

① 龚剑锋：《许谦、黄溍、宋镰佚文辑考》，《浙江师大学报》（社会科学版）1998 年第 6 期。
② 宋濂：《故凝熙先生闻人公行状》，《宋濂全集》，浙江古籍出版社 1999 年版，第 312 页。
③ 同②。
④ 方同义、陈新来、李包庚：《浙东学术精研究》，宁波出版社 2006 年版，第 49 页。
⑤ 宋濂：《跋东莱止斋与龙川尺牍后》，《宋濂全集》，浙江古籍出版社 1999 年版，第 1900 页。
⑥ 王祎：《宋太史传》，《王忠文公集》卷二十一。
⑦ 宋濂：《思媺人辞》，《宋濂全集》，浙江古籍出版社 1999 年版，第 87 页。

乎?”① 从中可见宋濂对吕学十分推崇，希望自己能继承并挽救吕祖谦的学说。

吕祖谦学说最大的特色为“中原文献之传”，主要包括兼收朱陆、经史结合等学术思想，同时又受陈亮、叶适事功学派的影响，并侧重文献收集，提倡经史致用。

宋濂继承了吕祖谦的这一思想传统，注重史学文献研究与融通众家学说。而关于宋濂的这两方面思想，学者文章众多,② 此不深入研究，今只作简要论述。

首先，宋濂认为理学的不同派别只有“醇疵得失”的差别，并非截然对立、水火不容，其在《七儒解》中就清晰表明了此点。所以他对陆氏兄弟（陆九龄、陆九渊）及其学不排斥反而十分称颂，他说：“学不论心久已。陆氏兄弟卓然有见于此，亦人豪哉。”③ 宋濂虽未有“心即理”的命题，但他在《六经论》一文中提出了“六经皆心学”的观点，说：“六经皆心学也，心中无理无不具，故六经之言无不该，六经所以笔吾心之理者也。”④ 他认为“圣人之道唯在乎治心”，“心一正，则众事无不正”。在其著作中，宋濂也引证了大量陆学的话语。所以，明中叶王学弟子薛应旂甚至认为他是陆学之正传，“窃观先生之学，在宋则有若陆子静（陆九渊），在元则有若吴幼清（吴澄），盖皆吾学正传，后先一辙”。⑤ 这又可表明宋濂确实吸取了陆学的重要思想。

宋濂受吕学重史思想影响甚大，其在《段干微第一》中说：“中原文献之传（按：指吕学），幸赖此不绝耳。盖粹然一出于正。稽经以核物理，订史以参事情。古之善学者，亦如是尔。其所以尊古传而不敢轻于变易，亦有一定之见，未易轻訾也。”⑥ 宋濂在入明前曾撰有《浦阳人物记》一书，分忠义、孝友、政事、文学、贞节方面记载介绍浦江一县的人物。虽然该书为区区一邑之史，但在当时及后世均有很高评价，如欧阳玄称宋濂“不以一毫喜愠之私而为予夺，何其至公而甚当也”。⑦ 郑涛作序赞道：“其文奋迅而感慨，微婉而精深，有类欧阳文忠《五代史记》之作，非抱良史材者能之乎?”⑧ 清胡凤丹评价此书：“而《浦阳人物记》二卷，予夺褒贬，则尤彬彬乎具有史法。”⑨

明移元鼎后，宋濂、王祎担任《元史》编写的总裁，虽然《元史》在编纂过程中由于时间仓促，资料不足，不免存在诸多遗漏和舛误之处。但《元史》涉及百余年的历史，前后编纂仅用了十三个月，这在中国史书编纂史上是绝无仅有的，而且《元史》至今仍是保存蒙元历史资料最丰富、最系统的一部史书，是后世学者研究元代历史必不可少、不可取代的基本史料。这些都充分显示了宋濂驾驭史料的能力与深厚的史学功底，其史学能力可见一斑。

综合上述两点，故有学者评论宋濂的思想时说：“从宋濂整个思想体系着眼，其实他已在理学内部，沟通了朱陆的心理之争；在儒学范围内，沟通了理学（心性）与反理学（事功）的朱陈之辩。”⑩ 又论宋濂的史学与理学时，学者认为“在宋濂身上，史是与道合二为一的，于道中见史，由史中求道，是他修身立命

---

① 王祎：《思孅人辞后记》，《王忠文公集》卷八。

② 关于宋濂的博采众家文章有《明朝开国时期宋濂、刘基的理学思想》（《宋明理学史》下册第57页），唐宇元：《宋濂的理学思想》（载《孔子研究》1987年第3期）等，宋濂重史思想的有向燕南：《宋濂的史学思想》（载《湛江师范学院学报》2008年2月第1期），朱仲玉：《宋濂和王祎的史学成就》（载《史学史研究》1983年第4期）等。

③ 宋濂：《龙门子凝道记·段干微》，《宋濂全集》，浙江古籍出版社1999年版，第1787页。

④ 宋濂：《六经论》，《宋濂全集》，浙江古籍出版社1999年版，第72页。

⑤ 薛应旂：《浦江宋先生祠堂碑》，《宋濂全集》，第2369页。

⑥ 宋濂：《龙门子凝道记》卷下，《宋濂全集》，第1786页。

⑦ 欧阳玄：《浦阳人物记原序》，《宋濂全集》，第2473页。

⑧ 郑涛：《浦阳人物记序》，《宋濂全集》，第2474页。

⑨ 胡凤丹：《浦阳人物记序》，《宋濂全集》，第2478页。

⑩ 徐永明：《文臣之首——宋濂传》，浙江人民出版社2007年版，第322页。

的法则”。① 可以说宋濂是文、道、史通融于一，足可称得上通儒大宗。

至于侯外庐、王毓铨等人认为宋濂“又从方凤得闻陈亮功利之学”亦值得商榷。虽然方凤卒于元英宗至治元年（1321），宋濂出生于方凤去世前11年（1310），有人有接触的可能，但宋濂确实没有接受过方凤的亲炙，有两点可证：

其一：方凤居于浦江，而宋濂幼年生活于金华潜溪，两地虽同属婺州，然相去甚远。况且方凤晚年得了聋疾，未能开门授徒，“去年（延佑七年）冬，先生尝手写诗一章，介其孙婿吴莱来试春官，言近得聋疾，画纸与人语，则仅可识，自视若外域人，将死无日矣”。② 因此宋濂不可能亲承方凤教诲。即使耳提面命，一个十岁左右的孩童也不会受到多少影响。

其二：宋濂幼时多病，“每风眩，辄昏迷数日”，四五岁时仍坐祖父膝上，无所识知，其家人断然不会过早将其送往异地求学，据宋濂所作《南涧子包公碣》云：“濂之祖太常府君与南涧子相友善，尝延于家塾，俾诸孙师事之，而濂甫十二龄，亦预其列。”③ 可见宋濂在12岁前，未曾离开潜溪到浦江从方凤游学。

事实上，宋濂是通过黄溍、柳贯、吴莱而得闻陈亮的功利之学。因宋濂老师黄溍、柳贯、吴莱均曾从方凤游，而方凤乃陈亮外曾孙吴思齐的讲友（吴思齐祖吴深为陈亮女婿兼弟子）。故方凤也受龙川之学影响（黄宗羲将方凤列入《宋元学案·龙川学案》，即是一例）。④

宋濂一生好学博文，转益多师。自幼及壮，其先后师事多人，据现存文献，可考者有包廷藻、闻人梦吉、方麒、⑤ 吴莱、柳贯、黄溍六人，⑥ 又曾拜访过许谦、郑复初、余阙等大儒，得各家之所长。其实，宋濂师承来源主要有三支，文章事功之学受于吴莱，上溯方凤，源出陈亮，《四库全书总目提要·渊颖集》云：“（吴）莱与黄溍、柳贯，并受业于宋方凤，再传而为宋濂，遂开明代文章之派。”⑦ 经史文献之学源自东莱，系吕学之续传；朱子心性道德之学，宋濂“受之其乡黄文献公（溍）、柳文肃公（贯）、渊颖先生吴莱、凝熙先生闻人梦吉，四家之学，并出于北山、鲁斋、仁山、白云之递传，上溯勉斋（黄幹），以为徽公（朱子）世嫡”。⑧

虽然如此，然宋濂承朱、吕、陈三家学说来源，实难以一一明确厘清，仅能综合言之，因其各师长亦多兼三家，只是各有偏重而已，元代的婺学也一直贯穿着文道并重和道德与事功并重这一基本精神。

从此点来说，宋濂可谓最得东莱吕氏之学的精髓要旨，既重心性道德，亦重经史文献、利义事功。正因于此，宋濂进一步继承和发扬了东莱吕学的优良传统，通诸家之说而取其长，汇诸家之博大气象，成为婺学的集大成者。

---

① 魏青：《元末明初浙东三作家研究》，齐鲁书社2010年版，第73页。

② 柳贯：《方先生墓碣铭并序》，《柳待制文集》卷十，四库全书本。

③ 宋濂：《南涧子包公碣》，《宋濂全集》，浙江古籍出版社1999年版，第1193页。关于宋濂入学时间有六岁、12岁之争，详见徐永明《文臣之首～宋濂传》，第327页。

④ 方勇：《方凤集·前言》，浙江古籍出版社1993年版，第4页。

⑤《宋元学案·北山四先生学案》作方麟，“方麟，太末人；李亦，东阳人，与蒋贞节元皆文懿弟子。贞节延两先生于家塾，俾其子允升礼而师之。参《王忠文集》”。然查诸本《王忠文集》，其卷二十四《蒋季高墓志铭》内均载：“贞节君性严毅，教训甚笃，延太末方先生麒、同邑李先生亦于家塾，俾季高礼而师之。贞节君与两先生皆金华文懿许公弟子，其学承朱学之正传。”明确为“方麒”，可知《宋元学案》为误。

⑥ 陈葛满：《宋濂交游考——与师长交游部分》，《浙江师大学报》（社会科学版）1992年第2期。

⑦ 纪昀：《四库全书总目提要·渊颖集》，中华书局1961年版。

⑧ 黄宗羲等：《宋元学案》卷八十二《北山四先生学案》，《黄宗羲全集》第六册，第298页。

附：宋濂师承吕学渊源图

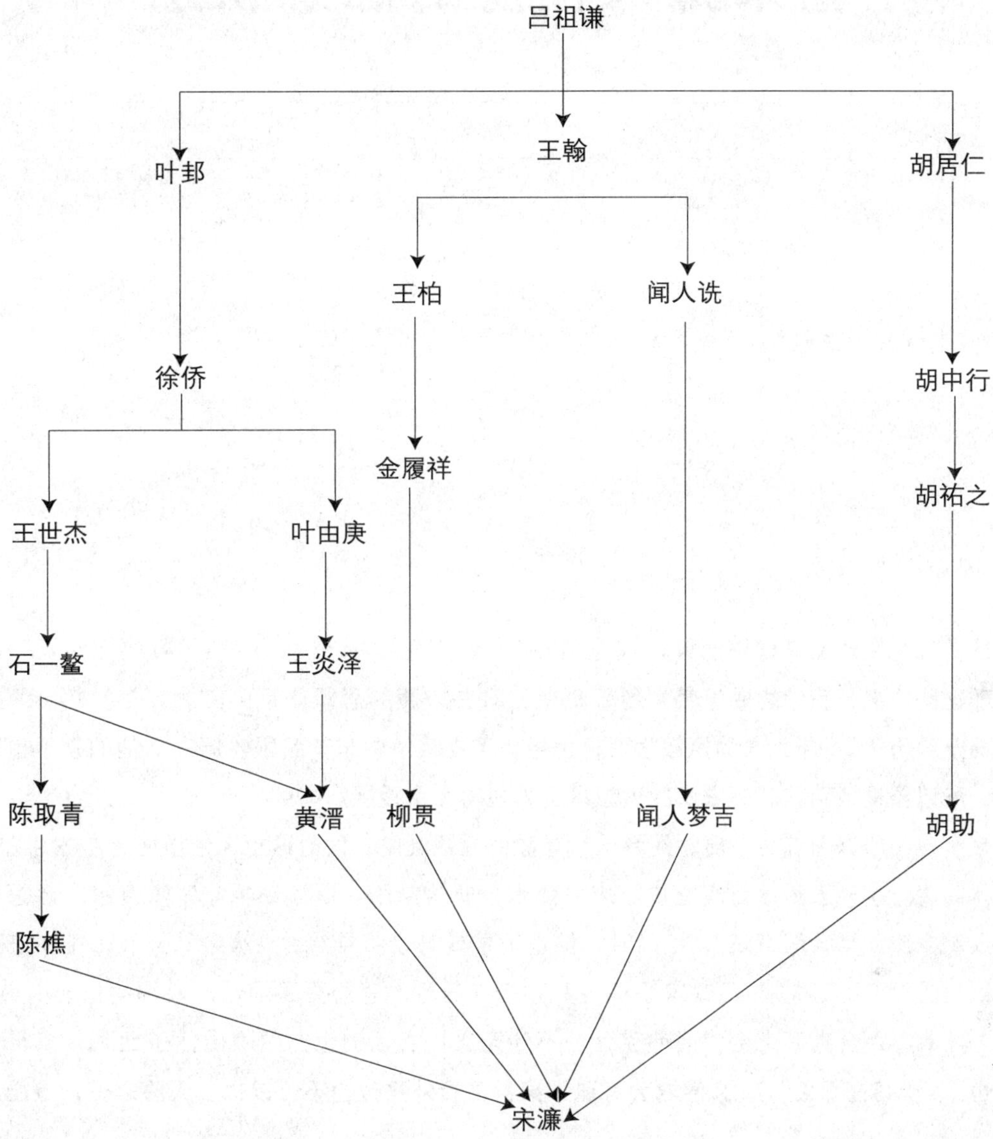

作者简介　龚剑锋，浙江师范大学人文部分副教授，金晓刚，浙江师范大学2008级历史系本科生。

论宋濂入仕前的思想状态

朱晓玲

宋濂入仕前的主要作品有《潜溪集》、《芝园集》、《浦阳人物记》、《龙门子凝道记》及一些赠答作品等。通过梳理这些作品，我们能明显感觉到儒释道三教在宋濂的思想体系中交融混杂，却又浑然一体。年过半百的宋濂既经历了25年之久的执教生活，也经历了在战争中东奔西跑的历练，他的思想也正是在此阶段达到成熟，所以整理成熟状态下宋濂的思想状况就显得尤为重要。

宋濂生来有疾，所以为养生，自幼他就练习道教的呼吸吐纳，同时这也为他接触道教提供了契机。“母妊七月，臣体即降。生未五龄，百疢交攻。热火郁木，邪沴制阳。肝气动摇，手牵目瞠。谒医视之，谓为瘛瘲”,①“生幼多疢，常行服气法”。② 同时，他也很早就与佛教结缘，“濂自幼至壮，饱阅三藏诸文，粗识世雄氏所以见性明心之旨”。③ 而儒家积极进取和修身养性的思想更是他幼时庭训的重要内容。“处士君尝谓予曰：‘吾幸逢六合真元之会，而弗克仕。不仕无义，古之训也。尔濂尚体予之训，以行其志哉！志行，道亦行也。’予窃谨识之”。“文通君尝有遗训矣：富贵外物也，不可求也。天爵之贵，道德之富，当以之终身可也”。④

我们在宋濂入仕前的作品中就可以看到他对这三种思想渊源的融会贯通，“《天瑞》《黄帝》两篇虽多设辞，而其离行去智，泊然虚无，飘然与大化游，实道家之要言”。“间尝熟读其书，又与浮屠言合……中国之于天竺，相去一二万里，而其说若合符节何也？岂其得于心者亦有同然欤”?⑤ 在此，宋濂认为道教中的“离行去智，泊然虚无，飘然与大化游”与佛教中的“大乘圆行说”、“修习教观说”、“幻化生灭说”、“轮回不息说”、“寂灭为乐说”、“圆觉四大说”、“若合符节”，也就是说他领悟到世间的“道”其实就是“一”，而诸学说是“多”，只要通透了世间的道，就可以优游大化，贯通诸家思想，就如同苏东坡所体会到的“孔老有异门，儒释分宫，又于其间，禅律相攻。我见大海，有北南东，江河虽殊，其至则同”（《祭龙井辩才文》）。

① 罗月霞主编：《宋濂全集·太乙玄微记》，浙江古籍出版社1999年版，第28页。
② 《白牛生传》，第81页。
③ 《佛性圆辩禅师净慈顺公逆川瘗塔碑铭》，第743页。
④ 《龙门子凝道记·令狐微第十二》，第1785页。
⑤ 《潜溪录·诸子辨》，第134～135页。

一

在世界观上，宋濂更多的是从释道的角度去理解，认为有玄玄之道在天地人之中运行，并且此道是客观的，人们应顺应于道，顺化自然，同时认为理想的社会应是礼治、德治的社会。

> 我观妙境不思议，三千性相恒宛然。心佛众生本无二，不为迷悟有增灭。大充法界小尘沙，一一具此无量法。须知一念即三千，三千一念亦如是。……此境即空即假中，而亦不落空假中。①
>
> 我观自身相，四大所假合。自顶下至踵，种种非真实。一旦四大离，我复在何处？我身且不有，何况身外物。②

在宋濂的观念中，人身和万物运行着同一个“道”，就如“一灯遍入一切处，一切摄入一灯内”，但是不能太过执著于此，因为道是玄而又玄的：“混沦在上者，谓之天；磅礴在下者，谓之地；中立两间者，谓之人。天地不死，而人皆死者何也？不知有玄玄之道故也。”“天地之间，有玄玄之道焉，塞八区，宰六幕，茫乎大化，莫见其迹，窈冥忽荒之中而有神之以为之枢”。“所谓不依形而立，不待力而强，不以生而存，不随死而亡者也”。而人们能做的就是“养而全之。守一处和，若蛰龟然。一故弗杂，和故弗戾，久而行之，其道乃至”。③

宋濂要求以礼、德来治理社会。“古之有道有德者，使教焉，死则意味乐祖，祭于瞽宗，此之谓‘先师’”，“学校者，礼之所自出”，“礼固非士庶所敢议，有人心者，孰能默默以自安乎”！④ 宋濂主张以学校为基地推行礼治，并且全民学礼，认为这是祭祖立今的根本。“盖天下大物也，可以德持，不可以力兢”，“其足以赖尔长存求治者，非德何以哉”?⑤ 从历史的教训中提炼出当今的治理社会的方案。在《读宋徽宗本纪》引到“传曰：‘惟命不于常，道善则得之，不善则失之。’”但也不排除法治，“天下之要，德以怀之，刑以威之”。⑥

在宋濂的世界观，值得注意的一点是：宋濂对中观论的认识和运用。他汲取了天台宗以中、假、空三谛圆融来解释世界的观点，更重要的是他完全掌握了中观论的认识方法，并以此来理解世界，理解人生，理解宗教。“命为气之根，性为理之根，双体双用，双修双证，奈何歧而为二”?⑦ 所谓“‘静则同，虚则通，至德无为，万物皆容’，即‘道常无为而无不为，侯王若能守，万物将自化’也。所谓‘道可以弱，可以强，可以柔，可以刚，可以阴，可以阳，可以幽，可以明，可以包裹天地，可以应待无方’，即‘道冲而用之或不盈，渊乎似万物之宗也’也”。⑧

宋濂认为道的本身是一个矛盾体的相辅相成，破除执空执有，而不落两边，所以他的世界观就是认为支配天地人的玄玄之道就涵摄在天地人中，要以无为化有为，以无为来运大化。“宜法乎自然，守之以无为”。⑨

---

① 《天台教宗圆具圆颂》，第49页。
② 《浦阳善应精舍记》，第114页。
③ 《潜溪前集·述玄》，第103～104页。
④ 《孔子庙堂议》，第20～21页。
⑤ 《隋室兴亡论》，第39页。
⑥ 《萝山杂言》，第51页。
⑦ 《送许从善学道还闽南序》，第1110页。
⑧ 《潜溪录·诸子辨》，第131页。
⑨ 《调息解》，第227页。

但是宋濂的唯物论思想也是不彻底的，他在《乐书枢第六》中承认有“神仙之说”：“人身有至中焉。洞然而虚，窈然而深，是谓玄牡之门。玄牡之门，真息之根也，凝神之室也。虚以待之，久则气聚，气聚则精合，精合则神凝，神凝则可久视而长世矣。”这也是其溺于道教的结果。

二

宋濂前50年的心理活动也是处于隐居状态，较少的政治压力，使其在人生观上既是丰富的，又是单一的，丰富在于他从三教各个方面浑融地探讨心性，单一在于主题的单一，向内探求的多了，向外观望的自然就少了。

在《萝山杂言》中，他谈到人的不足时说：“功有所不全，力有所不任，才有所不足。”但是，君子之道就在于“唯其弗知，是以极微；唯其弗穷，是以有终”。接下来就是“知名不可徼，身不可徇，是谓守素。守素则治，治乃昭，昭乃纯，纯乃诚”。这就是他的修心之法，人首先要认清自身，针对本身的缺陷再循序渐进的改进，提高内心的素质，最终才能达到心的自由状态。

同时，他还利用佛教即心即佛的思想认识自身，“求圣人于人，求圣人之道于经，斯远人。我可圣人也，我言可经也，弗之思耳”。学道亦如此，“人有奔走而求首者，或告之曰：‘尔首不亡也。’指以示之，冷然而悟。学者之于道亦然。”佛在身中何须外求，自身就是圣人，自己的言语思想就是圣经，需要的只是指点和顿悟。

宋濂认为求知就是为了解惑，并以此来更好的指导言行，“聃书所言，大致敛守退藏，不为物先，而壹返于自然。”① 其实他也信奉返归自然而不急功近利的去追求俗利，宋濂最愿学的是孔子的道德之儒，“其道则仁、义、礼、智、信也，其伦则父子、君臣、夫妇、长幼、朋友也。其事易知且易行也，能行之则身可修也，家可齐也，国可治也，天下可平野”。② 认为“君子与天合德”，与自然合律，要由人及家，由家及国的推演开去。

儒家积极进取的理念在宋濂的思想中是根深蒂固的，他的人生追求依然是修身齐家治国平天下，“当求为用世之学，理乎内而勿骛于外，志于仁义而绝乎功利”。③ 他不是彻底的佛教徒，也不是彻底的道教徒，但是他是一个彻底的文人儒生，虽然他在作品中并不承认这一点。在《白牛生传》中可以说宋濂是破除一切对他的称呼或看法：文人；学六经；学服气以及生活的状态。其实不破不立，正如文末所言：“生，妄人也哉。言其文，弗能成章；言其道，则又邈乎未之见也。犹自语诸心曰：‘我学古人，我学古人。’不亦悖且戾乎！”在文中，宋濂一语道破了其努力的宗旨“学在治心，道在五伦”。是年，宋濂46岁，在意识到仕途无望的情况下，他认识到近乎半生的探究就为修心，研修佛经是为了“住修降伏”，④ 六经也是如此，“皆心学也，心中之理无不具，故六经之言无不该”。⑤“生顺死安，天理也”。⑥《诘皓华文》的创作可以说是宋濂思想的一个转折点，在当时他已看出中原混战后鹿死谁手的状况下，朱元璋拉拢宋濂，宋濂也看出当时的朱元璋是一个良君。他借主忧的肺神皓华之口，说出要“先天下之忧而忧”，要“上畏天命，下悲人穷”，这既是宋濂出仕对他人的表白，也是对己的自白，从此开始了他的仕途之旅。

---

① 《诸子辨并序》，第130页。
② 《七儒解》，第71页。
③ 《龙门子凝道记·令狐微第十二》，第1785页。
④ 《金刚般若经新解序》，第1292页。
⑤ 《六经解》，第72页。
⑥ 《乐书枢第六》，第1779页。

三

宋濂的文学观主要集中在《太乙玄微记》和《龙门子凝道记》中。在《太乙玄微记》中，他提出文之重要性，“乾坤之粹精业，阴阳之灵和也，四时之衡石也，百物之辖辖也，中国之采章也，四裔之仪法也，可不务乎?”并把文视为不朽的手段之一，“充于一身，和顺内积，英华外发；达于四周，民物阜康，政教罄洽。笔之于书，则可为天下后世法”。这篇作品就是以梦境的形式，托太乙之口，“示子学文”，认为文关乎自身的价值实现，关乎民情风俗的质淳，关乎政教的和畅。

宋濂提倡文以载道。郑涛在《宋潜溪先生小传》中说道：“谓文为载道之具，凡区区酬应以应时用者，皆非文。于是益求古人精神心术之所寓，而大肆力于其间。”宋濂同时反对造文家和传经家，“造文家和传经家皆欲明夫道也，二家多不相能”。认为“造文固所以明道，传经亦将以明道，何可以歧而二之哉”?①

文体并重，体用合一。这一点突出反映在宋濂对六经的理解上。

> 说天莫辨乎《易》，由吾心即太极也；说事莫辨乎《书》，由吾心政之府也；说志莫辨乎《诗》，由吾心统性情也；说理莫辨乎《春秋》，由吾心分善恶也；说体莫辨乎《礼》，由吾心有天序也；导民莫过乎《乐》，由吾心备人和也……其人之温柔敦厚，则有得于《诗》之教焉；疏通知远，则有得于《书》之教焉；广博易良，则有得于《乐》之教焉；洁净精微，则有得于《易》之教焉；恭俭庄敬，则有得于《礼》之教焉；属词比事，则有得于《春秋》之教焉。②

宋濂在六经中领会的都是为文之用，并且都是有利于修身养性，他认为“六经即心学”，经不明，则心不正，不能“割裂文义，以资进取之计”。

宋濂的文学作品中，很突出的一个特点就是运用了佛教中观的思想作为论述问题的方法。这在文学观中主要表现为文中多用双遣双非的排比句式和思维方式。如论道时：

> 道可以弱，可以强，可以柔，可以刚，可以阴，可以阳，可以幽，可以明，可以包裹天地，可以应待无方。③
>
> 其施之于用也，能覆能载，能阴能阳，能静能动，能柔能刚，能上能下，能圆能方，能舒能惨，能翕能张。毛者亦以之而趋，羽者亦以之而翔，甲者亦以之而出，鳞者亦以之而行：凡有血气者，莫不藉是以存。所谓不依形而立，不待力而强，不以生而存，不随死而亡者也。④

这种“可以……可以……”、“能……能……”的句式所体现出来的思维方式就是不离两边，即空即假中，宋濂文中这样的句式比比皆是，这既是受宗教思想的影响，同时也是宋濂思想的内容，认为文学即为文又为宗经明道又为自身：“文之所存，道之所存也。文不系于道，不作焉可也。”（《浦阳人物记》卷下《文学篇》）“为文必在养气”（《文原》）而吾借气以生，“养之（气）而后道明，道明而后气充，气充而后文雄，文雄二胡追配于圣经”。（《浦阳人物记》卷下《文学篇》）最后他又将文之功利性统一了起来。

---

① 《乐书枢第六》，第1780页。
② 《六经论》，第72页。
③ 《潜溪录·诸子辨》，第131页。
④ 《潜溪前集·述玄》，第103页。

四

以上都是宋濂的内在思想探究，他的外在表现又是什么样的呢？下面从宋濂入仕前的生活状态这一角度对此进行考察。

“先生年三十，即以家事付子侄，朝夕从事书册。稍暇支颐看云，或披发行松间。遇得意时，辄击磐浩歌，声振林下，翛翛然如尘外”。① 有人提出这年宋濂的儿子宋璲才七岁，不可能理家事，所以这里应该指的是宋濂的哥哥宋渊的儿子即宋濂的侄子宋瑛。此时宋濂在麟溪执教已五年，生活稳定，并且多与师友交游研磨学问，所以应该是其生活和思想的黄金时期。

宋濂在《萝山杂言》的序中说道：“濂自居青萝山，山深无来者，辄日玩天人之理。久之，似觉粗有所得，做《萝山杂言》。”在这里，宋濂把对天人之理的探究称为“玩”，这既表明其生活状态的清闲，也是其心态的清闲；既是其思想有所得的自谦，也是其不执着于天人之理的追究而跳脱优游的心态。

《白牛生传》是宋濂46岁时的一篇作品，也可以说是一篇自传，文中以问答的形式表明心迹，文中多有现状的描述，如“尝骑白牛往来溪上，故人以白牛生目之。生躯干短小，细目而疏髯。性多勤，他无所嗜，惟攻学不怠。存诸心，著诸六经；与人言，亦六经”。“生不肯干禄”，“安于义命，未尝妄有所为”。“生慕孔、颜之乐，如聆钧天之乐，如获褭蹏之金，言及之，手足舞蹈不已”。“生幼多疾，常行服气法。”“生虽贫，喜色常溢眉宇间”。“生御恶衣粗馔，安之”。“生不贵贵人，不贫贫人”。“生遇物以诚，三尺之童莫之敢欺”。“生不享外神，唯事其先甚谨”。“生多读台衡贤首、慈恩诸家书”，“生当情意调适，辄悬特磬于簴，亲击以铁箠，瞑目侧耳而听，自以为达制乐之原”。“生好著屐登山，遇境胜处，注目视弗释”。“生年四十有六，发无白者，日坐一室中，澄思终日。或执笔立言，动以贤圣自期，其中之所存者，人固莫能识也”。我们不能确定上面所述全部属实，但是我们能从这些材料本身看出当时的宋濂的生活状态，他追求闲适的生活情趣，“吾养吾浩然之气”，勤学不辍，此时的宋濂的心态是平和的。

在宋濂入仕前的时间里，整个社会背景对其影响是不大的，长期授学使其生活有了物质保障，使其有充分的时间修养自身，从典籍中滋养心智。他的生活是稳定的，心态是平和的，思想是自由且丰富的，入三典而有得，出三典而任自然。

宋濂虽然蛰居半生，但是他的人生理想在文集中多有论述：“以周公、孔子为师，以颜渊、孟轲为友，以《易》《诗》《书》《春秋》为学，以经纶天下之务，以继千载之绝学为志，”② “天下有道，出辅明君，以兴一王之治，使三代礼乐复见当今，先生志也。”③ “为天地立心，为生民立命，为往圣继绝学，为万世开太平”，这是每个儒生士人的最高追求，宋濂亦是。但是“学之积年，而莫有用之者，其命也夫！其命也夫！今之人入山著书，夫岂得已哉?”④ 机遇难逢，宋濂大半生都在入山著书，理想和现实的反差在前期的作品中的反映稍显平淡，这得益于宋濂多元的思想结构，释道思想大大影响了宋濂的人生态度、行为方式和文学创作。

青年时期的宋濂既才华横溢，又血气方刚，他在《孤愤辞》的序中说道：“中州人士有无罪而被废斥者，识与不识咸冤之。濂因本其志，为著孤愤之辞，使世之用法不慎者读焉，其或知所惧也夫。”身在江南，为远在中州且不识的人以文辞申冤，我们不禁深深为之颔首。随着年龄的增长和理想的破灭，宋濂在

---

① 《宋濂年谱》，第2698页。
② 《龙门子凝道记·令狐微第十二》，第1785页。
③ 《终胥符第三》，第1761页。
④ 《龙门子凝道记·令狐微第十二》，第1785页。

元朝多次参加科举未中，又面对元末腐败混乱现象，宋濂的心也平和下来了，更多地去体悟天道人理，在《终胥符第三》中说道人身有至宝，“范围至道，妙契天符，初无声臭，不分远近，非至宝与？其博无际，其厚无涯，其高无上，其深无下，非至宝与？函天包地，载阴负阳，日月同明，鬼神同妙，非至宝与？不为尧存，不为桀亡，终古特立，不迁不变，非至宝与”？他更多的是回到了内心，探求那三寸灵台。他的内心是痛苦的，“我岂遂忘斯世哉？天下之溺，犹禹之溺；天下之饥，犹稷之饥。我所愿学禹稷者也，我岂遂忘斯世哉？虽然，予闻之，道之兴废系诸天，学之进退存诸己。存诸己者，吾不敢不勉也；系诸天者，予安能必之哉？予岂若小丈夫乎？长往山林而不返乎？未有用我者尔？苟用我，我岂不能平治天下乎？”这才是宋濂的心声：怀才不遇。

也正是前期的50多年的身心修炼造就了老成持重的明朝“开国文臣之首”，宋濂就其自身的努力来说，是得其善终的。在朝其间，他不会像其他在朝的浙东文人被排挤或被谋害。就连雄猜多疑的朱元璋也说：“古之人太上为圣，其次为贤，其次为君子。若宋濂者事朕一十九年，而未尝有一言之伪，诮一人之短，宠辱不惊，始终无异，其诚所谓君子人乎！非止君子，抑可谓之贤矣。”①

总的来说，宋濂入仕前，儒释道并重，儒家思想一直是其思想的基础，积极进取是其行动的指导思想，宋濂想通过文辞实现人生的价值意义，而释道又构成了其创作的内容和思维方式，也成为其在前期不得意时的规避之所，亦如“逃禅”。所以，释道充其量是其行动和思考的工具，这也是三教在其世界观、人生观、文学观、生活状态中表现的共同点。

作者简介 朱晓玲，浙江师范大学人文学院中国古代文学专业2009级研究生。

---

① 《潜溪录·应廷育〈金华先民传〉》，第2343页。

宋濂的史学思想与学术评论

向燕南

宋濂（1310～1381），字景濂，号潜溪，又号龙门子、玄真子，先世为金华潜溪人，至濂时迁居浦江。宋濂幼时家境贫寒，以力学和才华赢得社会的承认。① 宋濂一生先后经历了元、明两个皇朝，其中有51年在元朝度过，21年在明朝度过。虽然早在元代，宋濂就是很有名气的社会贤达和学者②，但是他一生中最辉煌、最有影响的时刻，仍是在明朝开国的几年，先后担任过翰林学士、国子司业、赞善大夫、知制诰、同修国史等职，曾被明太祖朱元璋誉为“开国文人之首”③，无论是对明初的政治，还是对明初的文化，都具有相当的影响。《明史》的本传说：有明“一代礼乐制度，多属濂所裁定”。④ 说明了宋濂在明朝政治和学术文化中的重要地位和影响。

作为元末明初最重要的学者之一，宋濂一生“自少至老，未尝一日去书卷，于学无所不通”，⑤ 无论是在理学，在文学，还是在史学等方面，都留下有许多著作，为元末明初的学术发展做出有重要的贡献，尤其对明代前期的理学、文学及史学发展产生有重大的影响。其中就史学的贡献来说，一是在“夙夜揣分，无任战栗”，⑥ 极端险峻的专制政治条件下，组织编纂了《元史》，保存了有元一代“大概亦尚完整”的历史；⑦ 二是建议并组织编写了《大明日历》、《皇明宝训》等重要史著，不仅保存了重要的历史事实，而且恢复了“日历”、创立了“宝训”等修史制度和记注形式，为明皇朝的修史制度奠定了基础；三是私撰了记述当朝史事的《洪武圣政记》，开创了有明一代以“政记”、“政要”、“大政记”、“圣政记”、“宪章录”等形式记述当代政事的史学风气；四是撰写了《浦阳人物记》及未完成的《婺郡先民传》，编纂了《浦阳文艺录》，推动了有明一代编写地方先贤传、裒辑著录地方文献等史学风气的兴起；五是撰写了大量的人物

---

① 关于宋濂求学时的情景，宋濂后来曾在《送东阳马生序》里，有十分生动的描述。

② 元朝末年，宋濂曾以文名被召翰林院编修，因见当时农民起义蜂起，元屋将倾，于是“以亲老辞不行”，隐居浙东龙门山，潜心研读著述，韬光养志，静观时变，前后达十数年。元至正二十年（1360），朱元璋攻占婺州，闻宋濂名而召见之，聘其任郡学《五经》师。当时，宋濂以职渺，不得展伊尹之志，未从就职。直至次年三月，宋濂才又“以李善长荐，与刘基、章溢、叶琛并征至应天，除江南儒学提举，命授太子经，寻改起居注”，（《明史》本传）开始逐渐步入朱明统治集团核心不断升迁。

③ 李贽《续藏书》卷二《宋濂传》载，朱元璋曾对宋濂说：“朕起自布衣为天子，卿自草莱列侍从，为开国文人之首。俾世世与国同休，不亦美乎？”

④ 《明史》卷一二八《宋濂传》。

⑤ 同④。

⑥ 《元史》附《宋濂目录后记》，中华书局点校本1976年版。

⑦ 赵翼：《廿二史札记》卷二十九《元史》条，中华书局校证本1984年版。

传记，撰写了许多学术史的研究专著和论文，以及史论、史书序跋和政治寓言等反映其史学思想的文献，在学术史的发展中起到了承前启后的作用。所以《宋元学案》称宋濂，是“以开国巨公，首唱有明三百年钟吕之音”,① 概括地说明了宋濂在明代学术发展史中的重要地位。

值得提出的是，对于宋濂来说，从元末到明初，他前后经历了从一位在野的社会贤达，一位目睹元末政治腐败和农民起义汹涌浪潮而待沽受命之君的隐者，到成为新的统治集团的重要的政治顾问、帝王之师和文学侍从的地位转变。随着时势、环境、政治地位以及个人学识的发展变化，宋濂的思想和学术，乃至个人性格也都随之发生了显著的变化，不再是不时流露出政治理想或抱负、言辞尖锐激烈的才子形象，而是表现出了一副谦谦君子、言行谨慎的老臣之姿。这只要看看其主持修纂的《元史》一反以往正史编纂的传统，纪传均不作论赞，惟“据事直书，具文见意，使善恶自见，准《春秋》及钦奉圣旨事意”②，即绝不发表自己对历史的看法和评论，惟“钦奉圣旨事意”是从，就可知道加入朱明统治集团后的宋濂，是多么地小心翼翼。这种变化，必然形成了宋濂前、后两个思想和学术的发展时期。但是毕竟仍是同一个自然人，因此在宋濂这前、后两个时期之间，必然地又有着不可截断的思想联系。只有了解这一点，才能全面客观地认识与评价宋濂的史学思想及学术评论。

一、宋濂的学术渊源及特点

随着宋代以后经济重心的南移，宋濂出生和成长的浙东地区，逐渐在中国思想文化的发展史中扮演起重要的角色。尤其是宋室南渡后，定都杭州，在形成政治中心的同时，更促进了这一带地区经济和文化的发展。宋元时期的浙东地区，除了出现过以吕祖谦为首的得“中原文献之传”的“金华学派”，以陈傅良、叶适为首的讲求经制之学的“永嘉学派”，和以陈亮为首的强调事功的“永康学派”等学派外，还出现过以黄震为首的、在宗朱前提下修正朱学的“东发学派”，出现过以王应麟为首的博洽经史、重视考释的“深宁学派”，出现过传承陆九龄、陆九渊心学的“甬上四先生”杨简、袁燮、舒璘、沈焕，以及受朱熹高弟黄幹嫡传的“金华四先生”何基、王柏、金履祥、许谦等学术传人与学派。在这些学者的努力下，浙东地区逐渐积淀了深厚丰富的学术传统，构成了当地所谓“小邹鲁”的文化氛围。尤其宋濂家乡所在的金华，更是当时整个浙东学术文化的中心，而有“婺学”之称。

宋濂可以说是浙东学术传统的嫡传，黄宗羲《宋元学案》是把他置于金华朱学的统绪之中，而全祖望所作《宋文宪公画像记》则具体说道：

> 文宪之学，受之其乡黄文献公、柳文肃公、渊颖先生吴莱、凝熙先生闻人梦吉。四家之学，并出于北山、鲁斋、仁山、白云之递传，上溯勉斋，以为徽公之世嫡。③

其中所谓黄文献公名溍，柳文肃公名贯，二人与吴莱、闻人梦吉同为元代金华地区的理学健将和文章大家。全祖望称：此四家之学，并出于何基、王柏、金履祥、许谦等“北山四先生”，直接承继了从朱熹到黄幹一脉下来的学术渊源。

除了从黄溍等人处承继了“北山四先生”的金华朱学学术传统外，在浙东丰厚学术底蕴的环境中，宋濂还汲取了金华一些其他学派的学术思想养分。对此，元末明初的大儒杨维桢，在明初为宋濂《潜溪新集》

① 《宋元学案》卷八十二《北山四先生学案·宋文宪公画像记》。

② 《纂修元史凡例》。

③ 同①。

所作之序中概括说：

余闻婺学在宋有三：东莱氏以性学绍道统，说斋以经世立治术，龙川氏以皇帝王霸之略志事功。其炳然见于文者，各自造一家，皆出于实践而取信于后之人而无疑者也。宋子之文根性道，干诸治术，以超继三氏于百十年后。①

认为宋濂的学术渊源来自南宋的吕祖谦、唐仲友及陈亮三家，即熔性命之学与经世之学为一炉，谈理而又不废文献之学和史学，同时又不忘经世致用②。

也正是受浙东学术这种经世学风和思想的影响，宋濂一直渴望在政治上有所作为。尤其是面对着元末社会的动荡和人民的离乱困苦，宋濂更是期逢明君，让自己施展政治抱负与才干，“为天地立心，为生民立命，为往圣继绝学，为万世开太平”。面对元末“方今六合尘冥，胶胶纷纷，凤凰不徕，虎豹成群，生民邅屯，如水之溺，如火之焚”的局面，宋濂一再动情地说：“我非人则已，苟亦人尔，何可不忧世哉！何可不忧世哉！”③ 认为一个真正的人，就绝不能对人民的困苦视而不见。在《龙门子凝道记·终胥符第三》里，宋濂曾写下他不得已隐居小龙门山时的心情说：

龙门子闲居而有忧色。二三子相与谋曰：先生忧矣，吾等当思有以乐之。乃推一人进而言曰：弟子事先生有年矣，先生志之所存，非小子所敢知，虽然窃与闻焉，天下有道，出辅明君，以兴一王之治，使三代礼乐复见当今。先生志也然不不轻于自进，必待上之人致敬而后翩然以起。安车弗临，而风沙袭人，先生之发将向皓矣。今四海汤汤，未知所底定，先生之辙迹将安之乎？曷若盘旋丘壑以乐先王之道哉？……龙门子抚然曰：我岂遂忘斯世哉？天下之溺，犹禹之溺，天下之饥，犹稷之饥，我所愿学禹稷者也，我岂遂忘斯世哉！虽然予闻之，道之兴废，系诸天；学之进退，存诸己。存诸己者，吾不敢不勉也；系诸天者，予安能必之哉！予岂若小丈夫乎长往山林而不返乎！未有用我者尔。苟用我，我岂不能平治天下？

所以宋濂急于出世辅佑明君“以兴一王之治，使三代礼乐复见当今”，而不安于终身隐居山林，“若小丈夫乎长往山林而不返”。他认为“睹民遑遑于涂炭之中”而不顾，绝不是一个儒者所应为。他在解释出仕与救民的关系时说：

古之人仕也，欲安斯民也，睹斯民遑遑于涂炭之中，其心恻然曰：彼人也，我亦人也，厥身则同一身也。我之才足以有为也，苟弃之而不救，则非人也。然欲救之，非仕不可也。如斯而已矣。岂知所谓荣与名哉？以荣与名而仕，必贱丈夫也！譬之渡长江之险者，必借舟楫之利；适千里之远者，必借骐骥之力；行济物之志者，必假禄爵之贵。禄爵之贵，何有于我哉！何有于我哉！④

---

① 见《宋文宪公全集》附录卷四，清宣统三年刻本。

② 唐仲友亦南宋浙东重要学者，以讲求经制之学著于时，元修宋史，“谓仲友为朱子斥，乃不载之简册”，宋濂深以为憾，遂作《唐仲友补传》。

③ 《宋文宪公全集》卷五十一《龙门子凝道记上·采苓符第一》。

④ 《宋文宪公全集》卷五十一《龙门子凝道记中·悯世枢第一》。

他还举出秦汉之际的商山四皓和五代宋之际的陈图南的事迹，说他们“当秦及五季之乱，四海鼎沸，生民涂炭，奋然思起而救之”，“及闻汉高帝出，则四皓归商山矣；宋太祖在位，则图南隐华山矣”，是“盖其心以救民为急，苟有任之者，则身可退矣”。认为“彼之为即我之为也”，本心都是经世救民，“初何心于天子之贵哉”！① 宋濂这些欲救世救民心曲的吐露，反映了一位对于人民疾苦富于同情的知识分子，在元末时局动荡之时真实的思想活动。这些思想，在一定意义上，也正是宋濂从唐仲友、陈亮等前辈浙东学者那里继承下来的经世精神的表现。

怎样才能拯世救民？宋濂认为首先是要通过自己的著述来表彰儒学的道统，以及道统所体现的儒学精神。他在《自题画像赞》中君子自道说：“吾心与天地同大，吾性与圣贤同贵，奈之何堕于曲学，局乎文艺，忘其真实之归，溺此浮华之丽，颠隮于得丧之涂，眩惑于是非之际”。所以他决心要“用致知为进学之方，藉持敬为涵养之地，续坠绪之茫茫，昭遗经之晰晰，虽任重道远，必笃行而深诣，庶几七尺之躯，不负两间之愧尔”。② 其门生王绅《祭潜溪先生文》亦阐扬宋濂的这种思想说：“先生之学，穷理尽性，由诚意而致太平，莫不实践躬廑；先生之道，内王外伯，主圣经以奴百氏，遗道德而贱功勋。”表明宋濂的学术思想所受吕祖谦及“北山四先生”等浙东学者学术传统的浸润。

与接受以婺学为主的浙东学术的同时，宋濂对释、道两家思想亦有相当深的研究，他曾自称其“自幼至壮，饱阅三藏诸文，粗识大雄氏所以明心见性之旨”，③ 且“往往见其说广博殊胜”，④ 所以宋濂屡屡公开声明要合汇儒、释、道三家之说。此外，宋濂对于陆学也多表示同情，并往往流露于文字之中。如他在《龙门子凝道记》中曾论述说：

> 学不论心久矣，陆氏兄弟卓然有见于此，亦人豪哉！故其制行如青天白日，不使纤翳可干，梦寐即白昼之为，屋漏即康衢之见，实足以变化人心。故登其门者，类皆紧峭英迈，而无漫漶支离之病。惜乎力行功加，而致知道阙，或者无憾也。⑤

所以后来薛应旂从王学的立场评价宋濂说：“究观先生之学，在宋则有若陆子静，在元则有若吴幼清，盖皆吾学正传，后先一辙，其与前四贤（何基、王柏、金履祥、许谦）之繁简纡直，世必能辨之也。”⑥ 宋濂学术思想的这种特点，究其原因，除南宋末和元代以来理学中和会朱、陆的思想趋势，以及浙东学术中调和朱、陆学术传统影响外，宋濂本人对佛教明心见性修持方式的认同也是相当重要的思想因素。

从上述宋濂所接受的思想渊源来看，主要可以概括为这样两个方面：一是重视学术的经世致用，且调和朱、陆之学的浙东学术传统；一是释道两教（主要是佛教）识心明性的思辨哲学。前者决定了宋濂史学中基本的政治观点和积极的入世涉世的思想特点，后者影响了宋濂史学中有关存在认识和历史理论的一些思想观点。

二、宋濂的史学思想

宋濂的史学思想深受其整个学术思想的影响，既在天道观、认识论方面，表现出明显的主观唯心主义

---

① 《宋文宪公全集》卷五十一《龙门子凝道记中·先王枢第五》。
② 《宋文宪公全集》卷四十七。
③ 《宋文宪公全集》卷十一《净慈顺公瘗塔碑铭》。
④ 《宋文宪公全集》卷十三《夹注辅教编序》。
⑤ 《宋文宪公全集》卷五十二《龙门子凝道记·段干微第一》。
⑥ 《宋文宪公全集》卷首三，薛应旂：《祠堂碑记》。

的色彩，又在对历史治乱兴衰的解释中，表现出浓厚的儒家政治伦理思想和实践理性的精神，这些特点构成了宋濂史学思想的丰富性和复杂性。

宋濂史学思想的逻辑是从对天地宇宙的形成与运动的理解开始的。宋濂认为，天地宇宙的形成与运动是神秘的、精神性的“一元之气”运动的结果。他阐释说：

> 太虚之间，一降一升，而能橐籥于无穷者，非气母也耶？气母之所孕，其出无根，其入无门，而其应也甚神。人能察乎阴阳之变，而不凝滞于物者，其知鬼神之情状矣。①

这“出无根，入无门”，先于万物存在，而又“不凝滞于物”的“气母”，也就是决定“太虚”，即宇宙运动及其荣欣藏息变动的“一元之气”。宋濂说：

> 殊不知春夏之伸而万汇为之欣荣，秋冬之屈而庶物为之藏息，皆出于一元之气运行，气之外初不见有他物也。②

那么，什么是催动驱使这“一元之气”进行生化及运动的呢？宋濂认为是主观意识性的所谓“天地之心”。对此，宋濂说道：

> 夫生者，乃天地之心。其阴阳之所以运行，有开阖惨舒之不齐。盖天地之心生生而弗息者，恒循环于无穷。③

于是，通过这一系列的观念演绎，宋濂便虚构出了一条从“天地之心”出发，通过“一元之气”或“气母”的中介，生化出宇宙万物及其运动的逻辑。在这天道的逻辑演绎中，“一元之气”或“气母”实际就是“天地之心”意志的具体体现。在这样的理解中，所谓主观意义的“天地之心”，事实上便被赋予了绝对的本体地位。④

在以“天地之心”作为宇宙本体的主观唯心主义理论基础上，宋濂又进一步提出并阐释了“吾心为大”的思想，并由此引导出他具体的历史观点。宋濂在《龙门子凝道记》中说：

> 或问龙门子曰：天下之物孰为大？曰：心为大，……曰：何也？曰：仰观乎天，清明穹隆，日月之运行，阴阳之变化，其广矣大矣。俯察乎地，广博持载，山川之融结，草木之繁芜，亦广矣大矣。而此心直与之参，混合无间，万象森列而莫不备焉。非直与之参也。天地之所以位，由此心也；万物之所以育，由此心也。能体此心之量而践之者，圣人之事也，如羲、尧、舜、文、孔子是也。能知此心欲践之而未至而一间者，大贤之事也，如颜渊、孟轲是也。或存或亡而其功未醇者，学者之事也，董仲舒、王通事也。全失其心而唯游气所徇者，小人之事也，如盗跖、恶来是也。然而此心甚大也，未易治也，未易养也，歘然而西，忽焉而东，其妙不测而乘气机出入

① 《宋文宪公全集》卷四十一《温忠靖王庙堂碑》。
② 《宋文宪公全集》卷十三《夹注辅教编序》。
③ 《宋文宪公全集》卷四十七《越国夫人练氏像赞》。
④ 侯外庐等主编：《宋明理学史》下册，第三章第二节，人民出版社1997年版。

者也。苟失正焉，翩然而风起，滃然而泉涌，有不可殚名者矣。是故孔子叙《书》，传《礼记》，删《诗》，正《乐》，序《易》彖、系、象、说卦、文言，作《春秋》，何莫不为此心也。诸氏百子之异，户出则汗牛马，贮充栋宇，虽言有纯疵，学有浅深，亦为此心也。心一立，四海国家可以治，心不立，则不足以存一身。使人人知心若是，则家可颜、孟也，人可尧舜也，《六经》不必作矣，况诸氏百子乎！①

认为这主观意识的“心”，至广大通变化，“万象森然而莫不备焉”，宇宙万物一切客体皆备于作为主体意识的“此心”之中，其“所以位”、“所以育”，亦皆“由此心也”。因为在宋濂看来，“天地一太极也，吾心一太极也，风雨雷霆皆心中所以具”②。吾心即天地之心，亦即圣人之心，在漫长的以往的历史过程之中，以及在无限的未来的历史之中，“此心同，此理同”，均将永恒地存在③。对于“此心”体察程度的不同，不仅构成了圣、贤、学者和小人的差异，而且构成了国家治乱兴衰的标准：“心一立，四海国家可以治，心不立，则不足以存一身”。因此宋濂认为，“心存则理之所存”。只要“使人人知心若是，则家可颜、孟也，人可尧舜也，《六经》不必作矣”，国家亦可因此达到治平。这样，在宋濂的观念中，所谓“天地之心”便成了支配历史兴衰的抽象标准。显然，宋濂这种历史观，是以主观唯心主义认识论为基础的典型的唯心主义历史观。

受其强调主观之“心”决定历史治乱兴衰的基本历史观念影响，宋濂史学思想的突出特点：一是在对历史运动的解释方面，强调人的道德行为对于历史发展的决定性影响；一是在对历史的表述方面，更重视对人的德行表彰而相对轻于对政事的总结与品评。

宋濂史学思想的这种特点，在他的史学著作中有明显的表现。例如《浦阳人物记》是宋濂的重要史著，书中，宋濂将浦阳的历史人物分为忠义、孝友、政事、文学、贞节等五类。之所以作这样的分类和排列，宋濂在该书的《凡例》中说：

忠义、孝友，人之大节，故以为先，而政事次之，文学又次之，贞节又次之。大概所书，各取其长，或应入而不入者，亦颇示微意焉。

明确表示忠义和孝友等道德品质，是“人之大节”，也是最值得历史予以表彰的，它们在历史地位、社会地位也是高于所谓政事的。宋濂在《忠义篇序》中详细地论道：

夫生者，人之所甚乐，而有家之私，又人之不能遽忘，彼岂甘于颈血溅地而自以为得计哉？第以君上决不可背，名教决不可负，纲常决不可亏。忠义一激，虽泰山之高，不见其形，雷霆之鸣，不闻其声，刀锯在前，不觉其惨，鼎镬在后，不知其酷，必欲得死，然后为安也。

在《孝友篇序》中论道：

浦阳自唐天宝末置县以来，凡历七代更五百余年，而生齿之繁，至一十二万有奇。岁月如是

① 《宋文宪公全集》卷五十一《龙门子凝道记中·天下枢第四》。
② 《宋文宪公全集》卷八《赠云林道士邓君序》。
③ 《宋文宪公全集》卷五十一《龙门子凝道记下·段干微第一》。

之久，人民如是之众，中间岂无豪杰者兴，效长才、出秘计，以自赴于功名之会者哉？又岂无握长枪大剑陷阵攻城，以苟徼贵富者哉？计其当时虽雄视一世，勇盖三军，自谓可以流芳于无穷。曾未百年，声消响绝，虽其子孙亦有不能道其名若字者矣。呜呼！是果何为者哉？若夫闾巷布衣之家，虽其所为不足以惊世动俗，有能修孝友之道者，朝廷必下诏旌之史官，必求其实而书之，脱或史官失书，贤士大夫又必从而谨志之，则其事往往反足以传于后世。岂非天经地义不可磨灭，有非区区功名富贵者所能同也哉？善乎魏徵之言曰：虽或位登台辅，爵列王侯，禄积万钟，马逾千驷，死之日曾不得与斯人之徒隶齿。其言又岂不信然也哉！呜呼，有志之士宁不于是重有感哉！

这里，宋濂明确地提出“君上决不可背，名教决不可负，纲常决不可亏”；认为“有能修孝友之道者”，其在历史中的价值，是远远高于那些“效长才、出秘计，以自赴于功名之会者”，和“握长枪大剑陷阵攻城，以苟徼贵富者”的所谓“豪杰”，因此表彰历史上这些忠义、孝友的道德行为，是朝廷史官乃至“贤士大夫”一定要“从而谨志之”的历史责任。

显然，在宋濂的史学观念中，史学首要的社会作用应是“申以劝诫，树之风声”①，“记功司过，彰善瘅恶”② 的道德评价，而相对这道德的表彰来说，对影响历史治乱兴衰的典章制度及政治策略等具体经验的总结，则显得并不那么重要。因为宋濂认为：

人之欲犹夫疾也，圣贤之书犹夫药也，以药治疾则疾瘳而体顺；以圣贤之书克欲则欲去而理明，自然之势也。世顾玩之以为辞章之助，虽日诵五车，亦何补身心哉？”③

所以史书的撰述也必须要有补身心道德。宋濂对于史学社会功用的认识，与他的心本体论和体认“天地之心”的修养方法论是一致的，反映出宋濂在宋明理学影响下，其史学思想发展的特点与局限。

宋濂这种视名教道德为影响历史的兴衰治乱决定因素，视忠义、孝友精神为“天地之心”的史学思想，还可在《浦阳人物记》所特立的《贞节篇》中看出。宋濂《贞节篇序》议论说：

《诗》曰：无非无仪，惟酒食是议。释之者曰：有非，非妇人也；有善，亦非妇人也。议夫酒食而已。盖妇人之行，不出闺门，在无事之时，尚不欲以善自闻，况当哀苦之余，称之曰“未亡人”而顾以是自见衒欤？……世之材士大夫习俎豆，攻诗书，坐而尧言，行而舜趋，其自负诚不在古人后。一旦受人家国之寄，辄怀二心者有之矣。况区区一女子，所事不过织纴中馈之间，反能守死自誓如秋霜烈日，不可狎玩，又可得而少之欤？

最后，宋濂一语双关地感慨道：“贞妇之得名，盖以世之不贞者众也。濂又岂得不为衰俗一慨也欤！”在激赏这些节妇烈女德行的同时，亦对那些所谓“习俎豆，攻诗书，坐而尧言，行而舜趋，其自负诚不在古人后”，然而“一旦受人家国之寄，辄怀二心”的贰臣表示讽刺与鞭笞。古代诗歌常以对节妇的咏叹，来表白自己节操的坚贞，宋濂的《贞节篇》实际也是包含着他对忠义、孝友等道德精神的表彰。

宋濂的史学思想，虽然相对表现有重道德表彰轻政事鉴戒的倾向，但是全面看，他仍然对历史的政治

---

① 刘知几：《史通》内篇《直书》，中华书局点校（清）浦起龙《史通通释》本卷七，1978 年版。下引版本同。
② 刘知几：《史通》内篇《曲笔》，中华书局点校（清）浦起龙《史通通释》本卷七。
③《宋文宪公全集》卷五十三《浦阳人物记・政事篇・王万传》。

鉴戒价值有一定认识，而且还从政治的角度，对历史发表了许多有见识的评论。当然，即使是这些历史评论，宋濂依然不能彻底摆脱其基本历史观念的影响。这也是在评价宋濂的史学思想所应当予以注意的。

首先，宋濂认为“纪载之文”必不可少，倘“使数百年之间赫赫焉若前日事者”，也“非托之于文”不可。假若“其有政事可书而不书遂至泯泯无闻者”，一定是“当时执笔者”的过失。① 关于这种从史学家的历史责任的高度来看待政治史的记述，看待总结、鉴戒政治史的史学思想，宋濂具体论述说：

> 呜呼，政事于人大矣！操厚伦悖俗之具，执舒阳惨阴之柄，御赏善罚恶之权，任出生入死之寄，其在朝廷，则四海被其泽；其在一郡，则一郡仰其赐；其在一县，则一县受其福。苟得其人，则上明下淳，歌谣太平；一或反是，则流毒四境，神怒民怨，至有激成他变者。其所系甚重且难也。盖如此，人能以一善自效于官者，岂可使之泯泯无闻乎？纵曰往者之不可作，宁不使来者之知劝乎？呜呼，纪载之文其可少乎！②

对于这种“纪载之文岂可少哉”的史学思想，宋濂在《大明日历序》里又一次强调说：“然而史书甚重，古称直笔，不溢美，不隐恶，务合乎天理人心直公。无其事而曲书之者，固非也，有其事而失书之者，尤非也。”③ 也正是抱着这种“不可知者固已无如之何，幸犹可以考见者，辄不敢不书”的“拳拳于此”之心④，宋濂撰述了明皇朝第一部当代史的著作《洪武圣政记》。

《洪武圣政记》共两卷，是宋濂以目击者的身份撰述的一部当代史著作。“是书略仿《贞观政要》之例，标题分记”，将宋濂认为可以垂法戒于后人的政治大事，分为严祀事、定大本、昭大分、肃军政、绝倖位、定民志、新旧俗等七类，“而新旧俗下又分申禁令、核实效、育人才、优前代、正礼乐之失、去海岳之封、严宫闱之法、厉忠节之训、划积岁之弊九子目”⑤。关于撰述这部史著的动机，宋濂在《自序》里写道：

> 自古帝王创业垂统，方有事于征伐，而于弥纶天下之治，具势或未遑。及其大统既集，亦不过振厥宏纲，而万目未尽举焉。如汉之高帝，得国最正，虽曰算无遗策，而施之政令，犹乏精详，故史臣赞之，亦但云规模宏远而已。夫以高帝之雄杰尚如此，则其余从可知矣。洪惟皇上，以布衣受天命，盖与高帝同，虽当开拓土疆知际，停戈讲艺，息马论道，夜以继日，无一时之宁。迨夫正天位，朝万国，孳孳图治，恒若不足。于是纲举于上，目备于下，诚有非高帝之所及，……皆焕然有条，可以垂法后世，……臣备位词林，以文字为职业，亲见盛德大业日新月，于是与僚属谋，取其有关政要者，编集为书，……凡金科之颁，玉条之列，著之于简书，刻之于琬琰，传之于圣子神孙者，将与天地相为无穷。

在宋濂的眼里，明太祖朱元璋是与汉高祖刘邦一样，都是“以布衣受天命”，“得国最正”的君主。但是二人论武功虽同，较文治则明太祖略高一筹，“诚有非高帝之所及”者。这对于认为“政事于人大矣”，“人

① 《宋文宪公全集》卷五十三《浦阳人物记·政事篇序》。
② 同①。
③ 《宋文宪公全集》卷十二。
④ 同①。
⑤ 《四库全书总目》卷五十二《洪武圣政记》提要，中华书局影印本1965年版。

能以一善自效于官者，岂可使之泯泯无闻乎？纵曰往者之不可作，宁不使来者之知劝乎？呜呼，纪载之文其可少乎”，且“备位词林，以文字为职业，亲见盛德大业日新月”的宋濂来说，又怎能不把这些反映明太祖朱元璋神功懿谟的历史记述下来，“著之于简书，刻之于琬琰，传之于圣子神孙者，将与天地相为无穷”呢？“开国文臣之首”宋濂的这种史学思想，对明代以所谓“大政记”为形式的当代史撰述的发展，应该说是具有一定影响和促进作用的。

其次，在对历史治乱兴衰问题的认识上，宋濂认为天下是有德者的天下。有德国则传，失德国则亡。天网恢恢，报应不忒。所以统治者必须修行德政。

关于修德者得天下，享祚亦久；失德者亡天下，享祚亦促，将统治者的道德行为与历史发展的兴亡盛衰联系在一起的历史思想，宋濂曾专门撰述了一些史论进行阐述。例如在《隋室兴亡论》的史论中，宋濂论述了从隋文帝“开皇、仁寿之间”的“人物阜繁号为极治”，到隋炀帝大业之时“海内四分五裂”，“卒致血溅御衣而身亦随殒”二代的兴亡盛衰。宋濂议论道：

> 当其指麾群雄，叱咤之间，风骇云流，而混六合于一家，何其雄也。身死肉未及寒，而邦国荡覆，子孙诛戮殆尽，反不如弘农一布衣，时又何其削也。君子论祸败之几，不起于炀帝之日，而基于高祖之时。何也？盖天下大物也，可以德持，不可以力竞。使高祖以德结人心，虽炀帝昏荒之甚，其败亡未必若斯之速也。夏有太康，殷有雍己、河亶甲，周有幽、厉，而宗祀不绝者，以禹、汤、文、武之德未斩也。是故采章文物，不足为之盛；金城汤池，不足为之固；长枪大剑，不足为之利；士马精强，不足为之勇；玉帛充牣，不足为之富，其足以赖而长存永治者，非德何以哉？惜高祖不可语此，徒以力竞也，悲夫！①

明确指出：“天下大物也，可以德持，不可以力竞。”而对于一个政权来说，“其足以赖而长存永治者，非德何以哉”！此外，在《读宋徽宗本纪》的史论里，宋濂也发出同样的感叹说：

> 嗟夫！成汤务德，帝命式于九围；纣为不道，身死周人之手。其所感应，捷于桴鼓。闻以一人治天下，未闻以天下奉一人。奈何穷奢极侈，而毒痛四海百万生灵，彼实何辜？其身亡国破，为万世笑，非不幸也，宜也！《传》曰：惟命不于常道，善则得之，不善则失之。可不畏哉！可不畏哉！②

认为德政修行与否之于盛衰兴亡，“其所感应，捷于桴鼓”，击之随即相应。对此统治者岂“可不畏哉”？又怎能不思以惕厉呢？

统治者如何修行德政？宋濂认为应先修君臣之德，即“为君者当谨五矩，为臣者当行五彝”。如是“则天下治矣”。其中所谓“五矩”，是指为君的五种品德：“一曰省愆”、“二曰受言”、“三曰尊士”、“四曰去骄”、“五曰推仁”；所谓“五彝”，是指为臣的五种品德：“一曰进贤”、“二曰任事”、“三曰守俭”、“四曰善谏”、“五曰知退”。宋濂说：

---

① 《宋文宪公全集》卷三十六《隋室兴亡论》。

② 《宋文宪公全集》卷三十九《读宋徽宗本纪》。

夫慾不省，则心德有亏矣；言不受，则人情壅闭矣；士不尊，则达大业弗立矣；骄不去，则贤者远避矣；仁不推，则贵贱罔附矣；贤不进，则国家空虚矣；事不任，则官旷职隳矣；俭弗守，则穷欲极奢矣；谏不善，则捍格难入矣；退不知，则倖进失己矣。为君者当谨五矩，为臣者当行五彝，而天下治，此之谓也。①

当然，宋濂的这些论述，仍未弹出传统儒家“以德治、天下平”，坚信人的道德力量决定国家兴亡，和宋元理学家强调正君心、正臣心的老调，表现了与其“心一立，四海国家可以治，心不立，则不足以存一身”，所谓立“天地之心”理学思想的一致性。但是，宋濂这种将君臣的道德行为视为历史治乱兴衰关键的历史思想，毕竟是一种值得肯定的重人事的历史思想。这种历史思想在促使统治者在其政治和经济行为中，多少注意到节制自己的各种欲望，注意修德行仁政方面，是具有一定意义的。尤其是宋濂在孟子民本思想的基础上，提出“闻以一人治天下，未闻以天下奉一人。奈何穷奢极侈，而毒痡四海百万生灵，彼实何辜”的观点，对于后人反对封建专制的思想，更是具有积极的思想史意义。

不信禄命，肯定人的主观努力在国家历史与个人命运方面的价值，是宋濂历史思想特点的第三个方面，也是宋濂历史思想中值得肯定的一个积极的理性的方面。

宋濂曾撰述《禄命辨》一文，对传统社会中一直十分盛行的以人出生年、月、日所属干支推算命运吉凶的三命说进行了批驳。文中，针对“三命之说，古有之乎”的提问，宋濂明确地回答说：“无有也!”针对“十一曜之说，古有之乎”的提问，宋濂同样回答说：“无有也!”又针对“占命又起于何时乎”的提问，宋濂亦回答：“以星占国亦已久矣，而未必用之占命也。”宋濂认为以星占命，“其术尽出于西域”，其“巧发而奇中”，“有固有之，而不可泥”，因为“以甲子干支推人所生岁月”，其数有限，而“天下之广，兆民之众，林林而生者，不可以数计，日有十二时，未必一时唯生一人也”，所以宋濂诘问说：“以此观之，同时而生者不少，何其吉凶不相同哉?”一个有力的论据就是嬴秦长平役后，日坑赵卒40余万，怎能说这么多人同时“共犯三刑”呢！所以宋濂结论说：

人之赋气有厚薄短长，而贵富贱贫寿夭六者随之，吾不能必也，亦非日者之所能测也。蹈道而修德，服仁而惇义，此吾之所当为也。不待占者之言而后知之也，予修德矣。倘贫贱如原宪，短命如颜渊，虽晋楚之富，赵孟之贵，彭铿之寿，有不能及者矣。命则付之于天，道则责成于己，吾之所知者，如斯而已矣。不然委命而废人，白昼攫人之金而陷于桎梏，则曰“我之命当尔也”；怠窳偷生而不嗜学，至老死而无闻，则曰“我之命当尔也”；刚愎自任，操刃而杀人，柔暗无识，投缳而绝命，则又曰“我之命当尔也”，其可乎哉？所以先王之山川异制，民生异俗，刚柔缓急，迟速异齐，五味异和，器械异制，衣服异宜。于是修其教，不异其俗；齐其政，不易其宜，所以卒归于雍熙之治也。②

人生只有勉力修德，积极进取，而不可消极责于命运。宋濂自己本身就是靠奋斗获得社会承认、摆脱贫困卑贱地位的，这使他格外看重积极的个人奋斗，蔑视对命运的消极服从。宋濂在《浦阳人物记》吴直方、赵大讷传后赞道：

---

① 《宋文宪公全集》卷五十一《龙门子凝道记上·五矩符第二》。
② 《宋文宪公全集》卷八《禄命辨》。

丈夫之功业自见者，岂必藉祖父之势哉！藉祖父之势而成者，世岂无之？终不足谓之丈夫必也！奋自布衣，卓然有立，小或作州牧，大或闻国政，使德泽简在人心，声闻流于后世，然后始无愧于斯名，善矣哉！吴、赵之为，何其近是耶！虽然均名为人，均生是邦，均食粟衣帛，顾有能有不能焉，稍知自励者，可以惕然而省矣。

从不相信个人禄命，认为“命则付之于天，道则责成于己”，肯定个人积极奋斗的价值，到认为“治忽系乎人谋，昭明可究”①，要求统治者修德求治，以绵延国祚达到长存永治，宋濂对个人命运和国家兴亡盛衰的探讨之间，具有一致的思想内核。这个一致的思想内核，就是人的主观的道德努力可以决定客观历史的发展，无论是个人的生命历程，还是国家的国祚历数。由于宋濂是明皇朝的“开国第一文臣”，是所谓的“帝师”，一直环侍于开国之君朱元璋的左右，所以他的历史思想对皇朝初年的政治、文化思想格局具有直接的影响。第一章提及的明初没有像前代那样激烈地争论所谓德运统纪的问题，是否与宋濂等人的这些历史思想有关，应是一个很值得探讨的问题。

三、宋濂的《六经》观和诸子考辨

作为元末明初最博学的学者之一，宋濂一生曾留下很多学术评论的著作与文章，通过对这些学术评论的研究，可以窥见宋濂的基本学术思想。

宋濂的学术评论及其思想，主要主要集中于两方面的内容：其一，对所谓《六经》以及经史关系的评论；其二，对诸子学术的考辨。

1. 对所谓《六经》以及经史关系的评论

宋濂对所谓《六经》的评论的突出特点是尊经。这也是宋濂学术思想的基本特点。宋濂曾作《文原》对所谓的“文”进行过讨论，他说：“凡有关民用及一切弥纶范围之具，悉囿乎文，非文之外别有其他也”。此“所谓文者，天生之，地载之，圣人宣之，本建则其末治，体著则其用章，斯所谓乘阴阳之大化，正三纲而齐六纪者也；亘宇宙之始终，类万物而周八极者也”，无所不包，但是又无不荟萃于《六经》之中。因此宋濂强调说，“余之所谓文者，乃尧、舜、文王、孔子之文，非流俗之文也”，也就是“经天纬地”圣人所作之《六经》也。② 所以宋濂说：“天地未判，道在天地；天地既分，道在圣贤；圣贤既殁，道在《六经》。”③ 于是《六经》成了一切道德及文化的渊源和集中体现。

在尊经的基础上，落实于对《六经》的具体认识，宋濂则又表现出他自己的思想特点。前面曾提及，宋濂的学术思想渊源主要是源自婺学，具有折中朱陆、不废事功、经史并重等特点，而这种学术思想的特点也反映在宋濂的《六经》观中。例如宋濂在《经畬堂记》曾论到所谓的“经”说：

经者，天下之之常道也。大之统天地之理，通阴阳之故，辨性命之原，序君臣上下内外之等。微之鬼神之情状、气运之始终；显之政教之先后，民物之盛衰，饮食、衣服、器用之节，冠昏朝享、奉先送死之仪；外之鸟兽、草木、夷狄之名，无不备载，而其旨归皆不违戾于道而可行于后世，是以谓之经。《易》、《书》、《春秋》用其全，《诗》与《礼》择其纯而去其伪，未有不合乎道而可行于世者也。故《易》、《书》、《诗》、《春秋》、《礼》皆曰经。五经之外，《论语》为圣人

---

① 《宋文宪公全集》卷三十八《演连珠》。
② 《宋文宪公全集》卷二十六《文原》。
③ 《宋文宪公全集》卷二十六《徐教授文集序》。

之言，《孟子》以大贤明圣人之道，谓之经亦宜……夫《五经》、孔、孟之言，唐虞三代治天下之成效存焉。其君：尧、舜、禹、汤、文、武，其臣：皋、夔、益、契、伊傅、周公，其具：道德、仁义、礼乐、封建、井田，小用之则小治，大施之则大治，岂止浮辞而已。①

认为《六经》是无所不至、无所不为的至尊，不仅载道，亦可施之于具体的世用，而不仅仅是“浮辞而已”。于是，在宋濂的观念中，以《六经》的认识为逻辑的媒介，打通了“义理”与“事功”的界限，将考亭之学与永康、永嘉之学的旨趣沟通。

此外，宋濂又依据其“吾心最大”，“夫生者，乃天地之心”的唯心主义世界观，来对他的《六经》观进行阐释。他在其《六经论》中说：

《六经》皆心学也。心中之理无不具，故《六经》之言无不该，《六经》所以笔吾心之理者也。是故说天莫辨乎《易》，由吾心即太极也；说事莫辨乎《书》，由吾心政之府也；说志莫辨乎《诗》，由吾心统性情也；说理莫辨乎《春秋》，由吾心分善恶也；说体莫辨乎《礼》，由吾心有天叙也；导吾民莫过乎《乐》，由吾心备人和也。人无二心，《六经》无二理。因心有是理，故经有是言。心譬则形，而经譬则影也。无是形则无是影，无是心则无是理，其道不亦较然矣乎?②

把所谓的《六经》纳入“心学”之中，认为“心譬则形，而经譬则影也。无是形则无是影，无是心则无是理”。既不是陆九渊的“心即理”，视心与理为一，完全重合，也不是朱熹的“性即理”，将心形而上、形而下地两分开来，置理于主体之外，而是将心与理（经）譬作形与影的关系，于是在宋濂的观念中，又以《六经》为媒介，打通了心与理的界限，调和了朱熹与陆九渊的矛盾。

在对《六经》认识的基础上，宋濂对经史之关系也有所讨论。

事实上，宋濂的对经史关系的认识，仍没有溢出其尊经的基本思想立场。宋濂在其《文原》一文里指出，世之文有两种：一为载道之文，一为载事之文。其中，经属于载道之文，史属于载事之文。作为载道之文的《六经》是根，是本；而载事之文的史相对经来说，是枝，是叶：“世之论文者有二：曰载道，曰纪事。纪事之文，当本之司马迁、班固；而载道之文，舍六籍吾将焉从?”③ 此外还在许多论文里反复申说这种经史观点，如其《守斋类稿序》曰：“经以载道，史以纪事，古先哲所借以牖斯民者也。”④《书史会要序》曰：“史以从道持中，盖记事者也。”⑤ 都是强调经载道史记事、经统史、史从道的经史思想。

宋濂这种对经与史的认识，在他有关《春秋》的论述里表现得十分清楚。宋濂《春秋属辞序》说：

“春秋”，古史记也，夏、商、周皆有焉，至吾孔子，则因鲁国之史修之，遂为万代不刊之“经”。其名虽同，其实则异也。盖在鲁史，则有史官一定之法；在圣经，则有孔子笔削之旨。自鲁史云亡，学者不复得见以验圣经之书，往往混为一涂，莫能致辨，所幸左氏《传》尚明鲁史遗法，公羊、穀梁二家多举书不书以见义，圣经笔削粗若可寻。然其所蔽者，左氏则以史法为经文

① 《宋文宪公全集》卷三十二《经畬堂记》。
② 《宋文宪公全集》卷三十六《六经论》。
③ 见《宋文宪公全集》卷二十六《文原》。
④ 见《宋文宪公全集》卷十二。
⑤ 见《宋文宪公全集》卷十七。

之书法，公、谷虽详于经义，而亦不知有史例之当言，是以两失焉。

从宋濂对《春秋》从史到“经”的这些分析来看，在一定意义上也有“经”由史出，史经圣人之手而成“经”的思想。表明在经史关系的认识上，宋濂思想受其婺学兼重经史的学术传统影响。这种经史关系观，对于后来一些学者的论述有一定的影响。例如，晚明的薛应旂，在其《方山文录》之卷十六的《折衷》里，便引述宋濂“天地未判，道在天地；天地既分，道在圣贤；圣贤既殁，道在《六经》”的观点，发挥说：“是《六经》者，固圣人之道之所寓也。然其大原则出于天，而夫人之心则固天之心也，人能会之于心，则圣人之道，即吾人之道，有不在《六经》而在我者矣。”不同的是，宋濂没有对他的观点作进一步的发挥，而薛应旂则将宋濂的经史观与王守仁“《五经》亦史”及“《六经》，吾心之记籍也”等观点相结合，明确提出“经史一也”的经史说。① 但是这仍能说明宋濂的经史思想，对于后世经史说的衍变，具有诱发的思想因子。

2. 对诸子学术的考辨及思想

宋濂对诸子学术的考辨，集中地体现于其《诸子辨》一书。其中包括学术之考与思想之辨两部分内容。

元顺宗至正十八年（1310）三月，朱元璋部将邓愈攻下毗邻浦江的睦州，“居民震惊，多扶挈耄倪走傍县”。宋濂亦遣妻孥至诸暨山中避难，自己则独自守在浦江家中，“日坐环堵中，块然无所为”，很是寂寞，“乃因旧所记忆者，作《诸子辨》数十通，九家者流颇具有焉”②。这就是学术史上著名的辨伪著作《诸子辨》的成书的情况。

《诸子辨》，一名《龙门子》，全书的卷帙不大，在《宋文宪公全集》所占不足一卷，却对上自传殷商鬻熊撰《鬻子》以下至宋际《子程子》等40部子书进行了真伪的考辨和思想的评议，在反映宋濂学识博洽的同时，也展示了宋濂的学术史思想。

对于宋濂这部著名的《诸子辨》，近代史学古史辨派的旗手顾颉刚，曾经作过标点和校勘整理，并且针对该著在史学史中的学术地位进行了精辟的论述。顾先生说：

> 宋代辨伪之风非常盛行，北宋有司马光、欧阳修、苏轼、王安石等，南宋有郑樵、程大昌、朱熹、叶适、洪迈、唐仲友、赵汝谈、高似孙、晁公武、黄震等。宋濂生在他们之后，当然受到他们的影响，所以他的书里征引他们的话很多，尤其是高似孙、黄震二家，而此书的体裁也与《子略》和《黄氏日抄》相类。接着这书的有他的弟子方孝孺《逊学斋集》中《读三坟》、《周书》、《夏小正》诸篇和他的乡后学胡应麟《四部正讹》诸书。这一条微小而不息的川流流到了清代，就成了姚际恒的《古今伪书考》，公然用了一个“伪书”的类名来判定古今的书籍，激起学者的注意了。③

说明从宋代到清代的史学史中，宋濂的《诸子辨》，具有辨伪学发展史中承前启后的关键地位，对于明代以后的历史文献学发展，产生了重要的学术影响。

宋濂的《诸子辨》同样具有史学思想的价值，因为宋濂的所谓辨伪，实际含有相当大的学术评论成分。正是在对历史上一些重要子书思想学术和文献批评过程中，展现出宋濂的一些学术思想，以及他对学术思

① 薛应旂：《宋元通鉴》卷首《凡例》，明天启刻本。
② 宋濂：《诸子辨后记》，《诸子辨》顾颉刚标点本，朴社1928年版，第47页。
③ 顾颉刚：《诸子辨序》，顾颉刚标点本，朴社1928年版。

想发展史的思想认识。

与宋濂基本学术思想相一致，《诸子辨》的主旨同样表现出尊儒尊经的正统学术观念。作为全书的开场白，宋濂在该书不长的《引言》里阐述其撰述该书的旨趣说：

> 《诸子辨》者何？辨诸子也。通谓之《诸子》何？周、秦以来，作者不一姓也。作者不一姓而其立言何？人人殊也。先王之世，道术咸出于一轨，此其人人殊何？各奋私知而*大道也。由或*大道也，其书虽亡，世复有依仿而托之者也。然则子将奈何？辞而辩之也。曷为辩之？解惑也。

此外在该书后的《跋》语中宋濂亦强调道：

> 孔子门人之书宜尊而别之；今亦俯就其列者，欲备儒家言也。始之以《鬻子》而终之以《周》、《程》者，欲读者有所归宿也。……于戏！九家之徒竞以立异相高，莫甚于衰周之世；言之中到者，则吾圣贤之所已具，其悖义而伤教者，固不必存之以欺世也。于戏！邪说之害人惨于刀剑，虐于烈火；世有任斯文之寄者，尚忍淬其锋而膏其焰乎？予生也贱，不得信其所欲为之志，既各为之辨，复识其私于卷末。学孔氏者，其或有同予一慨者夫！

这些都说明宋濂撰述《诸子辨》的学术目的和思想目的是一致的，即：一是儒术必须尊；二是非儒必须黜。宋濂认为诸子之学的出现，是衰世的征兆，乱世的表现："先王之世，道术咸出于一轨"，故有先王之治；衰周之世礼崩乐坏，"九家之徒竞以立异相高"，"各奋私知而盭大道也"，其中"邪说之害人惨于刀剑，虐于烈火"，且"言之中到者，则吾圣贤之所已具，其悖义而伤教者，固不必存之以欺世也"，所以儒者必须奋而卫道，对所谓"九家之徒"及后世"依仿而托之者也"，"辞而辩之"，解世间思之不纯者思想之"惑"，而归依于周敦颐和程颢、程颐等理学大儒，才能使社会常治久安。卫道，正是宋濂撰述《诸子辨》的旨趣所在。宋濂这种对学术与历史发展之关系的认识，显然仍未能溢出其基本的正统历史观念。

宋濂这种以卫道为前提的辨伪，必然会极大地局限其学术研究的客观展开。例如书中称管仲"功首而罪魁"，虽不至如"申、韩、鞅、斯刻矣"，但"原其作俑之意，仲亦乌得无罪焉"！称庄子"虽圣帝经天纬地之大业曾不满其一哂，盖仿佛所谓'古之狂者'"，惋惜他"其与孟轲氏同时，不一见而闻孔子之大道"，并说其"异说之惑人也深矣"。说《鬼谷子》"是皆小夫蛇鼠之智，家用之则家亡，国用之则国偾，天下用之则失天下"，对之"学士大夫宜唾去不道"。评论《孙子》说："古之谈兵者有仁义、有节制，至（孙）武一趋于权术变诈，流毒至于今未已。然则（孙）武者固兵家之祖，亦兵家之祸首"。认为《商子》"不贵学问以愚民，不令豪杰务学诗书，其流毒至嬴政，遂大焚《诗》、《书》百家百家语以愚天下黔首，鞅实启之，非特李斯之过也"。詈《公孙龙子》"言弗醇也"，应"亟火之"。言《邓析子》"其言'天于民无厚，君于民无厚，父于子无厚，兄于弟无厚'，刻矣"。认为其"真不法先王，不是礼义"，"其被诛戮，宜也，非不幸也"等等。所以顾颉刚先生说宋濂"成见何等的重，态度何等的迂腐"，"简直是董仲舒请罢百家的口气"。宋濂的这些论述集中体现了他对学术思想发展认识的局限性。

当然，宋濂《诸子辨》的辨伪，在表现出其卫道主调的同时，也不断表现出其儒家民本的历史思想。如对《慎子·威德篇》所谓"立天子以为天下，非立天下以为天子也，立国君以为国，非立国以为君也，立官长以为官，非立官以为官长也"；《民杂篇》"大君者，太上也，兼畜下者也，下之所能不同而皆上之用也，是以大君因民之能为资，尽包而畜之，无取去焉"；以及《墨子》"圣王作为宫室，便于主，不以为观乐”；“圣人为衣服，适身体，和肌肤，非荣耳目而观愚民”等思想德表彰，都是与宋濂一贯的民本思想相一致。但是有些时候，这种以道德善恶为标尺的做法，又很大程度妨碍了宋濂对一些子书真伪的辨析认识。例如顾颉刚先生便指出：“他一方面既以《吴子》的‘五胜者祸，一胜者帝’的话为然，一方面又以吴起的‘与诸侯大战七十六，全胜六十四’的事为合理”；“他称许《尉缭子》的‘兵不血刃而天下亲’的话为仁慈，却忘了本书中尚有‘古之善用兵者能杀士卒之半，……威加海内’等鼓吹杀人的话”；完全“是用善恶功过的信条来论定古书的真伪”，结果造成宋濂的辨伪考证出现“许多很浅陋的地方”,① 构成其学术实践的局限性。

尽管宋濂对诸子的评论存在着种种思想上的局限，但是我们不可否认他在《诸子辨》中所表现出的学识博洽与敏锐，尤其是顾颉刚先生所特别表彰的，其对《亢仓子》、《子华子》、《淮南子》、《文中子》等子书的考辨，反映出宋濂对学术思想发展脉络的清晰与熟稔。

宋濂辨伪的学术特点，第一是强调历史的观点，即通过考察对象表述的思想，把这些思想置于学术演化的历史过程中予以考察，从而揭示作品的真实与赝伪。

宋濂对学术思想发展演化脉络的清楚认识，可以从他对《老子》评论中看出。宋濂对《老子》的评论是，“所言大抵敛守退藏，不为物先，而壹返于自然。由其所该者甚广，故后世多尊之行之”。其中：

> “视之不见名曰夷，听之不闻名曰希，搏之不得名曰微”，道家祖之；“谷神不死，是谓玄牝，玄牝之门，是谓天地根”，神仙家祖之；“吾不敢谓主而为客，不敢进寸而退尺，是谓行无行，攘无臂，扔无敌，执无兵，祸莫大于轻敌，轻敌几丧吾宝，故抗兵相加，哀者胜矣”，兵家祖之；“道，冲而用之或不盈，渊乎似万物之宗，挫其锐，解其纷，和其光，同其尘，湛兮似若存，吾不知谁之子，象帝之先”，庄、列祖之；“将欲翕之，必固张之，将欲弱之，必固强之，将欲废之，必固兴之，将欲夺之，必固与之”，申、韩祖之；“以正治国，以奇用兵，以无事取天下”，张良祖之；“我无为而民自化，我好静而民自正，我无事而民自富，我无欲而民自朴”，曹参祖之……

同样，在对一些子书的辨伪，宋濂也是从其思想的渊源流变方面考察，揭示该书的真伪破绽。例如对《文子》的考辨，宋濂就认为该书在思想内容上，“壹祖老聃，大概《道德经》之义疏”类作品。指出《文子》中所谓“体道者不怒不喜，其坐无虑，寝而不梦，见物而名，事至而应”，即《老子》所说“载营魄抱一，专气致柔，涤除玄览”之义；所谓“上士先避患而后就利，先远辱而后求名，故圣人常从事于无形之外，而不留心于已成之内，是以祸患无由至，非誉不能尘垢”，即《老子》“知白守黑，知雄守雌，知荣守辱”之义；所谓“静则同，虚则通，至德无为，万物皆容”，即《老子》“道常无为而无不为，侯王若能守，万物将自化”之义；所谓“道，可以弱可以强，可以柔可以刚，可以阴可以阳，可以幽可以明，可以包裹天地，可以应待无方”，即《老子》“道，冲而用之或不盈，渊乎似万物之宗”之义，等等。在宋濂看来，“盖老子之言宏而博，故是书杂以黄、老、名、法、儒、墨之言以明之，毋怪其驳且杂也”，从而对《文子》一书作出是战国时期道家作品的肯定性结论。

宋濂辨伪的第二个特点，是注重从作品语言、词汇及文化制度的时代性方面来辨别子书的真与伪。这一点实际也是其对学术发展具有明确历史意识的体现。

如关于《关尹子》，宋濂称：“间读其书，多法释氏及神仙方技家，而藉吾儒言文之。如‘变识为智’、

① 顾颉刚：《诸子辨序》，顾颉刚标点本，朴社 1928 年版。

‘一息得道’；‘婴儿蕊女，金楼绛宫，青蛟白虎，宝鼎红炉’；‘诵咒土偶’之类，聃之时无是言也。”因此判定该书“其为假托，盖无疑者”。关于《亢仓子》，宋濂举出，“其言曰：‘危代以文章取士，则剪巧绮滥益至，而正雅典实益藏。’夫文章取士，近代之制，战国之时无有也；其中又以‘人’易为‘民’，以‘代’易‘世’，世民，太宗讳也”两个例子，断定该书是伪书，而且“伪之者，其唐士”也。也正是这种考辨方法的运用，反映了宋濂对学术发展的历史意识和史学思想，使宋濂对诸子的辨伪考据作出了相当的成就，为后人的进一步研究开拓了思路。

综观宋濂对历史上诸子的考据及其思想评论，诚如顾颉刚先生所说的：“我们固然要不辜负自己的‘一切要求解放’的时势，但也须原谅古人在他们的‘不许发展自己理性’的时势之下所作的贡献。在他们那样的时势之下，能有这一点怀疑的趋向，一点一滴地留传给我们以零碎的疑古的遗产，使得我们增加了许多寻求真理的勇气，这真是可以感谢的呵！”更何况宋濂在元明学术相对空疏的历史时期，以其博洽的思想与学识，为这时期保持住了一脉博学的传统因子，影响于后来的方孝孺、杨慎、胡应麟等学者，其史学史及思想史的价值也就更应值得我们关注。当然，我们也从宋濂对诸子的论述中感受到，这位当时最有影响的史学家、思想家和文学家，他的学术思想、史学思想基本仍是在旧的轨道间徘徊，这说明当时无论从思想发展的情况看，还是从社会基本矛盾的发展看，都还未出现大变动的迹象，说明史学思想还不得不仍要在这旧的轨道间徘徊上一段时间。

作者简介　向燕南，北京师范大学历史学院教授，博士生导师。

宋濂传记文的“小说化”与“史传化”错位融合及其文体意义

曾礼军

宋濂被誉为明初“开国文臣之首”,① 其散文创作取得了突出成就。其中，传记文是其散文创作中的重要组成部分。据统计，“《四库备要》本《宋文宪公全集》收入以‘传’为题的作品有60多篇，以‘记’或‘录’为题的人物传记30多篇，还写过具有传记性质的墓志铭、神道碑、行状近180篇。”② 宋濂传记文不仅数量多，而且题材内容丰富，艺术特色鲜明，对此已有研究者作过探讨。③ 基于此，本文不再对宋濂传记文作孤立的静态研究，而是从文体发展的动态视阈出发探讨宋濂传记文的“小说化”与“史传化”的双重文体特征，并以此进一步探析宋濂传记文的这种双重特征对于古代传记散文与传奇小说两种文体的错位融合发展的文体意义。

一

人物传记与传奇小说都是以人物为叙事对象的叙述文体，两者有着千丝万缕的关系，但本质上还是有着较为严格的区分。前者属史传性质，强调实录和真实，强调史传意识；后者属小说文体，强调想象和虚构，强调故事的奇异性。因此，两者的文体本质是相互排斥的。然而宋濂传记文的鲜明特色恰恰就体现在具有浓厚的小说化倾向上，这种倾向主要表现为尚奇、设幻和喻寓等三方面。

尚奇是宋濂传记文小说化倾向的一个突出特征，这首先表现在所选传主的奇异性。如《吾衍传》中吾衍就是一位“奇士”。吾衍本是一位畸人，他“左目眇，又跛右足”，走起路来“一俯一仰”，但颇为“妩媚可观，宛有晋、宋间风致。畜两铁如意，日持弄之。或倚楼吹洞箫数曲，超然如忘世者”，居住在“生花坊一小楼，客至，僮辄止之，通姓名，使其登乃登。廉访使徐琰一日来见，衍从楼上呼曰：‘此楼何敢当贵人登耶！愿明日谒谢使节。’”虽然吾衍断然拒绝了达官贵人的来访，但他的从游之徒却很多，“生徒从游

① 张廷玉等:《明史》卷一二八《宋濂传》，中华书局1975年版，第3787页。

② 陈兰村:《宋濂传记文的人格模式及艺术特色》,《宋濂暨“江南第一家”研究》，杭州大学出版社1995年版。

③ 参见郭建球、邓剑波:《论宋濂的传记文学》,《中国文学研究》1994年第4期；陈兰村:《宋濂传记文的人格模式及艺术特色》，张梦新:《论宋濂传记散文的特色与成就》，两文均载于《宋濂暨“江南第一家”研究》；陈兰村:《论宋濂对传记文学发展的重要贡献》,《浙江师大学报》1995年第4期；谢其祥:《论宋濂人物传记的特色》,《广西教育学院学报》1997年第2期。

者，常数十百人。衍坐童子地上，使冠者分番下授之。时出小青凉伞，教之低昂作舞势。或对宾游谈大噱，解发濡酒中为戏。”这样一位外貌丑陋、行为古怪的畸人，却怀有高才远志，他“通声音律吕之学，善效李贺诗。工隶书，尤精于小篆。其志不止秦、唐二李间”。① 又如《秦士录》中的传主邓弼也是一位奇士，他“身长七尺，双目有紫稜，开合闪闪如电。能以力雄人：邻牛方斗不可擘，拳脊，折，仆地；市门石鼓，十人舁旨能举，两手持之行”。与人博斗时，“虎吼而奔，人马辟易五十步，面目无色。已而烟尘涨天，但见双剑飞舞去雾中，连斫马首坠地，血涔涔滴。”他不但力量超人、武功高强，而且记忆惊人、文才超群，面对两儒生“摘七经数十义叩之，弼历举传疏，不遗一言。复询历代史，上下三千年，纚纚如贯珠”。② 清人李扶九评此篇曰：“奇人、奇事、奇文，令人读之气壮。”③ 尚奇特征的另一表现就是所叙传主事迹的奇异性。如《张中传》叙张中“遇异人授以太极数学，谈祸福多验”。先是朱元璋“兵不血刃，市不易肆”平定豫章后问张中此地“生民自此苏息否”，张中回答曰：“未也，旦夕此地当流血，庐舍焚毁殆尽，铁柱观亦化为灰烬，惟一殿岿然存耳。”后指挥使康泰反叛，果如张中言。后又预言“国中大臣将有变”；朱元璋祭祀山川百神时将有“天马两重似拜似舞”；朱元璋抗击陈友谅兵围豫章“三月不解”后“五十日当大胜”等，一系列预测都一一灵验。④ 又如《莫月鼎传》叙莫月鼎学法术、召雷雨、斩猢狲、救市妇、预知生死；⑤《周尊师小传》叙周尊师召鬼神、杀媚狐、治蛇鬼、祈降雨；⑥《刘真人传》叙刘真人受丹砂诀、行混元法、炼铅汞丹，“进六甲飞雄丹”治愈皇帝足疾。⑦ 这些诡异神奇、出常人耳目的故事叙述是小说的尚奇追求使然。

宋濂传记文小说化倾向的另一突出特征是设幻。幻设本是史传文的大忌，但宋濂却在其人物传记中常常大加渲染，把一些于史无征、违背常理的事迹写入传记文当中。如《李大猷传》叙李大猷的出生成长过程颇为虚幻：

> （李大猷）母陶氏，无嗣，昼夜祷于观自在佛，夜梦一比丘尼乘白鹿车抱婴儿授之，曰：“此福慧儿也，善视之。”既而有娠。生未逾月，儿忽身热如火，不时乳。陶方以为忧，复梦前比丘尼持栗数颗嚼食之。梦觉，儿汗如雨，遂瘳。年四岁，嬉戏父膝下，因授以记姓书。儿曰：“此有何义？读之将奚为？”父大惊，更以《孝经》，一诵即能闇记。稍长，益骏发异常。父尝手书《首楞严》《圆觉》二经，逐卷取读之。⑧

这纯粹就是一则宣传观音信仰的佛教灵验故事，神秘诡异，悖于常理。又如《王弼传》叙术士王万里善采生法，摄鬼女周月西之魂，“劫制使为奴”，遇王弼后因“忿其语侵”，派鬼女周月西恐吓王弼。但鬼女却“昼哭于门”，诉说自己的不幸遭遇，请求王弼为己申冤。王弼果然帮助鬼女到县衙申冤，终使王万里伏法。此后，先于周月西为王万里所采生的耿顽童、李延奴也请求王弼为其申冤。申冤之后，三鬼留在王弼家中，“昼相随行，夜同弼卧起，虽不见形，其声琅然”，“凡八阅月，始寂寂无闻”。⑨ 无论是题材的选择还是叙

① 宋濂：《潜溪前集》卷九，罗月霞主编：《宋濂全集》，浙江古籍出版社 1999 年版，第 107 ～ 108 页。
② 宋濂：《潜溪后集》卷三，第 181 ～ 182 页。
③ 李扶九：《古文笔法百篇》卷一七，岳麓书社 1983 年版，第 372 页。
④ 宋濂：《銮坡前集》卷九，第 517 ～ 518 页。
⑤ 郎瑛：《七修类稿》卷四一《事物类》，上海书店出版社 2001 年版，第 433 ～ 434 页。此传记文未辑入宋濂集中。
⑥ 宋濂：《銮坡后集》卷三，第 612 ～ 614 页。
⑦ 宋濂：《銮坡后集》卷十，第 781 ～ 782 页。
⑧ 宋濂：《翰苑续集》卷八，第 927 页。
⑨ 宋濂：《銮坡后集》卷二，第 585 ～ 587 页。

述的手法，《王弼传》都给人一种虚幻的感觉，完全是一派小说家言语了。《王弼传》也因此与张仲举《韩彦洪传》、无名氏《刘金莲传》被合称为《三鬼传》，作为小说文体而广泛流传。

此外，喻寓也是宋濂传记文小说化倾向的特征表现。所谓喻寓也就是以寓言文体来为人物作传。如《太白丈人传》通过文中子王通与太白丈人的一个对话场面来喻寓君子出处观念，认为出仕有三等：上等是“非人君北面而事之，不复轻出，出则必为帝者师”；中等是“不轻于自试，必待王者致敬尽诚，而后起而佐之，否则，乐耕渔以终其身”；下等则是“仿佯局束，哫訾粟斯，不远千里，衒己求媚”。① 这里名为太白丈人立传，实则寓意自己的隐逸观念。故明人认为“此篇从漆园吏变化而来，其寓言之流乎?”② 寓言是以虚构为主要手法来说理寓意的，因此传记文以寓言体来为人物作传，也就体现了小说化倾向的特征。

后人对于宋濂这种传记文的小说化倾向是有所认识的，如四库馆臣就对于保存《三鬼传》的《蟫精隽》一书评价道：“其中猥琐之谈，或近于小说。”③ “近于小说”之作亦当指宋濂《王弼传》之类的传记文。因为具有小说化倾向，宋濂的传记文也遭到后来一些文人的批评否定，如李慈铭《越缦堂读书记》卷八曰：“予幼读塾本古文，见有文宪《秦士录》一篇，即深厌之。”“深厌”的原因，大概当是传记文的尚奇、设幻等小说化倾向，违背了实录的文体核心要求。

二

宋濂传记文尽管有着鲜明的小说化倾向，但也有着强烈的史传意识。这种史传意识最突出的表现就是不管人物传记的叙事部分如何多变，传记结尾一般总要保留“史官曰”之类的史评部分作为宋濂传记文一种独特的形式标志，并且在这种形式标志内贯注着作者对传主或社会的历史认识或道德评骘，以此展示作者独特的史识观念。这既与作者一度作为撰修《元史》总裁官的史官身份有着密切关系，也是婺学重史学术传统的继承。

自从司马迁在《史记》人物传记结尾首创“太史公曰”这一史评形式标志之后，后来的几部史书都继承了这一形式标志，《汉书》改为“赞曰”，《后汉书》改为“论曰”，《三国志》改为“评曰”。唐宋时期的史传文则缺失了这种史评形式标志，直到宋濂的传记文才又恢复了它，宋濂传记文几乎每篇都有这种形式标志，并且呈现出多样化。这些标识有“史官曰”，如《秦士录》、《刘彬卿传》、《竹溪逸民传》、《韩节妇传》、《孙孝子传》、《王弼传》、《刘真人传》、《空同外史传》、《李大猷传》、《徐贞妇郑氏传》、《白鹿生小传》、《丽水陈孝女传碑》、《王冕传》、《郑景彝传》、《杜环小传》、《谢节妇传》、《周节妇传》、《瞿孝子传》、《王秉彝传》等；有“太史公曰”，如《周尊师小传》、《吴德基传》、《二贤母传》、《蒋贞妇传》等；有“太史氏曰”，如《李疑传》、《王先生小传》等；有“赞曰”，如《朱环传》、《谢烈妇传》、《张中传》、《王贞妇传》、《王节妇汤氏传》、《桑仁卿传》、《杂传九首》、《胡长孺传》、《采苓子传》、《飞霞先生传》等；有“为说者曰”，如《吾衍传》、《孝子丘铎传》、《危孝子传》等；有“史濂曰”，如《贞妇郭丑小传》等；有“金华宋濂曰”，如《张义妇传》、《周贤母传》等。这些丰富的史评形式标志充分体现了宋濂强烈的史传意识。有时为了强调这种史传意识，作者甚至在史评中直接点明自己史官的身份或修史意图。如《采苓子传》和《飞霞先生传》的史评分别以“前史官金华宋濂撰”和“前史官宋濂撰”作结；《刘真人传》则点明了写作传记文的修史意图：“史官曰：《周礼·训方氏》‘诵四方之传道’，所谓传道，世世传说

---

① 宋濂：《潜溪前集》卷一，第 10 ～ 12 页。

② 王锡爵、沈一贯辑：《增定国朝馆课经世宏辞》卷九《传类》宋文恪评语，万历十八年万卷楼刻本。转引自陈国军：《明代志怪传奇小说研究》，天津古籍出版社 2006 年版，第 80 页。

③ 永瑢等：《四库全书总目提要》卷一二二《子部·杂家类六》，中华书局 1965 年版。

往古之事也。史传之得名，殆法于此，岂细故之云哉？夫事不可传而传之者，非也；可传而不传者，亦非也：要在精察之而已矣。真人之殁，李君存为序其书，方君从义又属予作传。二君精察皆胜于余，必确然有征，因为著诸简牍，以俟他日修《元史》者。”①

宋濂传记文不仅有独特的史评形式标志，而且在史评形式中有强烈的史传“信实”和“垂训”观念。

首先，宋濂很重视史传的信实精神，为了突出传记叙述的真实性，有时会在史评中以自己的亲身经历来佐证传主相关事迹的真实性。如《王冕传》“史官曰”：

> 予受学城南时，见孟寀言越有狂生，当天大雪，赤足上潜岳峰，四顾大呼曰：“遍天地间皆白玉合成，使人心胆澄澈，便欲仙去。”乃入城，戴大帽如蓰，穿曳地袍翩翩行，两袂轩翥，譁笑溢市中。予甚疑其人，访识者问之，即冕也。冕真怪民哉！马不覂驾，不足以见其奇才，冕亦类是夫！②

作者先是通过自己所闻，从孟寀口中所言来描绘王冕的狂生形象，然后又以自己所见来证实王冕的“狂”与“怪”，从而证实了传记文中传主形象的真实性。又如《张中传》在史评中通过叙述作者自己的亲身经历来证实张中的数术预言的准确性和真实性。其“赞曰”：“濂数与中游，……甲辰夏五月，同列二博士有咈上意，方杜门待罪。中叩二人所生年，捉笔作点点，状如计数者。良久，笑曰：‘不远，复期在七月五日。’濂书而识之。至六月之晦，有旨令二人复官。颇疑其术之未尽验，及获见上谢，则中所期也。中之术亦异哉！”③ 对于那些悖于常理，难以令人相信的传主奇事，作者有时也会在史评中作出学理解释，以证明它的真实性和可能性。如《周尊师小传》叙周尊师玄初具有“召鬼神之术”，这是难以令人相信的事情，作者对此解释道：“然而玄初之役使鬼神者，其能干天道之枢与？抑玄初孝于亲，一日不见，辄悬悬如饥，歈歈然若有所疑。《经》曰：‘孝悌之至，通于神明。’玄初所以能变化者，其或有系于是与？非与？”④ 作者引经据典来解释周玄初召鬼神术的原理所在，以达到证实传主事迹的真实性。

其次，宋濂也很重视史传文的垂训作用，在传记文的史评中往往发表一些社会批判或道德评骘的训戒。总体上来看，以入明为界，前期侧重于通过传主事迹来进行乱世批判和黑暗揭露；后期侧重于以传主事迹来进行忠孝节义等封建道德观念的宣传。前者如《秦士录》“史官曰”：“（邓）弼死未二十年，天下大乱，中原数千里，人影殆绝。玄鸟来降，失家，竞栖林木间。使弼在，必当有以自见。惜哉！弼鬼不灵则已，若有灵，吾知其怒发上冲也。”这里既有对邓弼“天生一具铜筋铁肋，不使立勋万里外，乃槁死三尺蒿下”的英雄无用武之地的悲悯与感叹；⑤ 也有对埋没英雄的黑暗社会的批判，他曾经感叹道：“奇俊之士，无世不生，特时人弗识之，或识之而弗能用，或用之而弗能尽其才。所以声光不流于当时，事业不白于后世。予窃悲之。”⑥ 后者如《徐贞妇郑氏传》“史官曰”：“礼始夫妇者何？盖有夫妇而后有父子，有父子而后有君臣。三者虽殊，其道一而已矣。若使妇不二其夫，子不辱其亲，臣能忠于君，天下其有弗长治者乎？奈何世教沦胥，士大夫诵法先王，往往或至于悖君父。有如一女妇之微，不甚知书，乃能抗节自守，足以增于五伦之重，亦可慨也夫！故予于徐氏之事，特为著传文一通，不少让，将以厉子职，树臣节，重名教，

① 宋濂：《銮坡后集》卷十，第782页。
② 宋濂：《芝园后集》卷十，第1475页。
③ 宋濂：《銮坡前集》卷九，第518～519页。
④ 宋濂：《銮坡后集》卷三，第614页。
⑤ 宋濂：《潜溪后集》卷三，第182页。
⑥ 宋濂：《潜溪前集》卷三《哀志士辞》，第33页。

非曰徒作也。"① 以夫妇之节来喻君臣之义，为贞女节妇作传的本质目的就是了为了“树臣节，重名教”，宣传封建伦理道德。无论是批判社会黑暗还是宣传封建伦理道德，都体现了宋濂传记文作为史传文体具有的浓厚垂训意识。

三

小说的虚幻性与传记的实录性两种本是相互排斥的文体要求却在宋濂传记文中错位地融合在一起，显得别具一格。这种错位融合是宋濂传记文的自觉追求。宋濂说：“传之为体虽不一，不过立论序事二者而已。”② 又说：“世之论文者有二：曰载道，曰纪事。”③ 宋濂认为史传文的两个核心部分就是传主叙事与史评垂训，前者是对传主事迹的叙事记载，后者是对传主事迹的史学评骘。从叙事部分来说，宋濂强调史学的班马源头的继承，“纪事之文，当本之司马迁、班固。”④ 而司马迁的《史记》本是私家著史，具有很浓厚的虚构传奇色彩，因此这自然也影响到宋濂传记文中叙事的小说化倾向。但更重要的是，在叙事与载道之间，宋濂传记文的立足点是史评的垂训载道部分，强调道对文的决定作用。宋濂说：“大抵为文者，欲其辞达而道明耳！吾道既明，何问其余哉!”⑤ 又说：“明道之谓文，立教之谓文，可以辅俗化民之谓文。……圣贤之道充乎中，著乎外，形乎言，不求其成文而文生焉者也，不求其成文而文生焉者，文之至也。”⑥ 因此，只要能为载道服务，就不再在意叙事的虚实真幻，叙事只不过是为载道服务的手段而已。对此，宋濂在《王弼传》结尾的史评中有一段十分诡异的议论可以加印证：

> 司马迁云：“汉武帝置寿宫以奉神君，神君非可得见，其音与人言等，时去时来，来则风肃然也。”予窃疑焉。音，丽乎形者也，无形矣，音何从出哉？今周女无形而能人言，何其与神君类欤？且自重黎绝地天通，人鬼始分；禹铸鼎象物，其政益备矣。后世奸巫鬼师，乃使之渎乱常经，其咎尚谁执哉？虽然，吉巫之术狡矣，而卒被鬼所杀。人祸天刑，终不可逭。为恶者盍少知惧乎？抑刚正若王生，鬼不敢害之，反敬畏之。是知君子挺立天地间，仰不愧也，俯不怍也，妖得而侮诸？奈之何弃君子而弗学者众也？悲夫!⑦

对于鬼神的真实性，宋濂自己也是持怀疑态度的，但作者依然把鬼神之事作为真实事迹记录在王弼的传记中，其目的是为载道垂训服务——赞扬刚正君子，批评狡诈小人，感叹“弃君子而弗学者”众多。所以宋濂开明之处就在于他能够以包容的心态充分调动尚奇、幻设等小说化手段来叙述传主事迹以达到垂训的载道目的，而不是以载道来排斥所谓虚妄的小说化叙事，这也是宋濂传记文自身的文体意义所在。

宋濂传记文的“小说化”与“史传化”的错位融合对于此后的传记散文和传奇小说的文体发展也有着十分深远的影响。简而言之，对于传记文来说，形成了传奇化的古文文体；对于传奇小说来说，则走上了传奇小说古文化的道路。

所谓传奇化古文或古文传奇化，就是“以文为戏，幻设为文，有史传之形，而去考信之质；注重人物

---

① 宋濂：《翰苑别集》卷五，第1042页。

② 宋濂：《翰苑续集》卷九《题〈滑寿传〉后》，第941页。

③ 宋濂：《芝园后集》卷五《文原》，第1406页。

④ 同③。

⑤ 同③。

⑥ 宋濂：《芝园续集》卷六《文说》，第1568页。

⑦ 宋濂：《銮坡后集》卷二，第585页。

的奇异壮举、奇闻异事，而不追究故事的连贯和因果；以藻饰为矢的，而忽视题材的雅训和重大”，也就是说，“传奇化的古文，以传名篇，以传系人，但在所传人事的取舍间，以离奇为念，以垂训为主，往往采用能够表达‘离奇’和‘垂训’的几组事情，来刻摹人物，寄托文思。”① 古文传奇化自明初始兴盛起来，宋濂的传记文功不可没，其中有许多典型的作品，如《秦士录》、《王弼传》、《王冕传》、《杜环小传》、《李疑传》、《记李歌》、《太白丈人传》、《樗散生传》、《张中传》、《刘真人传》、《莫月鼎传》等。在此种氛围下，高启《南宫生传》、《书博鸡者事》、《胡应炎传》，谢友规《责答》，周克敬《户羽生传》，张仲举《韩彦洪传》，佚名《刘金莲传》等一批传奇化古文与宋濂作品唱和呼应。从此以后，传奇化古文就成为一种特殊的文体而出现在文学史上。如正德年间有陆相《阳明先生浮海传》；嘉靖时期有杨慎《汉杂事秘辛》、《仓鹏传》，蔡羽《辽阳海神传》，胡汝嘉《韦十一娘传》，杨仪《保孤记》、《金姬传》、《新建伯》、《木元经》、《唐文》，郦琥《会仙女志》；万历时期有袁宏道《徐文长传》、《醉叟传》、《拙效传》，袁中道《一瓢道人传》、《回君传》，梅鼎祚《三才灵记》，戋戋居士《小青传》，余怀《王翠翘传》，徐学模《张少华传》，耿定向《二孝子传》，陈继儒《范牧之别传》、《李公子传》，等等。清初张潮编选《虞初新志》的出现标志着传奇化古文发展的新高潮。该书所选作品“其事多近代也，其文多时贤也，事奇而核，文隽而工，写照传神，仿摹毕肖”，② 其中绝大部分是传奇化古文，是以小说化手段来写作的传记文体。对此，汪琬批评道：“至于今日，则遂以小说为古文辞矣。太史公曰：‘其文不雅驯，搢绅先生难言之。’夫以小说为古文辞，其得谓之雅驯乎？既非雅驯，则其归也，亦流为俗学而已矣。夜与武曾论朝宗《马伶传》、于一《汤琵琶传》，不胜叹息，遂书此语于后。”③ 此后直至民国初年，续虞初体的文脉一直绵延不断，先后有郑澍若《虞初续志》、黄承增《广虞初新志》、朱承鈜《虞初续新志》、胡怀琛《虞初近志》、姜泣群《虞初广志》、王葆心《虞初支志》。“这些虞初体书，大多搜罗当时文人之作，书中多文人、奇士、女子、孝子等传记文章”，④ 都是传奇化古文的文体延脉。

受小说与史传错位融合的影响，明代传奇小说也开始走向了古文化、史传化的创作道路。石昌渝说：“唐代传奇小说的作者对于题材的选择是比较精心的，创作中也不乏想象和虚构，但作者追求和强调的还是故事的新奇动人，道德和政治等观念的目的还没有占据作品的主宰地位。……明代中后期情况发生了很大变化，小说作品中作者主观精神大大加强，这一方面导致产生了许多道德说教的作品，但另一方面却把小说创作提升到成熟的水平。小说家的主观精神之重要表现是小说题旨确立以及它对情节的铸造。故事不再是故事本身，故事有所寓意。”⑤ 所谓道德说教、故事寓意，就是小说古文化倾向，是将小说当作古文来写作。明代陶辅曰：“予昔壮年，尝读宗吉瞿先生《剪灯新话》、昌祺李先生《剪灯余话》、辅之赵先生《效颦集》，读而玩之。……大率三先生之作，一则信笔弄文，一则精巧竞前，一则持正去诞。”⑥ 这里对明初至中期三部典型传奇小说集作了点评，总体趋向是由小说创作走向去小说化创作。赵辅《效颦集》就是这种去小说化创作的典型，所谓“持正去诞”就是对尚奇设幻的小说化手段除去，坚持史传化古文化的小说创作路径。《效颦集》作为传奇小说古文化的典型主要体现在两个方面：一是遵循求真求实史传传统，在史实的基础上为近代历史人物立传。全书现存 25 篇，其中就有 20 篇与历史有着密切关系，占全书的 80%。

---

① 陈国军：《明代志怪传奇小说研究》，天津古籍出版社 2006 年版，第 75、85 页。

② 张潮：《虞初新志 · 自叙》，上海书店出版社 1986 年版。

③ 汪琬：《纯翁前后类稿》卷四八《跋〈王于一遗集〉》，李圣华笺校：《汪琬全集笺校》，人民文学出版社 2010 年版，第 907 页。

④ 陈国军：《明代志怪传奇小说研究》，天津古籍出版社 2006 年版，第 271 页。

⑤ 石昌渝：《中国小说源流论》，生活 · 读书 · 新知三联书店 1994 年版，第 91 页。

⑥ 陶辅：《花影集自序》，《花影集 · 鸳渚志余雪窗谈异》，中华书局 2008 年版，第 9 页。

卷上 11 篇作品，或是补近史之缺，如《续宋丞相文文山传》、《宋进士袁镛忠义传》、《蜀三忠传》等；或是直接为“忠节道义孝友”立传，如《玉峰赵先生传》、《新繁胡大尹传》、《赵氏伯仲友义传》、《何忠节传》、《张秀衣阴德传》等。二是结尾往往引入史评形式标志，“在记录主角事迹之后，常常加入大段作者评论，有些篇目则全篇用对话形式。”① 所以孙楷第批评说：“其中大部分只可认为是坚拙的散文，不得谓之小说。”② 此后的传奇小说如陶辅的《花影集》也是走古文化创作的路子，将传奇小说创作引入了死胡同，直到清代蒲松龄《聊斋志异》“用传奇法而以志怪”，才重新激活了传奇小说的新生，而其不时地带上“异史氏曰”的结尾仍可见史传化影响的遗迹。

此外，与传奇化古文有着密切关联的还有寓言体小说的创作。“寓言体小说，以颇富象征、暗示的物类作为叙事对象，在一个或一组精练简短的故事中，寄托着对现实的深邃思考，往往表现为讽刺性和哲理性，思想性和艺术性的融合无间”。简单地说，寓言体小说就是替物类对象作传，于传记中寓意哲理和思想。“寓言小说将牛马橐驼、花草鱼虫等尽数纳入创作视野，扩展了小说的表现空间，增强了小说的非常规的想象领域；同时，作品的比类设喻，拓展了议论的深度，而将一些抽象的哲理，与花木虫鱼结合起来，收到了化抽象为形象，化深奥为简约的艺术功效。”③ 典型代表作品有瞿佑《傅延年传》、萧韶《桑寄生传》、董玘《东游纪异》、马中锡《中山狼传》、支立《十处士传》、佚名《卢生传》、陆奎章《香奁四友传》、徐常吉《谐史》、朱维藩《谐史集》、陈邦俊《广谐史》等。寓言体小说的主体是寓言，但它是借助于传奇化古文的机缘和形式，在宋濂、刘基的寓言创作影响下，上承韩愈《毛颖传》所拓展出来的一种小说化与史传化错位融合的独特文体。

总之，宋濂传记文将“小说化”与“史传化”错位融合一体，对后来的传记和小说文体发展产生了重要的影响，既有积极面又有消极面。从积极面来说，它拓展了散文创作的新路径，又促使了寓言发展成为独立的小说文体；从消极面来说，它抹杀了传奇小说创作的想象力和虚构性，使其失去了作为文体生存的内在本质。

作者简介　曾礼军，浙江师范大学江南文化研究中心副研究员。

① 乔光辉：《明代剪灯系列小说研究》，中国社会科学出版社 2006 年版，第 330 ～ 344 页。
② 孙楷第：《日本东京所见小说书目》，人民文学出版社 1958 年版，第 114 页。
③ 陈国军：《明代志怪传奇小说研究》，天津古籍出版社 2006 年版，第 85、81 页。

宋濂与戴良的关系兼及元明之际东南文士的交游风气

魏　青

宋濂世居金华潜溪（今属浙江），后来携家迁入浦江（今属浙江），与本为浦江人的戴良共处一乡。宋濂比戴良大七岁，师从本郡大儒吴莱、柳贯、黄溍亦早于戴良，戴良自道："良也不敏，亦尝从景濂之后，以登三先生之门，其于三先生之学，曾不能如景濂之有得也。"① 因为居同乡，学同师，宋濂与戴良在至正二十年（1360）之前，交往密切，关系亲近。这一阶段，宋濂几次参加科举考试，却都在乡试中名落孙山，他主要在浦江郑氏义塾执教。戴良则长期供职于月泉书院，由直学转迁为山长。山长作为书院的最高领导，在元代是属于"正员"的正式学官。自元仁宗皇庆二年（1313）恢复科举制度之后，下第举人任命山长往往成为通例。但戴良 19～25 岁之间，科举停罢两届。赵友同撰《故九灵先生戴公墓志铭》云："初治经，习举子业，寻弃去，专力为古文。"② 所以，他供职书院，当未经科举一途，而是以才学受到举荐。元代科举实行南北分榜而试，汉人和南人的录取比例十分小，况且进士及第后，往往充任级别不高的地方官。所以，戴良做到书院山长一职，也并非易事。

至正九年（1349），宋濂被荐为元翰林院编修，他却以亲老固辞，郑楷撰《潜溪先生宋公行状》、《明史》本传皆言及此。一年后，宋濂入仙华山为道士，实际上是著书立说，正如戴良在《送宋景濂入仙华山为道士序》所云："夫君子之出，以行道也；其处，以存道也。而其所以为道者，盖或施之于功业，或见之于文章，虽历千百载而不朽，垂数十世而弥存，若是而为寿可也。苟不其然，顾欲洁身隐退，逃弃人间，而苟焉以图寿为道，是固老子之所谓道，而非吾之道也。吾之所谓道者，乃尧、舜、周、孔之道也。"③ 宋濂自道辞官之由在此序中仅涉及个人的秉赋气性，但不过是托辞而已。大概辽、金、宋三史早在至正五年（1345）大功告成，宋濂认为此次被征聘，难有作为，空负虚名，而当时老师黄溍正以翰林侍讲学士兼《后妃功臣列传》二总裁之一坚求告退，宋濂故而推辞，一意著书立说，这与他是否具有政治远见还联系不上。布衣士子授官翰林，这是莫大的荣耀。事实上，宋濂日后在《故集贤大学士荣禄大夫致仕吴公行状》

① 《三先生手帖后题》，见《四库全书》本《九灵山房集》卷七。以下引文凡出此集者不再详注。

② 《九灵山房集》卷三十。

③ 《九灵山房集》卷六。

文末曾自署“至正丙申（十六年）八月，将仕郎翰林国史院编修官金华宋濂述。”① 可见，他还是以此虚名为荣的。戴良在送序中对宋濂此举看得非常明白，所以说，“为道”也可“见之于文章”，但从他论证老子得“圣人之晦”，却也显示出他坚持儒家正统的心态，这种心态将贯穿在他的一生。

至正十年（1350），浙东道廉防司使余阙分按浦江，宋濂与戴良曾一道前往拜谒。戴良更是执弟子礼，向余阙学习歌诗。余阙是一位文章、学问、政事、名节兼有的一代名臣，他对戴良产生的影响是深刻的。戴良一生忠于元室，至死不变，可谓与余阙同一立场，同一声气。此次见面以后，受余阙之托，宋濂与戴良一起编定老师柳贯的文集。也是在这一年，宋濂应监县廉阿年八哈之请所撰《浦阳人物记》二卷刊刻行世，戴良为之作序②。另外，戴良撰《浦阳五贤赞》③ 亦为同时应邀之作，所录人物事迹皆见载于宋濂记中。至正十六年（1354）上巳日，宋濂、戴良等一行人在浦江玄麓山西的桃花涧行修禊，事后结成《修禊诗集》一卷，前有宋濂序④，后有戴良记⑤。他们皆以“孔氏之徒”自居，倡言“圣贤之大道”，批评晋人兰亭雅集“多尚清虚，亦无取焉。”戴良与宋濂师出同门，都是南宋以来金华理学的后世嫡传。此时此际，他们对儒家伦理名教的坚守与自重，并一以贯之地向往于儒家理想的社会政治模式和礼乐文明之世，或许正是面对政治形势大变，坚持儒家人生哲学的一种表现。

至正十八年（1358），明兵取婺州，第二年，朱元璋下令开郡学，征聘宋濂等为五经师，戴良为学正。宋濂集中有《答郡守聘五经师书》⑥，其仿嵇康《绝交书》作拒绝之词，与他十年前辞去元授官的说法大同小异，亦是应付之说，宋濂当是再征而起，此事不见载于郑楷《行状》。戴良后从学正任上弃官而逃，赵友同撰《故九灵先生戴公墓志铭》亦未加记载。戴良《病中承宋编修见过》一诗，约作于至正十九年（1359），诗曰：“夫君一何厚，抱仗来江濆。慰我仍戒我，眷恋已良勤。继以习静言，益复知为亲。”⑦ 可见宋、戴二人关系的亲密无间。

自至正二十年（1360）起，宋濂、戴良各自的人生都发生重大的转变。当时，元纲解纽，豪雄并起，有识之士择主而行，也是势所必然。这一年，宋濂被朱元璋征至应天（今江苏南京），授江南等处儒学提举。时隔一载，戴良被元授淮南、江北等处行中书省儒学提举，后往吴中（今江苏苏州）张士诚处上任。虽然他们政治立场不同，但直到至正二十八年（1368）明兵攻克元大都（今北京），有将近十年的时间，对宋、戴二人来说，或许都是最为难熬的岁月，但是他们的交谊经受住了世事变迁的重大考验。戴良集中《别宋景濂》⑧、《寄宋景濂三首》⑨、《岁暮迟宋景濂》⑩ 诸诗皆作于宋濂离开金华之后的三年间，其中诗句如“如何独多念，去去怀百忧”、“寄声奋飞者，当慎子所之”；又如“游子与家别，来归何不早”、“若不数相过，蹉跎深足惜”，深切表达了对宋濂的牵挂和思念。至正二十二年（1362）八月，宋濂回乡省亲，时间不足一年，他与戴良再次相会，此后，宋濂便返回应天，戴良则前往吴中就任。因为时局变幻莫测，前程未卜，此次见面，宋、戴二人的心绪都极其复杂，从他们当时仿照“苏、李诗”各自写下的十首五言

① 《四库全书》本《文宪集》卷二十五。
② 《〈浦阳人物记〉序》，见《九灵山房集》卷六。
③ 《九灵山房集》卷四。
④ 《桃花涧修禊诗序》，见《宋濂全集》第一册，第63页，浙江古籍出版社1999年版。以下引文凡出此集者不再详注。
⑤ 修禊集后记》，见《九灵山房集》卷五。
⑥ 《宋濂全集》第一册，第252页。
⑦ 《九灵山房集》卷二。
⑧ 《九灵山房集》卷二。
⑨ 《九灵山房集》卷一。
⑩ 《九灵山房集》卷一。

古体酬答诗中皆可见。① 不过，此二十首古诗今存已不完整。明嘉靖郎瑛撰《七修类稿》中宋濂答诗十首全有载录，而其中戴良答诗因有缺页仅录六首，此六首与戴良集中补编所收《寄宋景濂六首》相较，仅有三字的改补，其中三首与戴良集卷一《咏怀三首》亦相照应，但差异明显。② 戴诗“庭前两奇树，常有好容色。年年遇雪霜，谁谓寒可易”云云，言物兴怀，有感于世道之艰难、知己之难觅。至正二十五年（1365），宋濂再次以疾告归。不久，丁父忧。此期间，宋濂曾应约为戴良亡兄作墓志铭。

戴良留吴三年，见张士诚不足谋事，于至正二十六年（1366）春离开吴地，后客居四明。戴良集中《投知己书》③ 大约写于他从吴中动身之际，疑为是写给宋濂的，于时宋濂正居金华山中。信结尾“山中风气多寒，入夏暑热更甚，……阁下春秋既高，宜益安居静处”云云，很符合宋濂当时状况。戴良于信中道出自己处境的尴尬，对宋濂的“知我、信我，而重以悲我”，极尽感戴。同年秋，戴良携同侄儿自定水（今浙江镇海）渡海北上，欲往河南投奔元扩廓军，但中道受阻，一年后由山东渡海返回四明，隐姓埋名，先后寓居鄞县（今浙江宁波）、慈溪（今属浙江）、余姚（今属浙江）等地近二十年。宋濂于洪武二年（1369）被召还，充任《元史》总纂官。史成，除翰林院学士。洪武十年（1377），宋濂以翰林学士承旨知制诰兼赞善大夫致仕。

入明以后，宋濂名望日益隆崇，《明史》本传称其“为开国文臣之首”④，而戴良隐姓埋名，浪迹海隅，只是末路穷途一介遗老。到宋濂归老还乡时，他与戴良隔断联系已有十余年。当宋濂退居浦江后，这时戴良也偶尔回家，他们自然会见面。⑤ 虽然政治身份悬殊巨大，但作为昔日金兰之契，他们的情义尚在。宋濂晚年再次为戴良题写像赞，其辞曰：“至于困而亨，穷而泰，齐喜戚于梦幻，弃利禄犹泥沙，吾欲从而究之，已莫辨其津涯，况可得而赞耶?”⑥ 他自喟难及戴良操守之境界。洪武十二年（1379），宋濂为戴良所编《九灵山房集》题辞，有云：“文未易知也，惟用心于文而致其精者，能真知之，然亦难矣。今世学者，喜为言论，毁誉生于爱恶，美恶惟其所好，纷然自以为知文，而卒莫之知也，不亦厚诬天下哉? 若余友揭君伯防（按：揭汯，字伯防）之于戴先生叔能，论其文，言其承传所自，皆精当可征。予尝友于叔能，不能易其言也。君以文学名当世，故能知之也真，然非真知斯文者，亦孰知余言为信哉?”⑦ 揭汯《九灵山房集序》作于至正二十五年（1365），宋濂题辞应书其后，纸短意深，对戴良呵护有加。宋濂集中《题余廷心篆书后》⑧ 乃为晚年补记之作。宋濂曾于至正十年为余阙赐戴良轩匾“天机流动”四篆作赞，乱后佚失，故作追记。

洪武十三年（1380）宋濂因长孙宋慎坐胡惟庸党一案而受牵连，举家放逐茂州（今四川茂县）。洪武十四年（1381），宋濂途经夔州（今四川奉节）时，终因年迈，病体难支，绝食而亡。洪武十五年（1382）五月，戴良返回浦江时，将余阙所题“天机流动”四篆、同门友胡翰和王袆等四记、宋濂跋整理成卷，并撰写后记，详言事之始末，且兼怀旧思人，记云：“于是公以淮南行省右丞死节安庆，君采（按，陈樵，字

---

① 徐永明撰《宋濂与戴良友谊变异探微》一文对宋、戴良二人十首唱和诗写作时间的判定，与本文不同，其云：“从戴良致宋濂‘三年去复还，邻里无一遗’，‘厌此里中居，行行至吴国（一作徐国）等诗句看来，戴良的赠诗写于他依附张士诚的三年之后，宋濂的答诗也差不多在同一时间。’”见《南京师大学报》2007年第2期。

② 郎瑛：《七修类稿》，卷三十五，第377页，上海书店出版社2001年版。

③ 见《九灵山房集》卷十。徐永明撰《宋濂与戴良友谊变异探微》一文则强调此文“实则表明昔日的友人、昔日的知己已不复存在”，对宋濂等同门友人作了否定。

④ 张廷玉等：《明史》，卷一二八，中华书局1984年版。

⑤ 徐永明撰《宋濂与戴良友谊变异探微》一文认为“宋濂与戴良在明朝建立后没有也不可能有直接的诗文往来，但间接的往来还是有的。”

⑥ 《九灵先生画像赞》，见《九灵山房集》卷三十。

⑦ 《九灵山房集》卷首。

⑧ 《宋濂全集》第三册，第1577页。

君采）以处士死于乡。入国朝，景濂以翰林学士责死西土，子充（按，王祎，字子充）以翰林待制斥死北地，仲申（按，胡翰，字仲申）亦以儒学教授寄死野人家。同时流辈，凋落殆尽，独仲舒（按，郑涛，字仲舒）以前朝故官，家食无恙，然亦颓然老矣。由前至今，俯仰未三十载，而变幻不常如此，所恃以持久者，惟字画与文章。又未知去此三十载，其字与文与所蓄之人，还能相守如今日否？学佛之人，指幻境为空华，岂不信然欤?"① 余阙、陈樵、胡翰、王祎、宋濂先后离戴良而去的四个人，是戴良一生中颇为亲密的师友，他们或成仁守节，或从龙附凤，或栖身草野，而他们的一一谢世，或许使戴良看到自己离生命的终结亦为期不远，他感到的是世事无常，是非成败终是一场空。此篇可视为戴良的临终绝笔，因为它的写作下距戴良去世不到一年。洪武十五年冬，戴良既被朱元璋召至金陵（今江苏南京），因辞官忤旨，洪武十六年（1383）四月，他自裁于京师寓舍，重演了两年前宋濂的一幕悲剧。

我们可以做这样的推测，如果宋濂晚年不是遭飞来横祸，而是一直居乡，安享余生，那么，戴良在一旦被朱元璋征召入京后，可能不会因辞官忤旨，最终选择自绝于世，或许宋濂能出面为他讲话的。为了说明这一点，再以元末东南著名文士杨维桢和陈基为例。杨维桢是宋濂老师黄溍的好友，元朝进士，晚年隐居松江，放浪形骸，与张士诚兄弟的关系若即若离。洪武二年（1369），诏修《礼书》，杨维桢被聘礼局，时已七十多岁，他以"岂有老妇将就木而再理嫁者邪"② 为推脱，朱元璋一再固邀，他又以"皇帝竭吾之能，不强吾所不能则可，否则有蹈海死耳"③ 为应召的条件。朱元璋不但答应他，而且赐他乘安车入朝。杨维桢在南京停留一百多天，基本完成所纂叙例，即请告老还乡。朱元璋仍赐他安车归。杨维桢离开南京时，宋濂写诗送别，诗云："皓仙八十起商山，喜动天颜咫尺间。一代辽金归宋史，百年礼乐上春官。归心只忆鲈鱼脍，野性宁随鸳鹭班？不受君王五色诏，白衣宣至白衣还。"④ 诗中不言其他，只说是"野性"难受拘束，只求适意，才"白衣宣至白衣还"。洪武三年（1370），杨维桢在临终之际，嘱咐他的门人学生，一定要请宋濂为他写墓志铭，他说："知我文最深者，唯金华宋景濂氏。我即死，非景濂不足铭我，尔其识之！"⑤ 宋濂在《墓志铭》中只说杨维桢被朱元璋征聘后因肺病返乡，不涉其他。由此可见，虽然宋濂与杨维桢志趣相异，政见不一，但是宋濂对杨维桢不乏惺惺相惜之情，这使杨维祯铭感在心，并在临终之际，以墓志铭相托。陈基号称张士诚的"第一文人"，是宋濂和戴良的同门友，三人皆师从黄溍。陈基当年曾撰文对朱元璋淮西集团大加辱骂，斥其为"亡命之徒"、"蜂蚁小丑"。至正二十七年（1367），张士诚败亡后，其陪臣多受诛杀，陈基却幸免于难，被遣放濠州（今安徽凤阳）。洪武二年（1369），陈基被放还，应召充任《元史》编修官。书成，赐金而归。洪武三年（1370），卒于常熟（今属江苏）。陈基入明后参修国史，并得以善终，也许与在朝的宋濂不无关系。钱穆先生在他的《读明初开国诸臣诗文集》文中讲过这样一段话："抑余读宋景濂、苏平仲、贝清江诸集，其所为传状碑志，有为元守节而死者，有坚隐不出者，有不得已应聘而亟于拂衣求去者，此等文字，虽出洪武以后，诸人虽亲仕洪武之朝，而字里行间，若时时有故君旧国之思流露于不自掩，……是可见一时之心声风习矣。"⑥ 这段文字可以说为我们提供了认识元明之际东南文士之间错综复杂的交结心理的一个具有启发意义的角度。

作者简介　魏青，山东师范大学文学院副教授。

① 《天机流动轩卷后题文》，见《九灵山房集》补编。
② 参见《明通鉴》第一册卷二，第229页。
③ 参见《明通鉴》第一册卷二，第229页。
④ 《送杨廉夫还吴浙》，见《宋濂全集》第四册，第2188页。
⑤ 《元故奉训大夫江西等处儒学提举杨君墓志铭》，见《宋濂全集》第二册，第679页。
⑥ 钱穆：《中国学术思想史论丛》卷六，第159～160页，安徽教育出版社2004年版。

关于《元史·礼乐志》的几个问题

许继起

一、《元史·礼乐志》的史料来源

《元史》分两次纂修，元史研究者认为，除了顺帝朝部分史事，《元史》五十八卷志的编纂，大致是根据《十三朝实录》和《经世大典》编纂而成。但是此二书早亡，也给我们辨证各志的资料来源遭成了困难。据宋濂《吕氏采史目录序》，顺帝朝的史实制度，主要从北平（元大都）以及山东东平府所藏的文献记载，撰写而成。《元史·礼乐志》编成时间，应在洪武二年首次纂修《元史》时完成，第二编修没有增益。钱大昕考证《元史》的编修过程时说："前史所未备者，颇补完之。既又合前后二书，厘分而附丽之……《志》之续者，惟《五行》、《河渠》、《祭祀》、《百官》、《食货》"，又云"附《乐章》于《祭祀》……《礼乐》、《兵》、《刑》诸篇，全无增益。"

关于《元史·礼乐志》资料来源，余元盦先生《〈元史〉志、表部分史源之探讨》认为：《礼乐志》五卷源于《经世大典·礼典》中《朝会》、《燕飨》、《乐》三篇。此说也基本为学界所接受。道光四年殿本《元史考证》认为，《元史·礼乐志》共载乐章一百三十四首，当录自《经世大典·礼典》之《郊祀》、《宗庙》、《社稷》、《先农》、《宣圣庙》等。《经世大典》成书于至顺二年五月。在此之前，李好文曾修《太常集礼》一书，成书于天历二年。《太常集礼稿》云："为编秩者：郊祀九、社稷三、宗庙二十有一、舆服二、乐七、诸神祀三、诸臣请谥及官制因革典籍录六，合五十一卷。事核文直，汇杂出而易见，盖太常之实录也。太常典三礼，主群祀，凡礼乐之事，皆自出焉。"据《元史·文宗纪》、虞集《经世大典序录》，《经世大典》兴修于天历二年九月，时《太常集礼》业已完成。《太常集礼》亦当为《经世大典》的资料来源。《元史·礼乐志》直接引用《太常集礼》也达八次之多。据钱大昕《补元史艺文志》史部"仪注类"，记录了较多礼仪的著作，如有杨云仪《校大金礼仪》、张行简《礼例纂》一百二十卷、脱脱木《太常续集礼》十五册、王守成《续编太常集礼》三十一册、必里牙敦《太常至正集礼》二十册、《太常仪沿革》一卷。值得一提的是，李好文等人编《太常集礼》五十一卷，其中有郊祀九卷、社稷二卷、宗庙二十一卷、乐七卷、诸神祀三卷等。另外，还有诸多关于文庙、释奠仪仪注及乐图类的书。此上所录典籍，大多出于官修之书。据钱大昕《补元史艺文志》，元代也有许多乐书。如程时登《律吕新书赘述》、余载皇《元中和乐经》二卷（一作十卷）、《皇元韶舞九成乐谱》一卷、刘瑾《律吕成书》二卷、彭丝《黄钟律》八篇。另有，舞谱、琴谱、瑟谱等著述。上述仪注类与乐类著作，多为官修之书，加之明洪武年去元代末远，这种官修之书大多有所保存。因此《十三朝实录》、《经世大典》以及钱氏《补元史礼乐志》所列经部“乐类”以及史部“仪注类”典籍，均有可能被《元史·礼乐志》所采用。其他如《元文类》等亦有载元代社稷、朝会歌辞，也会被《元史》馆臣采择。

总上而言，《元史·礼乐志》的编写主要依据《十三朝实录》、《经世大典》以及《太常集礼》以及钱大《补元史艺文志》中所考官修期经部乐类籍及史部仪注类著作，最终由明代史馆史臣：“取其可书者著于篇，为《礼乐志》。”(《元史·礼乐志》)

二、宋濂、陶凯与《元史·礼乐志》的编修

关于《元史》各志的撰写，有人做过考证。如《五行志》由胡翰主修，《天文志》由高启主修，《地理志》由黄篪佐助徐尊主修，(参《十驾斋养新录·史臣分修志传姓名可考者》，陈高华《〈元史〉纂修考》，《历史研究》1990 年第 4 期；方龄贵《元史纂修杂考》，载《素馨集》，北京大学出版社，1993 年版。又见《元史从考》，民族出版社 2004 年版)

然而关于《元史·礼乐志》编订者，却没有明确的说法。宋濂作为明代的文臣之首，明初诸多礼乐制度，多出其手。《明史·宋濂传》云：“在朝，郊社宗庙山川百神之典，朝会宴享律历衣冠之制，四裔贡赋赏劳之仪，旁及元勋巨卿碑记刻石之辞，咸以委濂，屡推为开国文臣之首。”又云“虽白首侍从，其勋业爵位不逮基，而一代礼乐制作，濂所裁定者居多。”

作为明代的文臣之首，宋濂为明初的礼乐制度建设做出了重要的贡献。《明史·乐志》云：“明兴，太祖锐志雅乐。是时，儒臣冷谦、陶凯、詹同、宋濂、乐韶凤辈皆知声律，相与究切厘定。”宋濂少学鼓琴，因此也通音律。进入明代宫廷后，与当时的音乐家冷谦有交往。冷谦历元入明，明太祖时为宫廷协律郎，并考订宗庙郊祀礼乐，校订音律。《明史·乐志》：“元末有冷谦者，知音，善鼓瑟，以黄冠隐吴山。召为协律郎，令协导章声谱，俾乐生习之。取石灵璧以制磬，采桐梓湖州以制琴瑟。乃考正四庙雅乐，命谦较定音律及编钟、编磬等器，遂定乐舞之制”。

冷谦曾著《太和正音谱》，宋濂为之作序，书已佚，书序收入《宋文宪公集》。又著《琴声十六法》，今存。冷谦是元末明初很有影响的音乐家，他明太祖时出任协律郎官职。因此他在明初制定礼乐制度，尤其制定乐律及乐仪制度中具有重要的地位。冷谦由道入世的生活经历，与宋濂由佛入世的经历非常相似。二人同朝为官，共修明初礼乐制度，私下也有很多交流。宋濂在《太和正音序》对冷谦的音乐伎艺大加赞誉，同时也记载了他与冷氏裁定明代礼乐仪注的分工与合作。序中说：“及入国朝，余既被命起仕，而冷君亦继至。时天子方注意郊社、宗庙之祀，病乐音之未复乎古，与一二儒臣图所以更张之。冷君实奉明诏，定雅乐，而余预执笔制歌辞，获数与冷君论辩。”

据宋濂《进元史表》、《元史目录后记》所加载局修史的 32 人中，只有宋濂和陶凯被明确提到参与到明太礼锐与雅乐的活动。陶凯太祖时，任礼部尚书，掌管明初礼仪事务。《明史·陶凯传》：“(洪武)三年七月，與崔亮並為禮部尚書，各有敷奏，軍禮及品官墳塋之制凱議也。”《乐凤韶传》云：“军礼用陶凯，皆能援据经义，酌古准今，郁然成一代休明之治。”也提到陶凯制作明初的宫廷礼仪，并制作雅乐宴乐歌词。《明史·乐志》云“儒臣冷谦、陶凯、詹同、宋濂、乐韶凤辈皆知声律”，又说：“宴飨之曲，后凡再更，四年所定，一曰《本太初》、二曰《仰大明》、三曰《民初生》、四曰《物品亨》、五曰《御六龙》、六曰《泰阶平》、七曰《君德成》、八曰《圣道行》、九曰《乐清宁》。其词詹同、陶凯所制也。”《陶凯传》云：“凯博学，工诗文，帝尝厌前代乐章多谀辞，或未雅驯，命凯与詹同更撰，甚称旨意。”

宋濂与陶凯同时参加明太祖初年礼乐之书的编订。《明史·礼志一》

明太祖初定天下，他务未遑，首开礼乐二局，广征耆儒分曹究讨，洪武元年命中书省暨翰林院太常寺，定拟祀典，乃历叙沿革之由，酌定郊社宗庙，议以进礼官及诸儒臣，又编集郊庙山川等仪，及古帝王祭祀感格可垂鉴戒者，名曰《存心录》。二年诏诸儒臣修礼书，明年告成，赐名《大明集礼》。其书準五礼，而益以冠服、车辂、仪仗、卤簿、字学、音乐。凡升降、仪节、制度、名数纤悉毕具。又屡敕议礼臣李善长、傅瓛、宋濂、詹同、陶安、刘基、魏观、崔亮、牛谅、陶凯、朱升、乐韶凤、李原名等编辑成集。且诏郡县，举高洁博雅之士徐一夔、梁寅、周子谅、胡行简、刘宗弼、董彝、蔡深、滕公琰至京同修礼书。在位三十余年，所著书可考见者曰《孝慈录》、曰《洪武礼制》、曰《礼仪定式》、曰《诸司职掌》、曰《稽古定制》、曰《国朝制作》、曰《大礼要议》、曰《皇朝礼制》、曰《大明礼制》、曰《洪武礼法》、曰《礼制集要》、曰《礼制节文》、曰《太常集礼》、曰《礼书》。若夫厘正祀典，凡天皇太乙六天五帝之类，皆为革除，而诸神封号悉改从本称，一洗矫诬陋习，其度越汉唐远矣。

据宋濂《进元史表》，第一次编修《元史》的人员有 18 人：

于是命翰林学士臣宋濂、待制臣王祎，儒士臣王克宽、臣胡翰、臣宋禧、臣陶凯、臣陈基、臣赵埙、臣曾鲁、臣赵汸、臣张文海、臣徐尊生、臣黄篪、臣傅恕、臣王锜、臣傅着、臣谢徽、臣高启分科修纂，故上自太祖，下迄宁宗，靡不网罗，严加搜采，恐玩时而愒日，每继晷以焚膏，故于五六月之间成。

《元史》成于洪武二年，略在这次编订明代礼乐礼仪典籍之前。宋濂和陶凯是这二次活动活动的共同参与者。据《明史·陶凯传》，他在洪武初年，入明宫廷，奉旨休《元史》："洪武初，因荐征入，同修《元史》。书成，授翰林应奉，教习大本堂，授楚王经。三年七月，与崔亮并为礼部尚书，各有敷奏。军礼及品官坟茔之制凯议也。"

由上可以看出，在纂修《元史》的史臣中，宋濂和陶凯是比较熟悉礼乐制度的两位人员。第一次《元史》编修完成后，陶凯授职翰林应奉。洪武三年，始任礼部尚书。以陶凯入宫的时间和他升职的过程，与他参与编修《元史》的活动密不可分。陶凯在洪武三年元，始任职礼部尚书，掌管明初礼仪典章制度的制定。在他任职礼部尚书一职之前，《元史·礼乐志》与编订明代礼乐仪制典籍的活动已基本结束。结合上述史事，我们认为《元史·礼乐志》很可能是陶凯主修，最终由宋濂裁定而成。

三、《元史·礼乐志》的校勘

《元史》编纂由于仓促成书，而且出于众手，其错谬之处也非常之多，历来就遭到学者们的非难。如钱大昕《廿二史考异》说："古今史成之速，未有如《元史》者，而文之陋劣，亦无如《元史》者。"钱氏对元史校定用力尤勤，其《元史氏族表》为研究元代世族提供了重要资料，其《补元史艺文志》略备元代一代文章撰述。由于《元史》漫漶，后继修订《元史》者不乏其人。如明胡粹中《元史续编》、清代邵远平著《元史类编》四十二卷，魏源著《元史新编》九十五卷、洪钧著《元史译文证补》等。最有代表性的是屠寄《蒙兀儿史记》和柯绍忞《新元史》。

《蒙兀儿史记》重在记录蒙族史记，但是不详礼乐制度。《新元史》则是仿《旧唐书》、《新唐书》以及《旧五代史》、《新五代史》体例，欲成一代史记。柯氏编辑《新元史》用力甚勤。徐世昌《新元史序》云："明人修元史，仓促成书，緟复挂漏，读者病之。……胶西柯凤孙学士为余丙戌同年，既入翰林，假馆中所贮《永乐大典》读之，择裨于《元史》者，钞为巨帙，固知其有著书之志矣。已而从元和陆文端公（陆润庠）家，得洪文卿（钧）侍郎翻译西书稿本，始知刊行之《元史》，译文证补，漏遗尚多。而东西学者之撰述，洪氏所未见者，学士多获而译之。又博访通人，假其藏书，多四库未收之秘籍，旁及碑拓本。又得三千余事，于是参互考订，殚十余年之精力，撰《新元史》二百五十有七卷。近世治史学者，未有及学士之博笃者也。"（（中国书店1988年影印本））《新元史》分撰《礼志》十卷、《乐志》五卷，其记元代礼乐制度，相较《元史·礼乐志》更为详细。柯氏书晚出，其厘正补阙元代典章制度纠正史实者甚夥。

相对其他史书，《元史》的校勘，无疑是非常困难的一件事。中华书局点校本《元史》，汇集了数十位元史研究专家，比勘众本，广采明清以来各种元史版本以及相关考订的成果，可以说集众本所长，是目前较为完善校本。其校勘记有几千条之多，订正《礼乐志》中很多讹倒衍脱之处。中华书局点校本《元史·礼乐志》的点校者，亦多参校《新元史·乐志》，但是在校勘中存在一些问题。

现通过比勘中华点校本《元史·礼乐志》与《新元史·乐志》，就其中存在的问题，略举例审证。

1. 内容记录的差异

《元史·礼乐志》卷一主记朝仪始末，如有"元正受朝仪""皇帝即受朝仪""册立皇后仪""册立太子仪""太皇太后上尊号进册宝仪"等等，此内容见于《新元史·礼志》。其卷二记制乐之始末，卷三记乐章，卷四记乐舞，卷五记乐服、太乐职掌、宴乐之器及乐队。这四卷的内容与《新元史·乐志》所记基本内容大体一致，但是也有很多差异。如二者同论元代"制乐之始末"，《元史》没有统论元代制礼作乐的背景，一开始即排列史实。《新元史》在罗列史实前，则有一段一千多字的文字，详细论述有元代的礼乐概况，并追述元代礼乐制度的源流始末。如其论述元代雅乐与宴乐云：

> 元之乐制，雅乐施于郊庙，宴乐施于朝廷之燕享。雅乐之制有三：曰乐器，曰乐章，日乐舞。宴乐之制有二：日乐器，日乐仪。然所谓雅乐，本宋之《大晟乐》，乃方士魏汉津所造者，善乎吴渊颖之言也。太常所用乐，本《大晟》之遗法也。自东都不守，大乐氏奉其乐器北入燕都。燕都丧乱，又徙汴、蔡。汴、蔡陷没，而东平严侯独得其故乐部人。国初征乐于东平，太常徐公典乐，奏于日月山，乞增宫县、登歌、文武二舞，令旧工教习以备大礼。故乐户子孙犹世籍河南，仅能肄其钟鼓铿锵，不复究其义矣。吾因考求前代之乐，自和岘以下更六七人，而议论莫之有定。

又云：

> 由是观之，汉世徒以俗乐定雅乐，隋氏以来则以胡乐定雅乐，唐至元宗胡部，坐俗部立乐工肄乐，坐技不通，然后为立技。立技不精，然后使教雅乐，天下后世不复知古雅乐之正声矣。自唐历宋，大抵皆然。当《大晟乐书》之行教坊，色长张俣曾制《大乐元机赋》论七音、六十律、八十四调，本不脱乎龟兹白苏祇婆之旧，正行四十大曲，常行小令四部弦管，此非胡与俗之杂行者乎！宜雅乐之未易遽复也。

柯氏这段文字，比较准确地概括了元代雅乐宴乐的源流始末，也记录元代仅有的几次乐议的史事。柯氏总论元代礼乐概况之后，接下来记录史事，内容基本与《元史·礼乐志》一致。

《新元史·乐志》卷一之末，详细记载了元代宫县制度。《元史》在《祭祀志》一、二中，虽略见祭祀乐制度，但是却没有对元代宫县制度完整的论述。柯氏可谓补其不足。

另外《元史·礼乐志》卷五记“乐服”制度甚详，《新元史·乐志》四卷不记乐服之制，《舆服志》卷一载乐服制度，均不不记人数，内容相较《元史·礼乐志》较简略，未知何故。

2. 相关的校勘

我们仅对勘中华本点校本《元史·礼乐志》、《新元史·乐志》相关内容，探讨《元史》校勘中存在问题。今选择部分校勘内容，以供参照。前列《元史·礼乐志》正文内容，后列《新元史·乐志》异同，中华点校本校勘记亦择其要，附列于后。《元史·礼乐志》、《新元史·乐志》均称《元史》、《新元史》。《新元史》影印本无标点，以下校记点校，以方便阅读。《元史·礼乐志》校勘记径称“校勘记”。

十六年太常（1691 页）。校勘记依《新元史》校改，作“六皇后称三年”。柯氏径改。

五年太常寺……“东平万户严（光）［忠］范”……率舞愿观于百兽（1693～1694 页）。中华本置于“以备朝廷用之”之后。《新元史》置于“及上寿曲谱”（1696 页）之后。按：依《元史》所行文，此“五年”为中统五年（1261 者年），按《新元史》行文，此“五年”指至元五年（1268）。考《太祖本纪》，柯氏是。“东平万户严（光）［忠］范”，校勘记云：“據本书卷四、五《世祖纪》中统二年六月癸卯、三年闰九月辛辛卯条、卷四一八《严实传》附《严忠传》改。《考异》已校。”柯氏径改“光”为“忠”。

八室乐章（1695 页）。《新元史》下有校记云：“按中统四年至至元三年，皆以太祖为第一室，故仅有七室乐章，是年始追尊烈祖为第一室，故有八室也。”（425 页）

复入民籍（1696 页）。《新元史》下有“六年，诏太保刘秉忠与许衡、徐世隆等起朝仪。秉忠奏曰：“无乐以相须，则礼不备。”诏搜访旧教坊乐工，得杖鼓色杨皓暗，笛色曹植，前行色刘进，教师郑忠。依律运谱，被诸乐歌，六月而成，陈于万寿山便殿，帝听而善之。年二月，秉忠奏以丙子观礼。前期一日布绵金帐殿前，帝与皇后临观，礼文乐节悉无遗失。”（425 页）《元史》无。

及上寿曲谱（1696 页）。《新元史》下有：“十一月，增乐工八百人隶教坊司，是年，敕中都路建习乐堂，使乐工肄业其中。”（425 页）

文郎魏英舞迎神黄钟曲（1696 页），《新元史》黄钟后有“宫”字（426 页），校勘记据改。

置于八作司（1696 页）。《新元史》下为“二十（《元史》作“二十二”），年冬闰十有一月，太常卿忽都于思奏：‘大乐见用石盘，声律不协。稽诸古典，盘石莫善于泗滨，女直未尝得此。今泗在封疆之内，宜取其石以制盘。”从之，选审听音律大乐正赵荣祖及识辨磬材石工牛全，诣泗州采之。得磬璞九十，制编磬二百三十，命大乐令陈革等料筒，应律者百有五。’”（426 页）《元史》为“二十一年大乐署言：“宜付本署收掌”，中书命八作司与之，铺钟二十有七，编钟七百二十有三，特盘二十有二，编盘二十有八，铙六，单铎、双铎各五，征、錞各八。”（1696 页）按：此两段倒文。

裕宗室曰昭成之曲（1697 页），《新元史》下有“是年，初祀社稷用堂上乐，岁以为常”（426 页）

新乐章不果用（1697 页）。《新元史》下有：“时乐师皆江南人，肄业生徒则河北人，情性不相能。国子博士虞集亲教之，然后成曲焉。”（426 页）

酌献太祖室仍改用旧曲（1697 页）。《新元史》无“改”字，衍文。柯是。

郊祀先农等乐是也用肃宁之曲。《新元史》有校记云：“按至元四年，已致《和成》、《顺成》、《丰成》之名，而至大中反改从金旧，必无此理。此承孔思逮之误也。旧志第三卷至大乐章，文舞退，武舞进，奏

《肃成之曲》，亚终酌奏《肃成之曲》。孔本作肃宁，可证。思逮误以《肃成》为《肃宁》也。”（426 页）

至延佑七年三月（1699 页）。《新元史》“九”作“三”，下有“敕议五华宫岁享睿宗登歌大乐，太常博士言：‘影堂用太常礼乐，非是。’十月，罢之。”柯校记云：“旧志作三月，今从本纪”（427 页）

英宗至治二年冬十月用登歌乐于太庙是月英宗祔庙（1699 页）。《新元史》“英宗”前有“至治元年正月，始以四孟月时飨亲祀，太室备宫县、登歌二舞。二年冬十月，用登歌乐于太庙。以修庙工役未毕，妨陈宫县，上用登歌。”“英宗至治二年冬十月用登歌乐于太庙是月英宗祔庙”，《新元史》作“泰定元年，英宗祔庙”（427 页）按：校勘记云：“‘英宗至治二年冬十月，用登歌乐于太庙，是月英宗祔庙’，按本书卷二八《英宗纪》、卷二九《泰定帝纪》载英宗祔庙在泰定元年二月，非至治二年十月，此处‘太庙’二字下疑有脱误。”按：《元史》记录年代错乱，结合下文所谓“明宗祔庙”云云，《新元史》校正不误。中华本云“太庙”下疑有脱误，属主观臆测。1708 页）

曲曰永成之曲（1699 页）。《新元史》下有“至顺元年十月，始祀昊天上帝于南郊，以太祖皇帝配，备宫县、登歌二舞。元统二年，文宗祔庙，行三献礼，乐用宫县。至正十月九月，始祭三皇庙，命翰林撰乐章。”按：《元史・礼乐志》为无续修，因此缺少顺帝时期的礼乐活动的记录，柯氏补入。（427 页）

九弦者各二（1071 页）。《新元史》下有“六皇后监国三年，始造”（427 页）。

制见登歌（1073 页）。《新元史》柯氏校记云：“按至元元年，中都等处括到亡金乐器，其完者景钟二，此北京崇宁中所铸者，惟不知何以有二也。”

一弦者三……瑟十有二（1073 页）。“一弦”，《新元史》作“二弦”。又校记云：“按古制，琴惟五弦、七弦。宋太宗加为九弦。又作两仪琴，二弦，更有一弦、三弦，皆非古。《大晟乐》罢一、三弦、九弦不用，又并七弦罢之，后俱复用。元沿袭宋制，不改。”（427 页）

以导文（武）[舞]（1706 页）。校勘记云“从殿本改”。柯氏径改。

辟公处止（1710 页）。《新元史》作“之处”（428 页）。

盥荐初升（1710 页）。校勘记云：“‘盥荐初升’，王圻《续通考》作‘盥荐初升’。按‘盥洗’与‘荐’为祭礼中两项不同仪节。升坛后始捧俎、酌献，即荐，本《志》中屡见。荐在升坛前与祭仪不合，下文又有‘以荐惟馨’，此处‘荐’字当系‘洗’字之误。”（1745 页）。柯校云：“‘荐’，《续通考》作‘洗’。”按：此中华校勘记，明显據柯氏所校而出。

紫烟章升（1722）。《新元史》校记：“旧志误柴为紫”。（428 页）

礼成乐（閟）[阕]（1724 页）。《新元史》校记：“旧志作閟，字误。校勘记云：“據《续通考》改（1745 页）。按：此据柯校。

酌献乐章（1724）。《新元史》下有“黄钟宫”校记云：“旧志夺去，据《续通考》补。”校勘记云：“按本书卷六八《礼乐志》‘制乐始末’有‘酌献。黄钟宫曲一’，据补。王圻《续通考》有‘黄钟宫’”。（1745 页）

奏《昌宁之曲》（1727 页）。《新元史》有校记：“案《金史・礼志》载此曲：“肃肃来止”作“有来肃肃”，“威仪孔彰”作“礼仪卒度”，“神之休之”作“孔时孔惠。”（431 页）

登歌乐奏《肃宁之曲》（1727 页）。《新元史》校记云：“按凡用‘宁’字者，皆沿金曲之名，未改正也。此曲在至元时已名《清成》，至此反称《肃宁》。后撤豆一曲，在至元亦称《丰成》，至此复称《丰宁》，皆孔本之误。”（431 页）校勘记云：“改‘宁’为‘成’，又云“据上文改”。（1745 页）显然，此据柯校而出。（422 页）

繄维之赐。

緊（维）［谁］之赐（1732 页）按緊维，疑当作緊谁。校勘记：“按《元文类》卷二《社稷乐章》改，《新元史》已校。”（1746 页）

以上只是《元史·礼乐志》卷二、卷三与《新元史》卷一及卷二对勘的部分内容。由上述比勘，一方面可以看出，《元史·礼乐志》本身存较多问题，在编撰过程中，有较多的错简讹漏之处。另一方面是中华本点校本校勘中存在的问题。第一点，中华书局点校本《元史》的校勘原则是“只校订史文的讹倒衍脱，不涉及史实的考订”。但是在具体的校勘中，对这一原则执行的并不完备。如前所述，《元史·礼乐志》卷二，就有大段的倒文、脱文，并无纠正。点校本在其所列参校著作中，将《新元史》归入其中，这样就应该详细比勘二书，列其异同。第二点，从点校本《元史·礼乐志》所作校勘记可以看出，其出校的内容，大量与柯氏校记及按语重复，点校本有的作了标识，有的则未加说明。

作者简介　许继起，中国社会科学院文学研究所副研究员。

宋濂佚诗文考辨

黄灵庚

史上誉称“明代开国文臣之首”之宋濂是一位多产文人，著作颇丰，其生前编定者，有《潜溪集》、《銮坡集》、《翰苑集》、《芝园集》、《龙门子凝道记》、《浦阳人物记》、《潜溪文粹》、《潜溪续文粹》等，其殁后编定者，有明天顺元年黄溥刻本《潜溪先生集》、天顺五年黄誉刻本《宋学士先生文集》、正德九年张缙刻本《宋学士文集》、嘉靖三十年韩叔阳刻本《宋学士全集》、天启三年袾宏刻本《宋文宪公护法录》、清康熙十九年傅旭元刻本《宋文宪公全集》、清严荣嘉庆间刻本《宋文宪全集》、清胡凤丹同治十三年刻本《宋学士全集》、清孙锵宣统三年刻本《宋文宪公全集》等，其版本之多在历代著作家中极为罕觏者也。

于 1999 年 12 月由浙江古籍出版点校、出版《宋濂全集》。在上述宋濂诸集基础上，从明清以来各种方志、宗谱里搜辑宋濂遗简，以求其完帙，得佚诗文总 67 篇。故是书至今堪称辑录宋濂文集之“全”者为最，成为研究明代文献、研究宋濂必备典籍。余也生与宋濂氏有同乡之谊，且有幸参与当年《宋濂全集》整理、点校之事。自兹以后，余颇留意于宋濂遗文残简之辑佚，又于明清以来各种方志、宗谱中检得其残佚诗文凡 180 余题。今择录若干题，略作考辨以颁布于世，冀编纂《全明诗》、《全明文》及《宋濂全集》将来再版时采录之。其考辨容或不当之处，敬请明代文献行家及宋濂研究者不吝指教。

一、何氏义田遗训记

何公名真，字邦佐，世居广之东莞，至公始迁惠州。初，授中奉大夫、江西等处行中书省参知政事。洪武庚戌，移山东行省。越七年，以老致其政。初，公追思显荣之盛由于先世，既于东莞率族人建祠，置田以祀群祖。复与弟迪谋，悉以其先所遗田，捐入以祭其祢祖。公犹未惬于心，乃以惠州城西之私第为义祠，并有所私之田百余顷为义田，世俾宗子主祀事。恐族人不知学也，有塾以教之；恐族人不能立也，有粟帛以赈给之；嫁娶葬祭，有以助之；疾病疲癃，有以养之。惧其久而或失其意也，为书以训之，俾嗣弗坏，而来请记于余。嗟乎！先王所以亲民善俗之道至矣，贤人志士欲推之于世，而势有所不能，退而惠一族、化一乡，而力有所不逮者有之，至于势足以为而不为，力可以至而不至者有之，此所以越数十世而事曾不一二见也。惟公奋自布衣，除盗安民，辑宁南服，致位尊显，又能推本反始，孝于祖宗，惠及族人，所践所言，洵可为法。其于富贵，可谓不苟取矣，视彼私厥身而忘其所自者，其贤岂不多哉？是宜纪其事，着之金石，以为后世法也。

案：此文见《广东通志》卷60《艺文志》二《明》。据《明史》卷130《何真传》，何真，字邦佐，东莞人。元末岭南盗蜂起，剽掠真乡，真结豪民保障。及乱兵据惠州，真率众复之，以功授惠州路通判，升宣惠司都元帅。时南海寇邵宗愚陷广州，真又击走之。元以真为参政，又升右丞，遂据有广东诸州郡。洪武元年，真奉表以降，擢江西行省参知政事，转山东参政。九年致仕。二十年，封东莞伯，二十一年卒，赐葬京城南八里岗。清谷应泰《明史纪事本末》卷七《平定两广》曰："若窦融、李绩辈争烈，呜呼！不诬矣。"宋濂时为开国文臣，为勋臣若何真者作《义田训记》，盖在情理中矣。又，宋濂《朝京稿》卷一别有《惠州何氏先祠碑》，其内容与此《记》大同小异。抑后人据《惠州何氏先祠碑文》拼凑之，亦未可知也。

二、赠昙霄上人序

上人昙霄者，宋丞相虞忠肃公彬甫之遗裔也。其姑归今阁老詹先生同文，而上人因与先生有连。一旦来谒，将还庐墓于丹阳。先生请赵翰林伯友为序，且令余题其左方。

西方圣人之教，一则曰孝，二则曰孝，故升忉利天为母说法。而所演大报恩经，亦孳孳弗倦，桑门每取之以为准的。或者谓其绝弃亲属，不亦过乎？有若上人，通儒者而又善诗。念家世之非昔，祖宗坟冢远在一方，凄然有白杨悲风之感，缚茅而庐诸墓，岂非有合西方之教哉！虽然，此固足为孝也。西方以法胤嗣续为至要，与吾儒甚不异。上人能庐墓矣，独不念虞氏之乏嗣乎？若能幡然改辙，归继宗祧之重，其孝不尤大哉！在家出家，同一法门，居尘而不染尘，浮屠氏之戒也，初何伤乎？此惟达人大观，无所系吝。上人尚勉之焉。若夫家世之盛，赵翰林序之详矣，余尚何言？史官宋濂。

案：此文分别见清卞永誉《式古堂书画彙考》卷30《明人赠昙上人卷》、明朱存理《编珊瑚木难》卷二序、明赵琦美《赵氏铁网珊瑚》卷八《赠昙上人序》，三书皆谓宋濂作。据赵埙《赠昙上人序》："上人，旧名德容，以丁酉年入乌程何山禅寺，礼南州藻公为师，易名霄昙，字具瞻，虽学佛而通儒书大义，盖其家学云。"则霄昙和尚，明初高僧。宋濂作此题缘"今阁老詹先生同文"所"令"。知宋濂之初识霄昙者，介于同文也。詹同文，江夏人，仕明为翰林侍读学士。《明史》无传，惟《艺文志》载有《詹同文集》三卷。宋濂尝作《詹学士文集序》，云："襟韵潇洒，济以宏博之学，故体物浏滟，铿铿作金石声。及归我熙朝，遂以文鸣一时。当胜友如云，酒酣耳热，有执卷来求者，同文振衣而起，捉笔四顾，文气细缊从口鼻间流出，顷刻盈纸，烂烂皆成五色。"

三、龙川夏氏宗谱序

余自解绶南旋，日与里人为伍。含饴抱孙，携杖阅稼，方适志于秋园。偶遇夏龙川翁过而访余于宦游敛翮之余。会稽，其世居也。昔在京邸，每当荐笏之暇，承有左顾之殷，吾翁也乎哉？吾故人也，爰载酒与登九龙之巅，旷观宇宙之大，憩圣寿寺，而访无上妙法于千岩上人。一偈解颐，翁襟悉豁，遂卜宅于婺，而以"素溪"名里。

噫，异哉！上人指青莲而挥一棒之提示，吾翁聆元呗而肇奕世之繁昌。才优而性静，德厚而福凝。敬承家法，累世不忘。其在《诗》曰："如竹苞矣，如松茂矣。"又曰："永锡尔类，宜尔子孙。"今其兆之。明大学士宋濂拜撰。

案：此文见《金华龙川夏氏宗谱》。素溪里，盖因"八素溪"名。《浙江通志》卷17《山川》

九《金华府》“八素溪”条云：“《万历金华府志》：‘在县北四十里，源出八素山，入金华界，合入双溪之南港。’”又，序云“爰载酒与登九龙之巅”云云，九龙山，在金华县北与兰溪县界，金华山余脉也。《浙江通志》卷三《疆域·金华县》：“西北到兰溪县界二十五里地名九龙。”注云：“《金华县志》自界至兰溪县治二十五里。”然则“圣寿寺”不在九龙山，在金华县东与义乌界伏龙山也。九，盖“伏”字之讹。《銮坡后集》卷七《千岩禅师语录序》云：“往予家居时，尝谒千岩禅师于乌伤伏龙山。”卷八《佛慧圆明广照无边普利大禅师塔铭》：“濂初往伏龙山见师，师吐言如奔雷。时濂方尚气，颇欲屈之，相与诘难数千言，不契而退。因缔为方外交三十年。”又，《芝园续集》卷一《天龙禅师无用贵公塔铭》：“丁卯春正月，笑隐欣公言千岩行业于宣政院，将俾出世住大禅坊，千岩竟遁逃不见使者。久之，夜渡涛江东，走乌伤伏龙山，师复与之俱。山有废刹曰圣寿，千岩为一新之。”丁卯之岁，在元泰定五年，宋濂年方十九岁。本序云：“余自解绶南旋，日与里人为伍。含饴抱孙，携杖阅稼，方适志于秋园。偶遇夏龙川翁过而访余于宦游敛翮之余。”似宋濂致政后之事，前此未有也。又云：“爰载酒与登九龙之巅，旷观宇宙之大，憩圣寿寺，而访无上妙法于千岩上人。一偈解颐，翁襟悉豁，遂卜宅于婺，而以‘素溪’名里。”则又转叙元至正间居潜溪事，盖追忆其早年与千岩交游也。

四、宋颍川郡王郡马冯公传（行六一）

公姓冯氏，名化龙，又名焱，字德辉，东阳孝子冯子华之后。其高祖始迁于乌伤之蒲墟，今子孙为蒲墟人。祖度，仕迪功郎。父珪，有隐德。母朱氏。

公天资明敏，丰神玉洁，事亲孝。自幼嗜读书，与其兄森，同游高峰方先生之门。月庭雪槛，讽诵不辍。学锐进，为同类所推。后森宾邑庠，成进士去。公独居，视昔尤勤。闻鄱阳北山方希愿邃于经学，匍匐千里，往从之游。贽见间，方公奇之曰：“君，瑚琏器也!”使居馆下。公悉心研讨，蚤夜不倦，相与讲明性命道德之说，与夫阴阳气化之变，滔滔大有所得。时方公被召，入京师为讲官，公怅快而还。适东阳蒋氏义塾，四方名士多归之，又往学于中。由是骎骎抵于阃奥，而文学之名彰矣。

颍川郡王孙夬夫善藻鉴，知名宗室。有爱女字日盛，谓其有异质，慎择其偶。闻公器识不凡，长于理学，且名家子，聘为子婿，礼币尤崇。公辞之，不可得。既入其藩邸，以谦谨事上，以文彩华身，且优于著述，大为戚里所重。公平生讲贯该博，深明夫圣贤道学原委，在朝儒绅多所奖许。迭山谢先生时初入仕，与公契谊尤洽。

公为文以理气为主，不尚浮辞，深有断制，而且才思汪洋，荡荡如长江东注，绝无华丽骄矜之气，识者嘉之。有文稿40卷，藏于家。

其四世从孙新淦尹翊以公行实备告于予，乞文以昭于后。余重公以美质为贵戚，以学行重当时，又能屏去繁华，一归儒雅，可谓识达士也。《诗》云：“瑟彼玉瓒，黄流在中。”公其似之。洪武甲子八月望日，太史宋濂述。

案：此文见民国13年重修《义乌赤岸孝冯氏宗谱》。冯化龙其人其事，未见史传所载。据传文“迭山谢先生时初入仕，与公契谊尤洽”云云，盖与南宋遗老谢枋得同时，亦南宋季世人也。又，此传谓化龙登颍川郡王孙夬夫之婿者，考《宋史·宗室世系·颍水郡王》三代孙有“玦夫”，无“夬夫”。夬，盖“玦”字之讹。又，此《传》作于“洪武甲子”者，宋濂卒于洪武十四年辛酉，中间无得称“甲子”者。洪武甲子在洪武十七年，其时宋濂氏已殁三年，焉得作序？盖纪年亦有误。或者为方孝孺所作而误作宋濂者，亦未可知矣。

五、杨溪范先生传

先生讳端杲，字符章，号杨溪。官国子监学宾。父洵，登重和元年戊戌进士，官至大理寺正。诏治岳武穆公狱，上书力辨其宪，忤桧，弃官而归。

先生与右史蒙斋并学于其叔父香溪先生，德行文章，卓然名世。侄友龙读书尚志，请以明复箴轩先生为开阐明心性之旨，而戒以彼昏罔，觉如荒斯屯，丁宁反复于修身立极之训。渊源家学，一脉相承。有文集若干卷行世。其词翰秀逸，书法遒美，与兄右史齐名。香溪先生与观王右军帖以白藕荐酒，诗云："小院过予足风味，共观古帖披前志。"此绍兴己巳十一月二十九日也。先生天机逸发，初出入右军大令间，晚乃逼真李北海。

自香溪先生没，遂无意于世用，因乡民苦桔槔之艰，浚溪流，凿澳堰，灌田数千亩，田以常稔。乡民德其惠而尸祝之，名其堰曰杨溪，建祠其上，子孙祀焉。

先生之学明体达用，先生之泽被厥桑梓。濂从史官，后以婺州人物分"道学"、"忠义"、"政事"、"文学"、"卓行"、"隐逸"、"贞节"八类，作为《先民传》以示乡之来学。一言一行之善有俾于人心世道者，皆不敢遗。矧以先生之盛道学之传，忠义、文学萃于一门，尤世所景仰者哉！爰摭其行谊之概以为传。

时洪武九年丙辰八月，翰林学士承旨、同郡宋濂撰。

案：此《传》见《兰溪香溪范氏宗谱》，作于洪武九年八月，明年元月宋濂氏致仕。则是晚年之作也。范端杲者，兰溪范氏七世祖，香溪先生范浚乃叔父也。官宋国子学宾。柳贯为《杨溪先生像赞》云："为簪缨之华胄，承家学之渊源。道隆师范，功勤民事，既立不朽，庙祀百世。"其父曰洵，官至宋朝请大夫、大理寺正，吕祖谦为《赞》云："经济之才，宏博之学，识见之高，制行之确。诚一代之伟人，为万夫之先觉。"又，宋濂尝作《婺州先民传》，分"道学"、"忠义"、"孝友"、"政事"、"文学"、"卓行"、"隐逸"、"贞节"八类。惜其未传。今在《杂传》中见录《刘滂传》等九篇（黄誉刻本《宋学士先生文集》），盖其遗篇。此《传》"以先生之盛道学之传，忠义、文学萃于一门，尤世所景仰者哉，爰摭其行谊之概以为传"云云，盖亦《先民传》遗简。

六、刘斗凤妻朱氏墓志铭

鄱阳尧山有节妇曰朱夫人，讳则中。性颖茂知，留意《诗》、《书》。年 15 归同里句容儒学教谕刘君斗凤，字友梧。归 18 年，生三子：昺、煜、燮及一女旭贞，而刘君亡。夫人之年甫三十又二，14 年乃终，得寿 56。夫人自刘君殁，悉屏脂泽弗御，曰："我未亡人也，焉用尔为?"事姑李氏甚至。仆人、媵女凡数百指，夫人晨起坐堂上，命之曰："尔为某事，汝为其事。"晚各? 其成，无敢爽期者。至于中馈纫缝之职，夫人日相亲，虽劳不辞。闾井有来谒者，必饮食之。若贤士大夫则留，浃旬弗之厌，行必又有所赆窭。人或有斗升之籴，司廪者慵于启钥，难之。夫人骂曰："彼方悬腹待炊，尔可若是怠耶!"遇岁歉及大雨雪，必散粟赈其乏，虽蔬材之细，亦多寡分给于众，族姻之间有搆? 言而弗靖者，夫人每具食调解乃已。尤切于训子，尝语之曰："汝父积书数千卷，而不效他人置美田宅者，欲尔等知学也。尔等不学，我将焚其书。"故内外亲若尊者、同列者、卑幼者皆贤夫人之行无异言。岁壬辰，夫人家毁于兵。昺提义旅，随大将上饶，燮已死于疠，童御散尽，旭贞亦适浮梁张子鸣氏，未几又为仇家所害。夫人间关出万死，独抱昺子玉珊往依张，使玉珊衣垢敝服，杂荛儿牧竖中。卒有急，令窜山泽，夫人以身先之，每抚其顶泣曰："我一家兵祸极矣，汝父存亡未可知，刘氏一宗若发悬不坠者赖汝在耳。奈何虎豹又窥伺未已耶? 鬼神若有知，得持汝以见汝父，我含笑入地矣。”言讫，衣袂尽湿。后八年，昺从间道归，见夫人，相与抱持，哭绝而复苏。夫人指玉珊曰：“吾所以不死者，有此故尔。”见者皆洒涕，昺因迎养新安，复迁之浮梁，竟以疾卒张舍。实某年某月四日也。葬于发京乡之史源。昺以文学政事向用于时，予辱与之交，自状夫人群行，持以诣予，拜且泣曰：“吾母以节自持，皦如出日，不幸遭离乱以死，死又无以暴白于后世，不孝莫大焉。傥先生怜而俾之铭，庶几可不朽者。”予不敢辞。铭曰：

夫人之节，石坚玉贞，何不享有诸福，而忧患是婴？彼宰物者，孰尸其平？然而德厚流光，如筮斯征。短虽一日，长或千龄。则夫人之不死者，愈远而愈名。史源之山，封若斧形。评骘驯行，太史勒铭。后数百载，当知为鄱阳节妇之茔。

案：此文见明《刘彦昺集》卷九《附录》，铭辞又见清《江西通志》卷110《列女·饶州府》。考明天顺五年黄誉刻本《宋学士先生文集》收有《节妇朱夫人墓碣铭》，二者主要内容大致相同，然此文详于《宋学士先生文集》甚伙，如“遇岁歉及大雨雪，必散粟赈其乏，虽蔬材之细，亦多寡分给于众，族姻之间有搆？言而弗靖者，夫人每具食调解乃已。尤切于训子，尝语之曰：‘汝父积书数千卷，而不效他人置美田宅者，欲尔等知学也。尔等不学，我将焚其书。’故内外亲若尊者、同列者、卑幼者皆贤夫人之行无异言”及“昺以文学政事向用于时，予辱与之交，自状夫人群行，持以诣予，拜且泣曰：‘吾母以节自持，皦如出日，不幸遭离乱以死，死又无以暴白于后世，不孝莫大焉。傥先生怜而俾之铭，庶几可不朽者。’予不敢辞”等大段文字，皆未见《宋学士先生文集》。《宋学士先生文集》铭辞六言但24字，且“杨若曳旌”一句义甚晦涩，而此文铭辞凡18言，有86字，而且完全相同者亦只有“史源之山”四字。“杨若曳旌”作“封若斧形”，其义显豁。颇疑此文为定稿，《宋学士先生文集》所收者为初稿也。刘彦昺，名昺（或作炳），以字行，鄱阳人。洪武初，献书言事，授中书典籤，出为大都督府掌记，除东阿知县。阅两考，引疾归。《明史·文苑传》附载《王冕传》中。

七、坦坦斋先生遗像赞

白发苍颜，雄才伟学。景星庆云，冰壶玉壑。其文也灿然有藻火之章，其德也巍然峙峭崖磊落。高立鳌山，拜恩鸿宝。步武九重，飞腾八表。瞻伟像之俨然，邈清风其浩渺。噫，此缙绅之耆英，乃玉堂翰林之大老也。翰林院学士臣宋濂奉敕赞。

案：此赞见明万历间刻本《坦斋刘先生文集》卷首。《四库全书存目》有“《坦斋文集》二卷”，曰：“明刘三吾撰。三吾字如孙，自号‘坦坦翁’，茶陵人。洪武中，官翰林学士。事迹具《明史》本传。案：郑晓、雷礼、王世贞并谓‘三吾于洪武三十年以罪诛死’，蒋一葵又谓‘三吾以作大诰漏言赐死’，《明史》则称‘以考试不实戍边，建文初召还’。今集中有《勅下御制大明一统赋》，实建文时所撰，与史相合。是晓等所载皆不确。知其集在明代不甚传，故以晓等熟于掌故者亦未之见矣。”又，《刘三吾传》称：“洪武十八年，以茹瑺荐召至，年七十三矣。奏对称旨，授左赞善，累迁翰林学士”云云，然宋濂卒于洪武十四年，三吾入翰林院时，则宋濂氏殁已四年。是《赞》非宋濂所作，亦甚明矣。考三吾与宋濂门生方孝孺同时人，是《赞》抑孝孺所作欤？

八、复存清公书

濂端肃奉复存清文学尊眷兄侍史：兹被手书，甚感甚感。黄文献公凋落之后，故家右族不知子孙名字多矣。执事乃能用志于世族之所不讲，深探博采，200 年间遗文故事，灿然具乎方册，非知继志述事之道者，安能及之？比览诵之余，企仰而已。所征序文，具管稿托叔度寄遂。用朝阳太学塚上之铭，久已撰就，尚容求教也。匆匆不宣。十月初六日宋濂端肃奉复。

案：以上两简均见《金华双溪戚氏宗谱》卷二。宋濂在世时，交友颇广，其间往来，必通书简，而观其诸集，书简存者不过十通，想遗佚甚多矣。戚存清其人其事，惜未见史传所载。惟前书“寿岩之约”云云，寿岩之地，则在永康。明黄绾《游永康山水记》：“从剡入永康，与石门子游寿岩。行见五峰相亚，意即寿岩。石门子曰：‘此俗呼为翁？岩者，请为易之。其嶄然而出者曰天柱，其覆而左者曰石钟，其踞而右者曰维摩台，又左曰石甑，又右曰蟾蜍。行度一舍，沿溪折入，见大石插空？岘不可仰视，群木森茂，杂然其间。又行，从木杪见楼阁在石壁中，梯石而升。弛担而休，倚槛，见东南一峰突起曰鸡鸣。少进，一峰竦出而俯曰覆釜。覆釜之西，一峰尤杰曰桃花。北一峯稍低，水时时下滴曰瀑布。瀑布左连大石壁，下梯石望之，高阔数百丈，若晴霞烂然曰固厚，壁下皆洞，其一即所居楼阁，谓之寿岩。”戚存清者，抑亦永康人欤？余皆未可考辨。

九、柳诚悬书度人经卷

正书之擅名者，自魏钟繇而至于宋得 44 人，而唐柳诚悬实铮铮乎其间，则夫墨妙笔精有不待赞矣。其入宋秘府凡六帖，而书《度人经》者二，此卷特其一尔。是《经》乃晋宋人伪作，至诚悬时，相传稍久，故信而书之。近代紫阳、方回则谓五季蜀主建时道士王乔始造，且确然弗自疑，不几甚可笑欤？使回见诚悬书，此吾知其颡有泚矣。洪武九年六月十五日翰林学士承旨金华宋濂谨记。

案：此题文见明郁逢庆《书画题跋记》卷三、明汪玉珂《珊瑚网》卷二《书法题跋》、清卞永誉《式古堂书画彙考》卷八《柳诚悬书度人经卷》、倪涛《六艺之一録》卷 329 及《御定佩文斋书画谱》卷 75。宋濂题跋《度人经》，除此以外，诸集中别有三文：《题柳公权书度人经后》（《翰苑别集》卷七）、《题子昂书度人经后》、《跋重刻度人经后》（郑济编《宋学士文粹》）。此文即《题柳公权书度人经后》也，但题名有异。公权，名也；诚悬，字也。然两文相校，亦见其歧异之处。如，此文“五季蜀主建时”之“主”，彼文作“王”；此文“其颡有泚”之“颡”，彼文作“颊”。此文有题作之时，曰“洪武九年六月十五日翰林学士承旨金华宋濂谨记”，而彼文则无。存之可以互校耳。

十、题唐榻化度寺邕禅师塔铭

长沙欧阳信本书，在唐评为妙品，郑渔仲《金石略》所载凡 23 种，而行于南北者惟《僧邕塔铭》及《醴泉铭》而已。两铭多所翻刻，南本失于瘦，北本失于肥，殊无精绝之本。濂尝于越见胡文恭公所藏《醴泉铭》，肥瘦适匀，精彩焕发，识者定为初刻。今观此塔铭，其精神绝与之类，诚可宝玩也。塔铭尤信本得意书，姜尧章谓胜于醴泉，骎骎入于神品，其亦知言哉。元诸大老置品评于其间者凡数人，濂尚何言！庸掇拾绪论而书于左方云。洪武八年七月十五日金华宋濂记。

案：此题文见明郁逢庆《书画题跋记》卷二、明汪玉珂《珊瑚网》卷二《书法题跋》、清《御定佩文斋书画谱》卷73引《潜溪集》、清倪涛《六艺之一录》卷七九引《潜溪集》。《宋学士全集》卷十四题作《跋醴泉铭后》，相校二文，仅首三句“长沙欧阳信本书，在唐评为妙品，郑渔仲《金石略》所载凡二十三种”相同，余皆不同，当是二文。

十一、苏汉臣戏婴图题识

南宋苏汉臣，河南开封人，与刘松年、李从训互相颉颃，且声价高许，殆有过之。宣和时，画院待诏。初师刘宗古，有出蓝之誉。绍兴间复官，赐金带。善画人物、仕女、婴儿，为古来独步。此戏婴图笔法高古，穷神入妙，真逸品也。前辈津津赏识，予不敢多赘一词也。金华宋濂拜跋。

案：此题识见民国间影印本《秘殿珠林续编》第七册（第98页）。苏汉臣，南宋人。《宋史》无传。元夏文彦《图绘宝鉴》卷四《宋》：“苏汉臣，开封人。宣和画院待诏。师刘宗古，工画释道人物臻妙，尤善婴儿。绍兴间复官。孝宗隆兴初，画佛像称旨，补承信郎。”明田汝成《西湖游览志余》卷17《艺文赏鉴》亦云：“开封苏汉臣工释道人物，尤善婴儿，与（萧）照齐名，西湖亭榭寺观所画多二人笔也。”宋濂栖居僻壤浦江时，焉得睹此逸品？其作此跋时，在其入明作京官后明也。

十二、跋高文简山村隐居图卷

右高文简公画，赵文敏题识，仇山村周草窗诗，皆绝无而仅有者。河东张承旨尝为赋诗，吾友蒲菴复和之，余欲效颦，老病未能也。姑书此以识吾愧，金华宋濂题。

案：此跋见明张丑《清河书画舫》卷11《上高彦敬山村隐居图》、清卞永誉《式古堂书画彙考》卷47《高文简山村隐居图卷》、明李日华《六研斋笔记》卷一。张承旨、蒲菴所作诗，今皆佚。张承旨，即元人张翥。《书史会要》卷七元：“张翥，字仲举，号蜕菴，河东人，官至翰林学士承旨，领北平省平章政事，封潞国公。博综文书，作为文辞，擅一时之誉。”蒲菴，即僧来复。《江西通志》卷130《仙释·明》引《稽古录》：“来复，字见心，丰城人。幼祝发于普菴堂，后游会稽山，复主灵隐寺，精通内典，善诗文，有蒲菴集、钟山稿。洪武初，召至京师，与宗泐齐名。十八年以赋诗忤上意，被刑。”又，《清河书画舫》卷11《上高彦敬山村隐居图》：“右高尚书所画山村图卷，蜕菴张承旨题识甚详，崆峒外史王溥得之，携以见示，怮伤前辈凋谢，不能无感今怀昔之私，蜕菴，予故人也，遂次其韵，附于卷末，不足以言诗，聊以纪岁月云耳。洪武丙辰长至后五日，豫章蒲菴来复题。”宋濂此题当在其后。

十三、赠答禄与权山居

红鞋金带荔枝花，三品词林内相家。归去山中无俗事，瓦瓶春水自煎茶。

乞与山童润笔钱，归时正及早春先。玉堂分取薇花树，种在双溪浅水边。

案：以上两诗见《河南通志》卷74《艺文》三《诗》“明宋濂赠答禄与山居”条注引。答禄与权，字道夫，蒙古人，仕元为河南北道廉访司监佥事，入明后，以故官起，授秦府纪善，改监察御史，除广西按察司佥事，撰翰林院修撰，与宋濂等同修《洪武正韵》甚力，复有文集十卷。洪武十一年以年老致仕。《明史》有传。时宋濂69岁，其以洪武十年致仕。盖两诗作于洪武十一年以后。又，此两诗复见明孙蕡《西庵集》卷七，谓是孙蕡《送翰林宋先生致仕归金华诗》。非也。答禄与权，任职御史，故曰“三品内相”。

十四、题蓬莱仙奕图

红尘不与此山通，一局千年万事空。知白知元无象妙，为生为死不言功。兴亡刘项山河外，聚散巴邛草木中。满眼羊肠无妙著，此机何处问仙翁。

案：此题诗见《石渠宝笈》卷33《明冷谦蓬莱仙奕图》。明郎瑛《七修续稿》卷四《辨证·蓬莱仙奕图》：“冷谦，字启敬，号龙阳子，钱塘人也，善音律术数之学。世有《蓬莱仙奕图》，谓冷至正六年端阳作送张三丰者。三丰，仙人。永乐二年，转送淇国邱国公福，并跋启敬来历。今遗落吴下一家。往往见诸名人集中载事题诗，独都南濠文跋具载跋语，略言二人始末未真，亦不知此图为伪也。尝闻太祖命真人张宇初访求三年，成祖又命尚书胡公濙天下物色，皆不获见。尝思淇国乃成祖心腹功臣，三丰至而敢匿不言者耶？且跋中只言冷字而无名，谓冷，武陵人，而不知本钱塘，能言元时之事详，而不知为本朝协律郎，知远而不知近，有是理耶？跋云：‘观李思训画，遂得其法，勾出神品。’以丹青鸣于时，何刘伯温之诗与他书皆不言之，而独言善音律术数耶？就使三丰真得冷画，元末已死复生，孑身远游矣，岂复带画，永乐时送人耶？且跋曰：‘冷在至正间，已百数岁。’若在洪武，必百数十岁矣，如此老尚为人臣耶？就使为之，可谓奇矣，如太公、伏生，人必言之，何不见于书耶？此必憸人假冷之名、张之跋、淇国之所遗，见其难得之物，货人重价。一时名人不察而纪其异，为之题咏也。”若其说可信，则托冷伪作此画者，在明初已然，故宋濂亦有此类题诗。

十五、赠吴节制归田

福星移自大江西，万马拴蹄夜不嘶。
鼓角声随山月上，旌旗影拂海云低。
心惟一正千官肃，事不多言万法齐。
带得一天新雨露，晚看生意满锄犁。
世家清望切金门，赐钺专征节制尊。
一道独传天子诏，万人争识郡公孙。
阵图成算还诸葛，铜柱奇勋属马援。
明日绣衣开绿幕，黄旗闪闪拜殊恩。

案：此诗清乾隆间刻本《草庐吴文正公全集·学言稿》卷首。吴节制者，元吴当也。当字伯尚，崇仁人，吴澄之孙，谥“文正”。当以荫授万亿四库照磨，荐为国子助教，预修宋、辽、金三史，除翰林修，撰累迁直学士。入明，抗节不仕。着有《周礼纂言》及《学言稿》六卷。《元史》

有传。《四库提要》云："《周礼纂言》今已佚，惟此集（《学言稿》）存。原本九卷，明崇仁知县新安叶良贵所刊。此本六卷。"今观此诗叙吴当战功，盖有所实指。元至正十六年，江南兵起，当授江西肃政廉访使，屡有功，遭忌罢免。十八年，朝廷始知其诬，乃下诏拜当为中奉大夫、江西行省参知政事，专事征讨。诗中"世家清望切金门，赐钺专征节制尊。一道独传天子诏，万人争识郡公孙"云云，盖指此事也。

十六、乌伤破贼歌

方叔称元老，蛮荆动骏声。金符明铠甲，起略作干城。
蠢尔长枪虏，横行浙水訇。乌伤居巢穴，虎视肆吞并。
扼塞无强敌，负隅莫敢撄。君系四海重，便觉一身轻。
鞠旅齐登击，同仇不共生。誓提三尺剑，救此一方民。
威震摇方岳，风生卷旆旌。两军方会猎，一鼓遂封鲸。
破竹无凝节，芟荼复雉萌。捷书报旁午，旅矢锡纵横。
金印县如斗，玉骢骏如骍。建旄始开府，分阃更蜚英。
社稷安周鼎，山河重汉盟。

案：此诗见《浦江洪塘里蒋氏宗谱》，前有按语，曰："《南畿志》：'长枪元帅自至正乙未已来集众万余，攻陷郡邑，而宁国、宣城等处被害尤甚。由新安据睦州，将寇金华嵩山横冲要害，遂潜兵过义乌。公令男国用以部众追击之，斩首俘馘，获其伪号以献。'"庚案，今据《资治通鉴后编·顺帝纪》，"至正乙未（十五年），明鉴聚众淮西，以青布为号名'青军'，人呼为'一片瓦'。其党张监骁勇善用枪，又号'长枪军'。暴悍专事剽掠"。后长枪军属索诺木巴勒等，流于浙水东西，为害特甚。宋濂《明故资善大夫御史中丞兼太子赞善大夫章公神道碑铭》"南行台治书侍御史特穆尔喇实分台于婺，长枪军叛，迫其城，治书遣从事杨迪征师于公。公勒所部军就道，长枪闻公至，辄引去"云云，亦平叛长枪军事。然流窜至义乌者，盖长枪军之一部也。

十七、燕书

周存，字道名，上谷俱阳人。王彭祖叛，母遇寇失所。时所在分崩，州郡隔异。存冒难寻求，自河以北无不周遍，存亡无闻。后传在昌黎，而存已属段氏。昌黎土地，燕之所统，存径投高祖。容之，为置酒于坐。问存："君失母来几年？相见当识否？"高祖言音未止，存涕泗覆面。寻声而对，辞甚悲酸，举坐莫不忼慨，高祖亦为之动容，由是意遇倍加。存停期不得母问，将辞归。高祖意欲留之，而未显也。存觉微旨，陈谢曰："聂政荆轲，刺客之流，意气之顾，甘死秦韩。今明公无求于征用，而见接以国士，应终身奉给，以答厚恩。然老母未审存亡，弟小无所依倚，寝食未敢废心。昔徐庶指方寸以矢辞，今存披肝以表情。愿明公恕之。"高祖矜而听去。

案：此文见《永乐大典》卷一〇八一三《冒难寻母》，谓宋濂作。宋濂至正十六年十一月，始入小龙门山著书，及至正十七年正月，成《龙门子凝道记》，五月，成《燕书》，时年48岁。《燕书跋后》云："余为《燕书》四十篇，盖取郑人误书'举烛'之义。读者好之，谓有秦、汉风。余独愧汗弗止者，何也？自婴忧患以来，神情销沮，见于觚翰之中，气茸而辞荒，恶在其能秦、汉也！不犹优孟之似孙叔敖哉！至正丁酉五月记。”（《潜溪后集》卷二）然宋濂所作《燕书》凡40篇，已具其数，未见有阙。考此文别见于《太平御览》卷四百一十三《人事部》54《孝》中所引《燕书》。则知此文非出于宋濂《燕书》四十篇中，乃五代十六国《燕书》也。观《永乐大典》引书多有此讹，不可不审。

作者简介　黄灵庚，浙江师范大学人文学院教授，浙江师范大学江南文化研究中心首席专家。

宋濂杂记文探微
——兼论对明清散文的开拓

何祥荣

宋濂（1310～1381），字景濂号潜溪，浙江金华人，为元末明初之重要散文家，现存散文千余篇，收入《宋学士文集》。在宋濂的散文中，最为人传诵的类型之一，是“传记”文。本论题则集中其以“记”命名之文章，即以“记”这种古代文体写作的散文。宋濂的传记文不一定以“记”命名，如《秦士录》、《尊卢沙》……反之，以“记”命名篇章的，统称为“杂记文”。《文心雕龙・书记》云：“书记广大，衣被事体，笔札杂名，古今多品”，把所有难以归属的博杂文章，均归属“书记”类。褚斌杰《中国古代文体概论》把杂记文分为四大类：“台阁名胜记”、“山水游记”、“书画杂物记”、“人事杂记”。① 本文则依宋濂杂记文的题材，分为七类：①游记：如《游钟山记》、《琅琊山游记》、《游涂荆二山记》等。②馆阁：如《松风阁记》、《瑶芳楼记》、《看松庵记》、《见山楼记》、《新雨山房记》、《歙县孔子庙学记》等。③人物：如《拙庵记》。④亭台：如《环翠亭记》。⑤水塘：《蜀墅塘记》。⑥桥梁：如《天台广济桥记》。⑦图画：如《兰亭觞咏图记》。可见，宋濂的文具有题材多样的特征，涵括有形的、无形的事物，并不拘限于景物的描写或事情的记载。当中有对山川风物的描画，有对人物的细致刻画与颂赞，有对馆舍的摹状，有对地理环境的详细描绘，更有对教育理想及哲理的阐发，眼界开阔，造就其杂记文取得高度成就的基础。

宋濂的杂记文研究在过去尚未深入，也不够系统。在多本《中国文学史》中，对宋濂的述评，多占的篇幅不多，也不深入。宋濂的散文研究，则有零星的论文发表过，如高志忠的《宋濂和他的散文》，洪玉珍的《宋濂传记文的语言特色》，谢其祥的《宋濂散文阳刚风格论》，许建中、李玉亭的《宋濂与台阁体》、徐永明的《不同处境下宋濂的活动及创作》等，均对宋濂的散文作了深细的研究。本文则对尚未有深入探究的“杂记文”入手，期望能对宋濂的杂记文有更系统而深入的认知。

---

① 褚斌杰：《中国古代文体概论》，北京大学出版社 1990 年版，第 353 页。

一、事、景、情兼备的艺术内涵

1. 感慨情深的抒情艺术

宋濂在游记中也喜欢借景抒情，并多抒发历史兴亡，人物流逝的感叹。但宋濂不会沉溺于消极的意绪中，而是处处流露其旷达的人生观。《游钟山记》便是一例：

> 今求其遗迹，鸟没云散，多不知其处。唯见荛儿牧竖，跳啸于凄风残照间，徒足增人悲思。况乎人事往来，一日万变，达人大观，又何足深较。①

作者于此刻画了一幅凄风残照的苍凉图景，在“耸拔万丈”的蒋山上，再也找不到晋宋以后隐士们的踪迹，只见打柴、放牧的小孩在其上游走，伤逝的悲情，不禁油然而生。但作者却能自我安慰，在万变的人事变幻中，把持旷达的观念，不应执着于逝去不还的事物中，徒增悲感。

《琅琊山游记》同样体现了宋濂发思古之幽情，也有因着旧物荒废而发抒悲感。当作者听到当地人诉说丰亭山上亭台荒废的情景，不禁油然生出惆怅之情：

> 居人指云：“山下有幽谷，地形低洼，四面皆山，其中有紫微泉，宋欧阳公修所发。泉上十余步即丰乐亭，直丰乐亭之东数百步至山椒即醒心亭，由亭曲转而西入天宁寺。今皆废，惟凉烟白草而已。”濂闻其语，为怅然者久之。

昔日宋代遗留下来的丰乐亭、醒心亭、天宁寺等古迹，至明代均已荒废，只剩下凉烟白草，一派荒凉凄酸的景象，使人不禁唏嘘。

除了抒发兴亡之感外，作者也慨叹美好的风物，若不借助文人的记录，便往往湮没无闻，永远隐藏在大自然之中，不被人赏识。《琅琊山游记》即云：

> 所可慨者，世间奇山川如琅琊者何限？第以处于偏州下邑，无名胜士若幼卿者黼黻之，故潜伏而无闻焉尔。且幼卿固能使琅琊闻于一方，自非欧阳公之文，安足以达于天下？或谓文辞无关于世，果定论耶？然公以道德师表一世，故人乐诵其文。不然，文虽工未必能久传也。

宋濂慨叹像琅琊山这种名胜，多不胜数，然因地处偏僻，若不是像幼卿这类名士对之修饰记诵，琅琊山的事迹，便会湮没，不闻于世。不仅如此，若不是欧阳修加以记述，此山更不会名闻遐迩，使天下人尽皆知之。由此，亦令宋濂感悟到，文辞对于名胜古迹的存留与推广有着深远的影响，这也许就是宋濂写作杂记文的主要动机。

宋濂也会感慨人物的变迁、生命的流逝，但也不会一味的消极，而是寄情于辞章，从而得到心灵的慰藉。《兰亭觞咏图记》便是一例。文中感叹自王羲之兰亭雅集后，相隔已 1000 多年，然而回顾往昔，时移世易，崇山虽然依旧，但盛极一时的风流人物却已不知安在，只能徒然的在图画中想象之。世事往往就是这般虚幻，惟有辞章可以彰显功绩，流传至无穷尽的后世。人的躯体虽已腐朽，但精神始终没有消逝。

① 李青唐、朱承挥、周慧男：《明代散文精解》，杭州出版社 2007 年版，第 22 页。

故云：

> 今去永和癸丑，不翅千有余年，计其一时人物之盛，清标雅致，浮动于左尊右俎间，犹可即此图以想见其事。然而，俯仰今昔、时异世殊，崇山峻岭，固不改于旧，而昔人果安在哉！后之人欲见，有不可得，徒想象于图画中，亦足悲矣。噫！世间万事往往如是，是何足深道，唯辞章劳烈，足以传世于无穷。其人虽死，犹不死也，如王、谢诸人是已。……时一观焉，则有不胜感慨者矣。

2. 清空精练的写景艺术

宋濂又善用精练的文字，塑造壮美的山水图景。如《游钟山记》：

> 大江如玉带横围，三山矶、白鹭洲皆可辨；天阙、芙蓉诸峰出没云际；鸡笼山下接落星涧，涧水淲淲流；玄武湖已堙久，三神山皆随风雨幻去。

这段文字所构筑的图景，是以“大江”、“石矶”、“沙洲”、“山峰”、“溪涧”联合组成，极清新自然之致。山峰也隐没在烟云的缭绕之中，倍添灵秀之气。而三座神山，暗随风雨“幻去”，更为灵秀的山水增添缥缈迷离之意韵。

《琅琊山游记》也描述了一些清空素朴的意象，作者从时若亭往西行约三里，看到有清澈的“酿泉”从两山之间流泻而出，清澈的程度，甚至可发挥镜子的功能，照见人的毛发：“复西行约三里所，有泉泻出于两山之间，分流而下，曰酿泉，潺湲清澈，可鉴毛发。”除了“酿泉”外，此文多有记叙泉、潭、溪等清新意象，直可洗涤人心。如“饮马池”、“紫微泉”、“柏子潭”、“玻璃泉”（日名六一泉）、“礼泉”、“观音泉”、“庶子泉”、“白龙泉”、“明月溪”、“华严池”等，组成沁人心脾的水的力量。

此外，又在行旅中加入雪景。雪花本为纯白的素朴意象，益增素淡之美。当作者饮毕玻璃泉的温水后，即道：“是日天阴，雪花翩翩飘，伯靖亟倡曰：‘雪作矣，不还将何为?’”加入雪花飘舞的意境，使文章更具清空缥缈的审美效应。

又如《环翠亭记》不论描写青山或雨后的苍穹，均呈现恬淡清空之态。写青山，则用清新的意象“芙蕖”：“有五峰巍然耸起，如青芙蕖，鲜靓可爱。”接着，作者形容雨后的情状，也运用了清莹的意象作比喻：“当积雨初霁，晨光熹微，空明掩映若青琉璃然。”正当积雨下落以后，在微明的晨光照耀下，天上一片清空明净，就像青翠的“琉璃”，故曰“空明”。“琉璃”是极为珍贵的艺术品，特点便是清空晶莹，衬托出文章更显晴明清新，故紧接曰：“浮光闪彩，晶荧连娟”，浮动的光彩细而弯曲，也“晶荧”通透，极清空之致。

又如《看松庵记》描绘浙江龙泉县的山势，均具清空之态。龙泉县多大山，西南约100余里，特多幽深的山脉，“龙泉多大山，其西南一百余里，诸山尤深，有四旁奋起而中洼下者，状类箕筐，人号之为匡山。”匡山上特多松树，高耸入云，新鲜而翠绿的树色，就像刚被清水洗濯过一样清新明丽，“山多髯松，弥望入青云，新翠照人如濯。”而松树之“清”，不仅在于其色，更在于其格。在秋高气清、霜露下降之时，能够抵御霜雪而气度不改的，仅有松树。故松树品格之高，好比清高的君子，故曰：“夫秋高气清，霜露既降，则皆黄实而无余矣。其能凌岁寒而不易行改度者，非松也邪?”

二、生动细致的记叙、描写手法

1. 善于营造气氛

宋濂的游记善于营造气氛，使记叙文不致流于平淡板滞的记述，而是富于情趣。如《游钟山记》便在一连串记事中适当加入趣事，以引人入胜："夏君愕曰：'山有虎！近有僧采荈，虎逐入舍，僧门焉，虎爪其颧，颧有瘢可验。子勿畏往矣！'"作者巧妙地加插"山有虎"的警告，遂使平淡的记叙之中骤然生出惊栗气氛。由于山有老虎潜隐，遂使日前一位采茶的僧人被老虎胁迫入屋，僧人虽把门关上，但仍被老虎抓伤其面，留下瘢痕。可见老虎的凶猛，顿然增加文章的警怖气息。而作者也不停留于这件佚事的记述，以为是夏君欺骗他，他也不以为意，造成"明知山有虎，偏向虎山行"的格局。"予意夏君欺我，挟两雏奴，登惟秀亭。"到底作者会否遇险，会否一如僧人的遭遇，被猛虎所噬？一连串在读者心中引起的疑问，都促成读者继续追看下去的动力。可见宋濂游记高妙之处。经过一轮记述之后，作者重提山有虎之事，再次借助该事以提振平淡的气氛，把惊栗气息推向高峰。在行经黑龙潭、龙鬼庙继续上行走入竹翳路之际，作者忽然旧事重提："忽腥风逆鼻，群鸟咔咔乱啼，忆夏君有虎语，心动，急趋过，似有逐后者。又棘针勾衣，足数蹶，咽唇焦甚。"作者在途中突然嗅到血腥的气味，使之不由得联想夏君所提的猛虎之事。透过一些狼狈的描述，使人想见作者慌张的情景。作者怀疑身后被猛虎所追，加上被棘针所勾，无法前行，危急之极，以致失足几次，咽唇也急得被烧焦一样。凡此，均具见作者长于记事，营造气氛。

此外，作者也会在记叙的同时，加入歌唱，以增添文章的生气。如《环翠亭记》，一群年寿已高而才智出众的人，悉往亭主许仲孚之处替他举杯贺寿。在一番嗟叹及酣醉后，众人便唱起歌来，"五山拔起兮青蕤蕤，六千君子兮何师师。凤毛离徙兮啄其腴，秋风吹翠兮实累累。邈千载兮动遐思"。一首富有楚骚气息的歌谣，使其记叙文倍添生气。

2. 刻画人物动态、情态，细致入微

宋濂不仅善于刻画自然景物，对人物动态的描画也相当深细。如《游钟山记》描画登高途中喘气倦极的情状，均如在目前：

> 又北折而东，路益险，予更芒屩，倚雏奴肩，踸踔行，息促甚，张吻作锯木声，倦极思休，不问险湿，蹀蹀据顿地，视燥平处不数尺，两足不随者久之。

作者几经艰苦登上险要的高地后，即需要倚傍着两位幼少的奴婢，急促地呼吸，并要张开嘴部以喘息，喘息之急，使之发出如锯木的声响，困倦至极，也使之顿然蜷身蹲坐，两足倦透像已不听从自己指挥一样，均为传神之笔，描摹活现之明证。

此外，在描写青山时，宋濂也运用富于动感的比喻。《环翠亭记》："其青云第一峰，雉堞实绕乎峰上。旁支曼衍，蛇蟠磬折，沿城直趋而西，如渴骥奔泉者，是为罗家之山。"作者描述江西抚州以南的罗家之山有五个突出的山峰，其中号称"青云第一峰"的有雉堞环绕山峰上，还有分支连绵不断，颇有气势。如何能活画此节气魄，作者选用了"蛇蟠直趋而西"及"渴骥奔泉"的动态描写。山脉的分支，就像蜿蜒曲折的蛇，直走向西边。又像饥渴的骏马，一直冲向泉水那么迅猛。又如《歙县孔子庙学记》所描绘之山川，均变成富于动态的物象。刻划"黟川"则用一只灵活不受羁束的"龙"的行进来形容，"黟川如龙前行，偃蹇不受羁"；写"紫阳"、"问政"二山，则用飞动的凤鸟形容，"紫阳、问政二山又矗起东南，势若翔凤"；写"凤凰"、"飞布"、"紫金"等山峰，亦用飞腾的凤鸟紧追其后，"凤凰、飞布、紫金诸峰又腾翥于后先”；写无名的36奇峦，则用“分割”、“吐”、“降”等动词，“而黄山又直西北，奇峦之不可名者凡三十六，丹崖翠岑，分割阴阳而吐和降精于无穷。”凡此，均使原为静态的山，化为动态的物象，充满动力。

即使是色彩的描写，作者也故意让色彩跃动起来，故《环翠亭记》：“浮光闪彩，晶荧连娟，扑人衣袂，皆成碧色。”着“浮”、“闪”、“扑”等动词，已大大增加光彩的动感，加以“冲融于北南，洋溢乎西东，莫不绀联绿涵，无有亏欠”，不论东西南北四方，均融合及洋溢着红、绿的色彩，使原为静态的色彩，均充满了动态。

宋濂在刻画人物情态方面，也极其细微深入。《兰亭觞咏图记》对人物的姿态、神情均描写深细，甚至细及手、足、坐姿，方位、衣饰、人数等。作者在记述李公麟的《靓亭觞咏图》的人物时，均用“次画”起句，接写其官衔（或乡里）、人名，进而描画其情态。统计文章用这模式抒写，共用了20次，描画了42人，包括魏滂、王羲之、郄昙、桓伟、谢藤、谢瑰、王凝之、庾友、王涣之、邛丘旄、孙统、王友、谢安、曹茂、任凝、孙绰、庾蕴、杨模、王献之、王肃之、虞说、吕系、吕绵、孙炽、刘密、王玄之、王彬之、谢绎、王微之、曹劳夷、徐丰之、华耆、曹华、王蕴之、卞迪、谢万、曹諲、吕本、华茂、虞谷、袁峤之、王丰之等。其中20人在溪水的右边，22人在溪水的左边，12人戴冠，30人戴巾。衣襟均阔大，腰间垂下大带，席地而坐。11人作成两篇诗，15人吟成一篇，16人未能成诗，因此形成各人有不同的神态，“自兰亭至石桥，溪水诘曲，流如龙奔。溪右二十人，溪左二十有二人。其中冠者十有二人，巾者三十人。衣皆褒，加绅。各地坐，借以方裍，或熊、虎皮，砚、纸、笔各具，有诗者各系人傍，两篇成者十有一人，一篇成者十有五人，不成者十有六人，其状人人殊，诚可谓善画者已。”

每一人均有其不同的神情姿态，综合而言，约有八种：①风流神态：魏滂左手拿着书卷，回望王羲之，王羲之左手也钳着书卷，准备交给魏滂观赏，右手则拿着毛笔，并凝望着，流露出具有风神隽韵的神态，“滂左执卷回房羲之，伸右手欲受卷观，羲之左持卷，授滂未授，右执翰凝视，若将涂窜然，风流之状，犹可仿佛想见。”②豪气神态：桓伟袒腹而坐，左手掀起胡子，状甚豪气，“伟坦腹坐，左手掀髯，气甚豪。”③炯然神态：任凝袒着衣服，露出左臂压在膝盖上，然后像孙统一样翘起一脚，回转头望着曹茂，流露炯炯有神的目光，“凝袒衣，露左臂压膝上，翘一足如统，旋首顾茂，目光炯然。”④困倦之态：王肃之困倦至极，连眼睫毛也睁不开，只好把纸张捻成针状刺鼻，使之打喷嚏，以免倦极欲睡，“肃之困，睫不可擘，一手捻纸，作针刺鼻令嚏。”⑤流觞之态：刘密把右手伸入水中，水里的微波在他的手指间荡漾，前面有酒杯顺流而下，刘密想钳起酒杯，旁边则有其余的酒杯流过，“次画参军刘密，袒衣坐，左手执袂，右入水，微波动指间，前有觞泛流而下，欲取之，旁有覆觞流去。”⑥搔痒之态：谢绎袒肩而坐，左臂下垂，右手拿着毛笔，手臂因受压而感痒，故作出欲搔痒的情状，“绎亦袒，垂左臂，右执翰压臂，臂痒，将搔之。”⑦欣喜之态：华耆右手拿着酒杯，左手搓捻胡子，斜看着身旁的徐丰之，流露出洋洋的欣喜神色，“次画长岑令华耆，右执觞未饮，左捻髭，旁睨丰之，洋洋有喜色。”⑧苦吟之态：吕本抬起一脚，屈着手臂，支撑在膝盖上，手拿着毛笔，贴在耳朵上，头向上微仰，流露出苦吟诗句的情状，“本翘一足，屈臂拄膝，持翰贴耳上，头微仰，若苦吟者。”可见宋濂刻画神态的细微。

三、崇儒奉佛的生命哲学与教育思想

1. 大乘佛教与生命之道

宋濂的杂记文也长于说理，故从中可考究其哲学思想。《松风阁记》即阐述了大乘佛教与生命的哲理。作者借题发挥，就楼阁的名字，展开对“风”的特性的阐述，实际上是以“风”比喻生命。风有静止也有活动的时刻，生命也有一动一静的时候。作者便统括为“生之静者静之体，而应之者动之用”。《松风阁记》一半的篇幅，便是论证此一观点。

生命以静为本，较近道家的“养生在静”的观念。作者以“风”比喻生命，也是异常贴切的。“始，风之未生也，敛神功于寂默之中，昏昏冥冥，万象虽具，不见其迹，天机一动，随品物以流形。”风在静止时是处于静默的状态，虽然寂然不动，但其实在收敛心神，储积能量，等到天机一至，时机来到，便会奋然起动。生命在静寂时，何尝不是在养护心神，积存能量，只待天机成熟，便可干练有为。因此，天机来到，心神充沛，大风便会继作。

> 大海遇之，重波覆浪，一泻千里；千山逢之，鳞甲掀动，笙镛间作；经薝蔔之林则郁烈酣润，清芬袭人；入鲍鱼之肆，则腥秽逆鼻，触之而哕呕。如此者不可以一二数，苟独指松而为言，非所以极风之变者也。然其变者，岂皆有系于风之动哉？先觉有云，风性本静，以缘起，故动。

可见，风动之时，去到不同的客观环境，便会有不同的景象。到了大海，便会兴波作浪；到了郁金香之林，便会传送幽香；到了盐渍鱼之林，便会传播腥臭。然而归根结底，风的本性其实还是“静止”的，其能兴波作浪，传送气味，全在一个“缘”字。缘来到，便会缘起风动。

作者还从“变”与“不变”之理，阐述了大乘微妙之法。作者以为变中也有不变。所谓不变的，是人的内心。心，是无形的，没有有余，没有不足，也没有所谓始与终的观念，这便是大乘的微妙之法，故曰：

> 须知变之中而有不变者存。不变者何？前所谓心者是也。心，无体段，无方所，无起灭，三世诸佛不见其有余，河沙凡夫不见其不足。恬师能索之于此焉，则松风朝夕所演，无非大乘微妙之法，隐居恶足以语此哉！

联系“风”而言，风动所造成的一切景象，实际上只是人的“心”在变动。而“心”的变动，实际上是由于“缘”在发挥作用，故云：“兴衰则千人陨涕，鼓勇则万夫莫敌，皆此一人人心之变也。然心果有变乎？心无变，其所变者缘尔。”于此，清楚阐述了生命的动静与缘的关系，也论证了作者所提出的论调：“生之者静之体，而应之者动之用。”

2. 重儒道之巧的人生哲学

《拙庵记》是另一篇借记馆阁而说理的例证。再者，从记“馆阁”转而为记“人”，而且有着“自嘲”的意味，也是体现了宋濂记体文的另一鲜明特征。作者借“拙庵”的“拙”字而发挥，通篇环绕“拙”与“巧”为核心命题，然后展开两者的辩证论述。辨证的过程，也有先“自嘲”然后说理的特点。通过世人与自己的对比，从而自嘲一番；及后便宏观地作出论析。作者以为“拙”与“巧”有“言语”及“见识”两大类。作者把自己与世人作了鲜明的对比，以为世人往往长于言语的巧，相反，作者是拙于言。作者认为世人的言语之巧，是由于舌头长且圆，敏捷如小丸圆转，极其圆滑，故能尽情倾吐。故曰：

> 世人之舌长且圆，捷若转丸，恣谈极吐，如河出昆仑而东注；适宜中理，如斧断木、炭就火，猱援木以升，兔走圹而攫之以鹘也。其巧于言也如此。

相反，作者则自以为表达能力不足，人家展示秘密，作者只能目瞪口呆，却不能用言语表达他的要旨。人们所称许的事物，他也只能欲语无言。人们所避讳的，作者却又禁不住出口，以致触犯禁忌，故曰：

余则不能人问以机，谢以不知；人示以秘，瞪目顾视，莫达其旨；人之所嘉，余纵欲语，舌大如枰，不可以举；闻人之言，汗流颡泚；人之所讳，余不能止，开口一发，正触禁忌，人皆骇笑，余不知耻。余言之拙，海内无二。

在见识方面，世人往往“巧”于识，作者则“拙”于识。人们的见识，往往洞察极细微的地方，揭开头部，便知尾部的状况。他们只需观察别人外在的形貌，便可洞识他们内心的奥秘。所以他们能承受明显的福气，也能逃避默然无声的祸患。故曰：

他人有识，洞察纤微，揭首知尾，问白意缁未入其庭，已觇其形；始瞷其貌，已尽其肺肝而究其缊奥；福来荧荧，出身以承；祸方默默，预防而避匿。其巧识也如此。

相反，作者常处于昏愦无知的状态，别人取笑他，他反觉欣喜；别人在恼怒他，他会走前接近别人，不知危险。网罗放在前面，他以为是丝织品，没有危险；虎豹等猛兽在身后，他以为是普通的犬只和狸猫。他的愚拙，可以胜任举世人的老师。故曰：

余梦梦不知，愦愦无所思。人之笑吾，吾以为喜，人之怒吾，吾径情而直趋。网罗当前，吾以为织丝，虎豹在后，吾以为犬狸。吾识之拙，当为举世师。此二者，乃吾所大拙。

经过一番自嘲后，作者也揭示他“巧”的一面，就是对“儒道”的巧。作者以为儒家的圣人虽已隐没了千年之久，但他们的道理仍存在于经籍之中，渊深博大。世人多只能在外域游走，浅尝鱼在肌肤之味，却不知肌肉之味。作者则细致地进入孔孟之道的堂奥之中，承继孔孟的颜色，故云：

然吾亦有不拙者，圣人既没千载，至今道存于经，岳海崇深，茫乎无涯，窅乎无涂。众人游其外而不得内，舐其肤而不味其腴。吾则搜摩刮剔，视其轨而足其迹，入孔孟之庭而承其颜色，斯不谓不巧也。

作者最后宏观地统述“拙”与“巧”的特征。作者以为“拙”、“巧”同时存在于每个人的身上。在某一方面为拙，则往往在对立的另一面为巧。对今事愚拙，则往往对古事灵巧。对诡诈之事笨拙，则在智慧方面灵巧。例如苏秦、张仪言语灵巧，但对道愚拙；孟子不善于与人遇合，却在胜任圣人的门徒方面灵巧；晁错善于计谋，却不善于谋生，故曰：

盖人有所拙者必有所巧，有所巧必有所拙。拙于今必巧于古，拙于诈必巧于智，拙于人必巧于天；苏、张巧于言而拙于道，孟子拙于遇合而巧于为圣人之徒，晁错号称智囊而拙于谋身，万石君拙于言而为汉名臣。

最后作者总结，自言乐于持守自己的愚拙：“余诚乐吾之拙，盖将全吾之天而不暇恤于人也。”

3. 宋濂的教育思想

宋濂又在杂记文中表达了他的教育思想。《歙县孔子庙学记》即论述了作者的教育思想内涵，是以儒家文武并重为主体的。他认为教育应参照先王的体制，效法《周礼·夏官·司马》篇所记的“国有政事、国子存游倅，使之修德学道，春合诸学，秋合诸射，以考其艺而进之”，即春季在大学修养品德，秋季在射场内学习射箭。其言曰：“惟先王之制，自诸子以至公卿、大夫、士之子，‘使之修德学道，春合诸学，秋合诸射，以考其艺而进退之’。”宋濂强调教学必须“文事”、“武备”二合为一，不可偏废，因此特别提倡“诗书之师”的概念，即“将帅”也须从诗书入手，不仅有勇武之力，更须有勇武之谋，而谋略实可从经之中得到启发的。故曰：“所以，兴师必受成而行，及其还也，则释奠于学而以讯馘告，曷尝析为二哉?”谋兵论事不可轻率，谋略成形，才可出征。战事完结归还，亦须审问俘虏，然后禀告先圣先师。这都是从儒家经籍中之《礼记》可学习得到的。《礼记·王制》云：“天子将出征，类乎上帝，宜乎社，造乎祢，禡于所征之地。受命于祖，受成于学，出征执有罪反，释奠于学，以讯馘告。”

宋濂也慨叹时人的战略观念，以为拿着幡旗、战鼓检阅车马兵卒的人，便是武事的象征，却忽视在两柱并存的议事厅堂中出谋划策的重要，意即过重外在的武力，忽视内在的智谋，是不对的。只有内外并行的将帅，才是可称为“诗书之帅”，故曰：“自世道既衰，不复获沾先王之泽之盛，人徒见提幡鼓而简车徒者乃指为武，殊不知制胜两楹、折冲千里而有所谓诗书之帅也。”

而歙县的“孔子庙学”的办学精神正符合宋濂的教育理念，其创办人侯仲贤鉴于用武的迫切需要，毅然创办了这学校，便是以“文武并重”、“继承儒学”的目标而进发。故曰：“侯于下车之初，能汲汲建学于用武之日，可谓知道矣。”最后，宋濂也勉励歙县的士人，办学应有的宗旨，就是应当专心一意，崇尚体用兼备的学术，在闲居之时，谈论祭礼之事并攻读儒家经书，一旦遇上四野有战事，便当手执兵器上马杀敌，使评论者确认歙县人士都是生于先圣的乡邦，也不愧对山川的圣灵，以致最终不负办学的用意。故云：

> 歙之士尚当专心一力，惇于明体适用之学，平居时，则谈俎豆而攻遗经，一遇四郊有警，则操戈上马，以收献馘之功，使议者咸曰：“是生文公之邦，而无忝山川之灵”者。庶几不负建学之意；不然，岂予之所敢哉！

四、对明清散文的开拓

1. 歌功颂德，开明代台阁体之风

宋濂贵为明朝开国的文人重臣，在记文中往往不忘歌功颂德。这就开启了后来“台阁体”的先声。“台阁体”是产生在明初杨基、宋濂、刘基等作家之后。台阁，“主要指当时的内阁与翰林院，又称为‘馆阁’。台阁体则指以当时馆阁名臣杨士奇、杨荣、杨溥为代表的一种文学创作风格”。台阁体诗文的艺术特征，主要在于内容“多为应制、题赠、酬应而作，题材常是‘颂圣德，歌太平’”。① 宋濂的杂记文内容虽不以应制、酬应为主，但依然可找到一些歌颂圣德的痕迹，如《琅琊山游记》末段，作者认为得以游历琅琊山此一名胜，实为帝王的圣恩所致：

> 独念元季绎骚，窜伏荒土，朝不能谋夕，今得以厕迹朝班，出陪融于巡幸，而琅琊之胜遂获穷探，岂非圣德广被，廓清海寓之所致邪？非惟濂等获沾化育成之恩，而山中一泉一石亦免震惊之患。是宜播之声歌，以侈上赐游观云乎哉！

---

① 袁行霈主编：《中国文学史》，高等教育出版社1999年版，第70页。

作者回想在元朝末年的动乱中，生命朝不保夕，并要四处流徙，对比如今却能跻身朝班的行列中，陪伴帝王出游名山胜迹，这一切都是帝王圣德被化天下所致。作者更以为不仅人类得到圣恩的沾化，即使大自然中的一泉一石，也惠受到圣恩化育的莫大恩惠，极尽歌功颂圣之能事。可见其对台阁体文风的开拓。

2. 重实证，开桐城重考据之风

宋濂的游记重实证，具考据之风。这又与清代中叶桐城派文论一脉相承。姚鼐曾提出“义理、考据、词章”合一，宋濂的杂记文，对山岭、馆舍、寺院、庵堂、山房等，均洞悉其来历，对其发展、得名之由来等，均有细致的考析，已开考据之端。如《游钟山记》开端记述了钟山的来历及典故：

钟山，一名金陵山。汉末秣陵尉蒋子文逐贼死山下，吴大帝寿曰蒋侯。大帝祖讳钟，又更名蒋山。实作扬都之镇。诸葛亮所谓“钟山龙蟠”，即其地也。①

据宋濂的考究，南京钟山的历史可追溯至汉代末年秣陵县的县尉蒋子文因追逐贼人而命殒钟山之下，孙权为纪念其功绩，曾把此山命名为蒋山，唐朝时隶属扬州都护府。

对于寺院、山丘等景物，宋濂均不会错过其来历的记述，例如《游钟山记》记录作者在辰时经过半山上的“报宁寺”，对其典故也掌握清晰。作者指出：“寺，舒王故宅。谢公墩隐其后，西对部娄小丘。部娄，盖舒王病湿，凿渠通城河处。”作者清楚指出报宁寺是唐高祖李渊第十八子元名（后封为舒王）的故居，而隐没在寺院后面称为“谢公墩”则是晋代谢安所居的故地。寺院的西面也有小山丘，山丘下开凿了河渠，是由于唐代的舒王忧患潮湿，故凿渠以疏通水气。可见宋濂对景物的来历，均有细微的考究。

对于山名的来历，宋濂也有清晰的探究。《琅琊山游记》便清楚记述了“琅琊山”及“回马岭”的来历：

臣闻琅琊山在州西南十里，晋元帝潜龙之地。帝尝封琅琊王，山因以命名。颇闻秀丽伟拔，为淮东奇观，愿一游焉而未能也。

其谓回马岭者，建炎寇盗充斥，郡守向子伋因山为寨，植东、西二门，西曰太平，东乃回马也。

可知，琅琊山的名字源出晋元帝时，册封琅琊王于此山，及后便以琅琊命名，成为淮东秀丽奇伟的名山。至于回马岭，则源自南宋高宗赵构年间，琅琊郡守鉴于盗贼充斥，故于此山建设山寨以抵御盗贼，并置东、西两门，东门命名为回马门，后以此门之名，作为山岭的命名。

对于“寺院”的来历，作者也有一定的认知。如《琅琊山游记》记述“开化禅院”的来历便说：

开化禅院在琅琊山最深处，惜乎山皆童而无蔚然深秀之处。唐大历中刺史李幼卿与僧法深同建此院，即张文定公方平写《二生经》处。

① 徐中玉主编，朱碧莲选注：《华东游记选》，上海文艺出版社 1985 年版，第 85 页。

此即指出“开化禅院”是唐代宗大历年间刺史李幼卿与僧人法深共同兴建的。而应天宋城人张方平，即参知政事张文定公，便曾于此手写《二生经》的经文。

又如《拙庵记》也有重实证的写法。作者宋濂对“拙庵”一名的来历，也有清晰的阐述。馆舍的主人是江苏镇江人徐德敏，是中书省架阁库的“勾管”，掌管储藏账籍文案。“拙”字的命名，与徐德敏的性格有密切关系。他为人不尚粉饰，只喜欢藏书，放置坐榻于居室中，常安坐其上，诵读古人的言语。所以，他是一位最爱读书而不喜与人结交，不喜请托他人的读书人。在世俗人看来，他是一个不折不扣的“傻小子”，因以把自己的居室命名为“拙庵”。故云：

> 京口君德敏，为中书省勾管，居京师，处一室，不要不华，仅御风雨，环度图书，置榻其中。每退食，即徒步归，宴坐诵古人言，宾客不交，请托不通，自号“拙庵”。

《新雨山房记》又是一例。文章用了一半篇幅，记叙了“新雨山房”的来历，从历史发展的角度，考据了它的发展历程，均见宋濂记事之细致严谨。宋濂追溯这段历史至元末吴王张士诚。元至正十三年，张士诚起义，十七年为朱元璋所败，降元。二十三年自称吴王，二十七年为朱元璋所破，被俘自缢而死。“新雨山房”位于浙江省诸暨市，与金华市为邻，“诸暨为绍兴属邑，与婺邻”。当年张士诚凭恃诸暨作为屏障，与明军在诸暨的边界上对峙。张士诚趁机侵掠，使两军经常杀戮，使诸暨饱受战火摧残，高楼大宅，惨遭兵燹，化为灰烬；竹树花石等天然物，被挪用作战船及柴薪，使诸暨的人民苦于战火的摧残，纷纷避乱至深山大谷，遂使故城荒凉残毁，使人心伤。故曰：

> 国初得婺时伐伪吴张氏，相持未决，兵守诸暨界上。张氏恃诸暨为藩篱，乘间出兵侵掠，两军屠戮无虚时。故诸暨被兵特甚，崇甍巨室，焚为瓦砾灰烬；竹树花石，伐断为楼橹戈炮樵薪之用。民惩其害，多避深山大谷间，弃故址而不居。过者伤之。

直至明朝建立后，国家平靖已十多年，人民安居乐业，在明洪武十年以后的某一年，县令方伯修向宋濂声称他有一位朋友名为“张仁杰”，居住在诸暨的北门之外，趁着局势平定，开始修缮毁于战火的故居，建屋十余间，屋旁种植数百株修竹及以四季之花环绕。屋内则摆设琴床、酒炉、诗画等，并辞官不就，常以舞文弄墨为乐，最后把这雅致的居室，命名为“新雨山房”。故云：

> 今年，邑士方伯修为余称：其友张君仁杰，居诸暨北门之外，故宅昔已毁。及兵靖事息，始辟址夷秽，创屋十余楹。旁植修竹数百，四时之花，环蓺左右，琴床、酒炉、诗画之具，咸列于室。仁杰未乱时稍有禄食，至今郡县屡辟之，辄辞不就，以文墨自娱，甚适，号其室曰“新雨山房”，愿得余文记之。

可见宋濂记事之严谨详尽，开拓重实证之风。

结 语

综言之，宋濂的杂记文，不仅题材多样，艺术风格与手法，也变化多端。在其七大类的题材中，不难发现，其文有着事、景、情兼融的艺术风格，有感慨情深的抒情艺术、清空精练的写景艺术，也有生动细致的记叙及描写手法，善于营造气氛，刻画人物的动态、情态也深细入微。此外，从其杂记文中，也看管窥宋濂既推崇大乘佛教的生命哲学，也兼容儒家的处世哲学，对进一步了解宋濂的哲学思想，有重大的帮助。最后，宋濂的杂记文对明清散文也有深刻的影响，尤对以颂圣为主的台阁体文风及重实证的桐城考据文风，均作了一定的开拓。宋濂的杂记文有高度的艺术价值，在明代散文史上，应占有崇高的地位。

作者简介　何祥荣，香港树仁大学中文系教师。

元明时期义门郑氏及其规范的社会影响

常建华

浦江义门郑氏，由于累世同居，受到过宋元明三朝的旌表，《宋史》、《元史》、《明史》三部正史的“孝义”、“孝友”类传记留下了其事迹，该族的《郑氏规范》也流传后世，义门郑氏成为传统中国文化讴歌的模范大家庭。

现代学者重视对于浦江义门郑氏的研究。20 世纪 70 年代，美国学者达尔达斯（John. W. Dardess）发表论文《义门郑氏：元及明初的社会组织与新儒学》。① 稍后，日本学者檀上宽以作为江南地主的义门郑氏为中心，从社会结构方面探讨元末明初国家与社会的关系。② 中国大陆学者中，毛策就义门郑氏发表系列论文，侧重于家族文化探讨，并集成专书。③ 漆侠侧重从主佃关系和阶级矛盾把握浦阳郑氏家族，④ 许怀林从宗族规范探讨了浦江郑氏义门家族，⑤ 冯尔康论述了浦江义门郑氏家族的生活，⑥ 李静等从人口学的角度探讨了义门郑氏家族。⑦ 台湾学者也很关注义门郑氏，许守泯由浦江郑氏家族与士人的互动关系入手，从士人网络角度对元代郑氏的经营发展进行了探讨，并从家族史角度考察了蒙元统治下的家族发展⑧。林欣蓉根

---

① 转引自樊树志《回望义门》，《经济观察报》2005 年 7 月 16 日。

② 檀上宽：《義門鄭氏と元末の社會》，《東洋學報》第 63 卷第 3、4 期，1982（胡其德译：《义门郑氏与元末社会（上下）》，《世界华学季刊》（台北）第 4 卷第 2、3 期，1983；《元明交替の理念と現實——義門鄭氏を手掛かりとして》，《〈鄭氏規範〉の世界——明朝權力と富民層》，收入檀上宽《明朝專制支配の史的構造》，汲古书院 1995；又，请参见孙卫国所写该书书评，见《中国社会历史评论》第 3 卷，中华书局 2001 年版，第 594 ～ 598 页。

③ 汪根年、毛策：《东明书院考述》，《浙江师范大学学报》1986 年第 1 期；毛策：《浙江浦江郑氏家族考述》，《谱牒学研究》第 2 辑，北京：文化艺术出版社 1991 年版；毛策：《郑氏家族藏书及其著述》，《浙江师范大学学报》1994 年第 2 期；毛策：《孝义传家——浦江郑氏家族研究》，浙江大学出版社 2009 年版。

④ 漆侠：《宋元时期浦阳郑氏家族之研究》，《刘子健博士颂寿纪念宋史研究论文集》，京都：同朋社 1989 年版，后收入漆侠《知困集》，河北教育出版社 1993 年版。

⑤ 许怀林：《〈郑氏规范〉剖析——兼论义门聚居的凝聚力》，《中日宋史研讨会中方论文选编》，河北大学出版社 1991 年版。

⑥ 冯尔康：《古人社会生活琐谈》，湖南出版社 1992 年版；冯尔康：《去古人的庭院散步》，中华书局 2005 年版。

⑦ 李静、孙昊：《家族内人口与生活：以浦江义门郑氏为例》，《史学月刊》2002 年第 4 期；李静：《义门家族的寿命与婚姻状况分析》，《江淮论坛》2004 年第 5 期。

⑧ 许守泯：《元代金华士人的宗族观——从修谱谈起》，《元代文化研究》第 1 辑，北京师范大学出版社 2001 年版；《蒙元统治下士人的顿挫与转折——以婺州为中心》，（新竹）清华大学历史研究所博士论文，2003；《江南第一家——元代浦江郑氏的发展及其士人网络》，《元史论丛》第十辑，中国广播电视出版社 2005 年版。

据《郑氏规范》探讨元代女性问题。① 何淑宜深入研究了义门郑氏的家祠祭礼以及对于元明社会的影响②。此外，还有一些相关的论文。③ 总之，浦江义门郑氏研究的成果丰硕。

笔者在宗族史的研究中，也涉及过义门郑氏，④ 这里想集中旧日的思考，对于《郑氏规范》主要内容进一步分类，并考察《郑氏规范》与义门郑氏的社会影响。惟望先进不吝赐教。

一、义门楷模

所谓义门，是指同居共爨的大家庭。这种大家庭，有的世代较少，有的则世代较多，甚至累世同居超出五代，实际上成为宗族。义门类型的宗族组织以家庭的形式出现，家长即族长，同居共爨，不同于一般普遍存在的集合众家庭、聚族分居异爨类型的宗族组织。义门宗族具有特殊的形态。

浙江婺州浦江郑氏就是累世同居共爨的义门。同居共爨是说这种大家庭成员的经济属集体所有。《宋史·孝义传》记载旌表浦江郑绮九世同居，同居家庭的维持，一般要有一定数量的土地为其经济基础，元代的浦江郑氏有“腴田二千亩”。⑤ 为维护共财制度，义门要求家众无私蓄。《元史·孝友传》说，浦江郑文嗣“其家十世同居，凡二百四十余年，一钱尺帛无敢私。”基于财产的共有，分配制度实行平均主义。共财与同居相辅相成，是义门存在的两个必要条件。

义门的管理，是依靠家法作保证的。浦江郑氏的《郑氏规范》维护了家族的秩序。义门郑氏“家庭中凛如公府，子弟小有过，颁白者犹鞭之。每遇岁时……子弟皆盛衣冠雁行，立左序下，次进拜跪奉觞上寿毕，皆肃容拱手，自右趋出，足武相衔，无敢参差者。”⑥ 反映的就是此种情形。

累世同居共财的义门是作为异居析产的对立物存在的，中国古代社会中，异居析产是普遍现象，相比之下，累世同居共财属于特殊情况，寻求累世同居的原因，在一定程度也就是说明不采取异居析产的理由。

累世同居共财家庭的产生和维持，往往得力于家长的成功治家。浦江郑氏第五世主持家政的郑德璋，正值宋元之际的动乱年月，他通过建立乡里武装，制定治家准则，开办家庭教育，使其家族扬名于世。第六世郑文融在前辈治家实践基础上，又制定家范58则，是为《郑氏规范》雏形。郑文融之子郑钦又续定73则，形成治家的完整规范。这是古代治家经验的总结，而同居共财是治家的实践活动。

家长的品德也是影响同居共财家庭形成和维系的重要原因。上述浦江郑氏家族的郑绮是以纯孝被《宋史》载入《孝义传》的，他以救父、孝母、出妻妾、善待族人、拒绝赈济、重操守、勤耕著读。人称其“行之一身则一身正，行之一家则一家顺”。⑦

自汉以后，儒家思想一直是官方正统思想，这种思想具有强烈的政治伦理色彩，强调孝悌之道，把它作为伦理思想的基点，由孝入手，移孝作忠，为国家培养顺民，这是一个修身、齐家、治国、平天下的过程。在这种政治伦理模式指导下，历代政府实行以孝治天下的方针。而大家庭的维持必须有良好的人际关系，其核心是孝悌观念，因此政府把扶持同居共财大家庭作为治国的重要内容。

---

① 林欣蓉：《元代家法中的女性角色：以〈郑氏规范〉为例》，（新竹）清华大学历史研究所硕士论文，2007。

② 何淑宜：《香火：江南士人与元明时期祭祖传统的建构》第二章第三节，稻香出版社2009年版，第113～133页。

③ 如臧健：《对宋元家族制度、家法与女性的考察》，《山西师大学报》2000年第2期；刘晓：《试论累世同居共财在元代的发展及其特点》，《古史文存——隋唐宋辽金元卷》，社会科学文献出版社2004年版。

④ 常建华：《宗族志》第三章第四节“义门宗族”、第七章第一节“宋元时代的家法”，上海人民出版社1998年版；《明代宗族研究》第八章、附录三对于宋濂宗族思想的研究等处，上海人民出版社2005年版。

⑤ （元）黄溍：《文献集》卷九下《青樾居士郑君墓铭》。

⑥ 同⑤。

⑦ （元）揭傒斯撰：《揭文安公集·孝友传三》。转自毛策：《浦江郑氏家族考述》，《谱牒学研究》第二辑，文化艺术出版社1991年版，第146～147页。

政府直接倡导、支持累世同居共财，对累世同居共财家庭旌表，将之树为典型，使其具有荣誉感。浦江郑氏是宋元明三朝树立的一个著名义门典型，地方志曾阐述了政府的目的："表厥里之制，以为未足也；而又蠲免赋役，又以为未足也；而复录用其子孙，所以风励之，固移风易俗之微意也。非直宠一夫而尊一家也，将以一夫一家为天下亿兆人劝也。使天下亿兆之人各勉其善，如一夫一家焉，则天下治矣。"① 政府从教化着眼扶持，也是义门郑氏累世同居共财的重要原因。明代旌表的累世同居家庭主要是六世以上同居者。明天顺六年（1457）曾领诏："民间同居共爨五世以上，乡党称其孝友者，有司取勘以闻，即为旌表。"② 像义门郑氏九世同居者，颇受朝廷重视。

义门郑氏的宗族制度完备。该宗族在族长之外设有宗子，宗子只管祭祖，由嫡长子担任，是宗族的象征，族长则负责宗族管理。浦江义门郑氏的《郑氏规范》中规定：世袭嫡长子为宗子，"上奉祖考，下壹宗族"，公众另推选众望所归的长辈担任家长，"总治一家大小之务，凡事令子弟分掌"。郑氏义门于宋元九世同居，族人出了五服，所谓"家长"实际上就是族长。而且像郑氏这样的大家族，仅有家长管理族务是不够的，因此该族又设了其他辅助人员，形成了完整的组织结构，其中典事、监视、掌门户与家长一样由推举产生，负责族中最重要的工作，有一定的决策权，其他辅助人员由家长指派，这套组织类似宗族的朝廷。像这样完整的组织颇具典型性。

此外，义门郑氏私塾族学也很著名。元代的宗族学校较盛，浙江是宗族学校集中的地区，浦江义门郑氏元初有东明精舍，由郑氏家族第五代祖郑德璋创办，他曾任青田县尉，重视子弟的培养，因厌家居丛纷，病子孙失学，于是在离家一里许的东明山上创建宗族学校——东明精舍。规定年满 16 岁的郑氏子弟，前往读书受业。至元中叶，郑德璋之子郑文融鉴于精舍狭隘，不敷所用，所招学生也仅限本族子弟，于是在原来的基础上扩建，成为初具规模的一所乡里小学。关于精舍的布局，宋濂在《东明山精舍壁记》中叙述甚详："前为荣，而后为寝，寝之东西分为四斋，斋之名，其西曰成性，曰四勿；其东曰继善，曰九思。东与西户皆相向，其问难之所曰敬轩，其鼓琴之处曰登轩，其退休之室曰游泳轩。……凡为屋二十楹间。"郑文融还聘请元代著名浦江学者吴莱、柳贯为讲师，元末金华宋濂接替吴莱担任主讲。在元代后期，东明精舍师资甚强，闻名一时。③ 另据《郑氏规范》记载："子孙自八岁入小学，十二岁出就外傅，十六岁入大学，聘致明师训饬，必以孝弟忠信为主，期底于成。"族学有修业年限的规定。《郑氏规范》要求："若年至二十一岁其业无所成就者，令习治家理财，向学有进者不拘。"可知东明精舍系两级教育的高级阶段——大学，可能族内另设小学启蒙。东明精舍聘有名师主讲，规模较大，实际上相当于书院，故至清代乾隆年间，郑氏宗族学校重建，并更名为东明书院。宗族兴办的书院是书院中的一种类型，如果说书院是中国历史上出现的重要教育制度，那么，这一教育制度也打上了宗族文化的烙印。

二、族规典范

义门类宗族规范最为完备的，当数浙江浦江郑氏的《郑氏规范》。据明初宋濂《郑氏规范序》可知，郑氏宗族自南宋建炎初至明初已同居十世，历 260 余年，六世孙郑文融于元代立族规 58 则，是为前录。元末七世孙郑钦、郑铉又补充后录 70 则，续录 92 则。明初八世孙郑涛等"同加损益，而合于一，闻诸父之

① 《浦江志略》（嘉靖）卷七《孝友》。
② 《大明会典》（万历）卷七九《礼·旌表》，江苏广陵古籍刻印社 1989 年版，第 1254 页。
③ 汪根年、毛策：《东明书院考述》，《浙江师范大学学报》1986 年第 1 期。

训曾而未登载者，因增入之，总为168则”。① 这就是现存于《学海类编》的《郑氏规范》。可知，该规范形成于元代，又受到明初社会的一些影响。

现存《郑氏规范》依其主要内容和前后顺序，大致可以分为十类。

第一类，祠墓及祭祀制度，计11条。1～6条讲祠堂制度。涉及祠堂的性质和任务（第1条），严肃对待时祭与忌辰（第2条），祠堂的保管（第3条），祭祀以诚（第4条），保持祭田（第5条），入祠堂的仪态（第6条）。8～9条讲坟墓，规定岁节及寒食、十月朔为展省之期，保护好近茔竹木、庵宇等坟产（第8条），为年远坟茔益土作石刻标志（第9条）。第10、11、12条讲祠堂睦族活动。规定始迁祖诞辰日作明谱会，“令子弟诵谱图一过”（第10条），朔望谒祠堂毕，唱训诫韵语，然后复令弟子讲一个孝悌故事。

第二类，宗子、家长制度，计13条。宗子制见第7条，规定：“宗子上壹祖考，下壹宗族，家长当极力教养，若其不孝，当遵横渠张子之说，择次贤者易之。”其次是家长任免事宜，规定家长为家族最高行政长官，须谨守礼法（第13条），族众有向家长进谏和以次者佐之之类（第14条），家长应以诚待下，重身教，临事毋昧，更须以量容人（第15条）。再次是家长与主要的宗族事务，主要是第16～21条。家长负责封藏产业文券（第16条），有权禁止族人置私产（第17条），惩治子孙赌博及一应违反礼法之事（第18条）。预筹备荒事宜（第19条），朔望二日检查族务，惩责犯有不良行为者（第20条）。检查内外屋宇大小修造工役（第21条）。

第三类，子孙分管族务的组织化管理制度，第22～65条，计43条。规定每岁掌事子弟的交代事宜（第22条）。设典事二人，协助家长处理族务（第23条），每晚商议并制定每半月公布族务日程（第24条）。设一人监视诸事（第25条），并定有监试理事的仪式（第26条），监试职在监视、纠正一家之是非，对上要力谏，对下要严责（第27条），监视掌劝惩簿（第28条），置劝惩牌（第29条），设主记一人，掌族中财务（第30条）。选老成有知虑者，通掌门户之事（第31条），子孙当选掌门户者轮去州里“练达世故”（第32条），增拓产业必须与掌门户者商议（第33条）。凡置产即时书于受产簿，不可侵人利己（第34条）。每年中命工人掌管新事，所掌收放钱数之额，命二人掌管旧事，所掌冠婚丧祭及饮食之类（第36条），新旧管轮当（第37条），皆置簿管理，掌每日支出（第38条），新管置总租簿，记一年置田和租谷事宜（第39条），新管所管谷麦总数报于主记，置税赋簿等（第40条），新管所管谷麦要保管好（第41条），新管将佃户所交折租记簿（第42条），新管将荒芜及坍江土地及时书簿（第43条），族田之租不可增租，也不能逋租（第44条），正租外不可收加租（第45条）。旧管安排邻族分岁之饮（除夕之宴，第46条），60岁以上者的小灶（47条），监督新管簿书账目（第48条）。监视同新旧管才干优长可留任（第49条）。设羞服长一人，掌男女衣资（第50条），并定有男子给衣之制（第51条）和女子给衣之制（第52条），给诸女子鞋料、油泽、脂粉、针花等（第53条），负责各房染段事宜（第54条），羞服长责任重大（第55条）。设掌膳二人，以供家众膳食之事（第56条）。择二人掌钱货（第57条），择二人掌营运事（第58条），家长有权惩治理财不善者（第59条）。委人启肆（第61条）一人掌畜牧树艺（第61条）。设知宾二人负责接待宾客（第62条），要汇报家长，待人以诚（63条）。会聚之事（第64条）。亲姻馈送规定（第65条）。

第四类，人生仪礼，计21条。第66～70条为冠礼，规定未冠者不许食肉（第66条），未冠者不许称字（67条），能背诵四书或一经者可先行16岁冠礼，否则21岁行礼（第68条），冠礼请有德者行之（第

① （清）曹溶辑、陶樾增订《学海类编》第三册收入《郑氏规范》，江苏广陵古籍刻印社1994年版，第453～600页。又，相比之下，收入《丛书集成初编》九七五卷的《郑氏规范》错误较多，并非善本。

69 条)，已冠而习学者，若学习不好，可以去巾等以示惩罚（第 70 条)，妇及笄礼（第 71 条)，第 72～82 条为婚姻规定。婚姻之仪遵《文公家礼》（第 72 条)，择偶须选温良有家法者（第 73 条)，设嘉礼庄提供婚嫁费（第 74 条)，娶妇不得铺张，行回门礼（第 75 条)，娶妇三日行庙见礼，受《家规》和房扁（第 76 条)，子孙当娶时受深衣（第 77 条)，置妾规定（第 78 条)，女子议亲须谋于众（第 79 条)，女适人首生外孙给满月之礼（第 80 条)，甥婿初见只有公堂给礼物（第 81 条)，姻家初见之礼（第 82 条)。第 83～85条多为丧礼，丧礼遵文公《家礼》（第 85 条)，临丧不得惑于阴阳（第 84 条)，丧事不得用乐及饮酒食肉（第 85 条)。

第五类，出仕规定，计 3 条。资助出仕者，要求其勤政、谦虚（第 86 条)，为政当报国恤民，俸禄有余则交公（第 87 条)，出仕不法者，谱图削名（第 88 条)。

第六类，兴义举，分族内和乡邻里党两部分，计 7 条。第 89～96 条为义举，计 7 条。族人当互助（第 89 条)，兴办义学（第 90 条)，义冢葬族人（第 92 条)，义冢葬乡人委子孙者（第 92 条)，宗人无子择亲近者继嗣（第 93 条)，资助无衾与絮者（第 94 条)，建义祠奉族人无后者（第 95 条)，立春行会族礼（第 96 条)。

里党义举为第 97～101 条，计 4 条。出借缺食里党谷，给产子之家助粥谷（第 97 条)，向邻族施药（第 98 条)，修桥补路（第 99 条)，不受里党相赠（第 100 条)，令监试置推仁簿登载拯救宗族里党事宜（第 101 条)。

第七类，男人做人行事规范，第 101～136 条，计 34 条。其中第 101～108 条是子孙与尊长关系方面的规定，涉及称谓、座位、子孙听命于尊长等内容，也有尊长对子孙的态度的要求。

第 109 至 114 条是子孙的行为规范。有早起、饮食、言语、应对、仪态、观书、交结、职业等内容。

第 115～120 条为族内教育规定，有广储书籍、迎礼法之士、学前教育、学龄、出就外傅、为学宗旨等内容。

第 121～122 条为子孙衣饰和饮酒的规定。

第 123～124 条要求和待乡里、粜米乞食之乡邻。

第 125～136 条为子孙宜禁之事。涉及淫祀、异端祠宇、纤巧之物、炫奇斗胜、引进倡优、器用制造、俗乐、棋枰、双陆、词曲、虫鸟、畜养、飞鹰猎犬、私受、私造饮馔。

第八类，宗族事务，第 137～140 条，计 7 条。内容是：父母、舅姑生日之礼、寿辰不宴无送礼，家中燕享男女有别，公堂为各房总买用度杂物，延良医以救家众之疾，轮流看守居室，设一人防火，旱时防灌等。

第九类，对女子的要求，第 145～167 条，计 22 条。对诸妇总的要求安详恭敬（第 145 条)，不得说脏话予外事（第 146 条)，诸妇初来半年习郑氏家礼（第 147 条)，初来一月外许用便服（第 148 条)，服饰要雅洁，50 岁以内不许饮酒（第 149 条)，家长量给器物（第 150 条)，诸妇主馈（第 151 条)，诸妇之作，聚处为一（第 152 条)，主母必须是正室（第 153 条)，诸妇分房蓄蚕（第 154 条)，治丝绵（第 155 条)，治布（第 156 条)，育子亲乳（第 157 条)，育子不受邻礼（第 158 条)，诸妇二亲在可以归宁，二亲亡则不可（第 159 条)，除至亲外不许相见（第 160 条)，不许宗族与僧道往来（第 161 条)，朔望后一日听《列女传》（第 162 条)，不许溺女（第 163 条)，8 岁不许到外家（第 164 条)，少母只可受自己子孙跪拜（第 165 条)，男女不同厕，不同浴，春冬十日一浴，夏秋不拘（第 166 条)，诸妇理发不用理发匠（第 167 条)。

第十类，不可纵庄奴来往（第 168 条)。

《郑氏规范》的指导思想来源于宋儒改造社会的理想。北宋中叶的理学家张载（1020～1077）最早提出了重建宗族制度的设想。他主张："管摄天下人心，收宗族厚风俗，使人不忘本，须是明谱学世族与立宗子法。"① 张载主张的"明谱学世族与立宗子法"两个收宗族的办法均为浦江郑氏所采纳。《郑氏规范》第7条有关宗子的规定说：宗子不肖，"当遵横渠张子之说，择次贤者易之"。说明该条吸收了张载的"立宗子法"。第10条规定始迁祖诞辰日作明谱会，"令子弟诵谱图一过"，则是张载"明谱学世族"的运用。

儒家文化的重要体现是礼制，宋以后《家礼》是其集大成的代表，反映了朱熹的理学思想，对宗族规范影响甚大，就《郑氏规范》来讲，其第1条祠堂仪制，第8条坟茔之制，第69条冠礼，第72条婚姻仪式，第83条丧礼仪式都标明"遵文公《家礼》"，可见是参酌朱熹《家礼》而定。

《郑氏规范》也参考了著名义门的家法。族规家训的形成和完善伴随着宗族制度的发展，大致来说，训、诫（戒）源远流长，在宋代以前已相当发展，族规则主要是宋代以后特别是明清时期形成并普及的。说起家训，中国历史上最负盛名的是北齐颜之推所著《颜氏家训》，值得注意的是唐代"家训"向"家法"的演变，家法更带有强制性。唐代具有族规意味的是《陈氏家法》。南唐陈崇时代，陈氏已七世同居，内外二百口，被朝廷旌表为义门，唐僖宗大顺元年（937）陈崇制定《陈氏家法》33条。该家法至今保存在道光二十七年（1847）刊《义门陈氏大成宗谱》卷首，至为珍贵。《陈氏家法》的基本内容是：组织化管理，集体生活，家族私法。义门陈氏主要通过不同程度的杖罚实行私法。义门陈氏自制定家法起，至北宋真宗咸平三年（1000），历63年，人口增至2478口，仍维持同居生活，可见其"家法"是行之有效的，因而也受到朝廷的格外重视，将《陈氏家法》送至史馆缮写，分赐各王公之家。② 将《郑氏规范》与《陈氏家法》比较，有理由相信，义门郑氏制定本家族规范时，参考了义门陈氏的家法。

陆九韶家族的家法也很有名。陆氏自陆德迁由江苏吴县迁至江西抚州金溪县已十世二百年，合门三千余指，共居同炊。德迁的祖父陆希声是唐昭宗时代的宰相，德迁的六世孙陆九渊时成为著名义门。淳祐二年（1242）曾被朝廷旌表。陆氏家法分大纲和小纪两部分："大纲则有正本制用，上下凡四条，其小纪则有家规，凡十八条。本末具举，大小无遗，虽下至鼓磬聚会之声，莫不各有品节，且为歌以警戒之机焉。"③ 陆氏家规今已无存，不过南宋罗大经留下一些记载。主要内容一是家族组织，二是吃饭问题，三是接待宾客，四是早晨的礼仪，五是子弟犯错误的惩罚，六是每天早晨朗诵陆九韶的训戒韵语。比较《郑氏规范》与《陆氏家法》有很相像的部分，如陆九韶的训戒韵语：

> 晨揖，击鼓三叠，子弟一人唱云："听听听听听听听，劳我以生天理定。若还惰懒必饥寒，莫到饥寒方怨命。虚空自有神明听。"又唱云："听听听听听听听，衣食生身天付定。酒肉贪多折人寿，经营太甚违天命。定定定定定定定。"又唱云："听听听听听听听，好将孝悌酬身命。更将勤俭答天心，莫把妄思损真性。定定定定定定定，早猛省。"食后会茶，击磬三声，子弟一人唱云："凡闻声，须有省，照自心，察前境，若方驰骛速回光，悟得昨非由一顷，昔人五观一时领。"

四段唱词的核心是强调天理主宰一切，人欲不少膨胀。④

再看《郑氏规范》第11条的规定：

---

① （宋）张载《经学理窟·宗法》，《张载集》，中华书局1978年版，第258页。
② 许怀林：《"江州义门"与陈氏家法》，邓广铭、漆侠等主编：《宋史研究论文集》，河北教育出版社1989年版。
③ 许怀林：《陆九渊家族及其家规述评》，《江西师范大学学报》1989年第2期。
④ （宋）罗大经撰，王瑞来点校：《鹤林玉露》卷五《陆氏义门》，中华书局1983年版，第324页。

> 朔、望家长率众参谒祠堂毕，出坐堂上，男女分坐堂下。击鼓二十四声，令子弟一人唱云："听听听，凡为子弟，必孝其亲。为妻者，必敬其夫。为兄者，必爱其弟。为弟者，必恭其兄。听听听，毋徇私以妨大义，毋怠惰以荒厥事，毋纵奢侈，以干天刑，毋用妇言，以间和气，毋为横非，以扰门庭，毋耽曲蘖，以乱厥性。有一于此，既损尔德，复堕尔胤。眷兹祖训，实系废兴。言之再三，尔宜深戒。听听听。"众皆一揖分东西行而坐。复令子弟敬诵孝弟故实一过，会揖而退。

两相比较，形式何其相似乃尔。

《郑氏规范》作为士大夫实现儒家理想的社会实践，改造了社会，改变了郑氏族人的日常生活，对于后世影响深远。

三、社会影响

《郑氏规范》体现了儒家文化的价值，符合古代国家的意识形态，被官府与士大夫所倡导。《郑氏规范》受到推崇，首先与明初文人之首宋濂有关。元末明初时代，宋濂倡导宗族睦族。浙东金华府浦江县则是其重要的实践者。宋濂与义门郑氏过从甚密，宋濂的宗族思想也特别表现在推崇义门方面。宋濂本是金华县潜溪人，元至元元年（1335）慕义门郑氏家风淳厚，追随其师吴莱至浦江，求学郑氏东明精舍，并于至正六年（1346）迁居浦江，多年主讲东明书院。宋濂与郑氏义门为邻，他学于斯，教于斯，在浦江形成并传播了他的宗族思想。郑氏义居始于南宋，元至大四年（1310）首次被政府旌表为孝义门，至元年间是郑氏义门宗族制度化的重要时期，至元三年（1337）郑钦首建宗祠，翌年郑文融初定家规58则，此后又续订为92则，增订为168则。宋濂目睹了郑氏义门宗族制度化的过程，尤其是最后形成的《郑氏规范》，经过了宋濂的审订。

宋濂的宗族思想以西周宗法社会的"先王之制"为指导，把化同姓之亲即治理宗族作为美天下之俗——治国的途径，而化同姓之亲的具体办法主要是教化宗族，使族人的行为纳入儒家以孝为中心的伦理规范，其主张实际是修身、齐家、治国、平天下伦理政治理论在宗族中的运用，归根结底是要以孝治天下。在宋濂看来，义门是化同姓之亲的楷模。宋濂也非常重视宗族制度的建设，他参与宗族规范的制定就是证明。修族谱、建宗祠在化同姓之亲中也占有重要地位。《郑氏规范》中祠堂祭祖和教化方面规定，朔望参拜祠堂完毕，举行训诲子弟的仪式，强化对族中子、妻、弟行为规范的伦理要求。义门郑氏的祠堂活动及《郑氏规范》的要求和宋濂设计的方案就相似，可见宋濂与郑氏义门在族治思想方面的互动关系。①

洪武朝讨论乡治时涉及《郑氏规范》的推广问题。解缙，吉水人，洪武二十一年（1388）举进士，授中书庶吉士，受到朱元璋的器重。他曾向朱元璋建议："古者善恶，乡邻必记。今虽有申明旌善之举，而无党庠乡学之规，互知之法虽严，训告之方未备。臣欲求古人治家之礼、睦邻之法，若古蓝田吕氏之《乡约》，今义门郑氏之《家范》，布之天下。世家大族，率先以劝，旌之复之，为民表率，将见作新于变，至于比屋可封不难矣。"② 解缙对于义门郑氏《家范》极为推崇，他的主张虽然未被直接采纳，但使朱元璋了解到士大夫的主张，甚至会对皇帝产生影响。

---

① 常建华：《明代宗族研究》第八章《宋濂的宗族思想》，上海人民出版社2005年版，第347～350页。

② （明）张廷玉等撰：《明史》卷一四七《解缙》，中华书局点校本第14册，第4117页；又解缙《文毅集》卷一《大庖西封事》、《太平十事》，四库全书第1236册，第602、604页。

明初重臣杨士奇也重视义门郑氏家范，他为江西乐平《虞氏家范》作序，探讨家教之于故家的关系，认为："夫所重乎故家者，谓世有德善其一家之间，父子兄弟夫妇长幼戚疏各敦其道，雍雍乎和也，肃肃乎敬也，秩秩乎无相逾也。上历高曾，下暨曾玄，暨十数世传续不已，此可为故家。而岂徒富贵之谓哉！……二百年来世推浦江郑氏雍睦之行无异词者，盖其感化之有自，防范之有作，不然何以其能行之久而不隳欤！今观乐平《虞氏家范》，其有闻浦江郑氏之风而兴者欤！"① 杨士奇推许《郑氏规范》可以感化、防范家族成员，培养世德，保持世家，是"雍睦"即和谐的典型，并赞扬《虞氏家范》有浦江郑氏之精髓。

民间以及地方官借鉴《郑氏规范》的事例还有。明初曹端著《家规辑略》25 条内容中，有 17 条是辑自《郑氏规范》。② 山西潞安仇氏于"正德五年乃立家范，举行吕氏乡约，愿遵约得二百六十余家焉"。③ 仇时表与其兄是主要议行者，仇时淳身领约事 30 余年。其家范斟酌司马光《家仪》、朱熹《家礼》、浦江义门郑氏《旌义编》三书而损益之。④ 并建有祠堂，"又拨常稔田一百五十亩，别蓄其租，专充祭祀之费，复戒子孙永远保守，有言质鬻者以不孝论"。⑤

徽州府祁门县奇峰郑氏在正德末年加强宗族的制度化建设，参考了浦江义门郑氏做法。奇峰郑氏旧有家庙，元季毁于兵燹。正德十二年（1517）建成新祠一本堂，祭祀始祖唐司徒公。而且"堂有规，大率视义门郑氏之旧而损益焉"。⑥ 该"堂规数十条，约束合族人心，推举耆德三人名为族老，公理一族巨细事情。"⑦ 奇峰郑氏建祠后参照义门郑氏规范制定堂规，选举族老，宗族组织化。⑧

明嘉靖、万历之间，江苏镇江人官员姜宝曾仿浦江郑氏著《家矩》20 条。姜宝曾奏请朝廷为义田立案存照并批准家规，他说："臣初入仕时，念臣族生齿日繁，人多散处，责望其谨饬为难，曾建祠一所，置田四百亩，供办祭祀，于祠前厅事内，设圣谕牌位，上书太祖高皇帝《教民榜文》及仿浦江郑氏著有《家矩》二十条，先正《吕氏乡约》六条，每月朔召集有众，会讲其中，今已二十余年矣。"⑨ 姜宝所著《家矩》仿照《郑氏规范》。万历初姜宝等又置义田千亩，请求国家立案给帖，奏疏称："谨将田地顷亩数目册子一样三本，并以所立家规告送户部，优望圣慈矜悯臣愚，敕下该部查议，印给二本，发去镇江、常州二府，转发所属该县当官存照，一本并家规给与臣家守执，……倘有内外人侵占争夺，及子孙关支义米等项，而故有违犯者，照祠规谕处责罚，倘有不从，许告所在官司，断理禁治，庶家法之行，永赖国法。"⑩ 文中家规即祠规，用以管理义田等，得到了官府的批准。

值得注意的是，义门郑氏的祠堂祭祖制度有特色，一些宗族对其仿照。休宁兖山汪氏，在弘治元年（1488）重建先祠成，"其中专奉越国公，高曾祖祢左右序列于上，诸旁亲之主左右序列于旁，限以重门，缭以周垣，凡神厨祭器库之类悉以如式。"程敏政向汪氏族人询问"立祠之义"，回答说："窃闻吾乡之先有陈定宇氏，一时巨儒，其上世本唐鬲山府君之后，陈氏祠寝中祀之。吾之所以主祀越公者，本定宇意也。又闻浙之浦江有义门郑氏累世同居，其先祠并祀伯叔群从男女之主，上之人尝旌其门，下其家范以风四方，

① （明）杨士奇：《东里续集》卷十五《虞氏家范序》，四库全书本第 1238 册，第 558 页。
② （明）曹端：《曹月川先生集·杂著》。
③ （明）吕柟：《泾野先生文集》卷二九《明义官仇君时淳墓志铭》，四库存目集部第 61 册，第 369 页。
④ （明）何瑭：《柏斋集》卷五《上党仇氏家范序》，四库全书第 1266 册，第 537 页。
⑤ （明）何瑭：《柏斋集》卷七《仇氏祭田记》，四库全书第 1266 册，第 572 ～ 573 页。
⑥ 《奇峰郑氏本宗谱》卷四《祁门奇峰郑氏祠堂记》，该谱一册，明祁门郑岳修，嘉靖四十五年歙县黄镒刊本，安徽省图书馆藏。
⑦ 《奇峰郑氏本宗谱》卷四《一本祠府县帖文》。
⑧ 常建华：《明代宗族研究》，上海人民出版社 2005 年版，第 264 页、336 ～ 338 页。
⑨ 《古今图书集成》卷 102《请建立义田疏》。
⑩ 同⑨。

吾之所以建祀旁亲者，用郑氏例也。其余一遵朱子《家礼》与国朝颁行之定式，并行而莫敢戾焉。”① 陈定宇，即陈栎，元代徽州学者，主张祭祀始祖，影响到兖山汪氏，而兖山汪氏祭祀旁支祖先，则是参照义门郑氏。

地方官也推荐民间仿效义门郑氏设立祠堂。福建邵武府建宁县旧俗“祠堂不立，神主止设纸轴，书昭穆香火数字，甚至惑异端，刻观音、祖师像以祀。嘉靖二十三年，知县何孟伦深耻流俗失尚，思欲返而还之，以为古礼不复则敝俗不革，乃制谕俗文。首先申明使之敦厚伦理，次率士夫家举行冠婚礼……家堂之祭，准以文公《家礼》，参酌浦江郑氏，刊为图式，家喻户晓。”② 何知县倡导的家堂，虽以朱子祠堂之制为主，同时也参酌了浦江郑氏。

总之，浦江义门郑氏影响了后世建祠祭祖，设立族规，对于宗族聚族而居进行宗族建设产生了很大的作用。

结　语

在中国历史上，最具盛名的义门有唐宋时期的江州陈氏、宋代的抚州陆氏、元明之际的浦江郑氏等，这些义门不仅由于累世同居，更重要的是流传下来的家族法规产生了深刻的历史影响。《郑氏规范》吸收了江州陈氏家法、抚州陆氏家规管理同居大家庭的经验，加以完善，条例众多，巨细靡遗。特别是提出了祠堂、族长、族权的设置办法，使得义门宗族组织化，《郑氏规范》实际上演变成为族规。

明代以前家族规范多以“家训”命名，除个别义门宗族外，一般宗族制定族规者很少，而嘉靖以后订立或修订宗族规范名称中，以各种“规”为多，新名称大量的出现表明，以往主要针对家庭的劝诱性质的训语，至明代中后期演变为主要针对宗族的规约，嘉靖、万历之际族规的出现是宗族发展并组织化与制度化的产物。③

浦江郑氏义门及其《郑氏规范》在明代受到士大夫与官府的倡导，给予社会深刻的影响。在唐宋时期义门家法、家规与明代嘉靖、万历时期族规的出现之间，《郑氏规范》作为早期宗族性的规范，起到了承上启下的作用，开宋以后宗族制定族规进行宗族建设之先河，改变了宗族的日常生活。

作者简介　常建华，南开大学中国社会史研究中心教授。

① （明）程敏政：《篁墩文集》卷16《兖山汪氏重建祠堂记》，四库全书第1252册，第284页。
② 《建宁县志》（嘉靖）卷一《地理·风俗》。
③ 常建华：《明代宗族研究》第七章《明代族规的兴起》，上海人民出版社2005年版。

家族资源及其现代价值
——以浦江郑氏为例

梁敬明

浙江省浦江县郑宅镇以郑氏义门——“江南第一家”而声名远播。努力发掘与整合郑氏的家族资源，对于区域经济社会的发展有着重要的作用。正确审视家族资源的价值，清理认识和实践上的误区，具有一定的学术和现实意义。

一

郑宅是浙江中部浦江县的一个半山区乡镇。仅就镇容观察，今天的郑宅是普通的，普通得甚至略显破败。但在这略显破败的镇容深处，却隐藏着不平凡的故事。这故事实际又是一段精彩的令人称叹、近乎辉煌的家族史抑或区域史——宋元明郑氏家族的十五世同居、宋濂等博学鸿儒的积极参与、朱明王朝的频频垂青、数以百计的乡人入仕、“江南第一家”的显赫声名、耕读人家的田园意境，等等。对于地处浙中半山区的一个乡镇，这一切似乎是难以想象的，然而却是真实的。①

目前，生活在郑宅的郑氏后裔约8000人，大都居住在镇区五房、冷水、枣园、上郑、东明、后溪、丰产和东庄八个行政村。② 无论是人口规模，还是所处的特殊区位，还是历史文化的积淀，甚至声望和话语权，郑氏对于区域经济社会的发展都起着重要的影响作用。自始迁祖迁浦，郑氏至今已历900多年的繁衍生息，而自15世纪中期同居时代结束，也已经过去了500多年。这500多年来，由郑义门而郑宅，聚落形态从古村落发展成为城镇，③ 郑氏内部本身也发生了巨大的变化，从散居到分而居之，郑氏家族逐渐淡出人

① 有关郑氏家族史的基本情况，可参见梁敬明：《走近郑宅：乡村社会变迁与农民生存状态（1949～1999）》，中国社会科学出版社2005年版，第二章；毛策：《浙江浦江郑氏家族考述》，载中共浦江县委宣传部、浙江省文学学会合编的《宋濂暨“江南第一家”研究》，杭州大学出版社1995年版。另外，目前所见关于郑氏家族的专题研究，还有毛策的《郑氏家族藏书及其著述》（《浙江师范大学学报》，1994年第2期），柳斌的《郑氏家族藏书及其著述补遗》（《浙江师范大学学报》，1998年第4期），陈延斌的《〈郑氏规范〉的家庭教化及其对后世的影响》（《齐鲁学刊》，2001年第6期），桂宝丽的《〈麟溪集〉辑者考辨》（《中国典籍与文化》，2001年第3期），李静、孙昊的《家族内人口与生活：以浦江义门郑氏为例》（《史学月刊》，2002年第4期），刘桂芳的《〈四库提要·麟溪集〉辨证》（《图书情报工作》，2003年第1期），李静的《义门家族的寿命与婚姻状况分析》（《江淮论坛》，2004年第5期），吴铮强的《元明时期江南儒士的历史演变——浦江郑氏个案研究》（未刊稿）等。

② 郑宅镇行政区划变动情况，参见梁敬明：《走近郑宅：乡村社会变迁与农民生存状态（1949～1999）》，第二章。

③ 郑宅在郑氏迁浦之初，地属感德乡，名仁义里。元代因郑氏被旌表为“孝义门”而改称郑义门，明代沿用此名，清乾隆后开始有郑宅的称呼。从郑义门而郑宅，地名上的变化也反映出家族的兴衰。

们的视野；人口规模扩逐渐扩张，族人辗转流迁，甚至漂洋过海，远居海外；[①] 族众分化，关系疏离，自然也夹杂着矛盾、冲突。尽管如此，祖先的荣光仍然照耀着族众，透过代代相传的故事，透过年复一年的仪式，凝结成浓重的家族情结和家族记忆。

进入20世纪80年代以来，随着改革开放背景下经济社会的逐步发展，被压抑的家族情结和家族记忆得以显性化，在整修祠堂、编纂资料、恢复仪式等事件中，在市场化取向的经济改革浪潮中，在地方政府主导的开发利用“江南第一家”的过程中，“资源”的概念悄悄地渗透到郑氏族众心中：那由传说、故事、史实杂糅而成并略显夸张的祖先辉煌的同居历史是一种资源，那被立为国家重点文保单位、以郑氏宗祠为代表的建筑群是一种资源，那悬挂在郑氏宗祠的“江南第一家”五个大字更是一种在无限荣耀背后具有巨大的潜在经济价值的资源。在城镇化进程中，在开发古村、古镇的热潮中，围绕着这些处于镇区的物质化的家族资源，郑氏族众也表现出复杂的心态，这种复杂的心态因房份亲疏、辈分高低而不同，也因在开发“江南第一家”时自家房屋住落位置与获益可能性的差异而不同，当然也与个人和家庭的素养、视野等相关联。

确实，郑氏那一段辉煌的家族史，自然意味着族人拥有特殊的、丰富的家族资源——这种资源不仅具有文化意义，同时具有经济意义；这是一种家族资源，但也是一种社会资源。而由于地方政府在开发利用“江南第一家”中曾经表现出的急功近利，[②] 加之郑氏族人对家族资源的模糊认识，前几年开发利用“江南第一家”遇到了阻力，也影响了家族资源的整合和区域经济社会的发展：至少地方政府希望围绕“江南第一家”来开发历史文化名镇，寻找区域经济社会发展新的增长点的努力并没有取得实际成效。

最近10多年的名村古镇开发热潮，既有成功的经验，更多的却是矛盾、冲突甚至教训。从宏观层面上讲，主要是保护与开发、利用之间的矛盾、冲突。对于绝大多数名村古镇而言，单纯的保护既缺乏资金的支持，也缺乏保护的内在动力；而开发的过程，往往又是破坏的过程。由于城镇化进程的迅速推进，由于名村古镇特殊的存在形态，在保护与开发、利用的争议中，许多名村古镇消失了。而从微观层面上讲，主要又是开发主体与资源持有者（个人、家族、集体等）之间的实际利益关系的矛盾、冲突，要在两者之间找到平衡点总是困难的。

在“江南第一家”保护与开发、利用的过程中，宏观层面上的问题基本不存在，无论是地方政府、民间社会，还是郑氏族人，对于是保护还是开发、利用并没有原则分歧意见，而且是希望在开发、利用中来更好地实现保护。出现困境的主要原因实际上是微观层面的开发主体与家族资源持有者（抽象的郑氏族人和具体的郑氏族人的混合）之间的利益关系问题。当然，政府在推进中没有循序渐进，通过说服、宣传、示范的方法，比如安排社区或家族的权威人物到开发比较成功的名村古镇去参观学习，并逐步把局部的或个人的利益与社区的、整体的利益，眼前的利益与长远的利益清晰地传递给民众，或许这也是一个原因。令人欣慰的是，情况已经发生了改变。一方面，2006年初，浦江县政府收回“江南第一家”的开发权，由

---

① 据查考，郑氏族人除迁居浦江县境其他乡镇外，还迁居兰溪、诸暨、萧山、金华、义乌、桐庐、东阳、永康、衢州、常山、龙游、温州、富阳、台州、绍兴、余杭、桐乡等外县，以及江苏溧阳、常熟、南京和山东济南等外省，甚至远居海外，形成新的支系。见郑可淳：《义门郑氏资料汇编》，1985年油印本。2001年11月，在河南荥阳召开的郑氏宗亲会上，韩国瑞山郑氏代表郑厚永与浦江义门郑氏代表郑余欢在交谈中，发现二者同属一宗。2003年3月，郑厚永等携《瑞山郑氏大同谱》赴浦江，经与《义门郑氏宗谱》比对，确认迁移韩国瑞山郑氏为浦江义门郑氏同一支系。2004年2月27日，韩国瑞山郑氏寻根访祖代表团111人到达郑宅，在郑氏宗祠举行了归宗仪式。至此，终遂韩国瑞山5万郑氏后裔之愿。

② 即交给个人开发，尽管该开发商也是郑氏后裔，尽管有政府的支持，但大部分的郑氏族人显然对其经济实力和开发能力没有信心，而其家族声望和家族内部的认同度显然也是不够的，不足以协调社区和家族的人际关系，也无法整合各方面的资源。

政府主导、成立专门的机构着手开发，并已经获得民间的强力支持。① 另一方面，各地乡村旅游热潮的出现，尤其是部分名村古镇，如安徽西递、宏村，江西婺源，以及浙江省内桐乡乌镇、兰溪诸葛村、武义俞源的成功开发，② 产生了良好的示范效应。在此情况下，正确审视家族资源的价值，清理认识和实践上的误区，应该具有一定的实践意义。

二

迄今，关于家族资源并无专题讨论。人们只是在谈论家族企业时，会引入家族资源的概念，其指称往往是经济意义上的家族物质财富，某些时候也会指向家族的精神财富。通常意义上的“资源”，是指物力、财力、人力等要素的综合，包括自然资源和社会资源。实际上，现时资源概念的内涵和外延非常广泛。本文将家族资源视为特定家族所积淀的有形的物质财富和无形的精神财富的总和。③

家族有形的物质财富的最直接、最直观体现，就是家族繁衍生息过程中由聚落—建筑和生态—环境构成的空间系统——古村落、建筑群、古井碑亭、小桥流水、古树名木等。④ 在编制《郑宅镇总体发展规划》、《郑宅古镇保护规划》和《郑义门—玄鹿山（江南第一家）风景名胜区总体规划》，⑤ 特别是在申报全国重点文物保护单位的过程中，⑥ 已经对此空间系统做了全面的普查、登记和描述，计有郑氏宗祠、老佛社、孝感泉、“九世同居”碑亭、东明书院、青萝故址、崇义桥、昌七公祠、圣谕楼、玄鹿山房、尚书第、垂裕堂，以及存义桥、集义桥、眉寿桥、通兴桥、奉义桥、和义桥、承义桥、正德井、建文井、荷厅、天将台等元明清古迹 50 余处。据此，可以将这一空间系统分为三类：以郑氏宗祠为核心的精神空间，以昌七公祠为中心的生活空间，以白麟溪为中心的自然空间。⑦

以郑氏宗祠为核心的精神空间载体。宗祠、族谱、族田是家族组织构成的最基本要素，宗祠是家族的象征和中心，起着团结族众、维护人伦秩序的作用；宗祠是祭祀祖先的场所，是教化族众的场所，也是聚会议事的场所，甚至在某些时候还充当了家族的“法庭”。郑氏家族在南宋时就建有祠堂，但比较简陋，直到元至元三年（1337），同居七世祖郑钦建祠堂五间，郑氏宗祠才初具规模，此时郑氏已被旌表为“孝义门”。元至正时扩建为三进 27 间。清康熙二十八年（1689）又扩建一进寝室。清嘉庆三年（1798）大部分建筑毁于大火，重建时，木柱改为石柱。⑧ 整组建筑座东朝西，原为五进带两厢的院落，面向白麟溪，纵轴线上依次为宗祠门楼、师俭厅、过厅、有序堂、拜厅和寝室，两边设有厢房，两边厢房 18 间，设有听训鼓、会膳钟，并有粮仓，制膳房，总理室。共计房屋大小 64 间两弄，占地 3000 多平方米。相传宋濂曾参与郑氏宗祠的规划设计，祠堂里面的 12 株古柏即为宋濂亲手所植。⑨ 正厅前面一口长方形水池，拜厅两侧

---

① 最近的开发行动，政府采取了较为妥善的工作方法，通过宣传发动，统一认识，同时逐户签订修缮、拆迁等协议，整体平稳推进。

② 其中，兰溪诸葛村的成功经验是很值得重视的。参见诸葛坤亨：《浅谈诸葛村的保护与开发》，该文为 2002 年 12 月在浦江召开的“第二届中国古村落保护与发展研讨会暨‘江南第一家’经济文化发展研讨会”的交流论文。

③ 关于家族资源的概念等相关理论问题，需要专题讨论。

④ 20 世纪 90 年代中期以来，以清华大学陈志华教授为代表的一批学者，在古村落的普查、记录和保护方面做了大量工作。

⑤ 《郑宅镇总体发展规划》和《郑宅古镇保护规划》的编制任务由浙江大学建筑系承担，于 1997 年 7 月完成；《郑义门—玄鹿山（江南第一家）风景名胜区总体规划》的编制任务由浙江林学院园林设计院承担，于 2000 年 10 月完成。最近又请阮仪三教授主持，由上海同济大学城市规划设计院、国家历史文化名城研究中心承担编制了《白麟溪两岸建筑保护与整治规划设计方案》。

⑥ 2000 年 2 月，郑宅古镇范围被列为浙江省省级历史文化保护区；2001 年 6 月，以郑氏宗祠为主的郑义门古建筑群被列为全国重点文物保护单位。

⑦ 王小波、宣建华：《浦江郑宅的家族文化与建筑》，《小城镇建设》，2004 年第 2 期。

⑧ 郑修珑编：《麟溪集外编》，浦江县郑氏义门文史研究会 1993 年印。

⑨ 现存活九株，入选“全国古树名木”。近年在郑氏宗祠整修过程中，又补种了几株。

也各有一口，形成一个品字，七棵柏树并列，如“一”字形，合起来是“一品”二字，喻“一品当朝”之义。祠堂里曾挂满匾额，有宋、元、明各朝上自皇帝、丞相，下至七品县令的题字，总数有三百余块。还有许多楹联，如方孝孺书“史官不用春秋笔，天子亲书孝义家”等。

以昌七公祠为中心的生活空间载体。对于郑氏义门同居、共财、聚食达十五世、历时300余年的历史，人们总是表现出深深的好奇，那到底会是怎么样的一种生活方式？那呈现的会是什么样的生存状态？需要指出，这种好奇很大程度上又是由目前关于同居规模达到3000人（所谓“食指三千”）的解释而导致的。有学者根据《义门郑氏宗谱》考证，认为郑氏在元至大三年（1310）的总人口为32人，元重纪至正十年（1350）的总人口为92人，明建文二年（1400）的总人口为244人，到明宣德五年（1430）的总人口为355人，这样的估计应该是接近史实的。① 昌七公祠是为纪念同居七世祖郑铉（1297～1364）治家功绩而建，原建筑毁于清末战火，现存建筑建于民国初年，三进三开间，抬梁式结构，雕刻精美。昌七公祠又名同心堂，是合食义居时男性的会膳之所，也是郑氏家族的生活中心，而女性的会膳之所为安贞堂。同心、安贞，实取男子同心、女子同德之义。郑氏家族生活的另一个重要空间应该是圣谕楼。圣谕楼原建筑为郑氏香火厅，因供奉圣谕得名，楼前曾有旌表牌坊，均在民国30年（1941）毁于日寇战火，现仅存旌表牌坊的条石基础。据史料记载，每到同居一世祖先郑绮和宋濂的诞辰之日，均会在楼前的广场上演戏三天三夜。由此推断，圣谕楼及楼前广场是具多种功能的生活空间。

以白麟溪为中心的自然空间载体。白麟溪原名香岩溪，后郑淮以其第十九世祖的名讳将溪名改为白麟溪，源出玄鹿山，自西北向东南穿镇而过。白麟溪是郑氏家族的生活命脉，也是整个聚落的自然景观中心。为了方便族人的生产和生活，溪上修了九道闸、建了十座桥，溪边间植桃树、柳树，所谓“十桥九闸”、“一桃一柳”。白麟溪是义门的代名词，是义门的灵魂，宋濂晚年因胡惟庸案株连而远谪之时，也发出了“平生无别念，念念只麟溪；生则长相思，死当复来归”的感叹！② 而在白麟溪南，又有一段感人的故事：相传同居一世祖郑绮的母亲张氏嗜饮泉水，但时逢天旱，滴水不出，郑绮仰天长号，三日之后泉水突涌，以为是他的孝行感动上天，此泉便被称为孝感泉。现存泉、亭为清嘉庆年间重建，1984年经过维修，井圈方形，由块石叠砌而成，亭为四角方亭。“孝感泉”三字为明永乐时蜀献王手书。

上述以郑氏宗祠为核心的精神空间载体、以昌七公祠为中心的生活空间载体、以白麟溪为中心的自然空间载体共同构成郑氏家族有形的物质财富的一种表现形式。当然，这些建筑除民居外，其他公共建筑的产权已不属于郑氏家族，在这里我们只能超越产权概念，从历史的角度来谈家族资源了。同时，这些载体的价值已经远远超越物质意义，上升为家族的历史记忆。何况，建筑本身就是以整体的文化背景为依托的。③

郑氏家族有形的物质财富的另一种存在形式就是家族文献史料。实际上，家族文献史料就其存在形式是物质的，但其价值同样也是超越物质意义的。郑氏家族注重对族人的教育，在鼎盛时期，也积累了大量的图书，建有藏书楼，“藏书八万卷”。④ 同时，郑氏族人素有著述传统，家族文献资料不断地积累、丰富。⑤ 可以说，在中国古代家族史研究中，我们很难想象，也很难见到如此丰富的家族资料——王朝家族非

① 李静：《义门家族的寿命与婚姻状况分析》，《江淮论坛》2004年第5期电子杂志。

② 宋濂：《别义门》。罗月霞主编：《宋濂全集》（第四册），浙江古籍出版社1999年版，第2188页。

③ 关于建筑的文化内涵、空间的意义，许多学者都作了论述。参见陈志华：《请读乡土建筑这本书》（《读书》1991年第9期）；于飞：《建筑中的历史》（《读书》1994年第3期）、《泊定在土地上的船：一个血缘聚落的建设史》（《读书》1994年第12期）、《尘封的舞台》（《读书》1995年第4期）等。

④ 关于郑氏家族的藏书数量，毛策有专文考证，可供参考。毛策：《郑氏家族藏书及其著述》。

⑤ 参见毛策：《郑氏家族藏书及其著述》；柳斌：《郑氏家族藏书及其著述补遗》。

同寻常，自然是不被包括在内的。这些家族资料或入国家档案，或成地方文献，或散藏于民间，其数量、完整性、连续性应该都是令人称叹的。在此，我们仅作简单的罗列和介绍。

《郑氏规范》：据《明史·艺文志》载，明代载入正史的“家训”、“家规”有16家，其中最为著名的便是《郑氏规范》。《郑氏规范》非一次形成，它是经过长期的实践，由不完善而趋完善的。最早仅58则，为郑大和所创制；第二次续录为73则，为郑钦所录，第三次经郑铉增补后，为92则。到八世孙郑涛，会同诸兄弟共加损益，而合成168则。《郑氏规范》被认为是“中国古代家法族规的代表作”。①

《郑氏家仪》：共著五礼，一通礼，二冠礼，三婚礼，四丧礼，五祭礼。是一部郑氏日用家仪，也是一部儒学理论行为化的著作。为八世孙郑泳著，欧阳玄序。欧阳玄称它可与司马《书仪》、朱子《家仪》美传于世。

《义门郑氏宗谱》：最早由吴莱修纂。后于明天启六年（1626）、清康熙五年（1666）、康熙三十五年（1696）、康熙六十年（1721）、乾隆五年（1740）、乾隆三十九年（1774）、乾隆五十一年（1786）、嘉庆十年（1805）、嘉庆二十五年（1820）、道光三十年（1850）、同治七年（1868）、光绪八年（1882）、民国10年（1921）和民国24年（1935）多次续修重修。现存版本为民国24年（1935）修订，共有52部，每部有32卷，分藏各房。

《麟溪集》：系同居六世祖郑大和收集时之公卿大夫、文人骚客推重郑氏义门之诗文，类辑而成，嗣后陆续有所增补，入《四库全书》存目。《麟溪集》刊行迄今，先后于元至正十三年（1353）、明成化十一年（1475）、清乾隆十三年（1748）、道光四年（1824）和民国14年（1925）刊印五次。1987年元月，郑氏根据民国版本重新翻印《麟溪集》200部，为油印、横排标点本。

《圣恩录》：为明代郑崇岳所编，辑宋龙凤六年（1360）至明崇祯（1628～1644）年间各朝帝王对郑氏义门之旌表、题赠、授官、宽赦诸事而成，无序跋，其中以记录洪武帝朱元璋与郑氏家族的交往最详。1994年8月，郑义门文史研究会据族人郑期银所藏民国11年（1922）重刊本翻印。

《希忠录》：由义门醉墨轩刊于清道光二十六年（1846）。汇集了有关郑氏义廿六忠智公、明翰林诏郑洽的议、传、祭、序、诗、跋等篇章。书前有诗文和郑洽入祀乡贤祠的禀呈及浦江县知县批文共三件，计22页。1995年春，义门郑氏文史研究会根据族人郑期康提供的藏本誊印。

《郑氏祭簿》：是郑氏记载祭田财产、祭田地图、郑氏祠堂墓园状况，以及祭祀活动中祭田财产支出情况的一部文献。由于祭田的情况不断变化，郑氏在明天启七年（1627）、清康熙三十五年（1696）、乾隆五年（1740）、乾隆廿二年（1757）、乾隆三十九年（1774）、乾隆五十一年（1786）、嘉庆十年（1805）、道光四年（1824）、道光二十四年（1844）、同治五年（1866）、民国11年（1922）等多次重刻祭簿。

如前所述，郑氏家族文献史料非常丰富，本文仅择其要者简单介绍，恕不一一列举。上述有形的物质财富，其真正价值已经超越物质意义，实际也成为无形的精神财富。综观郑氏家族的历史，我们应该能够体验到，其最值得珍视、最重要的家族资源应该是由15世同居历史凝练、积淀而成的，区别于一般家族的精神特质。对此，我们将在第三部分结合其现代价值进行讨论。

三

曾经，我们对“家族”一词非常敏感，提及家族，必加“封建”二字，所谓“封建家族”。对家族及其形态，往往斥为“封建糟粕”，或以为“反动”、“复古”甚至“复辟”之嫌，家族资源或其价值也就无

① 费成康主编：《中国的家法族规》，上海社会科学院出版社1998年版，第17页。

从谈起，更遑论“现代价值”。

20多年前，当家族意识在大陆逐渐复苏并显性地表现为家族活动，如重建祠堂、培修祖墓、续修家谱、联宗祭祖、聚族扫墓的时候，人们在重新审视家族问题时，也表现出紧张、复杂的态度。① 有学者认为，其时部分农村家族活动抬头，农村干部群众中宗法思想和家族观念有所滋长，因此，解决封建宗法思想和家族观念问题是长期的历史任务，要清除人们头脑中的宗法思想和家族观念是十分艰巨的。② 有学者提出对当代农村家族复活现象要进行“理性思考”，既指出农村家族在不少地区较为普遍地复活的事实，同时也强调当代农村家族从根本上有别于传统意义上的家族、农村家族复活具有明显的差异性、当代农村家族较少破坏性等特征，但又认为家族主义是农村现代化的一大障碍。③ 或者以为，家族在当今农村社会发展中的作用具有两重性，即既有不利于社会稳定的一面，也有家族成员尽量让家族适应现行社会体制和结构以维持其生存的一面。④ 章开沅在指出宗族是封建皇权统治赖以长期延续的基础，⑤ 是封建伦理体系根深蒂固的载体的同时，也对“宗族现象”在某些地区、某些场合的复苏的合理性表示了理解：“我们不难发现，宗族的产生并在一定时期的延续，也曾经有其合理性与进步性（相较于原始血缘群体而言）。即令是随着社会的不断进展，这种合理性与进步性逐渐消失，宗族作为一种遍布全国各地而且渗透于社会生活许多层面的一种社会结构，依然能够在某种程度上发挥其联结、稳定与公益等方面的日常功能。正是由于这样千百年的积淀，宗族情节及其凝聚力具有顽强的生命力，并且具有对应社会变迁而作必要自我调适的日常功能。”⑥

当然，也有学者坚持家族制度不排斥现代化，“家族制度是一种能够容纳现代化持续变迁问题与要求的较有弹性的制度形态”。⑦ 钱杭等学者基于对江西泰和农村宗族形态的详实调查和研究后指出，宗族作为一种客观存在，是人们为满足对自身历史感、归属感的体现，因此，在对当代中国农村的宗族活动和宗族形态作总体的评价时，既要看到它们与传统宗族有内在联系的一面，也要看到它们已经不是传统的宗族了，“在很多重要方面，他们只是有意识地利用了传统宗族的资源，而在实际运作过程中，则表现出尽可能地与现存社会体制和社会主义意识形态靠拢的特点。泰和农村宗族活动总体上的合法性和建设性，可以证明这一点。”⑧

或许，目前来讨论家族资源及其现代价值是有风险的。这种风险不是意识形态的问题，而是相关理论准备不足的问题。但是，在全球意义上的关于人类文化遗产保护的热潮中，人们已从保护物质实体——物质文化遗产，发展到保护文化形态——非物质文化遗产。因此，即便相关的讨论是有风险的，甚至是浅层次的，这种讨论仍然是值得去尝试的。

郑氏家族资源的现代价值，最容易被感知、最能够直接体现出来的就是它的旅游价值。前面已经勾勒了郑氏家族的历史，也介绍了郑氏家族有形的物质财富资源，那留存的丰富的文物遗迹，那意境广阔深远

---

① 杨善华不同意将20世纪80年代以来家族活动重新活跃称为重建或复兴，认为这只不过是过去深埋在地下的家族之根上长出了新苗。参见杨善华、侯红蕊：《血缘、姻缘、亲情与利益——现阶段中国农村社会中“差序格局”的理性化趋势》，《宁夏社会科学》1999年第6期；杨善华：《家族政治与农村基层政治精英的选拔、角色定位和精英更替》，《社会学研究》2000年第3期；杨善华、刘小京：《近期中国农村家族研究的若干理论问题》，《中国社会科学》2000年第5期。

② 徐扬杰：《中国家族制度史》，人民出版社1992年版，第471～477页。

③ 吕红平：《农村家族问题与现代化》，河北大学出版社2001年版，第122～126页。

④ 杨善华、刘小京：《近期中国农村家族研究的若干理论问题》，《中国社会科学》2000年第5期。

⑤ 关于家族、宗族的定义及两者之间的关系，学术界存有分歧，有认为二者是可以重叠的，也有认为二者是有差异的。参见杨善华、刘小京：《近期中国农村家族研究的若干理论问题》；杜正胜：《传统家族试论》，载黄宽重、刘增贵主编：《家族与社会》，中国大百科全书出版社2005年版。本文为方便讨论，重叠使用家族和宗族的概念。

⑥ 章开沅：《长江中游宗族社会及其变迁》序，见林济：《长江中游宗族社会及其变迁——黄州个案研究》，中国社会科学出版社1999年版，第4页。

⑦ 李成贵：《当代中国农村宗族问题研究》，《管理世界》1994年第5期。

⑧ 钱杭、谢维扬：《传统与转型：江西泰和农村宗族形态》，上海社会科学院出版社1995年版，第10～11页。

的空间系统，尤其是那深厚独特的人文积淀，必定给游客以强烈的震撼和遐想。

《郑义门—玄鹿山（江南第一家）风景名胜区总体规划》已经全面地展现了其丰富的旅游资源：在“江南第一家”风景名胜区内，有风景资源2大类8中类25小类共86处。其分布规律按平面坐标呈三个区块分布，其中北部玄鹿山占35%，南部郑宅镇区占50%，东部青萝山占15%。按地貌，位于山地者占45%，位于平原者占55%，其中山地又以峡谷、水库（山塘）、山麓为主，位于山脊、山坡、山顶者较少。从景点性质看，自然景点占28%，人文景点占72%。“江南第一家”风景名胜区旅游资源量多质高，分布集中，对游客有强烈的吸引力和冲击力。该规划将“江南第一家”风景名胜区特色概括并定位为：儒学治家实践地——奇家，千年古居仁义门——古宅，鹿山修禊群贤会——秀山，耕读传家桃源里——勤农。

郑宅镇地处浙江中部，交通便利，环境优越。距县城浦阳镇12公里，距浦江火车站6公里，距义乌机场15公里，距上昆高速公路接口4公里；距省级著名旅游风景区仙华山18公里，距闻名世界的义乌中国小商品城26公里，距省城杭州120公里。我们相信，随着目前已经开始的白麟溪两岸民居综合整治工程的推进，郑氏家族资源的旅游价值将会在现在基础上进一步得到体现，而这种价值的充分体现，又会不断地促进区域经济社会的发展，增进郑氏族人和郑宅人民的利益。

郑氏家族资源现代价值的第二方面体现，就是教化价值。过去比较多的是从《郑氏规范》的文本入手，从家庭教育的角度对其教化价值进行分析。① 我们认为，应该超越对《郑氏规范》文本的解读，而以郑氏持久的同居历史为基础，从“家族精神”的特质出发去深刻地理解其教化价值。

通常意义上的教化不外乎继承和发扬从以始迁祖为代表的祖先身上体现出来的坚忍不拔、开拓进取精神，继承和发扬科举时代入仕族人牛角挂书、耕读传家的尚学重教家风，继承和发扬家法族规订定的共同行为规范，凡此种种。由300多年同居史凝练的郑氏家族精神自然也包含了这些内容。回顾郑氏家族史，始迁祖郑淮虽为“外乡人”，虽为“赘婿”，但他却以“读书人”的聪明才智、“始迁祖”的坚忍不拔、“赘婿”的忍辱负重、三兄弟的团结合力等，改变了白麟溪两岸的社会格局。郑绮除了深厚的儒学修养外，也有超常的拓展家族资源的能力。而郑氏耕读传家的尚学重教家风，可谓登峰造极。首先是大规模兴建本族学校“东明精舍”，并发扬光大为著名的“东明书院”；其次是延请博学鸿儒为师，并敬若神明，宋濂在郑氏家族的地位就是最有力的说明。至于《郑氏规范》，就文本而言，是中国古代家法族规的代表作，郑氏族人更是每每念及，时时比照。但是，深入分析郑氏的家族历史，其家族精神特质的更重要表现应该为：孝义、廉正、内聚力。

从郑氏家族同居史看，可以说孝义是其核心内涵。过去，我们把“孝义”同样斥为封建、愚昧、落后。实际上，“孝”的本义是“善事父母”，是一种以血缘关系为基础的自然情感；“义”者，“宜”也，即一种合宜、适中、正确、合理的处事准则。郑氏推崇的孝义家风，虽然在《郑氏规范》中，在实践中都有一些极端的表现，有糟粕的一面，但出于家族成员内心真诚的孝义精神曾经积淀为一种共识，维系着持久的同居历史。② 取其精华，去其糟粕，相信仍然是有积极的教化价值的。

廉正是郑氏家族精神的重要表征。据家族文献统计，宋、元、明三朝，郑氏为官者有169人，除1人被诬革职外，余皆廉明清正，朝野称颂。在皇朝专制统治下，郑氏同居历史能延续300多年，或许廉正的形象也是很重要的一个因素！这种廉正特质，是与郑氏家族强烈的自审意识和非功利取向联系在一起的，也正因此，郑氏义门也成为宋濂等江南儒士“修、齐、治、平”最理想的实践地。迄今，郑氏族人对此仍

① 如陈延斌：《〈郑氏规范〉的家庭教化及其对后世的影响》，《齐鲁学刊》2001年第6期。
② 徐儒宗：《论郑义门的孝义家风》，《宋濂暨“江南第一家”研究》，杭州大学出版社1995年版。

充满骄傲和自豪，“江南第一家”也因此被列为爱国主义教育、廉政教育基地。

内聚力是郑氏家族精神的主要支撑。是什么力量支撑着郑氏家族同居共食历数百年而不衰？是同居史上的这些家族核心人物？还是一部完备的《郑氏规范》？或许可以这样回答：是几个家族核心人物，以“孝义”的核心理念，以经过他们不断完善的《郑氏规范》为纽带，逐步形成一种强大的内聚力而支撑着郑氏家族同居共食历数百年而不衰。这种内聚力折射出建立在财产共有制基础上的家族意识形态。而在与朝廷的对峙中，这种内聚力甚至突破家族的边界，在区域社会形成合力。在郑宅流传的关于郑族土地的传说，既反映了郑氏家族的包容精神，也反映了区域社会合力的形成。①

上述关于郑氏家族精神特质的分析，也引导出其家族资源的第三方面价值——激励价值。也就是说，家族精神如何激励郑氏后人，郑氏后人又如何正确认识、汲取并弘扬家族精神，使郑氏家族资源在区域经济社会发展中体现出良好的正效应。

近年来在郑宅的田野调查中，我们深深地感到，在区域经济社会发展过程中，郑氏族人有着积极的、良好的参与意识，对区域经济—社会变动产生了重要的影响。目前，郑宅镇已经形成以制锁、服装、建材、衬板、印染五大行业为支柱的工业经济体系，镇区八个以郑氏为主姓的行政村，村民团结，经济发达，社会稳定。随着以白麟溪两岸民居综合整治工程为起步的郑宅古镇保护开发工程的全面推进，一个全新的郑宅将呈现在人们面前。

作者简介　梁敬明，浙江大学人文学院教授，博士生导师。

① 相传，邻村王氏族人王懃受业于宋濂，德才兼备，由布衣诏选，官拜右庶子，他为保护郑王两族免遭触犯王法而满门诛戮，甘愿受死。郑族为了表达对王懃殉己庇护的崇敬一情，在郑氏宗祠第一进大厅西首，特辟一间为土地堂，供立王懃牌位，定每年农历六月十四为祭祀日。

60年来宋濂研究述评

周明初

在明代文学史上，宋濂与刘基、高启一起被称为明初诗文三大家。宋濂以散文创作著称于世，是明代的“开国文臣之首”。这样一位作家，在明代文学史乃至整个古代文学史中，都有着不可忽视的地位。宋濂研究在这60年里尤其是近30年来，从开始起步到逐渐拓展、深入，已经取得了较为可喜的成绩。这里拟对1949年以来60年间的宋濂研究作一述评，以期人们能够对它的历史和现状有所了解，希望对推动宋濂研究更好地向前发展有所助益。

一

自1949年至1979年的30年间，宋濂研究几乎没有开展起来。在这30年中，除了《中国文学史》教材回避不了宋濂这一人物，将他与刘基、高启合为一节作介绍外，几乎没有关于宋濂研究的专门论著出现。这一时期出现了4篇与宋濂有关的文章，其中一篇是魏金枝所译的《宋濂的寓言五则——选自〈燕书十六〉》，发表于《上海文学》1962年第6期，另外三篇均是对宋濂的《东阳马生序》所作的分析，分别发表于1958年、1959年和1979年，因为“文革”前及“文革”后的教育部统编的中学语文教材中选取了宋濂的这篇文章，故这三篇文章均是面向中学教学的教材分析性质的文章。这4篇文章，还都不是学术研究性质的论文。

宋濂研究的真正起步是在20世纪的80年代。自1980年至1989年，包括《送东阳马生序》的分析文章在内，一共有28篇文章出现，其中以《送东阳马生序》为对象的有12篇。这12篇中，有8篇是对《送东阳马生序》所作的文章分析，另外4篇则对其中较难理解的词语和句子进行了解析，如陈永生的《说“蕴袍”》（《南京师院学报》，1981年第3期）、李志吉和刘树义的《怎样理解“持汤沃灌”和“照无眠”》（《承德师专学报》，1984年第1期）、夏麟勋的《“略无慕艳意”辨析》（《贵阳师专学报》，1985年第4期）、邱建忠的《“持汤沃灌”解》（《徐州师范学院学报》，1988年第4期）等。这4篇文章虽然发表在师院或师专一级的学报上，无一例外也是针对中学语文教学的，严格说来也算不上真正的学术论文。

其余16篇文章中，有3篇是关于宋濂的传记文《秦士录》的写作技巧分析的，这也与宋濂的这篇文章被选入高中语文教材有关。这3篇文章是冯志伟的《传神写照——宋濂的〈秦士录〉读后》（《新闻大学》，1983年第1期）、马瑞芳的《画龙点睛勾魂摄魄——简述〈秦士录〉的写人技巧》（《散文》，1985年第3

期）和常振国的《文章之妙，贵在传神——读宋濂〈秦士录〉》（《新闻战线》，1988 年第 10 期）。另外，发表于 20 世纪 80 年代初的几篇文章，是对宋濂生平事迹所作的介绍，也存在学术性不足的问题，如辛雨的《宋濂的遭遇》(《读书》，1980 年第 1 期)、单锦珩的《宋濂》(《教学与研究》，1980 年第 11 期)、蔡斌芳的《宋濂冒雨访名师》（《今昔谈》，1981 年第 1 期）等。

不过，从 1983 年开始，出现了真正意义上的宋濂研究的学术论文，史仲玉的《宋濂和王祎的史学成就》（《史学史研究》，1983 年第 4 期）虽然所涉及的研究对象有两位人物，还不是对宋濂所作的专门研究的论文，但开了宋濂研究的风气。自此之后，宋濂研究的学术论文逐渐增多，研究的范围也逐渐扩大，涉及宋濂的生平、创作、思想等各方面。其中关于宋濂的生平的有 2 篇，即王永湘的《宋濂死于何地》（《读书》，1983 年第 8 期)、盛翼昌的《宋濂之死》（《学术月刊》，1989 年第 11 期）；关于宋濂的创作的有 4 篇，其中 2 篇是关于宋濂的寓言研究的，即马达的《宋濂寓言初探》（《西南师范大学学报》，1985 年第 1 期)、祝普文的《宋濂寓言简论》(《艺圃》(吉林艺术学院学报)，1987 年第 S2 期)，关于宋濂散文的也有 2 篇，一篇略述宋濂的散文创作状况，即陈葛满的《宋濂散文述略》（《浙江师范大学学报》，1987 年第 2 期)，另一篇分析宋濂散文的美学风格，即陈葛满的《宋濂散文的阳刚美》（《浙江学刊》，1988 年第 1 期)；关于宋濂思想的有 3 篇，一篇研究宋濂的理学思想，即唐宇元的《宋濂的理学思想》（《孔子研究》，1987 年第 3 期)，一篇研究宋濂的用世思想，即陈葛满的《宋濂用世思想刍议》（《浙江师范大学学报》，1988 年第 3 期)，另一篇研究宋濂的文学思想，即陈葛满的《宋濂“养气”说述评》（《高校社会科学》，1989 年第 6 期)。

著作方面，潘杰的《宋濂传》(重庆出版社，1987 年）对宋濂的生平、创作、思想等方面作了较为全面的梳理；还有钱伯城的《宋濂》，是山东大学文史哲研究所主编的《中国历代著名文学家评传》（第四卷）(山东教育出版社，1985 年）中的一种，较为简略。祝普文的《宋濂寓言选释》（书目文献出版社，1988 年）则对宋濂的寓言作品进行了选释，也是这一时期宋濂研究的成果。

总之，整个 80 年代，宋濂研究还处于起步阶段，所发表的论著成果还不是很多，所研究的范围也不是很广，研究者的视野也不是很宽阔，但宋濂研究毕竟步入了正轨。

二

20 世纪 90 年代以来，宋濂研究进入了一个新的发展时期。自 1990～1999 年 10 年间，宋濂研究的论文有 41 篇（含收入《宋濂暨“江南第一家”研究》论文集的论文 19 篇)。从论文的研究范围和内容看，比 80 年代有了全面的拓展。

有关宋濂的生平事迹研究方面的论文，涉及宋濂的交游、为人为文、对后世的影响等方面，如陈葛满的《宋濂交游考——与师长交游部分》(《浙江师大学报》，1992 年第 2 期）考证了宋濂与师长的交游；郭预衡的《朱元璋之为君和宋濂之为文》（《北京师范大学学报》，1996 年第 3 期）考察了宋濂的为文，并与朱元璋的为君进行对照；朱行天的《试论宋濂之死——兼及朱元璋对儒生的态度》（《宋濂暨“江南第一家”研究》论文集，杭州大学出版社，1995 年，下同）考察了宋濂之死与朱元璋的关系，并由此考察朱元璋对待儒生的态度；胡志泽的《从八股文的定型看宋濂对明前期文坛的影响》(《宋濂暨“江南第一家”研究》论文集）考察了宋濂在明初八股文定型方面所起的作用以及对明前期文坛的影响；黄灵庚的《宋濂与明初训诂学》(《宋濂暨“江南第一家”研究》论文集）则考察了宋濂对明初训诂学发展的影响；陈葛满的《宋濂简谱》（《浙江师大学报》，1994 年第 2 期）和《宋濂简谱（续)》(《浙江师大学报》，1994 年第 5 期）则为宋濂的生平事迹进行了简要的编年。另外，郭福义的《对钱伯城〈宋濂〉之补正》(《西南民族学院学报》，1994 年第 2 期）补正了钱伯城在宋濂生平事迹叙述方面的缺失。

在宋濂的文学创作研究方面，已不再局限于 80 年代时的寓言、散文研究，这时期扩展到了诗歌的研究。在寓言研究方面，有谢其祥的《宋濂的寓言创作刍议》（《广西师院学报》，1998 年第 2 期）；诗歌研究方面有张涤云的《宋濂的诗歌理论》和张学忠的《论宋濂诗中的人物形象》（均见《宋濂暨“江南第一家”研究》论文集，前一篇又作《论宋濂的诗学理论》，《华中师范大学学报》1997 年第 5 期，后一篇又见《西安联合大学学报》，2002 年第 1 期）。

宋濂的文学创作是以散文称名于世的，而散文创作中又以传记文最有特色，因此这一时期有关宋濂文学创作的研究论文中，散文方面的研究较为集中，论文有 7 篇之多，其中专门研究传记文的有 5 篇。这些论文中，高志忠的《学者之文　重在于用——宋濂和他的散文》（《北方论丛》，1994 年第 2 期）、张仲谋的《论宋濂的文论与散文创作》（《徐州师范学院学报》，1996 年第 2 期）是对宋濂散文创作的总体状况所作的研究，而谢其祥的《论宋濂人物传记的特色》（《广西教育学院学报》，1997 年第 2 期）、郭建球和邓剑波的《论宋濂的传记文学》（《中国文学研究》，1994 年第 4 期）、陈兰村的《论宋濂对传记文学发展的重要贡献》（《浙江师大学报》，1995 年第 4 期）和《宋濂传记文的人格模式及艺术特色》（《宋濂暨“江南第一家”研究》论文集）、张梦新的《论宋濂传记散文的特色和成就》（《宋濂暨“江南第一家”研究》论文集）则是对宋濂的传记文所作的研究。

这时期宋濂诗文的辑佚也有不少成果产生，如龚剑锋、蒋英根、潜苗全的《宋濂“诗文拾遗”》（《文献》，1993 年第 1～3 期）、龚剑锋的《宋濂诗文掇拾》（《文献》，1993 年第 4 期）和《许濂、黄溍、宋濂佚文辑考》（《浙江师大学报》，1998 年第 6 期）就是这方面的代表。

在宋濂的具体作品研究方面，有关《送东阳马生序》的研究文章有 2 篇，即尹春城的《浅析“余幼即嗜学”中的“嗜学”一词》（《保山师专学报》，1998 年第 1 期）和王颖的《没有板着面孔说教》（《南京师范大学文学院学报》，1999 年第 15 期）；有关《楚客对》的有 1 篇，即吴一琦的《宋濂〈楚客对〉中的月食知识和地形观》（《浙江科技史料》，1994 年第 1 期），这是篇涉及科技史知识的研究论文。

在宋濂著述的研究方面，吴蓓的《略论〈浦阳人物记〉》、胡浙平的《宋濂〈燕书〉简论》（均见《宋濂暨“江南第一家”研究》论文集）则分别对宋濂的记录浦江县历史人物的史书《浦阳人物记》和寓言集《燕书》进行了研究，属于专书研究性质的论文；陈浮的《宋濂与〈元史〉》，（《天津职业大学学报》，1999 年第 2 期）则考察了作为总纂官的宋濂对《元史》的修纂所作的贡献；王兆鹏的《宋濂文集版本源流考》（《宋濂暨“江南第一家”研究》论文集）则对宋濂文集的版本源流进行了梳理。

宋濂的思想研究在这时期成果最为丰硕。举凡宋濂的理学思想、宗教观念、政治教育思想、文艺思想等方面均有成果出现。陈寒鸣的《简论宋濂思想的特色》（《孔子研究》，1993 年第 3 期）和廖可斌的《论宋濂前后期思想的变化及其他》（《中国文学研究》，1995 年第 3 期，又见《宋濂暨“江南第一家”研究》论文集）是带有思想综论性质的论文；沙似雪的《略论宋濂的理学思想和文学主张》（《明史研究》第四期，1994 年 12 月）则考察了宋濂的理学思想与他的文学主张之间的关系；李遵进的《宋濂的佛教观》（《浙江学刊》，1995 年第 3 期，又见《宋濂暨“江南第一家”研究》论文集）则考察了宋濂的佛教观念；宋开之的《宋濂政治教育思想论》（《河海大学学报》，1999 年第 4 期）、朱承辉的《宋濂的帝王教育》（见《宋濂暨“江南第一家”研究》论文集）考察了宋濂的政治教育思想，而李修业的《宋濂的“仕”、“隐”观》考察了宋濂的人生态度，也与宋濂的政治思想密切相关。

宋濂文艺思想研究，在宋濂思想研究的论文中最为集中。除了邓乔彬的《论宋濂的绘画史观》（《宋濂暨“江南第一家”研究》论文集）探讨了宋濂的绘画艺术方面的理论外，其他的论文均以宋濂的文学理论为研究对象。这些文章中，结合理学探讨宋濂的文学观的是汪树清的《养气与明道——宋濂文学观之剖析》(《曲靖师专学报》，1993 年第 4 期)，探讨宋濂的文论的是马成生的《简说宋濂的文论》(见《宋濂暨“江南第一家”研究》论文集)、张仲谋的《论宋濂的文论与散文创作》(《徐州师范学院学报》，1996 年第 2 期) 和谢其祥的《论宋濂的为文思想》(《广西师院学报》，1997 年第 2 期)，探讨宋濂的诗歌理论的有张涤云的《略论宋濂的诗歌理论》(见《宋濂暨“江南第一家”研究》论文集，后在《华中师范大学学报》1997 年第 5 期发表时题名作《论宋濂的诗学理论》)，将诗文理论结合起来探讨的是刘宇的《评宋濂、高棅的诗文理论》(《新东方》，1997 年第 1 期)。

这时期的宋濂研究，还出现了三大带有标志性的成果：一是全国性的宋濂研究学术会议的召开。1994 年底，中共浦江县委宣传部和浙江省文学学会在宋濂的家乡浦江县联合主办了宋濂暨“江南第一家”学术研讨会，会议成果结集为《宋濂暨“江南第一家”研究》，由杭州大学出版社于 1995 年 5 月出版，共收入论文 25 篇，其中关于宋濂研究的论文有 19 篇，比较集中地体现了这时期宋濂研究的新成果和新动向。二是《宋濂全集》的整理出版。1999 年 12 月浙江古籍出版社出版了罗月霞主编的《宋濂全集》，这是对宋濂文集所作的第一次全面的点校整理，不仅收入了传世的宋濂文集中的文章，还收入了近年来新发现的宋濂的佚文，是迄今收录宋濂诗文最齐全的本子（虽然仍有遗漏）。三是王春南的《宋濂评传》的出版。此著是匡亚明主编的《中国思想家评传丛书》之一种，与赵映林的《方孝儒评传》合为一编，由南京大学出版社于 1998 年 12 月出版，这是已有的宋濂传记类中较为受人瞩目的一种。另外，陈葛满的《宋濂诗文评注》(长江文艺出版社，1997 年) 也于这一时期出版。

三

沿袭 90 年代宋濂研究的良好发展势头，进入 21 世纪以来，宋濂研究又有了进一步的发展，除了进一步拓展研究范围外，有些问题的探讨更为深入。这时期的研究论文有 38 篇，与 90 年代的论文数量基本持平。而且，这一时期出现了多部扎实的以宋濂为重要对象的研究著作，并且还出现了多篇以宋濂为主要研究对象的博士、硕士学位论文。因此可以说，这一时期是宋濂研究的一个学术丰收期。

下面我们仍然按照宋濂的生平事迹、宋濂的文学创作和著述、宋濂的思想等进行分类，先对这一时期的研究论文进行评述。

在宋濂的生平事迹研究方面，这时期发表的论文所探讨的问题大都具有开拓性，因而新意较多。熊召政的《燕泥污我读残书——记书呆子宋濂》(《紫禁城》，2009 年第 4 ~ 5 期) 是对宋濂读书生活的描述；徐永明的《不同处境下宋濂的活动与创作》(《浙江大学学报》，2005 年第 5 期) 和王春南的《宋濂入明后为何难有杰出作品》(《南京师范大学文学院学报》，2002 年第 1 期) 对宋濂在入明前后不同境遇下的生平活动和文学创作进行了探讨，后一篇则着重探讨了宋濂入明后不再写出杰出作品的原因；徐子方的《从宋濂、刘基的早期诗文看其由元入明前后的心态》(《浙江社会科学》，2005 年第 3 期)、陈博涵的《期待的落差与角色的错位——论仕明前后宋濂心态的变化》(《江汉大学学报》，2010 年第 3 期) 对宋濂入明前后的心态变化进行了探讨；魏青的《刘基和宋濂》(《殷都学刊》，2000 年第 4 期) 和《志趣不同的知己——杨维桢和宋濂》(《中国典籍与文化》，2004 年第 3 期)、徐永明的《宋濂与戴良友谊变异探微》(《南京师大学报》，2007 年第 2 期) 则将宋濂和同时代的其他人进行比较研究，也涉及宋濂的交游；许建中、李玉亭的《宋濂与台阁体》(《浙江社会科学》，2008 年第 2 期) 和陈昌云的《宋濂与“台阁体”关系初探》(《内蒙古大学学报》，2010 年第 4 期) 探讨了宋濂与明初“台阁体”的关系；赵文涟的《私人藏书家宋濂与他的“青萝山房”藏书》(《科技情报开发与经济》，2009 年第 26 期) 则探讨了作为藏书家的宋濂和他的藏书，这些大都是前人注意得较少的问题。

在宋濂的文学创作研究方面，这时期所发表的论文不是很多，主要有魏青的《试析宋濂散文中文与道的关系》（《荆州师范学院学报》，2002 年第 1 期）、谢其祥的《宋濂散文阳刚风格论》（《广西师范学院学报》，2005 年第 1 期）、洪玉珍的《宋濂传记文的语言特色》（《文学教育》，2007 年第 3 期）和郑先彬的《醇深演迤　古雅雄丽——宋濂寓言创作特色谈》（《云南电大学报》，2007 年第 3 期）等，值得注意的是索宝祥的《论宋濂的颂圣文学——兼论颂圣文学的基本特征与明初君臣关系》（《文学遗产》，2001 年第 3 期），探讨了宋濂作品中写于明初的带有应时性的颂圣文学，并由此分析了当时的君臣关系，还有邓绍基的《考订与实用：宋濂论陶渊明》（《常熟高专学报》，2003 年第 1 期）认为宋濂在《题渊明小像卷》、《菊坡新卷题辞》中对陶渊明生平出处所作的考订，是出于实用目的的。

在具体的文学作品研究方面，涉及《送东阳马生序》的有 5 篇，大多数也是属于中学教材分析性质，值得一读的是马云鹿的《东阳马生小考》（《桂林教育学院学报》，2002 年第 2 期）；另外，徐文平的《宋濂〈龙渊义塾碑〉考——兼谈宋濂的书法艺术》（《美术大观》，2009 年第 6 期）则对宋濂的《龙渊义塾碑》进行了考证并对宋濂的书法艺术进行了评论。常建华的《宋濂佚文〈杨氏家乘序〉及其价值》（《天津师大学报》，2000 年第 1 期）对新发现的宋濂为《杨氏家乘》所作的序文作了探讨；魏青的《宋濂〈杜诗举隅序〉一识》（《社会科学辑刊》，2002 年第 4 期）和《宋濂的〈杜诗举隅序〉》（《杜甫研究学刊》，2002 年第 4 期）可能是同一篇文章，对宋濂为俞浙《杜诗举隅》所作的序文作了研究；王嘉川的《〈诸子辨〉性质考辨》（《浙江社会科学》，2004 年第 5 期）对宋濂在明代辨伪学史上有着重要地位的著述《诸子辨》的性质作了考辨；何满子的《新版〈宋濂全集〉过眼记》（《出版广角》，2000 年第 9 期）对新近出版的整理本《宋濂全集》进行了评论。

这时期宋濂思想研究仍然是个热点，共有 9 篇论文发表。不过有关宋濂文学思想的研究论文大大减少了，宗教思想方面的论文增加了。有关宋濂文学思想的研究论文只有 2 篇，即刘健芬的《评宋濂、高棅的诗文理论》（《重庆教育学院学报》，2003 年第 5 期）和左东岭的《论宋濂的诗学思想》（《首都师范大学学报》，2009 年第 4 期）；其中刘健芬的论文与刘宇发表在《新东方》1997 年第 1 期上的论文，经比对，从题目到内容几乎全同，可以判断是篇抄袭之作，所以这时期有关宋濂文学思想的论文实际只有左东岭的一篇。有关宋濂宗教思想的论文有 3 篇，即张思齐的《宋濂文章论的宗教意识》（《中华文化论坛》，2003 年第 3 期）、任宜敏的《空有相资　真俗并用——明代“开国文臣之首”宋濂佛学思想述论》（《浙江学刊》，2006 年第 4 期）和张凌林的《宋濂儒释观之探析》（《华中师范大学研究生学报》，2010 年第 2 期），其中对宋濂的佛教思想的探讨比较深入。

晏景中的《徜徉于出处之间——论宋濂入仕前的仕途观》（《安徽文学》，2007 年第 7 期）研究的是宋濂在出仕之前的仕途观，应当与宋濂的政治思想有关；晏景中的另 2 篇论文《论宋濂的族治思想——从“定规聚族”的层面来论述》（《石河子大学学报》，2008 年第 1 期）、《论宋濂的修谱思想》（《安徽文学》，2008 年第 3 期）探讨了宋濂的族治思想和修谱思想，也与宋濂的政治思想有关。另外，向燕南的《宋濂的史学思想》（《湛江师范学院学报》，2008 年第 1 期）则探讨了宋濂的史学思想。

这时期宋濂研究，出现两大可喜的成绩：一是多部涉及宋濂的较为厚重的研究著作的出版，二是多篇以宋濂为研究对象的博士、硕士论文的出现。著作方面成果主要有：徐永明的《宋濂年谱》，作为《元代至明初婺州作家群研究》下编《考证篇》5 种年谱之一种，由中国社会科学出版社于 2005 年 10 月出版，有 10 多万字，这是现今最为详尽的宋濂年谱；徐永明另一部宋濂研究的著作是《文臣之首——宋濂传》，作为《浙江文化名人传记丛书》之一种，由浙江人民出版社于 2007 年 8 月出版，堪与此前的王春南的《宋濂评传》相辉映；魏青的《元末明初浙东三作家研究》以刘基、宋濂、戴良三人为对象，是最新的一部有关宋濂的专著，这是由她的博士论文《刘基与宋濂研究》发展而来，由齐鲁书社于 2010 年 6 月出版。博士、硕士学位方面主要有：博士学位论文 1 篇，即魏青的博士学位论文《刘基与宋濂研究》，（浙江大学，2001 年 6 月）；硕士学位论文 5 篇，都是 2007 年、2008 年两年内取得的，即宋召海的《宋濂社会思想研究》（苏州大学，2007 年 1 月）、陈玉东《宋濂交游及文学思想考论》（广西师范大学，2007 年 4 月）、罗凤华《道家道教对宋濂及其文学创作的影响》（湖南大学，2008 年 4 月）、李玉亭的《宋濂与宋明理学》（扬州大学，2008 年 5 月）和陈博涵的《宋濂文章观念研究》（2008 年 6 月）。

不过，这一时期的宋濂研究也暴露出来了一些问题：一是有些论文选题重复，20 世纪 90 年代已经有人做过的选题，21 世纪以来仍然有人在做，具体可见上面这两个部分的评述内容，这里不列举；二是存在着论文抄袭的现象，上文已经指出的刘健芬的《评宋濂、高棅的诗文理论》是抄袭刘宇的同题论文，即是一例，是否其他人的论文中也存在抄袭的现象，因为没有调查，不敢说。这种恶劣的作风在今后的宋濂研究中应当杜绝。

四

60 年来尤其是近 30 年来，宋濂研究由起步到发展，到逐渐拓展、深入，可以说宋濂研究已经取得了较为可喜的成绩。但毋庸讳言，宋濂研究方面扎实厚重的成果还不是很多，这与宋濂在明代文学史乃至中国古代文学史上的地位并不相称。不要说与中国古代文学史上的大家、名家相比，研究成果偏少，就是与同时代齐名的刘基相比，研究成果也是相对滞后的。一个突出的现象是，除了传记类著作外，有关宋濂的专人性的著作，目前一部还没有产生；而刘基研究的专著，除了传记类著作外，至少已有吕立汉的《刘基考论》（中州古籍出版社，2000 年）、杨讷的《刘基事迹考述》（北京图书馆出版社，2004 年）和周松芳的《自负一代文宗——刘基研究》（广东人民出版社，2006 年）等 3 部出版。而且刘基方面的学术研讨会，进入 21 世纪以来已经召开了多次，光 2006 年就举办了两次，相比之下，宋濂方面的学术研讨会开得较少，这在一定程度上也影响了宋濂研究的展开。这次宋濂学术会议的召开，希望能够成为推动宋濂研究更好地向前发展的一个助力。

作者简介　周明初，浙江大学人文学院教授，博士生导师。

论越中派

李圣华

越中派，即元末明初刘基、宋濂、苏伯衡、王袆、胡翰等人为代表的浙诗派。浙派作为元明之际文学流派之称，史无成说。明清画论中有浙派一说。① 至于浙诗派，明人俞汝成有含糊的说法。朱彝尊《明诗综》卷三引述云："忠文诗平易切实。然在当时，与宋潜溪首倡浙东，功不可泯。"② 事实上，元末明初浙人不仅以画著称，诗文亦为世所重。胡应麟《诗薮续编》将越中、吴中、江右、岭南、闽中之诗并称，以为"越诗派昉刘伯温"③。《明诗综》、《四库总目提要》承之。现代学者接受胡应麟的说法，以越诗派为明初五派之一。当前学界又多以浙派指称清代黄宗羲、厉鹗等人为代表的诗歌流派④。明、清两个浙诗派，无论诗学思想，还是诗歌创作，都颇有不同。因此，不宜将其合称为浙派。为了区别学界多以浙派指称清诗派的说法，此称明代浙派为越中派。以下从流派兴衰、复古思想、诗学理论、诗风变化等方面，对越中派简作探讨。

一、越中派近源：金华之学与金华之诗

越中派之兴，与金华之学、金华之诗关联密切。金华之学为朱熹嫡传，何基、王柏、金履祥、许谦诸子，上溯勉斋黄干，传朱子之学。黄溍、柳贯、吴莱、吴师道等人继之。元末，宋濂、胡翰、王袆、苏伯衡等人又传黄、柳、吴之学。明初，王绅、方孝孺、楼琏等人又传宋、胡、苏之学。朱兴悌《宋文宪公年谱序》述一时盛况云："宋文宪公生于吕成公及何、王、金、许四先生倡明道学之后，金华人材为极盛"，"同时岿然并峙者，公之乡前哲金华有张公子长、闻人公应之，兰溪有吴公正传，东阳有陈公君采、胡公古

---

① 董其昌《画禅室随笔》卷二云："元季四大家，浙人居其三。王叔明湖州人，黄子久衢州人，吴仲圭钱塘人，惟倪元镇无锡人耳。江山灵气，盛衰故有时。国朝名手，仅仅戴进为武林人，已有浙派之目，不知赵吴兴亦浙人。苦浙派日就澌灭，不当以甜邪俗赖者，尽系之彼中也。"卞永誉《书画汇考》卷三十一承此说。徐沁《明画录》卷二则云："今鉴定者不溯其源，止就吴、浙二派互相掊击。究其雅尚，必本元人。孰知吴兴松雪唱提斯道，大痴、黄鹤、仲圭莫非浙人，四家中仅一梁溪迂瓒。然则沈、文诸君，正浙派之滥觞，今人安得以浙而少之哉！"

② 朱彝尊：《明诗综》卷三（孙通海等校点），中华书局2007年版，第126页。

③ 胡应麟：《诗薮续编》卷一、《诗薮外编》卷六，《全明诗话》（周维德集校），齐鲁书社2005年版，第2732页，第2654～2655页。

④ 参见业师严迪昌先生《清诗史》第二编第五章《查慎行论》第一节《"浙派"辨》，浙江古籍出版社2002年版，第556页。并参见张仲谋先生《清代文学与浙派诗》，东方出版社1997年版，第2页。

愚，义乌有黄公晋卿、朱公彦修，浦江有吴公立夫、柳公道传”，“公之友，金华为胡仲申氏、叶景翰氏、苏平仲氏、范景先氏，兰溪为吴濬仲氏、德基氏、徐均善氏，义乌为王子充氏、金德源氏、朱伯清氏，浦江为戴叔能氏、张孟兼氏、郑仲舒氏、浚常氏，最为卓卓表著者。及门刘君、楼君琏、王君绅、郑君渊、济、沂、楷、干、棠诸兄弟叔侄，皆婺产也。龙门著书，青萝讲学，第以婺论，不越数百里间，公之师友弟子，何其盛哉。”① 当然，从何、王、金、许到吴莱（立夫）、吴师道（正传）、黄溍（晋卿）、柳贯（道传）、张枢（子长）、闻人梦吉（应之）、陈樵（君采）、朱震亨（彦修），再到宋濂、王祎、胡翰、戴良，金华之学并非一程不变的。其中一个显著的变化，就是黄百家所说的“金华之学，自白云一辈而下，多流而为文人。文与道不相离，文显而道薄耳”。② 胡应麟《诗薮外编》云：“元婺中若黄文宪、柳文肃，皆以文名，而诗亦华整。”又云：“婺中黄、柳同辈吴立夫、胡长孺、戴九灵、王子充、宋潜溪诸子，皆以文章显，而诗亦工，当时不在诸方下。”③ 全祖望《宋文宪公画像记》也提及婺中之学至许谦“渐流于章句训诂”，“义乌诸公师之，遂成文章之士，则再变也”。④ 从理学到文学的发化，不是越中派诗人的发明，只不过他们走得更远一些而已。

历来论者喜谈宋濂、王祎诸子师从吴莱、柳贯、黄溍，得其文章之传。其说信然不虚，但需要指出的是，宋濂等人诗亦得吴、柳、黄之传。论者谈及理学家，或述及古文而止，似乎文与道尚不可割裂，至于诗，大抵为“小道”、“余事”，可以勿论。这种批评对金华学人颇不适用。黄溍与虞集、揭傒斯、柳贯并称“儒林四杰”，宋濂说他“遇佳山水，则觞咏其间，终日忘去”。⑤ 吴莱有诗才，赋长歌，“顷刻而尽，观者惊以为神”。⑥《四库全书·渊颖集提要》：“王士禛《论诗绝句》有曰：‘铁崖乐府气淋漓，渊颖歌行格尽奇。耳食纷纷说开宝，几人眼见宋元诗?’实举以配杨维桢。士禛所选七言古诗，乃录莱而不录维桢。盖维桢为词人之诗，莱则诗人之诗，恃气纵横，与覃思冶炼门户固殊。”柳贯从方凤、谢翱、吴思齐诸前贤游。门人宋濂、戴良类辑其诗文四十卷，谓“如老将统百万之兵，旗帜鲜明，戈甲焜煌，而不见有喑呜叱咤之声”。⑦ 吴师道“工词章，发为诗歌，才思涌溢”，并著有《吴礼部诗话》。吴莱推重之，寄诗云“恢奇俊伟莫子若”。⑧ 陈焯《宋元诗会》、顾嗣立《元诗选初集》选金华学人诗甚富，然因持重诸子之学，不欲诗人目之，如顾氏谓“徒以词章论之浅矣”。⑨ 宋儒未尝废诗，金华诸子擅长声诗，讳言之，实有不妥。

金华之诗源渊有自，值得一提的还有刘应龟、傅景文、陈景传。黄溍《绣川二妙集序》述及其师刘应龟为金华诗坛巨擘，所作“悲壮激烈，有以发其迈往不群之气”，傅景文、陈景传“其以气自豪则同，宜乎能接先生之俊轨”。⑩ 此外，黄、柳等人又近承乡先贤方凤及金华流寓谢翱衣钵。黄溍《书王申伯诗卷后》：“柳初效粤谢皋羽，后自成一家。方受学尊父存雅先生，而杂出于谢。”⑪

由此可知，金华之诗有两大来源：金华之学流而为文人；传承方凤、刘应龟等人衣钵。综合以上材料，

---

① 丁立中辑、孙锵增补：《潜溪录》卷四、卷二、卷一，《宋濂全集》附录一（宋濂著，罗月霞、黄灵庚等校点），浙江古籍出版社 1999 年版，第 2557 ～ 2558 页，第 2350 页，第 2305 页。

② 同①。

③ 胡应麟：《诗薮续编》卷一、《诗薮外编》卷六，《全明诗话》（周维德集校），齐鲁书社 2005 年版，第 2732 页，第 2654 ～ 2655 页。

④ 同①。

⑤ 顾嗣立编：《元诗选初集》卷三十一、卷四十三、卷三十二、卷四十四、卷四十七，文渊阁四库全书本。

⑥ 同⑤。

⑦ 同⑤。

⑧ 同⑤。

⑨ 同⑤。

⑩ 黄溍：《文献集》卷六、卷四、卷五，文渊阁四库全书本。

⑪ 同⑩。

亦知金华之诗“以气自豪”，“恢奇俊伟”，“恃气纵横”，“喜为长歌”，“畅然自得”，不屑藻缋粉饰。宋濂、王祎、胡翰既承黄、柳、二吴学问文章，又得其诗传。刘基未亲炙诸子，而与宋濂等人为友，希慕金华之学。

考察越中派近源，还应提及元末诗坛大家王冕。王冕徜徉于世，工画梅赋诗，隐会稽九里山，号煮石山农，著有《竹斋集》，“赋诗辄千百言，鹏骞海怒，读者毛发为耸”。① 刘基、宋濂极推重其人其诗，刘基序其集，宋濂为作传。王冕亦为越中派先驱。

二、发展分期及成员构成

越中派兴于元至正初，衰于明永乐初，前后活跃诗坛长达半个世纪之久，与吴中派并为元明之际诗坛重派。综观其形成、发展、衰落的过程，我们可将其分作四个时期：

第一时期：至正初至至正十八年（1358），即自柳贯、吴莱、吴师道卒后至朱元璋攻占婺州，此其形成期。元统二年（1334），吴莱授经浦江。胡翰致书宋濂：“举子业不足烦君，盍来同学古文辞乎?”宋濂欣从之，又从柳贯、黄溍游。② 同学胡翰、王祎、郑涛、戴良、张孟兼俱负一时才名。义门郑氏子弟年十六以上者皆相从学。至元六年（1340），吴莱卒。至正二年（1342），柳贯卒。至正四年（1344），吴师道卒。宋濂、王祎、胡翰、戴良继主盟金华诗坛，与刘基等人共倡诗歌复古，形成越中一派。

第二时期：至正十九年（1359）至至正末，即自刘基、宋濂、王祎、许元相继赴朱元璋之召至元王朝灭亡，此其发展变化期。十八年十二月，朱元璋取婺州，改宁越府。《明通鉴》载朱元璋命置中书分省于婺州，召郡儒士许元、胡翰、戴良、吴沉等 13 人会食省中。《历代通鉴辑览》载十九年，宁越知府王宗显开郡学，延叶仪、宋濂为五经师，戴良为学正，吴沉、徐原为训导。二十年，征召刘基、宋濂、叶琛、章溢至金陵。此一时期，除戴良等少数人外，越中派重要人物大都参与了朱明王朝的创立，诗歌与政事并举。由于遭际之变，诗因之而变，渐呈宏丽淳雅之态。

第三时期：洪武初至洪武十三年（1380）胡惟庸案发，此开明初文学气象期。宋濂、王祎、刘基、苏伯衡、胡翰为文坛领袖，倡导宏丽淳雅之调，引领一时颂圣风气。不过，越中派诗人又多有隐逸之思。洪武二年（1369），胡翰与修《元史》，史成即还。明年，朱元璋擢苏伯衡翰林院编修，伯衡以聩疾辞。四年，刘基请归。十年，宋濂请归，荐伯衡以自代，伯衡复以疾力辞。

第四时期：洪武十四年（1381）至永乐初，此其衰落期。十四年，胡翰病殁，宋濂流放卒。先是六年，王祎奉使云南卒。八年，刘基病逝。刘、王、宋、胡既殁，越中派元气大伤。洪武末，苏伯衡坐罪卒于狱。伴随着洪武政治萧杀时代的到来，越中派的衰落也成为一种自然。朱棣靖难之变，方孝孺抗节死，诗派后继乏人。越中派之衰，也标志着浙诗之衰。

从诗歌创作上来看，越中派有前后两个兴盛阶段，即以上所说的第一期与第三期。前后诗风有所不同，而成就大抵相当。

作为元末明初诗坛重派，越中派声势浩大，作者辈出。诗派以金华诗人为主。胡应麟《李仲子允达》云：“至王子充、苏平仲、胡仲申辈，驰骤皇朝又十余家，而婺之才遂以一郡割海内者十之六，盖至于宋文宪景濂，而一代之才咸归吾婺矣。”③ 刘基、宋濂为诗派宗盟，胡翰、王祎、苏伯衡、张孟兼为核心人物，

① 顾嗣立编：《元诗选二集》卷十八，文渊阁四库全书本。

② 孙锵：《宋文宪公年谱》上，《宋濂全集》附录二（宋濂著，罗月霞、黄灵庚等校点），浙江古籍出版社1999 年版，第2696 ～ 2697 页。

③ 胡应麟：《少室山房集》卷一百十九，文渊阁四库全书本。

方孝孺为殿军。其他重要诗人有吴沉、徐原、朱廉、傅藻、金涓、朱文、杨芾、许元、叶仪、范祖干、邢沂、邢俯、成睿、邢旭、唐怀德、汪仁寿、郑涛、郑渊、郑洧、郑济、郑沂、郑棠、郑柏、郑干、宋璲、楼琏、王绅、王稌、刘琏、刘璟等人。戴良早期为诗派中坚，但选择了与刘基、宋濂不同的人生道路，入明后为元遗民代表诗人之一。

三、倡导复古

元末社会激变，越中派所面临的时代与黄、柳已颇有不同。世运变化，诗亦因之。刘基、宋濂等人不满于元末诗坛现状，思有所变革，提倡复古，以振兴诗坛，有补于世。

1．诗关乎世运，其用非小

宋代理学家不废诗作，然不免轻视诗歌，也是不争的事实。黄溍、柳贯、吴师道观点略有变化。如黄溍《陈茂卿诗集序》："诗之为用，其微矣乎！輶轩之使不至，而挟飞霞、簸明月者，徒以自怡于万物之表而已。夫音奏之悲凉，意象之荒忽，初若澶漫无属，至其使幽人狷士有适而不怼，或者舒扬振道之益，犹有资乎！"① 以为诗怡性情，对体道不无补益。越中派的看法较宋儒更有所不同，以为诗关乎世运，其用非小。王袆《书胡山立先生诗稿后》注重"诗之为用"，强调诗与时代兴衰相表里。②《练伯上诗序》又指出："古今诗道之变非一也，气运有升降，而文章与之为盛衰，盖其来久矣。"③ 苏伯衡也反复陈说诗歌与世运"迭为盛衰"之理，如《张潞国诗集序》："夫文辞之盛衰，固囿于世运。而世运之盛衰，亦于文辞焉见之"，"公亡，不独诗亡，而元寻亦亡矣。文章、世运，固迭为盛衰者与！"④ 越中派不满足于金华前辈之说，申论诗非"小道"，自有其深衷，体现了他们诗以用世的思想。

一方面，元末社会动荡凋敝，激起其强烈的用世之志。至正八年（1348），王袆忧时政之衰，揽天下事势，作书上之，时宰嫌其切直，格不以闻。既知世道不可为，归隐青岩山中，著书立说。朱元璋遣使来征，即日诣见，参与机务。张孟兼筑白石山房，然意未尝以隐终。郑渊《跋张孟兼白石山房诗卷》云："古人未尝欲隐也，其忠不行，然后放情肆志于烟霞泉石间，盖不得已也。"⑤ 宋濂、刘基元末之隐与之相类，应征至金陵，宋濂年已五十一，刘基小一岁，雄气不减。刘基求为世用，宋濂则自命儒者。关于儒者，王袆作有《儒解》，批评世人鄙弃儒者无用之论，指出："有用之谓儒。世之论者顾皆谓儒为无用，何也？曰：非论者之过也，彼所谓无用，诚无用者也。而吾所谓有用者，则非彼之所谓无用矣。夫周公、孔子，儒者也。周公之道，尝用于天下矣；孔子虽不得其位，而其道即周公之道，天下之所用也。……且世之所谓无用者，我知之矣。缝掖其衣，高视而阔步，其为业也，呫毕训诂而已耳，缀缉辞章而已耳。问之天下国家之务，则曰：'我儒者，非所习也。'使之涉事而遇变，则曰：'我儒者，非所能也。'嗟乎！儒者之道，其果尽于训诂辞章而已乎？此其为儒也，其为世所诋訾而蒙迂阔之讥也固宜，谓之为无用，固诚无用矣，而又何怪焉！"⑥ 此儒非彼儒，王袆将用世之儒与训诂章句之儒严格区别开来。越中派自命儒者，意在用世，故不斤斤于训诂章句。

另一方面，对元末诗风深有不满。如王袆以为当世藻缋浮靡之习与衰世相表里，《书徐文贞公诗后》反

---

① 黄溍：《文献集》卷六、卷四、卷五，文渊阁四库全书本。

② 王袆：《王忠文公集》卷十七、卷五、卷十八、卷十七、卷十七、卷七、卷七、卷十一、卷五、卷五、卷十九、卷十七、集前序，文渊阁四库全书本。

③ 同②。

④ 苏伯衡：《苏平仲文集》卷五、卷四、卷五、卷五，文渊阁四库全书本。

⑤ 张孟兼：《白石山房逸稿》卷下，文渊阁四库全书本。

⑥ 同②。

思说至元、大德间，东平李谦、孟祺、阎复、徐琰以文学政事为世之典型，徐琰尤长于诗，未尝雕刻藻绘为工，中原浑厚之意可见，“此盖国家太平极盛之际也。数十年来，士大夫气习益下，词章日堕于纤靡，翰墨日趋于颓媚，遂无复向时余韵矣。词翰细事耳，于此不亦可观世变乎?”① 在他看来，观诗可知兴衰，当世诗风颓靡，通于世运之衰，不可轻视。

正由于重世用，越中派不以诗为“小道”。时人或称“诗贵自适”，不赞同王冕“好为论刺”。刘基《王原章诗集序》驳云：“诗果何为而作耶? 周天子五年一巡守，命太师陈诗，以观国风。使为诗者俱为清虚浮靡，以吟莺花，咏月露，而无关于世事，王者当何所取以观之哉!”② 他们感慨诗道之废，昌言复古。戴良以古诗十首寄宋濂，宋濂赋答十首。王祎叹赏之，《跋宋、戴二君诗》云：“嗟乎！诗道之废久矣。十年以来，学者士大夫往往诎于世故之艰难，溺于俗尚之鄙陋，其见诸诗，大抵感伤之言委靡而气索，放肆之言荒疏而志乖，尔雅之音遂无复作矣。二君素以古道相尚，是诗之倡酬，盖仿于苏、李，譬犹律吕之相宣，规矩之互用。然其为言，或务简淡而其思远以切，或尚宏衍而其情婉以周。鲍、谢之微旨，殆各有之。至其托物连类，抚事兴怀，则又俱有陈子昂、朱元晦兴感之遗音焉。”③ 朱彝尊《静志居诗话》卷二谓宋濂承黄、柳、吴之学，“诗非所好”，④ 岂谓知言?

2. 追踪《诗经》、汉魏，倡导风雅之遗

吴莱、黄溍、柳贯不无复古的倾向，推重唐音，远追汉魏。柳贯《跋唐李德裕手题王维辋川图》：“唐诗辞之盛，至杜子美兼合比兴，驰突骚雅，前无与让。”⑤ 黄溍编集汉魏以来古诗，吴莱《古诗考录后序》：“盖古今之言诗者异焉。古之言诗，主于声；今之言诗，主于辞”，“若夫今之言诗，既曰古、近二体。古体吾不敢知，而近体乃谓之为律者，何也? 又安得不求夫声辞之俱备而后为至哉? 考乎古者，考此足矣。”⑥

越中派传承吴莱、黄溍诗学，独力追汉魏、《诗经》。王祎《浦阳戴先生诗序》称道柳贯师事方凤，取法盛唐，又赞许戴良师事柳贯，取法汉魏，自成一家言。⑦ 他不贬低其师柳贯以唐为法，同时不满足于此，以为世人拘泥声律，难尽诗用，故标举风雅之遗。江西新城黄肃长于古体，王祎《黄子邕诗集序》赞其“简质平实，一本于汉魏，而绝去近代声律之弊，殆几于古矣”，又说《诗经》“未尝有艰深矫饰之语，而天道之显晦，人事之治否，世变之隆污，物理之盛衰，无不著焉。此诗之体所以为有系也”，后世言诗，“不知出此，往往惟炫其才藻，而漫衍华缛、奇诡浮靡之是尚，较妍蚩工拙于辞语间，而不顾其大体之所系”，“今子邕乃能斥漫衍以为简，屏华缛以为质，黜奇诡以为平，祛浮靡以为实。读其辞，知其于天道人事、世变物理之际详矣”。⑧ 王祎对黄肃评价甚高，究其本意，即在主于诗关乎世道，故斥“炫其才藻”、“漫衍华缛”、“奇诡浮靡”，欲“绝去近代声律之弊”。之所以要远追汉魏、《诗经》，王祎给出的解释就是“兴观群怨”。宁海钟舜举奉孔子“不学《诗》，无以言”、“兴观群怨”之说，不敢稍怠，以学诗名其斋。王祎《学诗斋诗记》叹云：“诗道其微矣乎！以情性言诗，非余所能知。自章句言之，则余窃有疑矣。”⑨

---

① 王祎：《王忠文公集》卷十七、卷五、卷十八、卷十七、卷十七、卷七、卷七、卷十一、卷五、卷五、卷十九、卷十七、集前序，文渊阁四库全书本。

② 刘基：《刘基集》（林家骊校点），浙江古籍出版社 1999 年版，第 81 页，第 74 页，第 88 页。

③ 同①。

④ 朱彝尊：《静志居诗话》卷二、卷二、卷十三，人民文学出版社 1998 年版，第 46 页，第 46 页，第 374 页。

⑤ 柳贯：《待制集》卷十八，文渊阁四库全书本。

⑥ 吴莱：《渊颖集》卷十二，文渊阁四库全书本。

⑦ 同①。

⑧ 同①。

⑨ 王祎：《王忠文公集》卷十七、卷五、卷十八、卷十七、卷十七、卷七、卷七、卷十一、卷五、卷五、卷十九、卷十七、集前序，文渊阁四库全书本。

以性情言诗，自非王祎不能知，所不言者，盖着意于“兴观群怨”。刘基思考“诗何为而作”的问题，喜谈“美刺风戒”，有裨世教。《照玄上人诗集序》指出先王以诗观风俗，察治忽，穷下情。后世诗道废，弃置“美刺风戒”，以咏弄风月为能事，由于不师古，风雅之道无遗①。越中派斥责沉溺声律、批风抹月，无论是宣扬“兴观群怨”，还是标举“美刺风戒”，都体现了他们诗以用世的诗学观念。

越中派持重“诗之为用”，论诗歌升降，每以风雅之遗为说。王祎《练伯上诗序》为江右派练高所作，指出当世“气运乖裂，士习遽卑，争务粉绘镂刻以相高，效齐梁而不能及”，“余尝闻之杨公之言曰：‘诗当取材于汉魏，而音节以唐为宗也。’黄公之言曰：‘诗贵乎平实而流丽也。’嗟乎！言诗之要，无易于此矣”。② 江右宗唐风气甚炽，王祎不否认“音节以唐为宗”、“贵乎流丽”，但又担忧“无复古雅音”、“争效齐梁”，故更强调“取材于汉魏”、“贵乎平实”。与王祎较平和的批评相比，苏伯衡的说法要激烈得多，《古诗选唐序》以为诗音有正有变，皆系于世变；《风》、《雅》出于文、武、成、康之时，谓之正雅正风，出于夷、王以下者，谓之变雅变风，《风》、《雅》变而为骚些，骚些变而为乐府，为选为律，愈变愈下；唐诗系于世变亦然，杨士弘选《唐音》区分盛唐、中唐、晚唐，“然而盛时之诗不谓之正音，而谓之始音；衰世之诗不谓之变音，而谓之正音”，“是以体裁论，而不以世变论也”，“不审音，不足以知乐；不审音，则何以知诗?”。③ 杨士弘选唐，对元末宗唐风气影响很大。伯衡严厉批评了他选诗以体裁为法，而不以世变立论，以为有悖于诗之本义。又激赏林与直《古诗选唐》摒弃近体，专存录古体，不失古意，远胜于《唐音》之选。可以说，这篇序文集中体现了越中派复古的理论与旨趣。

四、诗为“文之精”

金华之学流而为文人，越中派诗人往往兼有三种身份：学人、文章家、诗人。三者之间，自非互相割裂而不相通。以诗为“文之精”，就是他们合诗、文、道为一的结果，与其复古之论共同构成了越中诗学的核心观念。

宋濂、王祎、胡翰、苏伯衡等人较其师辈在文学道路上走得更远，文学成就也更显著。在鼓吹复古时，合诗、文、道为一，提倡诗乃“文之精”。苏伯衡《雁山樵唱诗集序》：“言之精者之谓文，诗又文之精者也，夫岂易为哉?”④ 胡翰《缶鸣集序》：“物生而形具矣，形具而声发矣。因其声而名之，则有言矣。因其言而名之，则有文矣。故文者，言之精也，而诗又文之精者。以其取声之韵，合言之文而为之也，岂易也哉！近之于身，远之于物，大之于天地，变之为鬼神，与凡古今治政民俗之不同，史氏之不及具载者，取而永歌之，载赓之，不费辞而及乎形容之妙，比兴之微。若是者，岂非风雅之遗意哉！宜君子有以取之。”⑤ 刘基《苏平仲文集序》也有相似的说法：“文以理为主，而以气摅之。理不明，为虚文；气不足，则理无所驾。文之盛衰，实关时之泰否。是故先王以诗观民风，而知其国之兴废，岂苟然哉！文与诗，同生于人心，体制虽殊，而其造意出辞，规矩绳墨，固无异也。”⑥ 越中派论文近于宋儒，主于载道，合文道为一。论诗则有异，为弘大“诗之为用”，提出诗不仅与文“同心”，与道相合，而且是“文之精”。这样看来，他们也将诗视作经世之具。“文之精”的说法耐人寻味，诗文体裁互异，如果诗以明道，又何须文

① 刘基：《刘基集》（林家骊校点），浙江古籍出版社1999年版，第81页，第74页，第88页。
② 同③。
③ 苏伯衡：《苏平仲文集》卷五、卷四、卷五、卷五，文渊阁四库全书本。
④ 同⑤。
⑤ 钱伯诚等编：《全明文》（第二册）卷八十《胡翰四》，上海古籍出版社1994年版，第759页。
⑥ 刘基：《刘基集》（林家骊校点），浙江古籍出版社1999年版，第81页，第74页，第88页。

章？所以，他们又补充说诗是风雅之遗。“文之精”之说，有两大特点：

一是理充气昌。越中派论文主理充气昌，论诗亦然。王祎《朱元会文集序》：“气也者，理之寓也；辞也者，理之载也”，“理明矣，气不求充而自充，辞不求达而自达，而始足以言文矣。”① 《文训》称文必“主之以气”，“一本于道”。② 苏伯衡《洁庵集序》指出“理到矣，气昌矣，意精矣，辞达矣”，只有无所闻于道之辈才会“险涩其语以为奇，僻怪其字以为古，隐晦其意以为深，突兀其体以为高”。③ 王祎、苏伯衡辩说理到气昌，俱合诗文并言之。刘基的说法更直截，《苏平仲文集序》称“理不明，为虚文；气不足，则理无所驾”，诗文“同生于人心”，仅体制相殊而已。越中派之诗“以气自豪”，非徒驰骋辞气、夸逞才气，奇险的外表下，是内里的理明之气充、气昌。如刘基《苏平仲文集序》所云“贾疏、董策、韦傅之诗，皆妥帖不诡，语不惊人而意已至，由其理明而气足以摅之也”，“故有陈子昂而继以李、杜，有韩退之而和以柳，然后气复昌而理有所驾，诗文皆不让汉”。

二是济以博学，以文为诗。欲求理充气昌，自然离不开博学。宋濂《詹学士文集序》云：“襟韵潇洒，济以雄博之学，故体物浏亮，铿铿作金石声。”④ 他在《题许先生古诗后序》又说诗文“本出于一原”，“沿及后世，其道愈降，至有儒者、诗人之分”。⑤ 尽管越中派未明言以文为诗，但在具体创作中，则有着突出的体现：长于叙事，妙于议论，不拘声律。如宋濂《秋夜与子充论文，退而赋诗一首，因简子充，并寄胡教授仲申》纯以议论成之，近于一篇文论。刘基乐府多有“拉杂成文”的特点。宋人严羽《沧浪诗话》标举盛唐与“妙悟”，斥责以才学为诗、以文字为诗、以议论为诗。对观越中派与沧浪之说，不难发现二者如此格格不入：严羽以盛唐为法，越中派则沿汉魏而上溯《诗经》，不欲专宗唐人；严羽排斥以才学、文字、议论为诗，越中派则反其道而行之。

五、诗风因时运而变

越中派传承金华之诗，昌明复古，欲合诗、文、道为一。总体以观，其创作独爱古体，喜好古风，特征有三，即尚理、尚气、尚用。这种诗风与“击壤体”有相近处，又有颇相远处，与吴中派尚才、尚意、尚趣，更形成鲜明的对比。应该说，尚理、尚气、尚用既是一种自我的选择，又是适应世运变化的一种结果。

先看元末之诗。越中派诗人痛于世乱，愤世意深，用世思切，所作或简淡思远，或奥衍宏深，远离粉饰藻缋。一方面，抚事兴怀，忧世感时形于言表，或奇峭奔轶，大有奇气，如张孟兼诗有龙骧虎步之气，不可遏抑；或“美刺风戒”，以求世用，如刘基乐府，可以观世。另一方面，淡于名利，超然敻迈，不屑声律之美与矫饰夸炫，以简质胜。如胡翰五言古“正犹路鼗出于土鼓，篆籀生于鸟迹”。⑥ 总之，其诗忧思深远，不徒流连光景。

再看明初之诗。在明初五派中，最积极参与明王朝创立者，当推越中派了。宋濂、刘基、王祎等人或佐军中谋议，或用文学受知，以备顾问，对朱明创立与文治之兴卓有功绩。栖迟林野者亦有之，而以元遗

---

① 王祎：《王忠文公集》卷十七、卷五、卷十八、卷十七、卷十七、卷七、卷七、卷十一、卷五、卷五、卷十九、卷十七、集前序，文渊阁四库全书本。

② 同③。

③ 苏伯衡：《苏平仲文集》卷五、卷四、卷五、卷五，文渊阁四库全书本。

④ 宋濂：《銮坡前集》卷之七、《宋学士文集辑补》、《銮坡前集》卷之七，《宋濂全集》，浙江古籍出版社 1999 年版，第 482 页，第 2086 页，第 481 ～ 482 页。

⑤ 同⑥。

⑥ 朱彝尊：《静志居诗话》卷二、卷二、卷十三，人民文学出版社 1998 年版，第 46 页，第 46 页，第 374 页。

民高标者仅戴良而已。气与时值，化随心移，越中派诗人入明后的用世，主要表现在治乱佐兴、弘大儒道，润色太平上。宋濂为明代开国文臣之首。汪琬《宋濂传》云："卒能大展所学，润色鸿业，俾有明制度焕乎出两汉上，区区叔孙通、桓荣之徒，曷足道哉！曷足道哉！"① 时运之变促生越中派诗歌之变，简言之，即鼓吹休明，宏丽淳雅。王袆讲求"纯"与"正"，《书刘宗弼诗后》："诗贵乎纯，纯则体正而意圆。体正故无偏驳之弊，意圆故有超诣之妙。"② 宋濂主于"醇"与"精"，《王忠文后集序》："惟其醇而精，则有非粗驳之流所能致者。"又称王袆所作"形真而体完"，"华绮豪放之习"刊落殆尽。③ 刘基归于"粹"与"深"，《苏平仲文集序》："语粹而辞达，识不凡而意不诡。"又说朱明文学之兴，"金华之君子居多"，"他日征我朝文章言语之工，有以鸣国家之盛，而追配汉唐诸作者，其必于平仲有取也"。全祖望《宋文宪公画像记》云："公以开国钜公，首唱有明300年钟吕之音，故尤有苍深肃穆之神。旁魄于行墨之间，其一代之元化，所以鼓吹休明者欤?"全氏"画像之评"，不惟适用于宋濂，亦适用于越中派其他人物。

越中派是明初颂圣文学的先行者和鼓吹手。宋濂昌言"台阁之体"，并身体力行之。诗家之分台阁、山林由来已久，宋濂熟知之，但在元末倡导台阁，显然不合时宜。朱明统一后，他认为一代文治之兴，"台阁之体"不可或缺，遂率先鼓扬之。洪武三年（1370），为汪广洋所作《汪右丞诗集序》指出"山林之文，其气枯以槁；台阁之文，其气丽以雄。岂惟天之降才尔殊也？亦以所居之地不同，故其发于言辞之或异耳"，诗歌亦然，"甚矣哉，所居之移人乎"。④ 他反复辨析气运之变，由此说明"台阁之体"不仅仅是风格的"雄丽"，其意义更在于"美教化而移风俗"，甚至还可以影响"山林之体"，"化枯槁而为丰腴"，有助于"一代之盛典"。黄佐《翰林记》卷十九论明代馆阁之文，有"三变"之说。其实，不惟馆阁之文导源于刘基、宋濂、方孝孺，馆阁之诗亦然。越中派因此也成为台阁体派先声之一。

应该指出，越中派入明之诗，由简质奥衍转为宏丽淳雅，而雄迈奇放之气未尽脱，汪洋秀杰之韵犹存。黄甫汸以地域论诗云："关中之诗憿，燕赵之诗厉，齐鲁之诗侈，河内之诗娇，楚之诗荡，蜀之诗涩，晋之诗鄙，江西之诗质，浙之诗啴，吴下之诗靡。"⑤ "啴"，盛大貌，谓闲暇而有余力。《诗经·大雅·常武》："王旅啴啴，如飞如翰。如江如汉，如山之苞。"以"啴"形容浙诗，是有一定道理的。浙诗"啴"之风气，越中派大有力焉。

还应提及的是，越中派诗风的变化，早在朱元璋攻占金华，召用大批越中诗人时就已发生了。越中派引导一时颂圣潮流，肇兴"台阁之体"，然终未成为台阁体派。这大抵与其人生旨趣、复古思想有关。明王朝百废待兴之际，还存在严重的危机和矛盾。越中派诗人对现状有着清醒的认识，而且无求于利禄，所以吟唱"台阁"之音的同时，又眷怀着"山林"。

越中派的诗史意义，可以概括为四点：倡导复古，促生新的文学潮流，并对明代文学复古运动产生深远的影响；开启明一代文学新气象，尤其是提倡"台阁之体"，为台阁体派导夫先路；诗歌尚理、尚气、尚用，自成一家言，古体、歌行及乐府成就最著，继承金华学人诗传统，上接宋儒"击壤体"，下开阳明一

① 汪琬《钝翁续稿》卷三十八，《汪琬全集笺校》（李圣华笺校），人民文学出版社2010年版，第1766页。

② 王袆：《王忠文公集》卷十七、卷五、卷十八、卷十七、卷十七、卷七、卷七、卷十一、卷五、卷五、卷十九、卷十七、集前序，文渊阁四库全书本。

③ 同③。

④ 宋濂：《銮坡前集》卷之七、《宋学士文集辑补》、《銮坡前集》卷之七，《宋濂全集》，浙江古籍出版社1999年版，第482页，第2086页，第481～482页。

⑤ 同①。

派；对明清浙诗贡献卓著，黄宗羲、厉鹗等人鼓吹浙诗，其诗学思想、创作旨趣与越中派也不无联系。清代浙派与越中派的关系极其复杂，需要专门的探讨，此不赘说。当然，越中派诗歌亦自有弊，如理气过重，流于枯槁，缺乏生趣；以文为诗，走向极端，不免冗沓；为朱明颂歌，时有空疏之嫌。不过，任何一个诗派都有其弊端，不必苛求其全。不夸大地说，越中派在中国诗史上的成就足追唐代的韩孟诗派、宋代的江西诗派。

作者简介　李圣华，浙江师范大学人文学院教授，浙江师范大学江南文化研究中心研究员。

建文逊国志士著述考索

饶龙隼　尹炜明

明朝建文四年（1402），燕王朱棣靖难之师攻入南京，史称“壬午之变”。以方孝孺、练子宁、程本立、周是修等所代表的建文旧臣遭到朱棣的残酷杀害，后世称他们为“逊国志士”。明人郎瑛《七修类稿》著录逊国志士有124人之多，① 这其中还不包括方孝孺累及罹难的“十族”共800多人。“逊国志士”有诗文集流传的不多，且年代久远，加上有明一代对其著作多行禁毁。但是，他们的著述成果不绝如缕，历来为人重视，亟须抢救整理。兹尽为考索，以备观览，亦为编纂《建文逊国志士丛书》提供工作蓝本。

一、方孝孺

方孝孺是明初浙东文人集团的代表人物，他继宋濂之后成为浙东文人集团的核心。方孝孺一生著述颇丰，但由于永乐以后诸朝的禁毁，其著作流传受阻。直到天顺七年，赵洪首次编辑刊刻其文集，他的著作才逐渐流传开来。方孝孺的著作大致可以分为单行本、总集、选本三类。

单行本：

单行本数量繁多，大多被辑录在丛书之中，而且亡佚严重，半数以上没有流传下来。

1.《杂戒》

编入《逊志斋集》卷一，又名《侯城杂诫》。《四库全书》、《百陵学山》、《学海类编・子类》、《丛书集成初编・哲学类》、《影印元明善本丛书十种・百陵学山》均著录此书。《四库全书总目》称：“是书分三十八章，所言皆立身行己之道，于日用为切近。”其所依据“乃弘治辛酉蜀人邹鲁摘出别行之本”。

另外，《光绪宁海县志》著录“《侯城杂志》二卷，凡三十六条，方孝孺撰，见《续说郛》”。而《逊志斋集》所录为《侯城杂诫》，并无《侯城杂志》之目。因此可以断定《光绪宁海县志》所录《侯城杂志》实系《侯城杂诫》之误。

2.《宗仪》

编入《逊志斋集》卷一。方孝孺《宗仪序》云：“余德不能化民，而窃有志于正家之道，作《宗仪》

---

① （明）郎瑛撰：《七修类稿》，上海书店出版社2001年8月第1版，第101页。

九篇以告宗人，庶几贤者因言以趋善，不贤者畏义而远罪。他日于大者有行焉，或者其始于此。”其文共九篇：尊祖、重谱、睦族、广睦、奉终、务学、谨行、修德、体仁。该书收入明沈节甫所辑录的《由醇录》中，黄虞稷《千顷堂书目》著录，有《广说郛》本。

3.《幼仪杂箴》

编入《逊志斋集》卷一。方孝孺《幼仪杂箴序》云：“后世教无其法，学失其本，学者汩于名势之慕，利禄之诱，内无所养，外无所约，而人之成德者难矣。予病乎此也，盖久欲自其近而易行者为学而未能。因列所当勉之目，为箴揭于左右，以攻已阙。”明卢演撰《方正学先生年谱》(以下简称《年谱》)云：“洪武三年庚戌，先生年十四。郡辟愚安公为宁庠师，时先生作《幼仪杂铭》自箴。”然《逊志斋集》卷一有《幼仪杂箴》20首，《杂铭》45首，可知《幼仪杂箴》和《杂铭》本是两书，而《年谱》误将二书合一，题为《幼仪杂铭》，这是需指正的。《幼仪杂铭》又有《东听雨堂刊书·儒先训要续四種》本。

4.《春秋诸君子赞》

编入《逊志斋集》卷五。方孝孺《自序》云：“余取友于当世而未得，则于古人乎求之。读《春秋左氏传》，得数十人，心慕焉。圣贤所称较著者，不敢论；少戾乎圣贤之道者，不敢取。自石碏以下十有五人，取其事，赞其美，以为法云。”《光绪宁海县志·艺文经部》、朱彝尊《经义考》均著录此书，然不见单行本。

5.《周礼辨正》

方孝孺《与郑叔度书》云：“仆近辨正周礼，始成书。”《年谱》云：“洪武十四年辛酉，先生年二十五，……《周礼辨正》成。”但《逊志斋集》并无《周礼辨正》一书。《民国台州府志·艺文略》著录此书，并题撰者为方孝孺，称：“《逊志斋集》有《周官论》二篇、《周礼辨疑》四篇，盖即是书之零篇，今存。”这就是《周礼辨正》有目无文的原由。

6.《大易枝辞》

此为方孝孺未传之书。方孝孺《与苏先生书》曰：“读《周易》，颇厌近时传注家繁复附会，欲为《枝辞》十余卷，发圣贤君子大意，使人不惑于众多纷纭之论。历时已久，而未能成书。他欲论述者非一事，地僻无书，同志者绝少，卒未见功绪。”《年谱》曰：“洪武二十四年辛未，先生年三十五。在缑城，《大易枝辞》、《文统》成。”《光绪宁海县志·艺文经部》、《续文献通考》、《民国台州府志·艺文略》均著录此书。

7.《文统》

该书已亡佚。方孝孺《答王秀才书》曰：“仆窃悲其陋，故断自汉以下至宋，取文之关乎道德政教者为书，谓之《文统》，使学者习焉。违乎此者虽工不录，近乎此者虽质不遗。庶几人人得见古人文章之正，不眩惑于诡常可喜之论。”《光绪宁海县志·艺文集部》、《民国台州府志》均著录此书。

8.《周礼考次目录》

方孝孺《周礼考次目录自序》曰：“余喜读《周礼》，忧周公之心不明于后世，以书周公之言为准，考六卿之属更次之。”《年谱》曰：“洪武二十二年己巳，先生年三十三。在缑城，《周易考次》① 成。”《明史·艺文志》、《千顷堂书目》、《光绪宁海县志·艺文经部》、《民国台州府志·艺文略》均著录此书。

9.《帝王基命录》

该书已亡佚。方孝孺《逊志斋集》卷十二《基命录自序》曰：“夫处乎百代之下，而必欲比迹商周之

① 《光绪宁海县志》云：“《周易考次》当为《周礼考次》之误。《周易》但有古本，朱子所定本义是也。有今本即王辅嗣本，程传所从者是也。正学不当别有考次。《逊志斋集》中亦无《周易考次自序》，《年谱》之说恐非。”

盛，弗可致矣！然则汉、唐、宋得民永命之由，庸非后王之所当考法者乎？予是以掇其大要，论著其事，为《帝王基命录》。非曰可以究天人相与之原，然愿国家之长治，以利生民于无穷，固亦仁人志士之所取也夫！”《千顷堂书目》、《光绪宁海县志·艺文经部》、《民国台州府志·艺文略》均著录此书。

10.《武王戒书注》、《宋史要言》

方孝孺《武王戒书序》曰：“予悲乎是书者，太公受之古先圣王，而传之武王。武王铭于用器，以戒其身，且及其子孙。其言之善者，与《诗》、《书》要义何以异焉？学者以非经而外之，非惑夫？因为注释其意，以示来者。”①《年谱》曰：“洪武二十三年庚午，先生年三十四，在缑城。《武王戒书注》、《宋史要言》成。”《千顷堂书目》、《光绪宁海县志·艺文经部》、《民国台州府志·艺文略》均著录两书。②

11.《宁海邑志》

《逊志斋集》卷九《与王修德》：“邑志曾修得事略九篇，惟盐算、鱼课未知其数，兵稍连年，数目当问之兵房。识文案者，倘耳目所及，有可问者烦问之。诸人传分忠义、孝友、笃行、贞节四品，皆起首矣。有可入者，须示及。”又《光绪宁海县志》有《旧志源流序》云：“吾宁（即宁海）置县最古而专志未闻，明方正学创为之。当时成祖有厉禁不传。迨弘治间，张令邦佐始有著本。”其正文首列“洪武志，方孝孺撰”。由此可知，宁海县专志始于洪武年间，其著者为方孝孺。明杨士奇《文渊阁书目》著录《宁海县志》一书。由于宁海县专志的第二次编著是在弘治年间，因此可以判断，杨士奇所录之书应该就是方氏所撰《宁海邑志》。该书已经亡佚。

12.《宁海人物记》

《逊志斋集》卷九《与王修德书》：“某向以安居饱食，无毫发及物之益，妄不自度，欲搜辑邑里遗事，成一小书。上以昭扬贤士君子之潜德，下以为劝于将来，俾后生小子有所慕而为善。……是以尝为吾兄言其故，而久未成书者，此也。”同书卷十《与郑叔度》：“欲修邑先达事行，为人物记，无相辅者，恐未易采录。”又卷十一《答金景文》：“仆近者尝欲为一书，纪载前人行业，使隐没微晦之迹，昭然布闻，耀人耳目，以为州闾法式。事在国史者，已录得数卷，而不幸弃遗于太史者甚众，欲求其子孙，而耆老沦亡，无所考质，每窃愧叹。”盖《宁海人物记》是未成之书，方孝孺在书信中三次提及，并言及不能成书的遗憾。此亦可见他对这本书的重视程度。《民国台州府志·艺文略》著录是书。

13.《赤城论谏录》、《赤城诗集》

《光绪宁海县志·艺文集部》著录两书作者为方孝孺。经查考可知，两书均为诗文选集，都辑录有方氏诗文，后人因而误认为方孝孺所撰。①《赤城论谏录》，《民国台州府志·艺文略》提要云：“明谢铎、黄孔昭同编，《明史·艺文志》称辑天台人文之有关治道者，宋十人，明六人。”《四库全书总目》云：“是编裒其乡先辈奏议，自南宋至明初凡十四人，文六十六篇。又吴芾、叶梦鼎二人在宋末亦以言事著称，而奏稿不可复得，亦附名于后，略载其出处行事，以存其人焉。”《世善堂书目》、《澹生堂书目》均著录是书。此书为“林克贤刊，有版在郡斋”，收入《台州丛书续编》。②《赤城诗集》，《光绪宁海县志·艺文集部》著为一卷，云为方孝孺所撰。但高儒《百川书志》云：“皇明翰林侍讲谢铎鸣治辑赤城乡贤，自宋宣和间至国朝洪武、永乐，得五十九人，诗三百六十一首。”《徐氏家藏书目》亦著录此书，称编者为谢铎。《民国台州府志·艺文略》又著录谢铎所编《赤城诗集》十八卷，乃“合旧集、补遗、续编为一集，起唐项斯，

① （明）方孝孺撰，徐光大校点：《逊志斋集》，宁波出版社2000年1月第1版，第884页。

② 以上自《大易枝辞》至《宋史要言》凡六书，均已不传。陈纪《方先生小传》曰：“既靖难兵下城破，嗣君亡，文庙纳姚广孝言，召用先生，不屈死之，夷其族。时革除建文之五年，永乐元年也，年四十六，所著《周易枝辞》、《周礼考次目录》、《武王戒书注》、《宋史要言》、《基命录》、《文统》皆不传。宣德以还，国禁渐开，遗诗文始出于世。”

迄明陶肱，凡一百五十三家，诗九百八十五首。”因此《赤城诗集》的编者为谢铎无疑。而《光绪宁海县志》所著录方孝孺《赤城诗集》一卷，当为后人将方氏之诗析出另加刊行，但书名没有更改，致有此误。

14.《三礼考注》

《民国台州府志·艺文略》有著录，称其撰者为方孝孺。但《世善堂藏书目录》、《澹生堂书目》及《东里文集》均载其作者为元吴澄。杨士奇《东里文集》有《跋三礼考注后》云：“右录《三礼考注》六册，此书本吴文正公澄用朱子之意，考定为《仪礼》十七篇、《仪礼逸经》八篇、《仪礼传》十篇、《周官》六篇，《考工记》别为一卷，见公文集中。”①

另有《辽事颠末》一卷，《民国台州府志·艺文略》称其为“明方孝孺撰，见《千顷堂书目》。”而查考《千顷堂书目》，是书作者为方震孺，而非方孝孺。则《民国台州府志·艺文略》所录“方孝孺”应为“方震孺”之误，该书作者应该是方震孺。

总集：

1.《逊志斋稿》

这是方孝孺著作成书的最初状态，仅在同道好友之间传阅。林右《逊志斋集序》：“虽然，文所以达志也。不观其文何以知其志之所存，故又序其文云。”王绅《逊志斋稿序》“绅不敏，幸忝同门之列，于君之志窃有与闻焉，故特著其说于文稿之首。”林右、王绅二序均题为洪武三十年，据可知其结集的大概时间。又万历四年徐阶序曰：“逊志先生集，其初刻于蜀，有临海林公右、金华王公绅所为序。然林序称洪武三十年，而不书辑者之姓名，亦不著卷数。王序则直题为文稿。今以传考之，先生时犹教授蜀中，则殆先生所自辑，且未成之书也。”可知《逊志斋稿》是方孝孺的自编手稿，成书于洪武三十年，曾经刊刻于蜀中，可惜已经亡佚了。该刻本的诗文著录和卷数情况均不可考。这是方孝孺诗文首次编辑成书，为后来各版本的编辑创造了条件。

2.《正学方先生文集》

靖难事变之后，方孝孺首以身殉，他的著作也遭到禁毁。最早将方孝孺遗文编辑成集的，是明代的赵洪，时为天顺七年（1462），距方氏“逊志”已有六十年。赵洪《新刊正学方先生文集序》曰：“先生之文，撰述颇多。……幸而掇乎嘘烬之余，所谓存什一于千百者也。中间在蜀之作，皆友人侯君邦彦，得姑苏编修陈公之所传录，与夫博采士夫间之记诵，凡诗文二百六十七篇。吾乡之士，肆畏道阙事，什袭珍藏，无由裒采。洪窃惟春阳已舒，江汉既濯，应不屑于毛疵矣。乃于寒暑之暇，捐俸募工，绣梓以图寿传，悉手所缮。落于天顺六年六月望日，考于次年四月望后一日也。”② 至于文集的刊行地点，《民国台州府志·艺文略》说“梓于蜀中”，因此这个刻本又被称为蜀本。

《正学方先生文集》是最早公开面世的方孝孺作品集刻本，赵洪没有说明文集的卷数，也不见录于后世书目，大概很早就亡佚了。

3.《逊志斋集》

《明史》本传云：“（方孝孺）初殉节时，文禁甚严，门人王稌私辑遗文为《侯城录》。”因此，方孝孺文集长期不能刊刻行世，直到宣德以后才稍稍流传。《明史》所载王稌辑本不见传世，大概已经被编辑到后世刻本中。《逊志斋集》的版本见诸载录的有40卷、24卷，而以24卷本居多。

---

① （明）杨士奇撰，刘伯涵点校：《东里文集》，中华书局1998年版，第140页。

② 嘉靖四十年王可大本《凡例》曰：“是集，先生殁后六十年，临海赵学谕始得散落诗文三百一十四首，梓于蜀。”则王序所载篇数与赵洪所辑“二百六十七篇”之数不同，大概王可大所见应是增辑之本。

40卷本　该本见诸载录的只有一种，为黄孔昭、谢铎共同编辑，包括诗文30卷，拾遗10卷，刻于成化十六年（1480）。关于成化本的汇刻情况，黄孔昭《新刊逊志斋集后序》称："呜呼！先生之学，固孔子、孟子之学也。学者欲学孔孟之道，孰得而后之哉？惜其遗文散佚天下，仅见赵教谕本。孔昭乃与谢侍讲铎日加采访。而其邑之秀彦，犹能各以所藏来告。遂合叶林二亚卿、王李二中书与柳常州之所得者，汇次之，而是编成焉。于是先生之文，亦庶几其全矣。……集既成……奉以属郭尹。郭尹又搜访于其邑，得诗与文若干首，附益之。方经画招工，……不日月，版将告成。"谢铎《新刊逊志斋集后序》亦说："方先生文集三十卷，拾遗十卷，为文千二百首，总若干万言。天顺中，赵教谕洪实始锓梓以传，既而谢铎与文选黄君孔昭，颇加搜辑，于是叶文庄公盛、秋卿林公鹗、王忠文公之孙汶，诸所传录者皆粹焉。既又从柳别驾演尽得常人之所藏者，视昔盖不啻倍蓰，而先生之文乃始稍稍以完。宁海令郭君绅闻之，愿益得以传诸梓。'铎与文选君亟喜而授之。"可知，这个辑本充分汇集了散落民间的方孝孺遗文，有诗文1200篇之多。该版本《明史·艺文志》、《千顷堂书目》、《中国古籍善本书目》等书目均著录。

成化本，因由时任宁海县令的郭绅付梓刊行，因此也称邑本。这是比较早的一个版本，为许多书目著录。需要说明的是，四十卷本《逊志斋集》不辨伪谬、整体质量不高，① 因此流布不广。直至民国十七年（1928）才获再次刊刻，此即宁海胡氏味善居重刻的明成化本，收藏于天一阁。

24卷本　该本又分正德本、蜀藩本、嘉靖本、万历本、崇祯本、康熙本、同治本等多个版本。

1. 正德本

刊于正德十五年。顾璘《书重刻逊志斋集后》说："木今漫矣，乃会黄参军绾、应吉士良、赵大行渊删定伪谬，重刻斯编，以行于世。"顾璘当时是台州府太守，因此正德本也称为郡本。《清华大学图书馆善本书目》著录云："二十四册四函，十行二十字，白口，四周单边。钤有'无竟先生独志堂物'、'豁轩'二印。"

由于成化本伪谬甚多，顾璘在刊行之时对其重加删定，编为二十四卷。《四库全书总目》曰："是集凡杂著八卷，书三卷，序三卷，记三卷，题跋一卷，赞一卷，祭文、诔、哀辞一卷，行状、传一卷，碑、表、志一卷，古体诗一卷，近体诗一卷。"这就是今见二十四卷本《逊志斋集》的最早版，也是这一版本系统的母本。《中国古籍善本书目》有著录，藏于北京图书馆、上海图书馆及台湾"中央"图书馆。

2. 蜀藩本

该本为明嘉靖二十年（1541）蜀藩朱让栩刻本，《中国古籍善本书目》著录，藏于台湾"中央"图书馆、扬州市图书馆。

3. 嘉靖本

该本半页十行，行二十字，白口，四周单边。刊行于明嘉靖四十年（1561），有范惟一序、唐尧臣序和王可大序。关于嘉靖本的编刻情况，范惟一《重刻逊志斋集序》说："郡有《逊志斋集》，故刑书东桥顾公守台时所刻。予取读焉，见其编渐漫漶，因谋诸兵道唐君及新守王君重刻之，二君跃然敬诺。"王可大《重刻正学方先生文集序》之说与此基本相同。嘉靖本有《重刊逊志斋集凡例》十一条，历述《逊志斋集》主要版本的源流，并在前人所编四种版本基础上相互参考，补正遗阙，或删除，或存疑，因此成为《逊志斋集》诸多类编本中最精良的版本。商务印书馆影印《四部丛刊》本即以此为底本。北京图书馆、上海图书馆、台湾"中央"图书馆及美国普林斯敦大学葛斯德东方图书馆、日本尊经阁文库等入藏，其中台湾"中央"图书馆藏本作"嘉靖四十年浙江按察副使范惟一刻本"，与别本不同。

---

① 邵懿辰《增订四库简明目录标注》曰："（星诒）正德本三十卷，拾遗十卷，附录一卷，谢铎、黄孔昭同编刊。余家有刊本，与二十四卷本迥异。"

嘉靖本另有万历四年重修本，附录清丁丙所辑拾遗一卷。沈津《哈佛燕京图书馆中文善本书志》著录此书，描述说："二十册，半页十行二十字，左右双边，白口单鱼尾，框高 19.7 厘米，宽 13.7 厘米，题'中顺大夫浙江按察司副使奉敕提督学校云间范惟一编辑、奉政大夫浙江按察司佥事奉敕整饬兵备南昌唐尧臣校订、中顺大夫浙江台州府知府事前刑部侍郎中东吴王可大校刊'。前有万历四年徐阶序、嘉靖四十年范惟一序、唐尧臣序、嘉靖四十年王可大序、洪武三十年（1397）林右序、洪武三十年王绅序。有'正学先生小象'赞。凡例十一则。附录末有临海县知县黄诰等校对者姓名。"《中国古籍善本书目》有著录。

4. 万历本

该本 12 册，10 行 20 字。王重民《中国善本书提要》著录此书。称"此本明代为第四刻，其历史及校刻经过俱详《凡例》中。卷内有："早川氏藏书印"、"天保乙未"等印记。"卷内题："南京操江都御史嘉善丁宾、南京鸿胪寺卿归安钱士完、南京翰林院孔目仁和钱养庶、南京礼部司务仁和罗大冠同校，南京掌翰林院谕德余姚孙如游订正，后学上元姚履旋参阅。"万历本因为刻于江南，又被称为江南本，附录姚履旋所辑外纪二卷。该本在清代有方忠祁重修本，《中国古籍善本书目》有著录。

5. 崇祯本

该本为崇祯十六年（1643）张绍谦所刻，附录有明代临海卢演所撰《方正学先生年谱》一卷。《民国台州府志·艺文略》曰："崇祯辛巳，盱眙张绍谦宰宁海，重加校刊，别为拾遗、外纪及卢演年谱附焉，有刘宗周、倪元璐、陈子龙三序。"钱谦益《牧斋初学集》有《重刻方正学文集序》说："宁海令南城张君重订故翰林侍讲方希直先生之集，镂版行世。而谦益为之叙曰：'孟子曰："颂其诗，读其书，不知其人可乎?"吾少读先生之书，其文章之取法者三人，司马子长也，韩退之、欧阳永叔也。其生平之尚友者五人，诸葛武侯也，陆宣公也，宋之范、韩、司马也。………盖朱子之学，一传为何基氏、王柏氏，再传为金履祥氏、许谦氏，又再传为宋文宪公景濂。而先生少学于景濂。景濂所谓"岂知万髦牛，难媲一角麟"者也。自先生之死于革除，精忠奇节，震动古今。然后天下知正心诚意之学，果足以植天经、扶人纪；然后知圣贤中庸之道与乡愿小人之伪学果截然两途。于是朱子之道得先生而大光。而有宋诸儒三百年来之学脉，譬之中原之山川，龙脉迂回，濬发于南北界之间，至是而始得所结局焉。'"①

6. 康熙本

该本刻于清康熙戊寅年（1698），《增订四库简明目录标注》著录此本。《民国台州府志》说："国朝康熙戊寅，淮南俞化鹏宰宁海，以张刻板本已剥落，补缀重雕。俞有序，宁海叶大魁有跋。"

康熙年间曾经两次刊刻《方正学先生逊志斋集》，另一次在康熙四十四年（1705），北京师范大学藏。该本从万历到雍正年间多次刊刻，都题名为《方正学先生逊志斋集》，而实际上与《逊志斋集》没大的区别。

7. 同治本

该本刻于清同治十二年（1873），《增订四库简明目录标注》著录此本。《民国台州府志》说："同治癸酉，前宁海知县孙熹取俞刻本校以江南本，重刻之。恭录《通鉴辑览》、《御批四库全书提要》并《从祀奏议》冠诸简首，末附校勘记，有孙熹序，吴县盛朝彦书后。"同治本的雕版"藏黄岩九峰书院"。同治本有三次刊刻，其中一次同治二年（1863）刊于武林。

8. 松江本

该本仅见于《民国台州府志·艺文略》，其提要云："未知刻于何时，康熙癸亥曾加修补，有会稽鲁

① （明）钱谦益撰，钱仲联标校：《牧斋初学集》，上海古籍出版社 1985 年 9 月第 1 版，第 868 页。

超序。”

9．日本影钞本。

该本为日本影印明万历四十年（1612）丁宾等刊本，其著录编排情况参考上文。

选本：

1．《逊志斋集》

清人姚莹等编辑《乾坤正气集》，收录古人忠君为国之文，明建文逊国志士方孝孺、练子宁、周是修、刘璟、程本立等人俱在列。姚莹收录方孝孺遗文22卷，虽以《逊志斋集》命之，其实仍为选本。该本有清道光二十八年泾县潘氏袁江节署刊本，同治五年新建吴坤修皖江印本。《民国台州府志・艺文略》、《澹生堂藏书目》著录此书。

2．《方正学先生文集》

有《正谊堂全书》本，《丛书集成初编》以此为底本，其书首页称“此据正谊堂全书本排印，初编各丛书仅有此本”，前有林右序、王绅序、《逊志斋集》本小传和《明史》本传。该选本共七卷，卷之一书、卷之二杂著、卷之三序、卷之四和五记、卷之六赞、卷之七行状、传。有清同治五年福州正谊书院刊本。

3．《忠义遗编》

《光绪宁海县志》著录此书，不书编者与版刻情况。附录明杨守勤序，云：“先生死之日，血胤几殄，遗骸不敢视，片楮单词不敢藏人间，乃今诗文如水行地焉而罔讳，所在穹祠，封墓焉而罔讳。其一脉线绪，且得复胙鸠宗焉而罔讳。而易名之典，犹若有待。曾是值圣明之世，履不讳之朝，将使先生不获与于忠肃同谥而并崇耶?”①

4．《逊志斋文钞》

《光绪宁海县志》著录此书，不书编者与版刻情况。清朱彝尊序曰：“自公既死，朝廷严文字之禁，而郑氏所辑凡四五册，余皆叔丰补完之，公之文卒赖以传。然则诸君子或为公友，或在公之门。当日咸不及于难，吾是以知‘合门人故友为十族’之说亦传之者过也。宣德以还，文字之禁渐弛，公文始显行于世。其宏深博大浸浸乎驰逐昌黎、眉山之间。至其谈理之文，渊懿醇正，虽淳熙诸儒不是过。予尝以为文行如公，宜从祀孔子之庭。而万历初，诏复建文年号，其时在廷之臣无有以是请于上者，可叹也。”②

5．《正学录》

该本为明刘宗周所编，共三卷。《民国台州府志・艺文略》、《千顷堂书目》有著录。刘宗周《正学录序》曰：“先生生有异质，早师宋潜溪氏，接考亭之正传，学者尊称之曰正学先生，旧刻《逊志斋集》二十四卷行于世。子反复卒业，无一言不合于道，而犹虑学者不免以词章目之，因节其粹者，分为三卷，而题之曰《正学录》，盖忧天悯人之旨具是矣。”③

6．《方孝孺文粹》

该选本为日本人村濑诲辅所编，共六卷。有日本文政十二年（1829）大阪青木嵩山堂刻本。台湾傅斯年图书馆藏。

方孝孺著作的选本还有一些，比如李贽评选《三异人文集》中有《方正学文集》十一卷，明隆庆元年金陵唐氏刻《新刊逊志斋文锦》六卷，《明八大家文集》选刻《方正学先生集选》十三卷，清初刻本《方

① 转引自《光绪宁海县志・艺文外编》，清王瑞成等撰：《中国地方志集成》本。
② （清）朱彝尊撰：《曝书亭集》，《文渊阁四库全书》本，卷三十六。
③ （明）刘宗周撰：《刘蕺山集》，《文渊阁四库全书》本，卷九。

文正公文定》六卷等,① 此不一一详叙。

由上所述可知，方孝孺著作虽因政治原因，在明代永乐等朝曾遭禁毁，而一度难以广泛流传。但最终还是传播开来，且每一次刊刻，均对世道人心多有激励。特别在明代士人群体中，方孝孺的逊国事迹一直具有强烈的震撼力，因此他的文集刊刻备受世人关注。即便在永乐皇帝驾崩的当年，统治者就已开始解除对建文君臣文集的禁毁令。及至明清之际，尤其是崇祯、弘光两朝，方孝孺文集被数次整理，屡加刊刻，当然是关乎世道人心。所谓“道能宏人，非人宏道；道可自传，非人传道”，方孝孺著述之流传就是一个有力的证明。

二、林右

林右，字公辅，浙江临海人。洪武间为中书舍人，与方孝孺、王叔英友，奉玺书行边归，进春坊大学士。辅导皇太孙，后以事谪中都教授，挂冠归去。成祖兵入，闻方、王死，为位哭于家。永乐戊子，御乡里有功，成祖闻而召之，不赴。命武士械至京，犹欲用之，先生对曰：“罪人逃死已久，籍令可仕，当与方孝孺同朝矣。”成祖怒，劓其鼻死。

《天台林公辅先生文集》

根据卷数不同，有不分卷本、三卷本、一卷本三种刻本。

不分卷本

傅增湘《藏园群书经眼录》云：“旧写本，十行二十四字。目录于后：序三十六首，记二十七首，墓志铭七首，传四首，跋六首，书二首，题识二十首，琴操二首，祭文一首。有查慎行题识二则：‘林公辅名右，明洪武朝人，被荐授职阁门下。所著文计一百五篇，不分卷帙。余得钞本于友人斋头，补缀破烂，别录如右。原本旧用朱墨校阅，每篇段落及字句之间多有钩画甲乙处，于作者命意眉目分明，要是留意于先民矩矱者，故并其圈点悉依原本，以存其旧焉。初白翁。’”除了翔实记叙文集的版本、目录情况，傅氏又转述了康熙辛年间查慎行语，记述林右逊国事迹甚详。该本据傅氏所记，有藏印如下：“查慎行印”（朱）、“南书房史官”（白）、“得树楼藏书”（朱）、“拜经楼吴氏藏书”（朱）、“露钞雪购”（白）、“鹪安校勘秘籍”（白）。这或可从侧面见证，逊国志士受人景仰，其正气震撼人心。

该本《中国古籍善本书目·集部》著录，藏于北京图书馆、复旦大学图书馆、浙江图书馆、台湾傅斯年图书馆。

三卷本

《藏园群书经眼录》云：“旧写本，十二行二十二字。序三十六首，记二十七首，墓志铭七首，传四首，跋六首，书二首，题识二十首，琴操二首。有‘郑氏注韩居珍藏记’（朱）、‘曾在李鹿山处’（朱）各印。”与前本之不分卷相比，三卷本除了缺少“祭文一首”和版刻有所改变外，仅仅是将诗文分卷刻板，其余变化不大。《中国古籍善本书目·集部》著录，藏于科学图书馆。

一卷本

有清初抄本，未知何人所抄，亦未知其编排情况。《中国古籍善本书目·集部》著录，藏于上海图书馆。

---

① 方孝孺在清乾隆年间被谥为“文正”。

三、王叔英

叔英，名原采，以字行，黄岩人。洪武中与杨大中、叶见泰、方孝孺、林右并征至，叔英固辞还乡，后官汉阳知县。建文时，召为翰林修撰。燕兵至淮，奉诏募兵，行至广德，齐泰来奔，知事不可为，乃书绝命词，自经于元妙观，妻金氏及二女并殉。史称叔英在建文朝，尝上《资治八策》。又称方孝孺欲行井田，叔英贻之书曰："事有行于古亦可行于今者，夏时周冕之类是也；有行于古而不可行于今者，井田封建之类是也。可行者行，则人之从之也易，而民受其利，难行者行则人之从之也难，而民受其患"。

《静学斋集》二卷

见《千顷堂书目》著录。

《王静学先生文集》

三卷，首一卷，末一卷。有清光绪十七年王棻抄本和嘉业堂丛书本两种。前者有清丁丙跋语，《中国古籍善本书目·集部》、《内阁藏书目录》有著录，藏于南京图书馆、复旦图书馆。

《王静学文集》

二卷，有清康熙四十九年刻本。赵琦美《脉望馆书目》著录。

《静学集》

三卷，有明成化间谢世修刊本，会稽钮石溪《钮氏世学楼珍藏图书目》著录。另有二卷本《静学集》，《明史·艺文志》、《文瑞楼藏书目录》有著录。

《静学文集》

有两种版本：三卷本、一卷本。

三卷本　有清光绪年间《螺树山房丛书》本，藏于北京图书馆、上海图书馆。

一卷本　该本收入《四库全书》。《四库全书总目》称："今是集三十篇，仅存序记二体，而所上八策及贻孝孺书并无之。按：徐敬孚跋称杨士奇尝欲纂集叔英之文，求无完本，深悼惜之。成化年，有谢世修者，欲募刻以广其传，盖搜辑重编，非其旧本。卷首林佑序作于洪武中者，乃后人所录入，非即为此本作也。"此本有成化癸巳徐孚敬跋语："今其文章有刊刻流布者矣。先生之文，东里杨少师存日，欲加纂集，求无完稿，深悼惜之。今宝庆太守谢君世修甫慨生也后，而不及拜先生以承其教，幸得先生文，将以私钱募工刻之，为序于后，以广其传，使后来景先生之行者，可因文而考先生之心。"并附录黄绾《静学文集本传》。

四、茅大芳

茅大芳，名诵，以字行，泰兴人，博学能诗文。洪武中，为淮南学官，召对称旨。擢秦府长史，制词以董仲舒为言。大芳益奋激，尽心辅导。额其堂曰"希董"，方孝孺为之记。建文元年，迁副都御史。燕师起，遗诗淮南守将梅殷，辞意激烈。闻者壮之。燕兵入，见收不屈，与二子俱论死，二孙亦死狱中。

《希董先生遗集》

五卷。《续四库提要三种》云："当燕王篡立之初，文禁甚严，弘治间柴墟始辑为是集。嘉靖壬辰，从子洵、嗣子灏乞姜清为序。次年，泰兴令山阴朱篪付刊，并跋于后。……考《四库》著录建文时人文集，自练子宁至龚诩，凡八家。《简明目录》又有黄钺一家，而是集未收，由未见传本耳。此江南图书馆所藏旧钞本，卷数与《明史·艺文志》合。亟补录之，庶与练、方诸集并传不朽矣。"该本又有清钞本，后有清丁丙跋语，《晁氏宝文堂书目》、《中国古籍善本书目·集部》著录，藏于南京图书馆、复旦图书馆（影印）。

《茅大芳集》

书名“茅”原书为“毛”。五卷。未知刻本。《国史经籍志》、《明史·艺文志》著录。

《希董堂集》

五卷。是集为储巏辑编。《千顷堂书目》有著录。又有二卷本《希董堂集》，为清道光十五年（1835）刻本。

五、练子宁

练子宁，名安，以字行，号松月居士，江西新淦人，中洪武乙丑（1385）进士。建文时，官左副都御史。燕兵入，殉节死，《明史》有传。

《明史·练子宁传》云：“当燕王篡立之初，诬建文诸臣为奸党，禁其文字甚严。弘治中，王佐始辑其遗文，名曰《金川玉屑集》。故徐泰《诗说》有‘金川练子宁，玉屑无多，为世所宝’之语。”由此可知，练子宁文集弘治年间首次，为王佐所编，其名题为《金川玉屑集》。

别集：

1.《金川玉屑集》

见诸载录的有三卷、五卷、六卷三个版本，而以六卷本居多。

三卷本　该本后世书目至为少见。徐㶿撰《徐氏家藏书目》云：“练子宁《金川玉屑集》三卷”。未知是否为弘治年间王佐所编之书。该书由时任提学副使李梦阳付梓印行。

五卷本　《千顷堂书目》、《明史·艺文志》有著录。

又有一种《金川玉屑集》，正文二卷、首一卷、附录二卷。由于这个版本正文二卷、首一卷并附录二卷，合五卷之数，故暂系于此处。该卷本有明万历二十六年王文燿刻增修本。藏于南京图书馆、南师大图书馆。

六卷本　该本有明正德七年（1512）新淦县刻本，金星轺编《文瑞楼藏书目录》有著录。《四库全书》本《中丞集》所附录《史传》云：“子宁与侍讲方孝孺同朝，孝孺尝称其多学而甚文。后同知王佐辑其遗文一帙，序而名之曰《金川玉屑集》，提学副使李梦阳始命有司梓之。”疑《史传》所云即为新淦刻本，待考。藏于北京图书馆、上海图书馆、南京大学图书馆。

该本《国史经籍志》、①《澹生堂藏书目》、《万卷堂书目》等明代书目有著录。又有清代钞本，系清人陈墇所校，陈氏有跋于后，并有附录一卷。

2.《中丞集》、《练中丞集》

该本为明万历年间刻本，清代乾隆年间纂修《四库全书》即据此本著录。关于此本来历，《四库全书总目》云：“当燕王篡立之初，诬建文诸臣为奸党，禁其文字甚严。宏治中，王佐始辑其遗文，名曰《金川玉屑》，故徐泰诗说有“金川练子宁，玉屑无多，为世所宝”之语。此本乃泰和郭子章重编，附以遗事一卷，其裔孙绮复增辑之。”王重民《中国善本书提要》亦著录此书，但又说“然《库》本有《遗事》一卷，此本阙。”疑王重民先生所见即明万历间原刻本，而四库馆臣所见，或是后人辑补之本。该书有万历三十七年（1609）泰和郭子章、峡江曾樱、晋江曾植三序和万历三十九年（1611）丰城徐即登序。《四库全书简明目录》、《中国丛书总录》有著录。

3.《练中丞金川集》二卷

该本有多个刊本，鉴于所见资料之少，不足成文，兹列其版本、藏处于下：

---

① 《国史经籍志》所收《金川玉屑集》，后注曰：“原书无集字”。

清康熙二年（1663）高檠刻本，附《遗事录》一卷，藏于北京图书馆。

清乾隆二十七年（1762）浩然堂重刻本，藏于台北傅斯年图书馆。

清道光二十八年（1848）刻本，藏于复旦大学图书馆。

清光绪九年（1883）庠影园刻本，藏于南京大学图书馆。

清活字印本，藏于东北师范大学图书馆。

4.《练公文集》二卷

明万历三十年（1602）练绮刻清雍正间重修本，藏于中央图书馆。

明万历三十九年（1611）刻清康熙间重修本，藏于南京图书馆。

明万历三十九年刻本，内有《练公文集》二卷、附《练公手迹》一卷、《崇祯实纪》一卷、《练中丞遗事》一卷。藏于北京大学图书馆、上海图书馆。

明万历三十九年刻、清康熙重修本，有清丁丙跋语。内有《练公文集》二卷、《崇祯实纪》一卷、《练中丞遗事》一卷。《中国古籍善本书目·集部》有著录。

选集：

1.《练中丞金川集》

一卷，见《乾坤正气集》，《增订四库简明目录标注》有著录。

2.《练榜眼集》

一卷，明隆庆间无锡俞宪刻盛明百家诗后编本，《中国丛书综录》有著录，藏于北京图书馆、上海图书馆。

3.《金川玉屑诗》

编入高儒《百川书志》，《明代书目题跋丛刊》有著录。

4.《书备吟》

一卷。明练子宁撰，清末刻本，藏于复旦图书馆。

六、程本立

程本立，字原道，崇德人。北宋先儒程颐之后。闻金华朱克修得朱熹之传于许谦，欣然从之游。洪武三十一年，受学士董伦。府尹向宝举荐，征入翰林院，预修《太祖实录》。后迁右佥都御史。燕师入，自经于应天府学。《四库全书简明目录》称其“杂文典雅，诗亦深稳朴健，颇近唐音。”

别集：

1.《巽隐程先生文集》

见诸载录的有嘉靖吴德翼刊本、万历濮阳棐刻本、西虞范氏重刊本、金星轺文瑞楼丛刊、清林佶朴学斋抄本、燕翼堂刻本。

嘉靖吴德翼刊本　近人傅增湘《藏园群书经眼录》著录该刊本，称：“明嘉靖元年吴德翼刊本，十行二十字，白口，四周单阑。题：‘赐进士嘉兴吴昂编辑，同郡庠生马淮校正’二行。前有嘉靖元年云南布政使司左参议古闽后学林廷棉序。卷一、二诗，卷三，四文，附录为状略。前后有抄补数叶。后有康熙壬寅跋，言得之海虞钱氏，不署名。有‘思庵’、‘初阳之印’、‘时寅父’各印。又‘葛云薛印’、‘履坦氏’。”

该刊本，《文瑞楼藏书目录》、《中国古籍善本书目·集部》、《千顷堂书目》、《增订四库简明目录标注》、《中国丛书综录》、《万历崇德县志》、《浙江通志·经籍志》有著录。藏于北京图书馆、湖南图书馆。

万历濮阳棐刻本　近人王重民《中国善本书提要》云：“明万历间刻本，十行二十字。明程本立撰。目录后题：'桐乡县知县濮阳棐捐俸梓行，儒学训导李诗校正编次，县丞顾宪同校刊。'卷内据金本校正颇备，惜卷四页七以后未卒业，故无题记，无姓氏可考。金本盖指金氏文瑞楼刻本，非希见之本也。"王重民所见的万历濮阳棐刻本即《四库全书》所采用之本。该本卷后有弘治十八年（1505）李廷梧序、嘉靖元年（1522）林廷棉序、万历元年（1573）濮阳棐序、李诗跋。

又傅增湘《藏园群书经眼录》云："黄荛圃（丕烈）跋，录于后：'余向藏《巽隐集》四卷，系重刊本，盖明神庙时濮阳棐所梓也。其序云集旧刻者有二，一刻于南溪吴公，再刻于西虞范公，今皆废无存，是明神庙时已鲜旧刻矣。郡中香岩书屋中亦有藏濮本，他无有焉！昨岁始获吴刻，此本是也。同为四卷，而叙次迥殊。此似编年，彼为分类，其不同者一。题下词句彼此互有损益，自当以吴刻为准。余蓄书必初刻，故舍濮而就吴，登著明人集目。濮可有弘治乙丑李廷梧序，谓出自其家曾孙山所编，尤可见其叙次所由来。此本失之，当据补于卷首。壬申人日烧烛识。半恕道人笔。（甲戌四月十六日观于长沙叶定侯家）'"。根据黄丕烈跋语可知，当时吴昂刻本、西虞范氏刻本已经难以见到，而吴刻与濮刻虽然同为四卷，但是"叙次迥殊"，前者按年代编排，后者则以诗、文分类编排。由于吴昂刻本出现较早，便比濮刻本更能反映《巽隐集》的原貌。

该本载录于《中国古籍善本书目·集部》、《中国丛书综录》、《增订四库简明目录标注》等书目，藏于上海图书馆、南京图书馆、台湾"中央"图书馆。

西虞范氏重刊本　《四库全书总目》云："是集诗二卷，文二卷，为其曾孙山所编。弘治乙丑，桐乡知县莆田李廷梧序之。嘉靖初，南溪吴氏为刊版，西虞范氏又重刊之。岁久皆散佚，此本乃万历乙丑桐乡知县濮阳棐得遗稿于其裔孙九泽，而属训导李诗校刊者也。"《增订四库简明目录标注》有著录。黄丕烈跋语说："叙次迥殊。此似编年，彼为分类，其不同者一。"然未知范氏刊本编排如何。

金星轺文瑞楼丛刊　《中国丛书综录》有著录，待考。

清林佶朴学斋抄本　《中国古籍善本书目·集部》有著录，藏于福建图书馆。然未知其编排次序。

燕翼堂刻本　该本刻于清康熙五十八年，由当时著名的藏书家金檀主持。包括《巽隐程先生诗集》二卷、《文集》二卷。由前引黄丕烈跋可知，燕翼堂刻本应该是以万历元年濮阳棐刻本为底本翻刻的。《中国古籍善本书目·集部》、《增订四库简明目录标注》有著录，藏于辽宁图书馆、南京图书馆、南开大学图书馆、复旦大学图书馆。

选集：

《程巽隐先生文集》　二卷，该本为程本立杂文选集，有清姚莹《乾坤正气集》本，《增订四库简明目录标注》著录，藏于复旦大学图书馆。

《巽隐先生文集》　一卷，有清孙福清《木隽李遗书》本，《中国丛书综录》有著录，藏于复旦大学图书馆。

七、周是修

周是修，初名德，以字行，江西泰和人。洪武中举明经，授霍邱训导，迁周王府纪善。改调衡王府纪善，既而入直翰林，预纂修。建文四年，燕王反，兵薄京城，死难。《四库全书总目》云："是修与杨荣、杨士奇、胡靖、金幼孜等约同死国难，诸人阳诺之。燕兵既入，士奇等争先推戴，是修乃独诣尊经阁自经。事迹具《明史》本传。后解缙为作志铭，但称归京师为纪善，预翰林纂修以死，竟没其殉节事。杨士奇为作传，乃言其自经应天府学。盖缙作志在永乐元年，士奇作传则在宣德四年也。传又称，是修数论国家大计，至指斥用事者误国。用事者怒，众共挫折之云云。盖欲明是修非齐、黄之党，以避时忌。然革除之际，取义成仁，但问临难死不死，不问持议同不同。纵使有党，亦不害其为忠臣，不能以是抑是修也。”是为公论。

《刍荛集》

六卷，有四个版本，即万历本、康熙本、道光本、文瑞楼刊本等：

1. 万历本

刻于明万历十八年（1590）。《四库全书总目》说：“《刍荛集》六卷，是集为其孙（周）应鳌所刊，凡诗三卷，赋及杂文三卷。”明人徐𤊹《徐氏家藏书目》曰：“万历中刻集，王世贞、刘应秋、姜士昌序，末附杨士奇、解缙、王直墓志。”该本《明史·艺文志》《四库全书总目》、《中国丛书综录》、《国史经籍志》、《千顷堂书目》、《增订四库简明目录标注·四库未传本书目》有著录。藏于北京图书馆、南京图书馆、江西图书馆。

2. 康熙本

刻于清康熙三十七年，是在明万历十八年（1590）周应鳌刻本的基础上，由周镕重修之本。藏于浙江宁波天一阁。

3. 道光本

刻于清道光八年，《增订四库简明目录标注》有著录，藏于北京大学图书馆。

4. 金檀文瑞楼刊本

《增订四库简明目录标注·四库未传本书目》有著录。又金星轺编《文瑞楼藏书目录》亦著录此书，但不注明卷数。

另外，据《中国古籍善本书目·集部》记载，北京图书馆、上海图书馆藏有清代的两个抄本，未知此本是根据上述那个版本所抄，抑或另有出处。两个抄本之中，其一有“首一卷”，然限于条件，未能经眼。

其他

周是修一生著述颇多，除了《刍荛集》6 卷外，又有①《进思集》，此集仅见于清人黄虞稷《千顷堂书目》，但没有著明卷数；②《成仁堂集》3 卷，佚；③《成仁全集》19 卷，泰和周贞毅公著；④《诗小序集成》3 卷；⑤《论语类编》2 卷；⑥《家训》12 卷；⑦《纲常彝范》12 卷，《明史·艺文志》有著录。在建文逊国志士中，周是修是著述最多的人。

八、刘璟

刘璟，字仲璟，浙江青田人。诚意伯基次子。洪武二十三年，太祖命其袭父爵。璟让其兄子廌，乃特设合门使授之。寻为谷王府左长史。燕王起兵，随谷王归京师，令参李景隆军事。兵败，上书不见省察，遂归里。成祖即位，称疾不至，逮入京下狱，自经死。《四库全书》称其“值革除之际，终守臣节，蹈义捐躯，未尝少屈其志，洵能不坠家声，尤宜以其人而重之矣。”

1.《易斋稿》

又题《易斋集》，有 10 卷本、5 卷本、4 卷本、2 卷本、1 卷本等多个版本：

10 卷本　有明刻本、清钞本两个刊本，未知刊刻年代、刻书之人以及编次情况。《千顷堂书目》、《浙江通志·经籍志》、《百川书志》有著录，藏于北京图书馆、河南图书馆、南京图书馆。

5 卷本（补一卷）　胡玉缙《续四库提要三种·四库未收书目提要续编》云：“明刘璟撰。案，是集《四库》著录二卷，《提要》云，‘考黄虞稷《千顷堂书目》，载璟集十卷，疑此尚非完帙’。今此本即十卷本，惜仅存前五卷，阙后五卷，为江南图书馆所藏明初刊本。然以《四库》本核之，此多古体诗四十余首，

五、七律，五、七绝诗一百余首，几增三分之二。《补》一卷，即所录《四库》本之诗、赋、琴操、序、传、记、书、铭、箴、颂、题跋也。璟当燕王篡立，捐躯殉节，其人固足重。此集虽残阙，犹是原刻，胜于《提要》所见本。亦足珍已。”由此可知，胡玉缙所见之《易斋集》即《千顷堂书目》所著录之书，只是仅存前五卷，后五卷已不可见。

4 卷本　焦竑撰《国史经籍志》有著录。

2 卷本　《四库全书总目》称：“《易斋集》二卷，……其遗文久佚不传，明末杨文骢令青田，从诸生蒋芳华家得抄本，始以授梓。考黄虞稷《千顷堂书目》，载璟集十卷，疑此尚非完帙。又别有《无隐稿》一卷，今佚不见，其与此本同异亦莫可考也。”

1 卷本　见《乾坤正气集》丛书，乃刘璟诗文集的选本。《中国丛书综录》有著录，藏于复旦图书馆。

2.《易斋稿补遗》

《补遗》1 卷，有清抄本，未知何人所抄。藏于南京图书馆。

3.《易斋刘先生遗集》

二卷。该本有清咸丰八年钞本和清光绪二十七年刘氏刻本两个版本，其中前者有清人刘淮跋语。《中国古籍善本书目·集部》有著录，藏于复旦大学图书馆。

4.《无隐集》

或题《无隐稿》。1 卷。《近古堂书目》、《玄赏斋书目》、《万卷堂书目》、《千顷堂书目》等有著录。

5.《越吟稿》、《闲闲子集》

未知其卷数以及所收诗文目录，《浙江通志·经籍志》有著录。

九、程通

程通，字彦亨，号贞白，绩溪人。洪武乙丑贡入太学，庚午举应天乡试。时方遣诸王将兵，因以封建策贡士于廷，所对称旨，擢第一，授辽府纪善，进左长史。燕王叛后，程通上书数千言，论战守大计。永乐初，锦衣卫都督纪纲发其事，诏械通诣京师，与二子俱论死。

1.《贞白遗稿》

十卷。《四库全书总目》称：“《贞白遗稿》十卷，附《显忠录》二卷，……所著述凡百余卷，悉毁于官。后十年，其弟赴荆州，辽王以所图通像及遗稿授之。嘉靖中，党禁渐弛，其从孙长等乃搜访佚篇，裒为六卷，附以辽王并同时诸人赠言及行状小传等篇，别为四卷。天启中，其裔孙枢及子应阶又集前后建祠请谥之文为《显忠录》二卷，附缀于末，即此本也。初，通以祖平久戍，陈情乞赐还乡，人称其孝。及建文中，遭逢国难，上防御封事，而卒以是死，人称其忠。今陈情之表具在，而封事独有题无文，盖嘉靖中刻集时犹有所讳，而不敢存也。”

由此可知，程通遗文在明代，遭到了严重的人为毁坏，几不复存。直到嘉靖中，才由其孙“裒为六卷，附以辽王并同时诸人赠言及行状小传等篇，别为四卷”，后来又有“其裔孙枢及子应阶又集前后建祠请谥明臣之文为《显忠录》二卷，附缀于末”，即现在所说的 10 卷本《贞白遗稿》。该本附录嘉靖间程通从孙程长《叙贞白遗稿后序》、程伯祥《贞白遗稿跋》、程敏政《长史公传》等文。

该本有明天启间刻本、四库全书本、清徽州程氏钞本、清嘉庆十一年刻本、清嘉庆十一年刻光绪十四年重修本。《明史·艺文志》有著录，藏于复旦图书馆、南京图书馆、山西大学图书馆、温州图书馆。

2.《贞白斋诗集》

三卷，未知何人所选，亦未知其刻板流传情况及藏处。

附：其他建文逊国志士著述一览表

说明：兹表所列黄钺、梅殷、高逊志、石允常、龚诩、王稌等人，并非在建文四年死难；但是考虑到其志气精神，与方孝孺等人一脉相承，因此也视为建文逊国志士。

姓氏	事迹简介	出生地	别集及卷数	文献出处
黄钺	字叔扬。建文二年进士。与方孝孺友善。永乐二年以户科左给事中召，半途自投于水。	常熟	《黄给谏遗稿》1卷	《四库全书总目提要》
王艮	字敬止。建文二年进士，预修《太祖实录》。燕师入，艮与胡广、解缙、吴溥誓同殉国。及是，惟艮饮鸩死。	吉水	《翰林集》10卷	《国史经籍志》、《明史·艺文志》
梅殷	汝南侯梅思祖从子。	汝南	《都尉集》3卷	《国史经籍志》、《万卷堂书目》
黄观	字伯澜，一字尚宾。建文初，以观为礼部尚书，与方孝孺等并亲用。被执投江死。	贵池	《阐幽录》	《近古堂书目》
胡闰	字松友。建文初，进大理寺少卿。不屈死。	鄱阳	《英风纪异》	《近古堂书目》
楼琏	翰林侍读。燕师入，命草诏，自经死。	义乌	《居夷集》5卷	《千顷堂书目》、《明史·艺文志》
高逊志	洪武初召修元史，入翰林为编修。累迁侍讲学士。建文时加太常寺少卿。靖难后死永嘉山中。	萧县人，徙居嘉兴	《啬斋集》2卷	《明史·艺文志》
			《啬庵遗稿》2卷	《千顷堂书目》
龚诩	靖难师入，变姓名王大章，遁归。更20余年，禁稍解，卖药授徒，周忱抚江南，荐为学官，不赴。既卒，门人私谥曰安节先生。	昆山	《野古集》2卷	《明史·艺文志》
			《野古集》3卷	《千顷堂书目》
石允常	甲戌进士，河南佥事，谪常州同知。永乐初授御史不受，过金陵，痛哭不食卒。	宁海	《遇安轩集》	《浙江通志》、《宁海县志》、《千顷堂书目》
卓敬	戊辰进士。除给事中，历户部侍郎。靖难兵渡江，被执不屈死	瑞安	《卓氏遗书》50卷	《千顷堂书目》、《明史·艺文志》
			《卓忠贞公遗书》	《浙江通志·经籍志》
			《卓公遗稿》	《内阁藏书目录》
郑居贞	郑潜之子。潜官于闽，桓遂为闽人。洪武中举明经，授巩昌府判，官至河南左参政。永乐初坐方党死。	闽人	《闽南关陇集》4卷	《世善堂藏书目录》
			《郑居贞集》5卷	《明史·艺文志》
			《闽南关陇集》5卷，又《归来稿》、《随稿》、《桧庭稿》	《千顷堂书目》
王稌	字叔丰，王绅之子。受业方孝孺，收其遗骸，辑其诗文为《侯城集》。	义乌	《青岩类稿》10卷	《千顷堂书目》

作者简介　饶龙隼，上海大学文学院教授；尹炜明，杭州师范大学人文学院硕士。

元明易代之际士人群体的文学取向与思想选择
——以婺州文人为中心

晏选军

元明易代之际的战乱，破坏性是巨大而又具有弥漫性的，文人士大夫阶层往往不能幸免，饱尝颠沛流离、疲于奔命之苦。仅以婺州一地宋濂（1310～1381）、戴良（1317～1383）的遭遇为例：宋濂战乱前一直生活在金华，“曾未几何，金华陷于兵，士大夫蝼蚁走。唯流子里为乐土，亟挈妻孥避焉。流子里隶诸暨，地在嵊之东南，仅数舍即至。濂时苦心多畏，而土著民往往凌虐流寓者。白日未尽坠，辄翳行林坳，钞其囊橐物，甚者或至杀人。”① 流落窜伏于草莽之间，提心吊胆，兢兢度日；戴良在至正二十二年（1362）客居婺州郡城之中，“一日，郡兵戕其帅，城门昼闭，城外居民即哗。无男女老幼，空其室尽行。予亦挈妻子登舟遡流，至乌伤境，因自叹去家远，行橐枵然，无以给。予材性下，又无他伎术摇动人，又不得好义倜傥之士以相倚，予其不为沟中瘠也其几矣！为是忧之甚。”所幸得友人接济，勉强躲过一劫。② 士人是文学学术的载体，其遭际如此，则文化事业的衰败也在所难免。且中国传统文化思想，极重薪火传承，将之视为文化延续发展的根本所在，而士人正是担当这一使命的主要群体。士子们间关转徙，自保尚且不暇，遑论学术思想的深入研习和文学的从容创作。从这个意义上看，战乱打断了文化的正常发展。对此，一班士人满怀忧虑，或惊恐天理人伦之断绝：“呜呼，干戈兴，学校废，礼义丧，风俗隳。中人以下咸渐渍于失教，被服于成习。人伦之际，无不大坏，而天理或几乎熄矣！”或忧惧大道之将覆：“今丧乱之馀，斯道之不绝者如发。”或哀叹礼义之不存：“兵馀礼俗几家存。”③ 在他们眼里，如果“天理”沦丧殆尽，则人与禽兽相去也幾希，不对纲常伦理亟加扶持，大动荡之后整个社会必然会在混乱无序中走向全面的崩溃。

---

① 宋濂《銮坡前集》卷七《送许时用还越中序》，四部丛刊初编本。作者在《芝园前集》卷四《亡友陈宅之墓铭》对离乱生活亦有描述：“至正戊戌（十八年），濂避兵徽君家（按指吴长卿），已而迁宅之之西轩。濂携室人贾专及仲子璲、长孙慎，三世为四人尔，心胆战掉，若丧家之犬。”

② 戴良《九灵山房集》卷七《朱茂清哀辞（并序）》，四部丛刊初编本。按，所引“郡兵戕其帅”事，据宋濂《銮坡前集》卷五《赵越公新庙碑》载，至正十八年，朱元璋夺得婺州。二十二年春二月，婺州守卒叛，朱元璋军复于是年十二月夺回。《明太祖实录》卷一〇：“（壬寅二月）癸未，金华苗军元帅蒋英、刘震、李福叛，杀守臣参政胡大海及郎中王恺、总官高子玉。”事又见《明史》卷一三三《胡大海传》、卷一《太祖本纪》。

③ 分见戴良《九灵山房集》卷一九《唐二子传》、宋濂《朝京稿》卷四《送会稽金生序》、张羽《静居集》（影印文渊阁四库全书本）卷五《江馆漫成》。

皮之不存，毛将焉附，文化事业将无从谈起。这倒并非文人墨客无谓的杞人忧天，离乱之际，各项文化事业均遭到程度不同的打击，这就直接影响了士人群体的文学取向与思想选择。

一

以“山林”、“馆阁”作为不同文学类型的划分，一般认为是永乐朝后期的事情，特别是在“台阁体”的兴起之后。笔者无意标新，将这种划分的发生时间前挪，只是想说明，在明朝兴起之前，即不乏对这种文学类例的区分意识和创作传统，更为重要的是，元明易代之际，文坛明显表现出来一种崇尚山林之文的审美趣味和走向。

通常所说的“馆阁”，是指庙堂朝阙；“山林”，所指则是草野遗逸。前者往往直接维系着一代王朝的“文治武功”中“文治”的命脉，代表着官方在文学活动方面的基本立场；而后者则有更多的取向性，或者作为前者的补充和陪衬，或者作为前者的对立面出现，甚至是作为超越前者那种外在价值认同体系，而更为关注个体生命的一种文学存在形式。考察“馆阁”和“山林”二者的消长继替关系，实际上也就是考察“朝”、“野”之间的疏密离立关系，考察“势”与“道”的升降隆替过程。考虑到抽象地谈论“山林”与“馆阁”文体在元明之际的此消彼长关系，很容易因为具体史实的缺乏而流为大而无当的臆测和主观的杜撰，这里拟以婺州地区文人集团中的两代文人对此问题的不同态度为主，对此加以具体说明，如此，或能使这一问题显得简明扼要而免于胶结纷纭之弊。

“山林”与“馆阁”两种文体的区别，首先当然源于创作者各自所处位置的不同。“论文者，有山林、馆阁之目，文岂有二哉？盖居异则言异，其理或然也。”① 对这个意思表述最为集中的，莫过于元中后期婺州文学集团的领军人物黄溍（1277～1357）。黄溍承认，“侍从近臣，凡所以铺张太平之盛者，直写其所见云尔；江湖之士，寘身风月寂寥之乡，而欲于暗中摸索以追逐之，用心亦良苦矣。”② 生活环境的不同，社会地位的差异，会形成不同的心态，自然也就有不同的文学表现形式，缺乏具体的生活基础而强行效颦对方，都属使马牵犁，勉为其难。但是，黄溍所论，重点并非指出山林、馆阁的差异，而是强调二者的和谐统一。他在《云蓬集序》中说：“予闻昔人论文，有朝廷台阁、山林草野之分，所处不同，则所施亦异。夫二者岂有优劣哉？”③《隆山牟先生文集序》一文表彰先贤牟应龙（1247～1324），推崇他能兼山林、馆阁二者之美：“昔之善为品评者，谓有山林之文，有台阁之文。先生盖兼之矣。”（同上卷一六）他为贡师泰（1298～1362）文集作序，对此有更为详细的说明：

> 昔之论文者，盖曰：文之体有二，有山林草野之文，有朝廷台阁之文。夫立言者，或据理，或指事，或缘情，无非发于本实，有是实斯有是文。其所处之地不同，则其为言不得不异，乌有一定之体乎？侍郎蚤从文靖公（按指师泰父贡奎，有《云林集》传世）至京师，而与英俊并游于成均。逮释褐授官，而践扬中外。在朝廷台阁之日常多，故其蕴蓄之素，施于诏令则务深醇谨重，以导宣德意而孚众听；施于史传则务详赡精核，以推叙功伐而尊国执；施于论奏则务坦易质直，以别白是非邪正，利病得失，而不过为矫激。他歌诗杂著、赞颂碑铭记序之属，非有其实，不苟饰空言以曲狗时人之求。至于宦辙所经名区胜地，大山长溪，穹林邃壑，风岚泉石，幽遐奇绝之概，有以动其逸兴而形于赋咏，与畸人静者互为倡答，率皆清虚简远可喜，亦非穷乡下土、草野

① 高启：《高太史凫藻集》卷四《题高士敏辛丑集后》，四部丛刊初编本。
② 黄溍：《金台集题词》，此文《金华黄先生文集》阙收，见迺贤《金台集》卷首附录，影印文渊阁四库全书本。
③ 黄溍：《金华黄先生文集》卷一八，四部丛刊初编本。

寒生危苦之词可同日语也。盖其为文，初不胶于一定之体，安知其孰为台阁孰为山林也耶？东坡先生曰：'吾文如万斛泉源，不择地皆可出。在平地虽一日千里无难，及与石山曲折，随物赋形，不可知也。所可知者，常行于所当行，常止于不可不止，如是而已。'欲知侍郎之文，请以先生之言观之。①

他的审美追求在于消泯山林、馆阁之间的差异，而骎骎至于苏轼那样的随心所欲而不逾矩的自由境界。撇开他的个人偏嗜不论，黄溍在这里实际上给我们展示了元代中期文人对山林、馆阁之文的一个基本态度，即二者互为补充，互为表里，而其落脚点又统一在"雅正"之风上。所谓"导宣德意而孚众听"、"推叙功伐而尊国执"、"别白是非邪正，利病得失，而不过为矫激"等等，不外是"雅正"之风所追求的功能的不同表现形式而已。

这一点，可以在吴县徐达左（1333～1395）为张雨（1283～1350）诗集所作序言中得到进一步的证实："当元盛时，贞居（按指张雨）以儒者抽簪入道，自钱塘来勾曲，负逸才英气，以诗著名。格调清丽，句语新奇，可谓诗家之杰出者也。当是时，以诗文名世者若赵松雪（孟頫）、虞道园（集）、范德机（梈）、杨仲宏（载）诸君子，以英玮之姿，凌跨一代，谐鸣于馆阁之上，而流风馀韵，播诸丘壑之间。贞居以豪迈之气，超然自得，独鸣于丘壑之间。而清声雅调，闻诸馆阁之上。诸君子亦尝与其唱酬往还，虽出处不同，而同为词章之宗匠。譬如轩轾，讵知其孰先而孰后耶？"② 徐达左的这篇序言作于入明之后，但他谈的却是"当元盛时"的文坛状况。如赵孟頫（1254～1322）、虞集（1272～1348）、范梈（1272～1330）、杨载（1271～1323）诸君，当然都是元中期延祐（1314～1320）以来雅正复古宗风的大力鼓吹者和身体力行者。馆阁雍容之音，其"流风馀韵，播诸丘壑之间"；而山林自得之气，其"清声雅调，闻诸馆阁之上"，二者并为一时作手，往还倡酬，真可谓相得益彰，表里相生，怪不得他在时过境迁的若干年之后，仍然留恋着山林、馆阁之文不分孰先孰后的局面，因为和黄溍一样，在他的眼里，这才是文坛繁盛的表现。

到了黄溍的学生戴良那里，山林、馆阁之间的价值取向发生了新的变化。他也承认，在元朝的稳定时期，"祖宗以深仁厚德涵天下垂五六十年之久，而戴白之老，垂髫之童，相与欢呼鼓舞于闾巷间，熙熙然有非汉唐宋之所可及，故一时作者，悉皆餐淳茹和，以鸣太平之盛治。其格调固拟诸汉唐，理趣固资诸宋氏，至于陈政之大，施教之远，则能优入乎周德之未衰，盖至是而本朝之盛极矣。继此而后，以诗名世者，犹累累焉。语其为体，固有山林、馆阁之不同，然皆本之性情之正，基之德泽之深，流风遗俗，班班而在。"③ 这显然和他的老师观点一致，强调无论山林还是馆阁之文，均能在性情之正和德泽之深的层面获得统一。但是，戴良毕竟比他的老师晚生了一个时代，战火纷飞的年代和种种弊端纠结在一起的元季社会，不会在现实中给士人带来太多的实现自我价值机会。士人开始在内心中和这个大一统政权发生疏离，心态也从一心维护这个大一统政权中解脱出来，走向自我，文学开始更多带有摆脱了外在价值系统的独立价值，开始变成更为个人化的东西。这些个性化的因素，如果不是曲吹别调，至少不会和官方鼓吹的那套价值体系处于同一个基调上，而这也正是山林之文独特的魅力所在。戴良的心理状态、人生理想、生活方式，都和黄溍有很大的差别，何况他还对易代之际的纷乱世事有着切身的体会。他和一起避难庆元（今浙江宁波）的西域回回诗人丁鹤年（约1335～1424）情谊甚笃，对鹤年的创作也是推崇备至，作于元末的《鹤年吟稿序》一文，对鹤年的文学成就有如下评述：

---

① 黄溍：《金华黄先生文集》卷一九《贡侍郎文集序》。
② 张雨：《句曲外史贞居先生诗集》卷首附录，四部丛刊续编本。
③ 戴良：《九灵山房集》卷二九《皇元风雅序》。

一篇之作、一语之出，皆所以寓夫忧国爱君之心、闵乱思治之意，读之使人感愤激烈，不知涕泗之横流也。盖其音节格调，绝类杜子美；而措辞命意，则又兼得我朝诸阁老之所长，故其入人之深，感人之妙，有非他诗人之所可及。呜呼，若鹤年者，岂向所谓三公（按指西域雍古族诗人马祖常、西域答失蛮氏诗人萨都剌、西域唐兀氏诗人余阙）之流亚欤？然三公之在当时，皆达而在上者也。世之士子，孰不脍炙其言辞。鹤年遭夫气运之适衰，方独退处海隅，为此辛苦无聊之语，以自慰其能。知夫注意之深，用工之苦者，几何人哉？知与不知，在鹤年未足轻重，第以祖宗涵煦百年之久，致使遐方绝域之诗，亦得系之天子之国，而所以著明王化民俗之盛者，将遂泯泯无闻矣，不亦重可悲乎！予故取其吟藁若干卷，序而传之，以俟世之知鹤年者，相与讽咏焉耳。①

动荡不安的时期，人们往往自觉不自觉的追步杜甫，以诗史精神为皈依，今存《丁鹤年集》，其诗歌确实如戴良所称，是深得老杜意蕴的，此不具论。鹤年一生未仕，易代之际，转徙藏匿，颇似一个孤独的行吟诗人。如果仅仅以身份来划分，则鹤年无疑属于山林文人群体中的一员。值得注意的是戴良提出鹤年诗的措辞命意，兼得馆阁诸老之长，似乎鹤年虽然远离“朝”与“势”，却能荟萃山林、馆阁二体而独臻胜境。何至出此语呢？诗中贯穿着忧国爱君之心、闵乱思治之意是一个因素，但更为重要的是“遭夫气运之适衰，方独退处海隅，为此辛苦无聊之语，以自慰其能。”面对个人命运深重的不幸，喃喃自语就成为士人倾泻痛苦、慰藉灵魂的必然选择，这才是使鹤年诗境得以升华的真正原因所在。乍看起来，戴良在为鹤年鸣不平，因为他只是一介山林文士，不像他的同胞马祖常（1279～1338）、余阙（1303～1358）等人一样达而在上，诗文也得以广泛流播，而鹤年之作却“将遂泯泯无闻矣”。但实际上戴良所欣赏的正是鹤年诗的个性和特色，因此他才会主动“取其吟稿若干卷，序而传之”。在这里，山林，而不是馆阁气息，显然占据着主导性的地位。

这并非完全出于戴良一己之偏好，时代环境、社会生活以及士人心态的变迁，都在这里发挥着更为重要的作用。在戴良写作《鹤年吟稿序》之前，东南地区文坛领袖之一杨维祯尝为吕诚（？～1354后，字敬夫）文集作序，也明白地宣称：“敬夫在埜（野），而蔚然之言，足以钟鼎一时侍从焉。於戏，人之才也，又何以地律哉。虽然，吾于敬夫不无感者矣。代有兰台芸阁之居，而其言覆野，俾诵敬夫之言，其不泚然在颡者。”② 同样是隐然将山林与馆阁之文分别置于对立的两面，而独独推崇前者。我们今天回过头来审视元末的山林文学，也确实当得起这样的评价。一大批优秀的作家，如宋濂、高启、王冕、倪瓒、陶宗仪等等，均起自山林；一大批优秀的作品，如《郁离子》、《草木子》、《龙门子凝道记》、《琵琶记》、《水浒传》等等，也都与馆阁无缘。说此时的文坛重心已经由馆阁让位于山林，由上层移向下层，并不为过。当馆阁庙堂弥望皆是萧飒荒凉气息时，山林草泽正勃发出郁郁生机。

相比较而言，黄溍的另外一位学生宋濂，在对待山林、馆阁之文的态度上，就很值得后人玩味了。宋濂论述山林、馆阁异同，集中于入明以后，但却给我们研究易代之际二者的消长关系提供了一个很好的参照座标。洪武三年（1370），宋濂为汪广洋（？～1379）《凤池吟稿》作序时说：

---

① 戴良：《九灵山房集》卷二一。

② 见吕诚：《来鹤亭集》卷首附录，影印文渊阁四库全书本。

昔人之论文者，曰：有山林之文，有台阁之文。山林之文，其气枯以槁；台阁之文，其气丽以雄。岂惟天之降才尔殊也，亦以所居之地不同，故其发于言辞之或异耳。濂尝以此而求诸家之诗，其见于山林者，无非风云月露之形，花木虫鱼之玩，山川原隰之胜而已。然其情也曲以畅，故其音也眇以幽。若夫处台阁则不然，览乎城观宫阙之壮，典章文物之懿，甲兵卒乘之雄，华夷会同之盛，所以恢廓其心胸，踔厉其志气者，无不厚也，无不硕也。故不发则已，发则其音淳庞而雍容，铿锵而镗鞳，甚矣哉，所居之移人乎。今观中书右丞汪公之诗，益信其说为必然者矣。……有如公者，受丞弼之寄，竭弥纶之道，赞化育之任，吟咏所及，无非可以美教化而移风俗，此有关物则民彝甚大，非止昔人所谓台阁雄丽之作，而山林之下，诵公诗者，且将被其霑溉之泽，化枯槁而为丰腴矣。①

此后不数年，宋濂又应蒋子杰（字有立）之请，为其诗集作后序。文云：

予闻昔人论文，有山林、台阁之异。山林之文其气瑟缩而枯槁，台阁之文其体绚丽而丰腴。此无他，所处之地不同，而所托之兴有异也。有立以粹然之学，位居柱史，日趋殿陛，濡毫螭坳，回视山林，不翅有仙凡之隔。故其见于辞者，云锦张而春葩明，锺簴奏而音律谐，体制正而局度严，诚可以传诸当今而垂于久远者也。②

广洋时任中书省右丞，子杰则为中书省录事，居止大约不外乎入侍帝扆、出陪法驾，宋濂作如是说，尚属题中应有之义。但洪武八年（1375），宋濂序郑东（号杲斋）、郑采（号曲全）兄弟的诗文合集时，却又将这番意思搬了过来：

濂受而读之，杲斋之文，则气韵沉雄，如老将帅师，旌旗火鼓，缤纷交错，咸归节度；曲全之文，则规制峻整，如齐鲁大儒，衣冠伟然，出言不烦，曲尽情意。然皆有台阁弘丽之观，而无山林枯槁之气。呜呼，是亦可谓能言之士乎。③

郑氏昆、仲均遭际坎坷，落落寡合，卒不遇于时以终，但宋濂推奖二人的诗文，却堂而皇之地冠以“有台阁弘丽之观，而无山林枯槁之气”，这多少显得有点唐突。同样的意思，在不同的篇目中反复申说——甚至有点不分场合，足以说明他所持的此一观点乃深思熟虑所得，非一时感发之言。联系前两文并观之，则不难发现，宋濂是视山林之文为枯槁、以馆阁之文为丰腴弘丽的，其抬高“馆阁”而贬抑“山林”的倾向十分显豁。

其实，这很容易理解，时过境迁，势亦易耳。上文所引宋濂诸文均作于易代之后，新的大一统局面早已经形成，如果再像他的同门好友戴良那样标举“势”“道”剥离之后兴盛起来的山林之文，显然变得不符合当前形势的需要。并且他自己又是被最高统治集团钦定为“开国文臣之首”的，他有责任、也有义务

① 宋濂：《凤池吟稿序》，见《凤池吟稿》卷首附录，影印文渊阁四库全书本。宋濂《銮坡前集》卷七收录该文，题作《汪右丞诗集序》。

② 宋濂：《翰苑续集》卷四《蒋录事诗集后》。按，该文未署明具体写作时间，但宋濂诸集，大致按指时间先后编排，《翰苑续集》铨次于《銮坡前集》之后数年，据此可以推知。

③ 宋濂：《翰苑续集》卷二《郑氏联璧集序》。

为新王朝的理论论证工作作出自己的贡献，何况，君临这个大一统政权的还是雄猜笃忌、欲君师一身兼任的太祖朱元璋！

宋濂自己的经历与广洋相似，那他的文章是否也经历了一个由山林而馆阁的过程呢？这不好遽下结论，但有一点可以肯定，即与入明前相比，在他入明后所写的文章中，那种气盛言宜的社会批判力度是大大削弱了，而渐次展示出一种温文尔雅、雍容纾徐的馆阁风度。永乐后期开始崛起的“台阁体”作家群，无论是从心态还是从文风方面，都可以在他们的同朝先辈宋濂那里找到神契心仪的合榫点。无独有偶，在元末号称“以名进士屏居吴淞江之上，啸傲烟月，亦以诗文自豪，有凌轹古今、磅礴宇宙之意，殆若不以台阁为泰、江湖为戚者”① 的杨维祯，入明之后以老友身份序宋濂文集，再也不像在元季给吕诚文集作序时那样，一味张扬山林之言“足以钟鼎一时侍从”，转而力图消泯山林、馆阁之间的差异。维祯联系宋濂隐于元而显于明的事实，声称“昔之隐诸山林者，烨乎其虎豹烟霞也；今之显诸馆阁者，灿乎其凤凰日星也。果有隐显易地之殊哉？不然，以宋子气枯神寂于山林，以志扬气满于馆阁，是其文与外物迁，何以为宋子?”那个不与外物相迁移的核心内容，就是“其文之师者，性也；性之师者，道也；道之师者，先王先圣也，而未尝以某代家数为吾文之宗，某人格律为吾文之体。其所独得者，三十年之心印。律之前人，石不能压之而钧，钧不能压之而斤者，万万口之定价也。”② 所谓三十年独得之心印，实即道统与文统二者的和合兼综，而这也正是新王朝所迫切需要倡导起来的新文风。如果从紧扣时势变迁来谈论文学内部的消长这一点上看，维祯还真不愧是宋濂的知己老友。

于是，我们不无讶异地看到，从黄溍到宋濂，从易代之际的戴良到入明之后的杨维祯，关于山林、馆阁的表述，在兜了一个完整的圈子之后，又似乎顺理成章地回到了它原先的起点。历史，有时真是那么意味深长。

二

时局始终处在动荡之中，天下骚然而不知所向，儒家思想一统天下的色彩逐渐黯淡下去，由儒家思想建立起来的一套行为准则和是非标准，已经无法适应变化了的现实生活。从学术的层面看，儒学的权威地位是下降了，相应地，诸子思想便活跃起来。在汉武帝“罢黜百家，独尊儒术”之后，这几乎成为中国历代王朝更迭之际带有规律性的现象。元明之际同样如此，用当时婺州学者胡翰（1307～1381）的话来说，就是“大道裂而百家之言兴”，“道术裂于天下，百氏之说并兴”，“嗟王风之不竞兮，人各骛其私智；道术裂而民散兮，世已久而莫制。”③ 社会的各个阶层都在重新调整着自己的价值观念和生活方式，以适应社会的沧桑巨变。易代之际的酷烈环境既惊悸着各层面的文化人，又在这个氛围中激活起他们对自身生存、对生命价值深层次的思索。生活在这个时期的士人，各从其所好，各抒其所见，各行其所是，以种种方式展示着个人的抱负和理想。与前朝相比，元朝的儒学思想和儒士地位本来就显低落，到了这个时候，以前由儒家思想、尤其是理学思想所引领的种种道德准则被许多人搁置起来，思想领域出现了又一次的松动。

在延祐年间刚刚被定为官学的程朱理学，首先遭到了质疑。据元末徽州学者郑玉（1298～1358）说：“近世学者，忠恕之旨，不待呼而后唯；性与天道，岂必老而后闻。然出口入耳，其弊益滋，知而不行，则又秦汉晋唐以来诸儒者之罪人矣。”④ 理学在定于一尊之后走向僵化是事实，但“知而不行”就不仅仅是当

① 徐一夔：《贝助教文集序》，见《清江贝先生集》卷首附录，四部丛刊初编本。
② 杨维祯：《翰苑集序》，见《宋学士文集》卷首附录。
③ 分见胡翰：《胡仲子集》卷七《煮石山房记》、卷四《王氏数学举要序》、卷十《吊董生文》，影印文渊阁四库全书本。
④ 郑玉：《师山遗文》卷一《王居敬字说》，影印文渊阁四库全书本。

时士人的责任了，元末“势”“道”分离造成现实的扞格不通也是不容忽视的原因，环境的变迁使理学思想丧失了实践的品格，即使士人有心，也不一定能得到知之而后行的机会。久而久之，出现谈论濂洛之学却招致一片讥讽之声，“众皆非之，甚者怒而讪之”① 这样的现象，也就不足为怪了。传统信仰伴随着儒学地位的下降，产生了严重的危机。许多士人不再简单地视诸子百家之学、三教九流之艺为曲学异端，他们开始关注四书五经之外的杂学，举凡医、兵、农、商、音乐、纵横、天文、地理乃至阴阳术数等等，都在研究学习的行列，各种技艺，如制墨、铸造、百戏、篆刻、拓碑、笺纸乃至治冠、理发之属，他们都表现出浓厚的兴趣，并且心悦诚服地表示：“方技百家，各臻精妙。”②

馀姚赵撝谦（1351～1395），自述年青时的问学交游经历：

> 十六七时，而邑之名公闻士、释道清流，莫不得尽其恭敬焉。十八九时，东游鄞（今浙江宁波）、台（今浙江台州），得通名者不下百数，而学有原者，天台郑四表；工于诗者，叶国琼；明于艺者，漕南吴主一（志淳）；涉猎经史者，四明乐仲本（良）、郑千之（真）；外学而博识者，霝梦堂、复见心其尤也。……二十时，馆于金罍（今浙江上虞）。金罍之学，称浩博者，朱伯言、刘坦之（履）、夏时中、中孚兄弟其尤也。聪达而得狂名者，谢庸、柳原泰也。仆尝于盛暑祁寒时，一日中蹑屩走百馀里，往来问于朱氏，与肃、原泰辨，或至抗抵，当时以为狂，然不为无益也。郡中如王菜山、赵待制（俶）、钱国博、唐丹崖（肃），或密或疏，皆得实际者。他如丹崖之子愚士（之淳）、迮士霖（雨）、柯伯循者，亦不下五十辈。而柯以博学称，迮以善乐府名，愚士以敏捷显。金华一派，则由徐进善者，以之相知交也，进善亦名士许白云（谦）先生门弟子也。二十二时，领乡荐，得恣游钱塘名胜地，明博如徐大章（一夔），老成如张光弼（昱），善书如俞子仲（按当指俞和，字子中，钱塘人，以善书称），占卜如张子员。外学之识道理者，如巽朴，兼习内外典者如二一初，其最名者大较若是，而出群类亦为不少，……皆当世芝兰，鸑鷟莫不与善。其他或以经术，或以才艺，或以一善一能，或以其德可慕，或以其行可则，或以其习见典则之故，或因其所蓄有异书名帖而与之友，若是者，且百千辈，皆与己有益也。其不能有所辅广裨补于己，初因与往来而义有不可绝者尤多众也。③

文中提到的馀姚、鄞县、台州、四明、上虞、钱塘诸地，可以视为婺州的周边延伸。撝谦游从多地，包括学者文士、缁流羽客、书家占卜之流，他都师友礼敬之，以辅裨扩充自身学养。无论是以经术才艺著称者，还是有一善一能者，他都表示出足够的尊重。他在文中称赏的这些人，除了传统意义上的文人士大夫之外，还包括儒家者流以外的人物，只要才艺德行有卓荦可称之处，他皆以“当世芝兰”视之，其价值取向值得注意。在他心中，并没有因为依傍儒学就形成很强的成见，择善而从是他的出发点和最终旨归。也正是由于广益多师，主动吸纳融会诸家学说，撝谦才终得以成为明朝初年卓著声誉的学者。

从以上列举出来的长长的学人名单，一方面可以看出儒术散裂，其独尊地位开始松动；另一方面也足以窥见士人群体面对诸家学说并起时相对开放、相对活跃的心态，他们希望通过相互交流学习，相互吸收融合，达到成就一家之言的目的，而这个自家面目也不是用儒术二字就可以简单范围得了的。例如这个时期的婺州士人群体中，自署字号、著述为“子”者，多如过江之鲫，指不胜屈：如金华宋濂自号“龙门

---

① 贝琼：《清江文集》卷二三《答陈恭》。

② 王行：《半轩集》卷五《医经辨证图序》，影印文渊阁四库全书本。

③ 赵撝谦：《赵考古文集》卷一《奉吴端学书》，影印文渊阁四库全书本。

子”，著有《龙门子凝道记》（今存）；东阳陈樵，自号“鹿皮子”，著《鹿皮子集》（今存）；金华苏伯衡，自号“空同子”，著《空同子瞽说》（今存）；金华胡翰，自号“竗仲子”，“仲子”，著有《胡仲子集》①；浦江赵良贤，自号“太素子”②；金华王藻，自号“中中子”③；浦江郑濂，别号“采苓子”④；义乌刘演，号“抱瓮子”⑤；浦江赵良本，号“太初子”⑥ ……凡此种种，无不在光怪陆离中眩人耳目。既以“子”自称，当然包含着整合诸家而自成一“子”的用心，实际上反映的即是儒学权威的下降和诸子思想的抬升，隐藏在这些五光十色的字号后面的，是士人思想的多元化以及人生信仰、价值观念、道德准则、生活方式的多元化。这些人多有述有作，既然是多元的言说方式，自然不能苛求个个都精彩绝伦，但都是才子所寄心、一夫之澄思，并且，学无所主而兼综百家的学风，也有利于学术多元创新特点的形成，今天的研究者不宜简单以哗众取宠视之。

这个时期，许多士子纷纷出入百家，博究诸子。宋濂号称当世大儒，亦以继承孔孟道统自任，却又沉潜佛典，以“无相居士”⑦ 自称。他多次表示：“予本章逢之流，四库书颇尝习读。逮至壮龄，又极潜心于内典，往往见其说广博殊胜，方信柳宗元所谓与《易》、《论语》合者为不妄，故多著见于文辞间。”“予儒家之流也，四库书册，粗尝校阅。三藏玄文，颇亦玩索。”⑧ 今存《宋学士文集》，有大量的碑塔文、佛寺记、语录序、经卷跋等等佛学文字。在《夹注辅教编序》一文中，宋濂说：

> 天生东鲁、西竺二圣人，化导烝民。虽设教不同，其使人趋于善道则一而已。为东鲁之学者，则曰我存心养性也；为西竺之学者，则曰我明心见性也。究其实，虽若稍殊世间之理，其有出一心之外者哉？传有之：东海有圣人出焉，其心同，其理同也；西海有圣人出焉，其心同，其理同也；南海、北海有圣人出焉，其心同，其理同也。⑨

这已经远远偏离了援佛济儒的路数，而是典型的儒释合一论。对道家者言，宋濂也表示了同样浓厚的兴趣，他甚至对神仙飞升术也十分神往：

> 予闻神仙家之说，葆精啬神，冥合太虚，翛然玄览，却立垢氛之外。下上星辰，呼吸阴阳，超无有而独存，心颇艳之。迩年以来，刊落世婴外物之为羁绊者，皆释然谢去。思欲排空御气，神游八极之表，俯瞰仙华，而时一下之。⑩

如果不了解其时诸家思想互相吸收融合的现实，乍观之不免目瞪口呆，很难相信这番话竟然出自一个希贤希圣的恂恂大儒之口。身为一代儒林师表的宋濂尚且如此，其他士子出入佛老自然更是毫无顾忌，一

---

① 胡翰：《胡仲子集》卷三《书听香亭集句后》、卷六《乐道斋记》。
② 见戴良：《九灵山房集》卷一八《太素说》、卷二三《明故太素处士赵君墓志铭》。
③ 见贡师泰：《玩斋集》卷八《中中子说》，影印文渊阁四库全书本。
④ 见方孝孺：《逊志斋集》（四部丛刊初编本）卷二二《采苓子郑处士墓碣》，沈梦麟《花溪集》（影印文渊阁四库全书本）卷二《义门家长郑仲德先生号采苓子卷（有序）》，宋濂《潜溪后集》卷五《采苓子赞》。
⑤ 见宋濂：《翰苑续集》卷二《抱瓮子传》，《翰苑别集》卷七《赠承事郎工部主事刘府君墓版文》。
⑥ 见宋濂：《芝园续集》卷六《太初子碣》。
⑦ 宋濂：《潜溪后集》卷三《跋〈金刚经〉后》。
⑧ 分见宋濂：《宋学士文集》卷二九《夹注辅教编序》、卷一八《送璞原师还越中序》。
⑨ 宋濂：《宋学士文集》卷二九《夹注辅教编序》。
⑩ 宋濂：《宋学士文集》卷三八《混成道院记》。

些士子干脆弃去儒冠而转习他技。如义乌朱震亨（1281～1358），曾从金华名儒许谦（1270～1338）研习理学，应举子试不利，加以母亲多病，遂弃儒而学医，著有《丹溪心法》、《格致馀论》、《金匮钩元》、《局方发挥》、《伤寒辨疑》等巨著，学者多诵习而取以为则，成为“金元四大医家”之一。馀姚滑寿（1304？～1386），年少时习举子业，日记千馀言，为文词雅别致，尤擅乐府诗歌。后来也转而潜习医术，对经络理论研究深造有得。尤其是对内疹的发现，早于欧洲500余年，并有《十四经发挥》、《诊家枢要》、《麻疹全书》、《难经本义》、《读素问钞》等多部著述传世。另外，儒林中人物转而入佛、入道、为卜者，亦大有人在。

必须指出，百家之说的兴起以及相互交流、相互融合的趋势，反映了儒学独尊局面的松动，但还远不能说儒学走到了陵替不堪的地步。作为亘深绵延千馀年的学术传统，儒学在元明易代之际仍然有着强大的生命力，有着自身的延续路线。闽县学者吴海（？～1386），其日常言行居止，即以纯儒自励，“平居虚怀乐善，有规过者，欣然立改，因颜其斋曰闻过。为文严整典雅，一归诸理，后学咸宗仰之”。他论人论事，基本上也一以儒家的宗旨来定其是非去就。入明之后，多次劝说自己曾经仕元的挚友王翰（1333～1378）自杀殉元，后来翰果真自裁，吴海教养其子偁，卒底成立。这件事对当时和后世影响甚大，从中也足以窥见吴海之为人。他对其时士人学无所主的汗漫局面深致不满之意，尝言：“杨、墨、释、老，圣道之贼；管、商、申、韩，治道之贼；稗官野乘，正史之贼；支词艳说，文章之贼。上之人，宜敕通经大臣，会诸儒定其品目，颁之天下，民间非此不得辄藏，坊市不得辄粥（鬻）。如是数年，学者生长不涉异闻，其于养德育才，岂曰小补。”并特著书一编，曰《书祸》，以发明之。①吴海的这番话，似乎是老调重弹，细味之，实则取瑟而歌，别有所寄。如果不是其时诸子兴起、稗官野乘和支词艳说充斥，生长其间的士子有太多的机会“广涉异闻”，他断乎不会如此痛心疾首，目之为“祸”的。同时代的武进谢应芳（1295～1392），痛感异端惑世，乃竭十馀年精力，仿效韩愈《原道》之体格，辑圣贤格言、古今明鉴为《辨惑编》、《思贤录》二书，以期复兴圣道。他认为，当今之世，“得正大之学，不为异端紊惑者盖鲜矣。”② 正是有鉴于此，他在《贽见张用中教授启》一文中说：“著《辨编惑》辟近世之异端邪说，作《思贤录》发前修之潜德幽光。”③ 据此可知应芳著述的目的所在。对《辨惑编》一书，应芳尤其自信，但此书却遭到来自社会各个阶层的攻击，令他备感压力沉重。他曾不止一次地说：“嗟，今陋俗舍正路而弗由。集古遗言，回狂澜于既倒。可奈一齐而众楚，犹如皆醉而独醒。惊人之鸟一鸣，怪雪之犬群吠。”④ “异端屡排斥，淫祀绝祈祷。喋喋非好辨，惓惓卫吾道。”⑤ 一方面可见应芳卫道的决心之坚，另一方面也说明了其时所谓异端邪说在社会上流布面之广。

宋濂也和吴海、谢应芳有类似的感叹，而在学术上捍卫儒家之道更力，虽然他自己颇有佞佛的倾向。至正十八年（1358），他在兵荒马乱之中，花费三个多月的时间，写了一篇洋洋万馀言的《诸子辨》，自《鬻子》、《管子》、《晏子》而下四十家，一一辨析异同，而归宗于周敦颐、程颐理学诸子。在该文的序言及后记中，宋濂详叙了写作意图和经过：

《诸子辨》者何？辨诸子也。通谓之诸子何？周秦以来，作者不一姓也。作者不一姓而其立言

① 张廷玉等：《明史》卷一八六本传，中华书局1974年版。
② 谢应芳：《龟巢集》卷一二《与苏性可书》，四部丛刊三编本。
③ 谢应芳：《龟巢集》卷一六。
④ 谢应芳：《龟巢集》卷一六《贽见余用中先生求作〈辨惑编〉序启》。
⑤ 谢应芳：《龟巢集》卷七《冬至前一日写怀二首》其二。

何？人人殊也。先王之世，道术咸出于一轨，此其人人殊何？各奋私知，而或盭大道也。曰：或盭大道也，其书虽亡，世复有依倣而托之者也。然则子将奈何？辞而辨之也。曷为辨之？解惑也。

至正戊戌（十八年）春三月丙辰，西师（按指朱元璋军队）下睦州。浦阳壤地与睦境接，居民震惊，多扶挈耄倪走傍县。予亦遣妻孥入勾无山（在今浙江诸暨境内），独留未行。日坐环堵中，块然无所为，乃因旧所记忆者，作《诸子辨》数十通，九家者流颇具有焉。孔子门人之书，宜尊而别之，今亦俯就其列者，欲备儒家言也。始之以《鬻子》而终之以周、程者，欲读者有所归宿也。其中疏剔抵排，亦窃自谓有一发之见。第以家当屡徙之馀，书无片牍可以稽质，不能必其无矛盾也。夏六月壬午，仅克脱稿。越三日乙酉，而浦阳陷矣，余遂竭蹶趋勾无。惊悸稍定，俾仲子璲录之如右。呜呼！九家之徒，竞以立异相高，莫甚于衰周之世。言之中道者，则吾圣贤之所已具，其悖义而伤教者，固不必存之以欺世也。於戏！邪说之害人惨于刀剑，虐于烈火，世有任斯文之寄者，尚忍淬其锋而膏其焰乎。予生也贱，不得信其所欲为之志。既各为之辨，复识其私于卷末。学孔氏者，其或有同予一慨者夫。①

对待学术态度的严肃，宋濂是值得我们深加致意的。如果不是认为当时“邪说之害人，惨于刀剑，虐于烈火”，亟需拨乱而反之正，他就没有必要不顾真的刀剑烈火环身的惊悸竭蹶处境，秉笔疾书，为学孔氏者夺回失去的阵地，使天下学术重新“咸出于一轨”。在宋濂的眼里，现实中有太多“各奋私知”，“依仿而托”诸子者，竞相稗贩自家之说，言人人殊。正是出于对道术将为天下裂的深深忧虑，即使在纷乱的时代也没能让他舍弃对这个问题的思考，很有点颠沛必如是、造次必如是的意味。但在当时的环境中，要做到这一点谈何容易，他自己出入佛老，又何尝不是“各奋私知”的时代因素使之然呢。

诸子百家汇合在一起，无论哪一家哪一派，都在一边同其他学说展开争鸣，一边不可避免地受到对方的影响，相互启发借鉴，相互濡染吸纳，从而走向新的繁荣，这是学术思想发展的一般规律。但是，中国文化史上的学术之争，却不仅是学术领域的事，每每与权力之争紧密纠结在一起。学术之争往往是政治之争、甚至是政权之争的折射反映，这是研究中国学术思想史不能忽视的一个特殊出发点。儒家学说地位的下降是元季政局纷乱的反映，是“势”、“道”分裂的结果。元明之际诸家并起，学术思想较为活跃自由，明显表现出趋于繁荣的迹象，但还没有来得及真正充分展开，就遭遇入明之后思想文化领域的大力整肃。统治集团要重建并强化新的大一统政权，就必须迅速结束世道人心的纷乱局面，而宋濂等人主张在思想文化领域使“道术咸出于一轨”，显然与这种需要完全合拍。于是乎，程朱理学思想再一次借助政权的力量，重新获得了强势的推尊，而诸家学说也随之丧失了各自酝酿催生的社会基础，只有黯然淡出历史舞台，草草收场。有明立国之初，即作出明确的独尊儒学姿态，“首立太学，命许存仁（婺州金华人）为祭酒，一宗朱子之书，令学者非五经、孔孟之书不读，非濂洛关闽之学不讲”，② 社会秩序又重新回复到儒家思想规范的伦理准则上来。

这一点，可以以宋濂的得意门生方孝孺（1357～1402）为例略事说明。孝孺洪武九年、十年间才开始跟随宋濂学习，是入明后成长起来的一代典型学人。所著有《逊志斋集》，卷四收录了不少辨证诸子百家的文字，其说大体上本之于宋濂。卷九《上蜀府启》（作于洪武二十九年，1396）称：“拙文稿两册，有旧读子书、杂书议论数十首，颇有毫发之见。他日，当俾录进。回视少时文，皆二十馀岁时作，其时已知歆慕

① 罗月霞主编：《宋濂全集》收录《潜溪后集》卷一，浙江古籍出版社 1999 年版，第 128～150 页。
② 陈鼎：《东林列传》卷二《高攀龙传》，江苏广陵古籍刻印社景印康熙刊本，1983 年版。

圣贤。今四十馀矣，尚与庸人无大相远，言之不觉愧汗沾衣也。”愧汗沾衣则未必，孝孺对于自己议论诸子还是很自负的，这倒颇有乃师之风。不过，孝孺的时代又不同于宋濂，和他的老师相比，孝孺批驳诸子，显然已经丧失了它的强烈时代意义，而更多带有对元明之际诸子竞起局面的隔代回应意味。他也不像宋濂那样兼涉佛老，而是排斥攻击不遗馀力。他在致友人书中说：“每见流于异端者辄与之辩，非好辩也，悯夫人之陷溺而欲拯之于安平之途，诚不自知其过虑也。故为佛氏者，多不相悦。”① 又说：“今之叛道者，莫过于二氏，而释氏尤甚。仆私窃愤之，以为儒者未能如孟韩放言驱斥，使不敢横，亦当如古之善守国者，严于疆域斥候，使敌不能攻劫可也。稍有所论述，愚僧见之辄大恨，若詈其父母，毁讪万端。要之，不足恤也。昔见皇甫湜言韩子论佛骨者，群僧切齿骂之矣。韩子名隆位显犹且如此，况仆何能免哉?”② 师徒二人对待佛老，其态度截然异趋如此。从他们的身上，我们分别看到了两个不同的时代烙下的深深学术思想印记。而从孝孺身上，也足以窥见明初统治集团思想整肃的强大力度及其效果。

当世运板荡之际，士人遭际不一，此亦众生相之一耳。戴良有云：“《易》称君子之道，或出或处，或语或默。夫捐身以行化者，知进而不能退；嫉世以矫情者，知往而不能返。二者各得其道之一偏，恶睹所谓中哉? 孔子曰：不得中行而与之，必也狂狷乎? 狂者又不可得，欲得不屑不洁之士而与之，是狷也，是又其次也。孔子居周之世，而其言如此，况世变多故，君子道消之时乎！于斯之时，责士以必中而不过，则天下为无士矣。君子之于人也，乐成其美而不求其备，况蹈义乘方、蝉蜕尘埃之表，时固难遇其人乎?”③ 这是亲身经历了丧乱整个过程的士人的深沉喟叹。“于斯之时，责士以必中而不过，则天下为无士矣”，善哉斯言！元明易代前夕，正是“势”、“道”疏离之际，其间士人群体表现出多元的思想取向，选择多样的生活道路，今天的研究者已经很难轻易地在价值意义上判定其孰是孰非，但至少应该抱有同情的了解，这又是研究的基本出发点。如此，或能避免责人以必中之弊，而更贴近历史的真实。

作者简介　晏选军，中南大学文学院副教授。

① 方孝孺：《逊志斋集》卷十《答郑仲辩二首》其二。
② 方孝孺：《逊志斋集》卷一一《答刘子傅》。
③ 戴良：《九灵山房集》卷一九《高士传》。

许谦《白云集》成书及版本考述

慈　波

宋元之际金华婺学彬彬日盛，何基、王柏、金履祥、许谦得朱学嫡系正传，被《宋元学案》列为“北山四先生学案”，足见其传衍之盛。其中许谦影响尤巨，时人许之以为“程子之道得朱子而复明，朱子之道至先生而益尊，先生之功大矣”。① 这自然是就理学承传而言。不过即使以文学而论，许谦也无愧作手。其传世诗文别集《白云集》虽卷帙不大，但尝鼎一脔可知全貌，“其诗理趣之中颇含兴象，五言古体尤谐雅音”，“文亦醇古，无宋人语录之气”。② 然而关于此书结集成书的材料极为稀少，仅存数篇序跋，且多语焉不详，遂使其本初面貌陷于草蛇灰线之间。而此书自刊版以来，版别众多，各家著录尤为纷夥，或作《许先生文集》，或作《白云集》，或作《许先生文懿公传集》，统系不明，滋人疑窦。现据所见多方搜讨，对其成书及版本情况进行梳理，庶几有利于别择选用。

一、《白云集》的成书

许谦（1270～1337），字益之，“尝以白云山人自号，世称为白云先生，朝廷赐谥文懿。先是，何基、王柏及金履祥殁，其学犹未大显；至谦而其道益著。故学者推原统绪，以为朱熹之世適。”许谦学识渊博，以传道讲学为己任，“不喜矜露，所为诗文，非扶翼经义、张维世教，则未尝轻笔之书也”。③ 以此原因，许谦传世诗文并不多见。虽然其著述多有梓行，但诗文在其生前并无结集。故许谦去世后，墓志铭也只是记载“其藏于家者，有诗文若干卷。文主于理，诗尤得风人之旨”。④

许谦现存诗文集的传世与其弟子王麟有密切关联。许谦曾手书《学箴》以赠其行，序言云：“东平王生麟自芜城来，求受业于余。适余病剧昏瞀，莫能相告以道。留连仅一载，盖垂橐而归。于别也复求一言，因书近作《学箴》以遗之。”⑤ 约略能见其求学行迹。王麟于理学传承颇有追求，《宋元学案》将之列入许谦门人。考其行实，当以《元儒考略》所记最为详细：“王麟字兆祥，东平人。有志圣贤之学，闻金华许白

① 黄溍：《白云许先生墓志铭》，《金华黄先生文集》卷三十二，四部丛刊本。

② 《白云集》提要，《四库全书总目提要》卷一百六十六。

③ 《许谦列传》，《元史》卷一百八十九。

④ 黄溍：《白云许先生墓志铭》，《文献集》卷八下，四库全书本。

⑤ 许谦：《学箴·序》，《许白云先生文集》附录，四部丛刊本。

云谦讲道，至顺初，麟徒步往从之。谦作《学箴》遗之，麟佩服之。后举于乡，为昌平教授，以所闻启发学者。及谦卒，麟为发丧制服。遇讳日必斋戒设祭。人皆称为笃信好学君子也。子延陵，本朝永乐间为翰林检讨。"① 正是由于王麟、许谦之间的师弟授受关系，王麟得以搜集大量许谦诗文手稿，这成为以后编集的原始材料。

王麟搜罗的草稿后归于其子王延龄。据《殿阁词林记》卷十七《纂修》记载，永乐初年王延龄曾以翰林待诏身份参与重修太祖实录。永乐元年（1403）八月，出使朝鲜。② 同年十一月，自翰林待诏进翰林检讨。③ 在任职翰林期间，王延龄以许谦手书《学箴》求请同人题跋。永乐辛卯（1411）黄淮跋称"嗣子延龄，与余同官翰林，出此卷求题"；胡广跋云"因书此于卷末，以归延龄，宜宝之勿失也"。④

此后，这一书卷由王氏传出。张洪之跋对此有所说明："昔闻翰林检讨王延龄先生云，其先君从许益之先生学，得考亭之正传。先生尝手书《学箴》一幅以遗之，延龄珍藏于家。将终，授其甥李公方曙。方曙持以示予，字画遒劲沉实，非表里一于敬者不能作，见之不觉正立拱手。"⑤ 之后许谦别集并《学箴》的流传就与李方曙家族休戚相关了。

在此有必要先考述李方曙的世系与生平。据王直《太常寺丞李先生墓表》，"先生李氏，讳东，字方曙。其先南阳新野人，后徙汉上"，"祖讳士瞻，字彦闻，元翰林学士承旨，封楚国公。至正末言事切直。有传在国史"，"考讳守成，字继本。至正丁酉进士，官翰林检讨兼奉礼。先生其子也"。洪武初年家顺天之东安，"以明经举为新城训导，历教平定、江浦"，受诬徙雅州。仁宗朝"召见文华殿，命讲《大学》。称旨，擢拜左春坊清纪郎。又以其纯诚可用，升行人司左司副。寻出判泰州，未几复召还"，后俟检讨秩满即弃职求去，"天顺元年正月六日以寿终于侃之官舍，距其生前元至正庚子缺月缺日，寿八十八"。⑥

其实李、王二氏早有交往。李继本曾有诗述及与王延龄之交谊，"我衰不入鹓鸾侣，还好常随鹿豕群"，⑦ 直接流露出对王延龄欣赏。李方曙以姻亲之缘而获得的许谦手书后传于其子李伸。李方曙有三子，"长僎，次教谕伸、太常丞侃也。伸娶宣圣裔孙曲阜孔氏；侃娶江浦张氏，乃德清令张侯之女，今吉郡守瑄之女兄"。⑧ 李伸对得书情形有较详尽叙述，指出此书"余幼时得之余祖妣王氏之家。盖王氏之先有讳麟者，寔受学于先生之门，故其家多存先生之遗书焉。此盖先生之草藁也，其手泽尚新，惜当时未有能编次以成帙者，故诗文杂乱而无统纪，简策历久而颇残缺。"⑨ 从他的论述中正可以见出当日许谦诗文稿的本来

① 冯从吾：《元儒考略》卷三，光绪知服斋丛书本。按此处所记王麟行实，与《学箴》后附黄淮、胡广、张洪诸跋所言可互相参见。惟此条论列集中，且明确记载王麟之字，尤值重视。《宋元学案》所记与此相近，亦不及王麟之字，而称他"又为白云刻《尚书》、《大学》诸书以传，盖不负师门者也"。

② 雷礼：《皇明大政记》卷六，明万历刻本。另外王褒：《三山王养静先生集》卷五有诗《送翰林王待诏延龄使朝鲜》专咏此事。

③ 廖道南：《殿阁词林记》卷十八《迁转》，民国湖北先正遗书本。

④ 黄淮、胡广跋：《学箴》，《许白云先生文集》附录。

⑤ 张洪跋：《学箴》，《许白云先生文集》附录。

⑥ 王直：《太常寺丞李先生墓表》，《抑庵文集》后集卷二十八，四库本。按据墓表，其生卒年当为1360～1457，寿98。可能是其生年出于推拟而有误。

⑦ 《喜王延龄至自金陵》，《一山文集》卷二，四库本。按，《经济文集》卷末附陈祖仁撰《翰林学士承旨楚国李公行状》，对李士瞻生平仕履论述綦详，并指出"子男四人，长守成，后名延兴，登丁酉王宗嗣榜第三甲进士"。《一山文集》四库提要虽明言"继本名延兴，以字行"，却又声称"朱彝尊《明诗综》搜罗最备，独未录是集"，实际上《明诗综》卷十五录李延兴诗十七首，馆臣盖未细检而偶误李继本与李延兴为二人。

⑧ 王直：《太常寺丞李先生墓表》。"德清令张侯"即张俊，字俊民，详参王直：《故德清令张君墓碣铭》，《抑庵文集》卷十。

⑨ 李伸：《许白云先生文集序》，《许白云先生文集》卷首。

样貌。按李伸字希直，宣德壬子（1432）举人。① 据前引《太常寺丞李先生墓表》，李伸曾为容城教谕。成化元年（1465）正月，“国子助教李伸上言五事，下所司议之”。成化六年（1470）五月，“国子监丞李伸奏请袭封衍圣公孔弘泰留在监读书，俟学成遣归奉祀，下礼部议行之”。② 以上仅可约略见其生平。李伸曾编次其曾祖李士瞻《经济文集》，此书卷首有其正统九年（1444）序；又编定其祖李继本《一山文集》。许谦的手稿同样经过了李伸的整理，其作于正统丁卯（1447）的集序称“余因而次第之，分为四卷，缮写为集，藏之巾笥，以俟他日，托之有力者而板行之”。至此许谦的诗文集已脱离草稿样态而得以写定。

不过由于李伸缺乏刊刻之力，写定本长期搁置，直至张瑄得到此本后方才出现转机。张瑄《题许白云先生文集后》（成化乙酉，1465）称：“二十六年前，余从今国学李先生游，得《许白云先生文集》一帙，爱之不啻拱璧，惜謄写不佳。后官比部，命胥史沈纯者录出，欲刊行之，顾力有未逮。及为郡于吉，迁广藩，力可为矣，而庶政填委，北陌南阡奔走之不暇，劻勷抢攘，事有急于此者”，所以仍然只好“姑藏之以俟時云”。张瑄本从李伸问学，二人有师弟之谊。叶盛《送李先生还容城诗序》云：“容城教谕李希直先生，东安人也。今年来主考广东乡试文字，事竣而还。布政司张君其高第弟子，又有连也。”③ 所言布政司张君即张瑄，而“有连”则是指李伸弟李侃婚张瑄之姊，两人有姻亲关系。按张瑄“字廷玺，江浦人也。少贫丧母，受经于姊夫李侃。正统七年（1442）与侃同举进士”。曾知吉安，“迁广东右布政使”，“成化四年（1468）转左布政使，明年满九载当赴京”，④ 可知张瑄题许谦别集正在为广东布政使期间，而李伸主广东乡试亦此时段。

至成化二年（1466），递传多人、绵历岁时的许谦诗文集终于得以刊版印行。陈相之序细述了其中原委：“近吾忝第贤科，拜宪职，出巡东广。偶与方伯江浦张公论事之暇，谈及吾婺在昔理学之盛。忽袖出许公白云集写本四卷见示，且曰欲刻之未能。予得之昕夕庄诵，殆忘寝食，俨乎身登其门、聆其诲，而叹亲炙之罔及也。因节廪食之馀，助方伯公购梓刻之庠舍，以嘉惠来学。”这样许谦的别集终得刊刻成书，并成为此后流传的各种版本的祖本。

二、《白云集》版本源流

许谦诗文集四卷自明代刊刻梓行以来，出现了多种版本，不过虽然刊印频仍却传播未广，特别是明刻各本大抵皆沉晦罕闻，遂使此书传衍有不绝如缕之叹。就版本而言，可据分卷与内容的差异，区划为明刻本与清刻本两大系统。此书另有钞本多种，根据著录情况可知皆自刻本系统出，故此处不另述。

1. 明刻本系统

明成化刻本　此为许谦别集的首次刊版，张瑄得钞本后经金华陈相襄助，成化二年（1466）刻于广东，题《许白云先生文集》。此书半页十行，行二十字，黑口，四周双栏。前有陈相序、李伸序、元史载白云先生行实。卷一四言古诗、五言古诗、五言律诗、七言古诗、七言律诗、七言绝句；卷二赋、序、记、行状；

---

① 《（雍正）畿辅通志》卷六十四《选举》，四库本。

② 雷礼：《皇明大政记》卷十四、卷十五。所言五事为明从祀之典、严学校之职、择承袭之胤、廕大臣之子、益小吏之俸。李伸倡言元儒刘因、许谦当从祀孔庙，为议者所抑；成化元年十二月庚子，“命直隶容城县立祠祀元儒刘因”。（《馆阁漫录》卷五）

③ 叶盛：《菉竹堂稿》卷五，清初钞本。

④ 汤斌：《张瑄列传》，《拟明史稿》卷十九，康熙二十七年刻后印本。列传又言“弘治七年卒于家，年七十有八”，且称“至其师事李侃终身不改，人以古道称之无异辞云”。按李侃、张瑄，传见《明史》卷一百五十九、卷一百六十，李侃今存《东安李都宪先生文集》五卷。检孙奇逢《李张二公配飨文靖祠告阖学文》，有“今据都御史李侃文集，载其兄希直先生遗事甚详，又刑部尚书江浦张瑄集中有希直祠堂记”云云，待考。

卷三启、文、书；卷四论、说、杂著、词。后附《学箴》并黄淮、胡广、张洪、钱溥跋。末页为张瑄后序。此书传世甚罕，历来为藏家所宝重，今国家图书馆、上海图书馆有藏。《四部丛刊续编》据常熟瞿氏铁琴藏剑楼正统刊本影印，遂使之为世所知。“正统刊本”云云实为李伸钞定后作序年月，实刊于成化二年。

明正德刻本　此为金华陈纲正德十三年（1518）刊刻。盖成化本流传未广，五十年间即书版无存，卷帙残缺，陈相之孙纲据所得残本刊版印行。其序言之甚明：“许文懿公先生诗文四卷，乃我先大父巡按广东时刻者。今经五十四年，纲又承乏佥广东按察司事，因忆少年时尝读是书。惜其传之未广，故事事之馀，即询此板，盖已湮没无存矣。既而奉敕兵备岭西，遂命肇庆府儒学教授王玉辈博访之。越数月，庠生梁玠蒐得此编，亦多残阙。复命王玉辈多方考订，其间仍脱落数叶，竟莫能得。”陈纲为继先志遂据此残编再刻，肇庆知府黄瑗、同知徐锺淮各捐俸以助之。值得注意的是，陈纲以为许谦“其立言甚富固不止此，今复见者亦独此编，因易其签曰‘白云存稿’”，是为正德重刻本。

此本“十行二十字，黑口，四周双阑，板心下方白文记字数。有成化二年金华陈相序，正德十三年戊寅知肇庆府闽中黄（琼）［瑗］后序，题作白云存稿。正统丁卯七月金台后学李伸序，次元史载白云先生行实，后成化乙酉江浦张瑄后序，正德十三年金华陈纲序。”① 王重民《中国善本书提要》著录之正德间刻本与此相同，今藏美国国会图书馆。另据《嘉业堂藏书志》所著录之旧抄本，盖由正德本钞出，卷帙序次、附录诸项皆与成化本相同。可知此本直接源出陈相刻本且忠实于原刻，最大的不同在于正德本中有缺页。（详后）

明嘉靖刻本　此本由胡琏于嘉靖甲申（三年，1524）刊行，其跋语云：“余为诸生太学时，尝购是集市肆中，盖写本也，未详伊谁而善。既失去且三十年，得端州之刻，意未惬。不再岁，重蚀于蚁，益病焉。图新南海袁校官吉，得石江欧阳督学锓经馀梓，不惜眷翻一过，以畀学者，并谐往观。”按诸载籍，袁吉，“字本善，临桂人。正德丙子（1516）举人，授南海教谕。以躬行为诸生先，一时士风丕振。魏濬器之，擢襄城知县”，② 据（雍正）《河南通志》卷三十三，其任襄城县则在“嘉靖七年（1528）”。故知嘉靖三年袁吉正为南海教谕，与胡琏跋语相合。“欧阳督学”则为欧阳铎（1487～1544），字崇道，号石江子，正德三年进士，“嘉靖三年擢广东提学副使”。③ 胡琏正是利用了欧阳铎刻经剩馀的书版，将《白云集》进行翻刻。

此书底本为“端州之刻”，端州即肇庆，故嘉靖本实为正德本的翻刻本。由于是翻刻，内容、卷次等皆与底本相同。《藏园群书经眼录》卷十五有旧写本，“十行二十字”，有“淮阴胡琏跋”。王伊同又见“嘉靖甲申胡琏后序黄纸本，加衬重装，半叶十行二十字”。④ 所言行格与正德本无异。此本今山东博物馆有藏。

四库本　文渊阁四库全书收录此书，题《白云集》，底本为朱筠家藏本，自商丘宋荦家传写而得。前有陈相序、行实，附录《学箴》并四跋，卷次内容与明刻诸本同。《提要》对此书编纂体例多有指摘：“至于《南城晚望诗》乃五言长律八韵，而误分为二首；《放棹行》乃七言古诗而误以为律体；《故朝散大夫婺州路总管治中致仕朱公圹志》末称‘孤子某等泣血谨识’，全篇皆子为父作之词，乃他人之文误为收入；《题

---

① 傅增湘：《藏园群书经眼录》卷十五《许白云先生文集四卷》，中华书局1983年版，第1311页。此本原为邓邦述群碧楼藏书，有邓氏跋语，今藏国家图书馆。

② 《广州府志》（光绪）卷一百六，宦绩三，清光绪五年刻本。

③ 《欧阳铎列传》，《明史》卷二百三。

④ 《王伊同学术论文集·加拿大英属哥伦比亚大学宋元明及旧钞善本书目》，中华书局2006年版，第383页。

赵昌甫诗卷》实七言绝句，一首题下‘昌甫以辛丑岁’云云，即诗之序，乃误入杂著中；《学箴》一篇既据谦手迹收入集中，即当题曰‘补遗’，乃别共明人题跋题曰‘附录’。”所言诸多踳驳之处基本与明刻本吻合，惟《偕琏南城晚望》四库本分为二首，而明刻本则无此误。故张元济怀疑“岂宋氏传写之误欤，抑所据为正德重刻之本欤”?[①] 实际上四库本与正德本有一明显区别，即提要所云此本“亦无阙页”，以此可知四库本当源自成化原刻。至于一诗误析为二当是传写所致，“《晚望》一诗，非宋氏传钞有误，即朱氏重钞时致误者也”。[②] 由于《四库全书》收书多有删改，其版本颇不为学界所重，然而此本却自明成化刻本出，“四库本实属一般本”[③] 的评价并不准确。

2. 清刻本系统

率祖堂丛书本　此书雍正壬子（十年，1732）由金律刊刻于婺郡东藕塘。金律（1684～1755），字孔时，为金履祥十八世孙。金律刻金履祥著述为《率祖堂丛书》（即《宋金仁山先生遗书》），附刻六种，《白云先生许文懿公传集》即其中之一。

此书首为戴錡序、王崇炳序、黄溍撰墓志铭，次目录，正文后为黄廷元跋。附录收李伸、陈相、陈纲、胡琏诸序，并有黄淮、胡广、张洪、钱溥题《学箴》诸跋。正文半叶十行二十字，下黑口，双鱼尾，左右双栏。版心刻卷次、页数。各卷卷端分三行题“滇海后学赵元祚鉴定、瀫水后学章藜照阅；檇李后学戴錡编次、双溪后学黄廷元较；吴宁后学王崇炳参订、东湖后学金律梓”。戴錡序云：“婺州金子孔时，仁山先生之后裔。笃好理学，刻成先集。欲购白云先生著述，同刻一编，以表师弟相承之谊，而难得其书。东阳王虎文先生，博学君子也，藏书最富，有先生旧刻文集四卷，什袭宝之。闻欲重刊，欣然发出，借录副本，怂恿剞劂，流传海内，以劝来学。”以此知此本盖源于明刻本系统，又因其收录胡琏序，故当出于嘉靖刻本。

此书与明刻本最大的不同在于卷次。黄廷元在跋语中记述了从其师王崇炳处得到底本的情形，称“见其字句多讹，细为较政，补其遗缺而诠次之，俾付诸梓。顾先生之集，自正德陈公纲镌后迄今二百馀年，书将湮没，复得金君孔时再为刊刻，深羡克广其传之意，因题其签曰‘许白云先生传集’”。可见雍正刻本正是经过黄廷元的重新编订，而与其底本面貌有了较大不同。此书卷一为赋、序、记、行状；卷二为启、文、书；卷三为论、说、讲义、箴、赞、题跋；卷四为诗、词。篇卷分合与明刻不同，但所收诗文内容并无增益。在编纂体例方面，《学箴》已收入文类，《题赵昌甫诗卷》入七绝，《放棹行》却仍误入七律。卷四《城东南有虎群行有司命猎者捕其二以献》诗，“一矢麋其躯”句后直接“岂不念相从”，核之成化刻本，知其间阙漏甚多。这更表明此本当出于嘉靖本，殆自正德本始此处即已残逸。

金华丛书本　此本由胡凤丹于同治光绪间刊刻，题《白云集》。核其版式、分卷、内容，知实据雍正本翻刻。惟卷首增马日炳雍正十年序，卷一书名后另行题“元许谦撰郡后学胡凤丹月樵校梓”。“一矢麋其躯”后加以校语：“此处有阙。检目录，脱去《种松》、《对竹》、《送友人》三首。复据陈纲跋文，内有‘其间仍脱落数叶竟莫能得’之句，殆即此数叶也。”此本流布甚广，丛书集成初编所收即为此本。

经过分疏，许谦《白云集》的版本源流已甚为明晰，可分为明刻与清刻两大系统。诸刻中以成化本最早，亦最善。正德本自成化本出，然有缺逸。嘉靖本为翻刻正德本，缺逸仍旧。四库本则据成化本收入，

---

① 《明正统刻本许白云先生文集跋》，《张元济古籍书目序跋汇编》，商务印书馆2003年版，第918页。
② 王重民：《中国善本书提要·许白云先生文集四卷》，上海古籍出版社1983年版，第538页。
③ 雒竹筠：《元史艺文志辑本·许白云先生文集四卷附录一卷》，北京燕山出版社1999年版，第342页。

属于明刻本系统。清刻本系统与明刻本最大的区别在于改变了篇卷样貌，雍正刻本实际上以嘉靖本为底本而重加编次。金华丛书本则翻刻雍正本。两本皆有残逸。可以用图表来示意其统系：

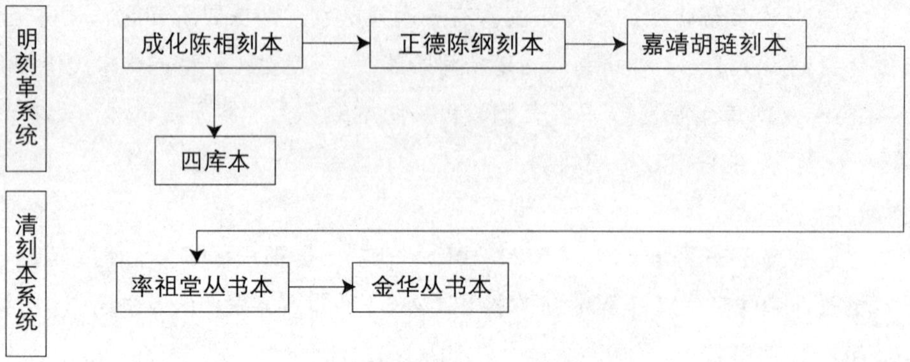

作者简介 慈波，浙江师范大学人文学院副教授，浙江师范大学江南文化研究中心研究员。

后　记

2010年11月4日，是明代开国文臣之首宋濂诞生700周年纪念日，我江南文化研究中心协同浙江省社会科学界联合会、金华市人民政府、浦江县人民政府，在宋濂的家乡浦江县举行“宋濂学术研讨会”。与会学者专家80余人，来自全国各地，且对宋濂研究甚有成就。这期题为“宋濂研究”专辑，就是这次盛会的学术成果。

这次会议的最大收获，就是就重新整理、出版《宋濂全集》达成了共识。

宋濂是位大家，著述丰赡，为明初文人之冠。现存宋濂文献凡95卷，65卷作于入明以后，而作于元代只30卷。宋濂入明时已54岁了，眼力昏花，体弱多病。一个人的创作高峰当在40～50岁之间，55岁以后精力日衰，高峰期已过。所以，宋濂在元代时期所作远不止这30卷，其散佚之多，可以想知。

最近，我中心黄灵庚教授趁整理金华地区家谱之机，辑集了宋濂集外遗佚诗文近二百篇，十多万字。近又从日本内阁文库取得在明初业已散佚的宋濂《萝山诗集》五卷，计诗430多首，均作于元代至正十六年（1356）以前，其中317首为现行《宋濂全集》所未见。过去，学者据宋濂现存诗作多为“台阁体”，一味歌功颂德，似乎除谄谀以外，别无所能。读了这个诗集，对宋濂诗作评价完全应该改变。有鉴于此，重新整理、出版《宋濂全集》甚有必要，非常重要。又从台湾“中央”图书馆取得方孝孺编选《宋潜溪先生续文粹》十卷，刻于明建文三年（1401）。这个本子很重要，和现存集子对勘，发现一些文章多经后人删改，需要据此本恢复其原貌。

值得庆幸的是，这项整理、出版《宋濂全集》的工作，黄先生已进行多年，取得了丰硕成果。明年将以崭新面貌把《宋濂全集》贡献于学术界。待适当之际，我中心打算再次邀请专家学者聚会于金华，就新发现的文献材料重新审视、研究宋濂。我们期待着这一天的到来。

江南文化研究中心

2011年8月